U0031223

20世紀的美國

（港台修訂版）

20世紀的美國

The United States of Twentieth Century

港台修訂版　資中筠　著

香港中和出版有限公司
www.hkopenpage.com

目　錄

香港版序

    本書最早是作者與陳樂民共同策劃並主編的《冷眼向洋——百年風雲啟示錄》的第一部，於 2000 年由三聯書店（北京）出版，由於初版比較匆忙，有一些疏漏和錯字，2001 年經過修訂，又出第二版。《冷眼向洋》是對 20 世紀的回顧，分美國、歐洲、俄羅斯、國際政治四部分，由四位作者撰寫。2007 年，三聯書店將四部分別單獨出版，但仍標明屬於《冷眼向洋》書系，美國部分經過較多的增補，命名為《20 世紀的美國》。2018 年 6 月，又經過增補修訂，由商務印書館（北京）出版。現在蒙香港中和出版社建議出繁體字版，以饗香港及海外讀者。

    最初起意寫這樣一部書是得到汪道涵老先生的啟發。1997 年作者與陳樂民訪問上海時，意外地蒙汪老通過華東師範大學的馮紹雷教授約見。那是因為他讀到了陳樂民主編的《西方外交思想史》，因此想見見作者。老先生愛讀書是很多人都知道的，以他的高齡和高位，涉獵那麼廣，令人敬佩。我們談的話題很廣，總的還是圍繞世界大局的發展和走向。其間，汪老提到，20 世紀行將結束，發生了這麼多重大事件和變故，真該好好總結一下。這只是一句感慨的話，並非是向我們提建議，要我們去做這件事。但是這也正是我們經常思考的問題。在與汪老談話後，這個題目逐漸在我們的思想中突顯出來。我們三人各有所專：美國、歐洲、俄羅斯，在長期的研究中也有一些宏觀的、全局性的心得，這三大塊確實對 20 世紀的走向起了重大的影響，我們何不真的來總結一下呢？此事的發起者是陳樂民，很快得到資、馮二人的同意。醞釀一段時期後，我們逐漸有了大致的想法。後來又有當時社科院歐洲所的一位青年研究人員自願加盟，撰寫第四部關於國際政治的內容。最後就有了《冷眼向洋》。它完全沒有作為甚麼"課題""立項"之類，純粹是作者自願的結合。

這個題目很大，可以有許多不同的視角，我們只能就各自所熟悉的領域選擇某個切入點，由果求因，希望能從社會發展的既成事實中找出一些規律來，不求面面俱到，主要是探討影響 20 世紀整個世界局勢的幾股主要力量的消長及其根源，以及明顯加快步伐的全球化的大趨勢及其種種悖論。盡量透過科技、經濟、政策、制度等外層的硬殼，深入到歷史、思想、文化的軟核心。

由資中筠執筆的"總緒論"中提出的切入點是人類的兩大基本訴求：發展與平等，它們形成了社會變遷、國家興衰的兩大動力。就一個國家、一種社會而言，所謂成功或失敗主要不在於政權在誰手中，或是疆土的擴大或縮小，也不是單純的數字的增長或減少，而是要看相對來說，哪個能更好地滿足人類的這兩大訴求，同時較好地解決或至少緩解二者的矛盾，取得相對平衡的進展，從而達到真正的興旺發達，否則反是。事實上，對 20 世紀的發展起重大作用的思潮在 19 世紀中期已經形成，不過在 20 世紀得到了最大規模的實施。可以說，整個 20 世紀給各種思潮提供了登場表演的歷史大舞台。這是貫穿於整個寫作思路的主要脈絡。

以上是關於最初起意撰寫回顧 20 世紀的著作的交代。提到汪老的啟發，這是事實，不敢自專，並非據以自重。事實上，整個規劃和寫作過程中我們並未向汪老彙報或請教過，最後的成果也未必是汪老所設想的那種總結，這是必須說明的。

本書主要寫 20 世紀的美國如何達到繁榮富強，成為全球第一超級大國。對 19 世紀末、21 世紀初略有涉及，但它們不是主題。自從 20 世紀 70 年代末中國國門重新開放以來，國人對外部世界關注最多的還是美國。有關美國歷史與現狀的研究和著述林林總總，作者不可能盡讀，因此不敢以哪些內容和觀點屬於"獨家"自詡。不過，作者有自己的視角和關注點，至少在寫本書時，很少見於其他論述，大概有以下幾點：

1. 重視 20 世紀初的進步主義改革，並以較多篇幅介紹；

2. 提出衡量美國興衰的標準及其緣由；

3. 提出美國對內行民主、對外行霸權可以並行不悖；

4. 解釋為何興起於歐洲的社會主義思潮在美國始終不能成氣候；

5. 對美國何去何從以及對世界禍福的影響提出一些自己的看法。

《冷眼向洋》初版於世紀之交，在 2007 年《20 世紀的美國》單獨出版時，增加了一章"9·11"以後的美國。如今又過了十年，三聯版也已脫銷多時，不斷有讀者來問。自己重讀之下，似乎基本事實和論點尚未失效，最後的分析和不算預言的展望並未過時，敝帚自珍，感到還是值得重版，以饗新一代的讀者。本書定位為 20 世紀的美國，21 世紀以來尚未成為歷史之事，不是本書的主題。很多事還需要時間的淘洗，拉開一段距離觀察，才能看清，具備深入探討的條件（至少對本人是如此）。但對於過去 10 年美國發生的許多令世界矚目之事又不能完全視而不見，所以最後加了一篇"後記"，代表作者迄今為止的認知。

　　如今繼 2018 年商務版之後，在香港出繁體字版，內容基本不作變動。有所不同的是，由於時格勢禁，商務版未收入"總緒論"，並對 2007 版個別地方有刪節，現在都予以恢復。另外，《後記》的結尾作者根據一年來新的認識，略作了一些改動。

資中筠

2018 年 8 月

總緒論 [1]

　　站在世紀之交的門檻，人們紛紛回顧這百年來的曲折里程和繽紛世界。從加長鏡頭的萬花筒裡看：人們看到了令人驚歎的科學發明和技術的進步，從高度工業化到後工業化，到如今人人掛在嘴邊的"信息時代"、"數字經濟"，乃至使人充滿疑慮的可能改變整個人類生殖規律和倫理觀念的"克隆"術；轉一下，看到了兩次世界大戰，血流成河，殺人無數，幾個世紀人類的成就毀於一旦，同時又看到人以自己的智慧和勤勞在戰爭的廢墟上迅速恢復和建立起了新的家園；再一轉，是代表人類頂尖智慧的科學家發明的原子彈的蘑菇雲，各國競相製造，目前武器庫裡的核武器足以毀滅人類幾次而有餘，

1　原為《冷眼向洋——百年風雲啟示錄》書系總緒論。《冷眼向洋——百年風雲啟示錄》書系由資中筠、陳樂民主編，共四冊，從美國、歐洲、俄羅斯、國際政治四個角度，回顧 20 世紀世界文明發展、大國政治變化和全球化趨勢。書系總緒論由資中筠撰寫，其中的觀點和論述對閱讀本書不乏重要參考價值，特收錄於茲，以饗讀者。本文完成於《冷眼向洋》初版前，文中事實及數據都截止於 1999 年，以後未曾修訂。

端賴尚存的自律意識和互相制約的機制迄今得以避免大規模運用；再一轉，是驚心動魄的十月革命，第一個社會主義國家升起在遼闊的歐亞大陸，全世界革命者歡呼嚮往，發展成"陣營"，而後激烈震蕩，分化解體，鐮刀錘子旗變成了三色旗；再一轉，亞、非、拉民族解放運動洶湧澎湃，幾個世紀的殖民體系徹底崩潰，聯合國從成立之初的 50 個國家發展到 186 個，而後是一些國家和地區（主要在亞洲）經濟起飛，舉世矚目，一些國家（主要在非洲）在內亂和貧困中掙扎；再一轉，是第二次世界大戰之後國際關係中的新發明："冷戰"，這既是傳統的大國地緣政治的搏鬥，又是兩種制度兩種思想體系的較量，只見兩個武裝到牙齒的超級大國角逐、對峙，忽而劍拔弩張，忽而握手妥協，最緊張時似乎要把全世界拖入一場核浩劫，但是每次都及"熱戰"的邊緣而返，而後，一個超級大國突然以敵友都始料不及的方式退出角逐，至今在掙扎中謀求新生；再一轉，"冷戰"結束後世界不太平，在"全球化"呼聲高漲中民族個性、民族要求、民族宿怨突顯出來，惡性膨脹，熱戰頻起，特別是作為兩次世界大戰的發源地和中心的巴爾幹半島，到世紀末竟然又是烽火連天，代表當今最先進的科技和生產力、掌握最大的實力和財富、擁有殺傷力最強的武器庫的以美國為首的北約十幾國聯軍在這彈丸之地傾瀉了除核武器外的迄今使用過的最先進的炸彈，今天的巴爾幹再次成為西方列強和已經大大削弱但餘威尚存的俄羅斯的明爭暗鬥的場所。世界人民憂心忡忡地看着這一為強權政治所打開的潘朵拉之盒還將造成怎樣的後果。

　　當然，在這萬花筒中，中國也構成了一幅獨特的長卷：世紀初正是甲午戰爭之後緊接着義和拳之亂招來八國聯軍，處於屈辱苦難的最底谷，經歷了一個世紀的戰亂、革命、內憂外患、"城頭變幻大王旗"、封閉、開放、跌到、奮起，到世紀末達到近代以來最大的一次新的崛起，成為人們在談論 21 世紀時的中心議題之一。今後中國的浮沉和走向不可避免地要對世界局勢發生重大影響。

對發展與平等的追求

面對這樣令人眼花繚亂的世紀動畫，企圖作一番深入的反思，從中找出規律性的啟示來，洵非易事。本書作者們（按：指《冷眼向洋——百年風雲啟示錄》書系作者——編者註）最初想探討的問題有兩個，一是美國何以興，蘇聯何以衰？另一個問題是明顯加快步伐的全球化的大趨勢及其種種悖論，特別是當前民族矛盾突顯的現實，應該怎樣理解？再進一步說：為甚麼 20 世紀資本主義不但沒有如列寧的《帝國主義論》所預言的那樣走向腐朽、滅亡，卻反而又有了新的發展，繼續顯示其生命力？為甚麼曾經令全世界勞動人民和進步知識分子雀躍歡呼，無限嚮往的"第一個社會主義國家"，一個曾經是一時之雄的超級大國，竟在 70 年後訇然解體，幡然易幟，作為一種制度在這一大片歐亞大陸上受到嚴重挫敗，作為其主體的俄羅斯八年之後還沒有走出困境？"全球化"這個詞可能不見於馬恩經典著作，但是"工人無祖國"，"全世界無產者團結起來"，"自由人的聯合體"等等命題已經包含這層意思。今天，我們卻看到各國的社會結構都發生了，或正在發生着極大的變化，傳統意義的各國無產者沒有團結起來的跡象，而資產者卻以各種形式聯合起來，這是怎麼回事？這些問題經常縈繞於幾乎所有稍微關心世界形勢的人的心中，迷面很簡單，迷底卻極為複雜，而且仍然存在多個探討的角度。實際上這兩大問題既是不同的問題，在深層次又有內在聯繫。我們盡量透過科技、經濟、政策、制度等等外層的硬殼深入到問題的軟核心來探討，大體上形成了本書的思路：

綜觀 20 世紀的社會變遷，歸根到底有兩大動力，一是求發展，一是求平等。前者導致生產力和生活水平的突飛猛進，後者導致改良和革命。當然社會發展的進程從幾千年前就已開始，但是那種激烈競爭，不進則退，速度就是生命，擴張為本能的發展方式則是現代資本主義的特點，馬克思恩格斯在《共產黨宣言》中對此有精闢的闡述。這種方式當然不始於 20 世紀，卻是在 20 世紀達到最大的覆蓋面，把所有獨立的國家都捲入其中。至於平等的要求，則並非"自古以來"就有的。人總是嚮往更加幸福美好的生活，但是各個時代，各個階層的人心目中幸福的標準不同。在舊王朝制度下，以血緣為基礎把人分為等級因而權利也按等級分配，被視為天經地義，平等並不列入基本的幸福觀。直到 18 世紀歐洲啟蒙思想提出天賦人權的觀念，亦即每個人都生而具有一些相同的不可轉讓的基本權利，這才把追求平等提到日程上，並且成為革命的動力。到了 20 世紀，這種思想向東傳播，導致中國和俄國兩個大國最後王朝的崩潰。此後在主要的文明大國中，不論還有多少王權和貴族制度的殘餘，人生而平等的觀念已經深入人心，反對各種不平等的表現成為正當的權利。於是，從某種意義上講，就一個社會內部而言，"發展和平等"成為 20 世紀的兩大追求。但是這二者又充滿了悖論。在科學技術、物質生產以空前的加速度前進的同時，社會矛盾也空前地尖銳化。各種企圖解決矛盾的傳統的和新的學說和模式仍然不外乎在這兩大追求之間尋求側重點。無數思想家、政治家和實踐者提出各種理論和方案來解決其所包含的悖論，有時成功，有時失敗。即使成功也是相對的，新的矛盾又在新的水平上出現，如此往復，人類文明得以進步。就一個國家，一種社會而言，所謂成功與失敗主要不在於政權在誰手中，或是疆土的擴大和縮小，也不是單純的增長數字，而是要看相對來說，哪個能更好地滿足這人類的兩大要求，同時較好地解決或至少緩解二者的矛盾，取得相對平衡的進展，從而達到真正的興旺發達，否則反是。事實上，對 20 世紀的發展起重大作用的思潮在 19 世紀中期已經形成，不過在本世紀得到最大規模的實施。可以說，整個 20 世紀給各種思潮提供了登台表演的歷史大舞台。

自由與平等的相悖與相成

　　毋庸贅言，自歐洲文藝復興以來的人本主義使人得到全面解放，釋放出來空前的創造力。接下來歐洲獨領風騷幾百年，令人驚歎的科學發明層出不窮，藝術文化絢麗多彩，同時思想家輩出，各種主義、學說紛紛登場，百家爭鳴，形成燦爛輝煌的思想史，物質和精神文明都達到前人無法想像的高度。總括起來，在實際政治、經濟、社會制度中起主導作用的是廣義的自由主義。其基本出發點是：通過個人的才智和力量在創造財富中得到充分發揮以達到全社會進步，這是自由競爭市場經濟的思想基礎，也是其結果。它的理想的程序是：先從各個不同的個人和群體所追求的特殊目標和價值出發，通過個人的努力和創造，然後轉化為人類普遍的進步和繁榮。問題是，在現實中並非全社會所有人群都隨着生產力的發展，同步共同富裕，或者至少向着一個方向前進。自由市場的本性是追求最大的利潤，其中必然包括激烈的競爭和淘汰，每一個人為達目的，都不惜犧牲他人，不斷製造"受苦受難"的人群，於是出現了經濟發展與平等正好成反比的現象。

這種自由主義與市場經濟互為因果，促使生產力大發展，給人類帶來空前的進步和繁榮，同時也帶來巨大的、新的苦難，受益者和受害者日益壁壘分明，對後者說來，日益不堪忍受。於是而有各種從受害者出發的學說和解決方案。從費邊主義到社會民主主義到空想社會主義到共產主義……各顯身手。這些主張都關心弱勢群體，而手段不同。總的說來，一種是在自由主義框架內的改良，一種是徹底推翻舊制度重建新的發展模式的革命。這裡應該說明的是，在實踐中改良還是革命，往往不是以人的主觀願望為轉移的，而取決於客觀形勢，實際上取決於統治者有沒有足夠的意願進行適時的、順應發展需要的改良；也取決於一個民族的傳統文化和習慣的行為模式。歷史上各個國家和地區發生過無數次民眾起來推翻現政權的暴力革命，絕大多數都符合列寧的名言："統治者不能按舊的方式統治下去，人民不能再按舊的方式生活下去"。換言之，也就是人民到了忍無可忍的地步。本書的主題不是討論革命和改良的歷史條件，而是試圖總結 20 世紀的廣闊的歷史舞台上兩大發展模式的實踐經驗。

這裡首先要把一些概念交代清楚：有些論者往往把自由與平等對立起來，似乎自由主義是不要平等的。這是誤解，是把經濟上的"放任主義 (laissez-faire)"與整個自由主義等同起來，或者以社會達爾文主義代替了自由主義的全部。另外，美國自富蘭克林·羅斯福"新政"之後，出現了新的語義上的變化，"自由主義"成為關注平等，主張政府干預經濟，加強福利政策這一派的思潮，或稱為"新自由主義"；而"保守主義"則是指強調自由競爭，偏於放任主義，在政策上向投資者傾斜這一派。這是美國政治特色的產物，不能就此成為"自由主義"完整的定義。本書提到的自由主義如果不加說明，主要指從16世紀的英國肇始，經過歐洲大陸啟蒙運動的充實、豐富起來的經典意義上的理性自由主義，它包括自由和平等兩個方面。因為人生而平等本來是自由主義最基本的信仰。

洛克說："人類天生都是自由、平等和獨立的，如不得本人的同意，不能把任何人置於這種狀態之外，使受制於另一個人的政治權力"。法國《人權宣言》第一條就是："在權利方面，人生來是而且始終是自由平等的"。早期美國的思想先驅們也是自由與平等不分家的。傑佛遜起草的美國《獨立宣言》說得明白："我們認為這些真理是不言而喻的：人人生而平等，他們都從他們的"造物主"那邊被賦予了某些不可轉讓的權利，其中包括生命權、自由權和追求幸福的權利。為了保障這些權利，所以才在人們中間成立政府。"

後來隨着社會的發展，不平等現象日益尖銳，於是出現了不同的支派，其中一派影響較大的是斯賓塞的社會達爾文主義，基本上不承認在自由市場經濟條件下存在經濟壓迫，認為既然大家都在同樣的規則中競爭，那麼失敗者主要是自己無能。他們要爭取的是取消種種導致不公平競爭的外部條件，包括政治特權、對四大自由的限制等等。但是與社會達爾文主義興起的同時，在自由主義者內部已經有各種改良的主張和理論，其關注點都是社會弱勢群體，致力於緩解不平等現象，反對弱肉強食的森林法則。不能說這些人就不是自由主義者，因為他們都信奉基本的天賦人權。社會主義則與自由

主義屬於不同的思想體系，前者先集體後個人，後者反是。不過社
會民主主義可以與自由主義並存，而馬克思主義的階級和專政學說
與二者不相容，但是其關於社會發展的根本動力是人的創造力，以
及最終目的是實現自由人的聯合體，這些思想卻是繼承和發揚了歐
洲的古典理論。

各種理論在歐洲與美國的實驗

以上這些學說都興起於或完善於 19 世紀中期，但是在 20 世紀
得到最大規模的實踐或實驗。歐洲仍是首當其衝的花色品種最全的
實驗場：除了傳統的自由主義根深葉茂外，社會民主主義在西歐、
馬克思主義在歐亞大陸加東歐、乃至法西斯主義在德國和意大利都
佔領過舞台，對千百萬人的命運產生過影響。其中法西斯主義帶來
的是純粹的災難，並已徹底失敗。社會民主主義與自由主義並存基
本站住了腳，至今仍在不斷適應、磨合、改革中。以馬克思主義名
義實踐的蘇聯模式的社會主義受到了挫敗，但並不等於馬克思主義
本身失去了生命力，相反，仍是世界公認的經典學派，並且是不斷地
研究、詮釋和發展的對象。

20 世紀最大的，與馬克思主義相對立的實驗場是美國。從精神
資源而言，美國的一切都來自歐洲，是歐洲文明的繼承者，又是其變
種。在源於歐洲的種種學說中，經過美國土壤的選擇，得以生根開
花的是自由主義。由於先天沒有封建制度的歷史包袱，自由市場經
濟在這裡得到最無制約的充分發展。南北戰爭之後，亦即從 19 世紀
最後的 30 年起，美國可以說是張開翅膀高速向前飛，把歐洲拋在後

面。在這過程中，創造了空前巨大的生產力，而且財富高度集中。此時剛好斯賓塞的理論傳到美國，為美國當時的實踐找到理論根據，立即受到熱烈歡迎。社會達爾文主義誕生於歐洲，但是在那裡生不逢時，因為當時的歐洲社會矛盾已經尖銳到難以忍受的地步，差不多同時興起的社會主義思想對它更為適合。這樣，自由主義中的社會達爾文主義這一支派始終成為美國的主流思潮之一，也是其社會發展的主要經線。這一派強調自由競爭，反對政府干預；重視機會均等而不顧或較少顧及結果的平等；崇尚私有經濟，主張限制國有；對福利政策心存疑慮……等等。但是如果只有這一條線，發展下去必然使美國變成一個弱肉強食的大森林，使矛盾激化到無法緩解的地步，難免引起社會動亂乃至革命。美國自南北戰爭以後，歷經經濟和社會危機而得以平穩發展，是因為還存在另一條線——改良主義的思想，也就是關心弱勢群體，傾向平等，主張政府調節經濟，實行福利政策的思潮。整個 20 世紀，美國一直不斷在進行漸進的改良，這是美國一大特色，也是一大強項，在這過程中，政策在上述兩端之間擺動、微調，而大的趨勢是二者都向中間靠攏。到今天已經形成了一定的社會保障和福利網，同時自由市場經濟仍然高度發達。如果說，歐洲的福利制度更多受社會民主主義影響的話，美國則主要是"新自由主義"。也可以說，歐洲自由與平等並重，而美國始終是先自由後平等。如果以"左""右"來劃分，則美國的社會思潮重心比歐洲更靠右些。

20 世紀西歐國家和美國都沒有發生革命，只有群眾運動和政府改良，也正因為有了及時的改良才避免了革命，這是其共同點（這是指一國內部，至於歐洲的兩次大戰和國家間的衝突，以及殖民地的獨立鬥爭則是另一範疇的問題）。並非是西方國家的統治者天生比較明智，而要歸功於社會批判的傳統。這種批判的動力是知識階層的責任感，其保障是充分的言論自由。因此，"不平則鳴"得到充分的發揮，任何社會不公和黑暗現象都得到不斷的揭露和批判，形成強有力的輿論監督。即使是代表各種利益集團的政客的互相揭短、攻擊，客觀上也起監督和制衡作用。由於政府領導是民選的，他們既不能壓制輿論，又不能置之不理，這就促成了改良的必要性和可能性。反過來，這種改良和妥協也維持了社會的穩定，使資本主義制度得以延續，所以既得利益階層也有進行這種改良的動力。在這方面，得天獨厚而又遠離戰場的美國得到最充分的體現，收到最好的效果。又由於它始終以自由市場經濟為主線，較之歐洲尾大不掉的高福利制度政府負擔不那麼沉重，平等與效率的矛盾也不那麼突出。當然在美國，這些問題也是存在的，令歷屆政府頭痛。於是在世紀末，英國貝理雅和美國克林頓同時提出了"第三條道路"之說。這一提法不出自保守派而剛好出自工黨和民主黨之口，究其實質是從原來的立場向右靠攏，而不是相反。從目前來看，這在思路上未始不是一種新的探索，但在實踐中仍然屬於微調，是否能成為漸變的改良的一個新階段，尚未可知。

關於平等，也有兩種意義：一種是機會均等，也就是在起跑線上平等；一種是結果平等，也就是縮小貧富差距。自由主義宣揚的是機會平等，但是初始機會的平等在現實生活中很難做到。歐洲資本主義是脫胎於封建社會，許多貴族轉變為資本家，並非同屬赤貧的人在完全同等的機會下競賽。相對來說，美國在開發初期機會比較平等，第一代來自歐洲的移民基本上是白手起家，在廣闊天地各顯神通。但是到美利堅合眾國建國時有產者和無產者之分已經很明顯，儘管在法律面前人人平等，但是先來者有權制定對自己有利的立法要後來者遵守。發展到 20 世紀，片面強調起跑線上的平等的虛偽性日益明顯，而結果的不平等日益尖銳。單靠市場的"看不見的手"對解決經濟危機和社會危機都不是靈丹妙藥。正因為如此，才有各種社會主義的理論乃至馬克思主義出現，其理想都是通過某種制度達到一個公平的社會，使人人都享有幸福。

沙俄 → 蘇聯 → 俄羅斯

毋庸贅言，一切在資本主義制度下的改良，無論是機會還是結果的平等都不可能徹底解決。這一點早已為實踐所證實，馬克思主義又在理論上作了最完整的論述，不但提出了社會主義代替資本主義是科學的必然規律的論斷，而且進而提出只有通過無產階級革命，徹底推翻資本主義制度，建立一個前所未有的嶄新的，取消了私有財產的制度，才能消滅階級，消滅人剝削人，從而達到真正平等、民主的理想社會。馬克思設想這一革命應該首先發生在資本主義最發達最成熟的歐洲國家，如英國。但是歷史的實踐是第一個以馬克思主義名義進行的暴力革命發生在經濟相對落後，橫跨歐亞大陸的沙皇統治下的俄羅斯。幅員遼闊的蘇維埃社會主義聯邦共和國成為世界歷史上第一個實行無產階級專政的社會主義國家。

俄羅斯民族是一個文化高度發達的優秀的民族，19 世紀的俄羅斯人才輩出，其文化與西歐相比有其獨特的風韻。當時的俄國知識分子思想極為活躍，也是百家爭鳴，學說蜂起，並且貢獻出了

"intelligentsia" 這樣一個有特定含義的詞來概括有獨立思想有社會責任感的知識分子。但是與幸運的美國人不同，俄羅斯民族是在苦難中成長的，底層是農奴制，頂上是專制的沙皇統治，不存在自由主義的傳統。本書系俄羅斯分冊以"東西方文明結合部"來概括俄羅斯的特點，包含了極為豐富的內容。如本文一開始提到，是實行漸進的改良還是暴力革命，就其直接推動力而言不以人的意志為轉移，而是取決於統治者和人民群眾的習慣兩個方面，那麼，俄羅斯在這兩個方面改良的條件都不具備，暴力革命終究有其必然性。凡是通過暴力革命確立的政權，開頭必然要有鎮壓反抗力量的過程；何況，十月革命是史無前例的無產階級剝奪一切資產者的革命；何況，其理論就是要實行無產階級"專政"；更何況，當時所有資本主義國家都極度恐慌，聯合進行武裝干涉，聲稱要將其扼殺在搖籃裡。由於列寧逝世較早，論者慣於把蘇聯的專制鎮壓以及一輪又一輪的排除異己的黨內清洗都歸罪於史大林的偏執狂。史氏個人的因素固然有很大作用，但是理論的、制度的和歷史文化的因素可能更加具有決定意義，否則就無法解釋為甚麼是史大林而不是布哈林或其他甚麼人成為最高領導，也無法解釋為甚麼全黨全民都能接受他或幫助他的高壓統治。

考察蘇聯 70 年的業績，最大的成就是實現了相當高度的工業化、基本的生活保障和普及教育。這是它在第二次世界大戰中能對反法西斯戰爭作出巨大貢獻，並在戰後成為能與美國抗衡一時的超級大國的基礎。但是取得這些成就所付出的代價太大，從長遠看難以為繼。在很多重要方面，都與原來理論上革命的目的背道而馳。

首先看平等，這本是馬克思主義對勞動者最有吸引力之處，也是在理論上徹底革命優越於形形色色的改良之處。但是如眾所周知，在蘇聯最初物資極端匱乏的幾年中實行軍事共產主義和新經濟政策之後，就逐步形成實際上的特權階層。特別是在第二次世界大戰之後尤為突出。這種特權滲透於政治權利、職業選擇、經濟生活，乃至日常消費品的享有等各個方面。既無機會平等，也就談不到競賽規則的平等，因而不能刺激人的生產積極性。西方社會的貧富不均狀況尚留有一條個人通過奮鬥向上爬的道路，在這過程中同時有所創新，為提高社會生產率作出貢獻。而在蘇聯被歪曲了的"社會主義"制度中，個人改善境遇之道在於在政治認同的前提下，在官僚化的各個社會生活領域中設法沿着階梯向上爬，達到這一目的的手段卻較少與創造性的勞動相關，甚至相反。對廣大的底層勞動者而言，儘管形式上憲法賦予無比的權力，實際上得不到保證，也難以有爬入上層的機會。結果，在社會結構上形成了廣大的勞動者和享有不同程度的特權的上層官僚機構的新的畸形的金字塔。

再看生產力的發展，革命的基本目的是解放生產力。蘇聯在成立之初以高度集中的計劃經濟實現了工業化，建立了重工業的基礎。第二次世界大戰之後，又藉助這一制度較快地在廢墟上恢復經濟。但是這樣一種計劃經濟從根本上講是難以持續的，其浪費和無效，弊病百出，已為大家耳熟能詳，不必贅述。更重要的是，生產力的解放和發展歸根到底取決於人的解放和創造力的發揮。俄羅斯的勞動者不可謂不勤勞，而且以能吃大苦、耐大勞著稱；俄羅斯到 20 世紀初已經有高度發達的文化，擁有大批才華出眾的知識分子；前面提到革命後的蘇聯在普及教育方面的成績，直到今天，前蘇聯各共和國的人民普遍教育程度和文化修養在發達國家中也是比較高的。但是，僵化的計劃經濟制和分配制度無法刺激勞動生產率的提高，在高壓下的思想禁錮磨損了知識精英的創造性和獨立思考能力，很難想像大批有思想有頭腦有學識的精英長期處於動輒得咎，被迫說假話，連生命的安全都沒有保障的情況下，一個民族能夠興旺發達。

總之，馬克思和恩格斯在《共產黨宣言》中所設想的無產階級革命後的情況在蘇聯或者沒有實現，或者發生了異化。原設想，工人革命第一步使無產階級上升為統治階級，爭得民主，然後一步一步地奪取資產階級的全部資本，把一切生產工具集中在國家**"即組織成為統治階級的無產階級"**手裡，並且盡可能快地增加生產力的總量。這個無產階級以統治階級的資格用暴力消滅舊的生產關係，同時**"也就消滅了階級對立和階級本身的存在條件，從而消滅了它自己這個階級的統治"**。在蘇聯的實踐中，工人革命奪取政權成功了；剝奪資產階級的全部資本，把一切生產工具集中在國家手裡也做到了；但是上面黑體字的內容卻沒有出現，實際上生產工具掌握在以國家的名義壟斷一切的特權階層手中。生產力遠遠沒有解放，因為馬克思和恩格斯所指出的，在資本主義制度下淪為機器的奴隸的工人並沒有得到真正的解放。原來批判資產階級民主的虛偽性，設想無產階級革命後將享有更加高度的民主，但是除了革命最初年代的一些努力之外，相當長的時間中對民主的理解與慾求要麼化為無政府主義的"民眾崇拜"，要麼形成高度集權下的"愚民暴政"。30 年代後蘇聯當政者口中"民主"一詞用得不比西方少，卻更加虛偽。平等既沒有實現，"自由"更成為禁區。結果，"自由"、"民主"的專利權送給了西方資本主義國家。當然，與《共產黨宣言》理想中的**"聯合體，在那裡，每個人的自由發展是一切人的自由發展的條件"**更是背道而馳。可以説，無產階級革命被異化了。

具有諷刺意義的是，一方面，對馬克思主義的威力和蘇聯式的革命恐懼推動了美國和西歐各國的自上而下的改良；另一方面，對於這些國家中不滿足於改良，嚮往更為徹底的社會主義革命的進步人士來説，蘇聯的實際榜樣的出現反而使理想破滅，使他們二害相權取其輕，轉而與現制度中的改良妥協。對於美國為甚麼沒有社會主義這個問題，西方學者提出了若干解釋，都言之成理。本書作者又加上兩説：一是"反面榜樣"説，即上述蘇聯的實踐的負面效應；二是"時間差"説，即歐洲資本主義矛盾尖鋭到難以為繼，為社會主義思潮提供土壤時，美國的發展正方興未艾，為社會達爾文主義提供土壤。等美國感受到危機時，漸變的改良已經開動，為"新自由主義"打下基礎。美國的強盛又挽救和支持了西歐的資本主義發展。一個有爭議的問題是，二戰後，如果沒有美國，在筋疲力盡的歐洲國家會不會發生社會主義革命，特別是如法國、意大利的共產黨是第一大黨，又掌握強大的工會。這又是歷史的假設，難有定論。不過根據西歐深厚的自由主義傳統，又有社會民主主義的福利政策，即使發生較為激烈的社會動亂，大約比東歐更難建立蘇聯模式的專政。

東西方的較量

蘇維埃社會主義聯邦共和國自一誕生起，就是在資本主義國家仇視和包圍之中，這種情況一方面造成了國民的凝聚力，和對國內各種物質的和精神的艱苦條件的耐受力，成為一種刺激團結奮鬥的力量；另一方面，使統治者有不實行民主，進行高壓的藉口。史大林時期被清洗、遭迫害的對象大多數的罪名中都有"帝國主義間諜"，就很説明問題。二戰後的冷戰促使蘇聯進行昂貴的軍備競賽，導致國民經濟畸形發展，消費品長期緊缺，犧牲人民的生活質量。這種情況又形成悖論：軍備競賽使國家經濟不堪其負擔，而維持國內的凝聚力又需要外部的緊張局勢。事實上，蘇聯是經不起緩和、鬆動，經不起"和平競賽"的。一旦與西方正常來往，不再處於敵對的狀態，人民就有所比較，就失去必須忍受原來的條件的動力。從這個意義上説，赫魯曉夫的"解凍"和戈爾巴喬夫的"公開性"都對蘇聯的解體起了催化作用，也不無道理。而這正説明蘇聯的凝聚力實際上已經相當脆弱。

在我國，認為蘇聯解體是西方"和平演變"的成功之説頗為盛行，由此推理，赫魯曉夫和戈爾巴喬夫的改革和有限的開放就都是開門揖盜，是罪魁禍首。那麼反過來，在外部世界突飛猛進，進入信息時代的情況下，這樣一個橫跨歐亞大陸的聯邦，照舊經濟上國家壟斷，政治上全面專政，對內實行思想禁錮和信息封鎖，對外保持緊張關係，抵制思想文化滲入，加緊控制東歐各國，嚴守柏林牆，能長期繼續下去嗎？更重要的是能給蘇聯及其勢力範圍內的人民帶來繁榮昌盛，幸福生活嗎？誠然，在冷戰中，以美國為首的西方國家對蘇聯和東歐國家的"促變"是既定方針，是美國向全世界推行民主制度的大戰略的一部分，也可以説是其對外政策的"終極關懷"。這是公開宣佈的"陽謀"，同時也不排除使用陰謀顛覆手段，不過主要是陽謀。所以在東西方談判中，西方力爭的是文化交流和信息相通的自由，蘇聯方面力拒的也是這一點。1975 年赫爾辛基的"歐洲安全與合作會議"（簡稱"歐安會"）達成的最後文件是妥協的產物：蘇聯得到的是西方終於承認歐洲各國的邊界"不可侵犯性"，特別是承認奧得—尼斯河為德波邊界線；而西方得到的是蘇聯同意把"尊重人權"和東西方文化交流、人員自由來往的條款寫入文件。前者涉及第二次世界大戰遺留下來的蘇聯佔領的領土問題，實際等於承認蘇聯的勢力範圍，利害關係很好理解；而文化、人員交流本是平等的，互相的，為甚麼西方力爭而蘇聯力拒呢？為甚麼蘇聯同意了就是給了西方便宜呢？因為蘇聯正確地看出西方意圖以思想文化滲透促"和平演變"。那麼，再進一步，既然是相互交流，為甚麼蘇聯不能對西方進行"演變"呢？不應忘記，共產主義從理論上就公開宣佈以推翻一切資本主義制度為目標。在實踐中，十月革命後各國紛紛成立共產黨，都聽命於共產國際，也就是聽命於蘇共中央。在國際主義的前提下，各國共產黨的忠誠首先是對"國際"，其次才是對本國。因此，西方國家的統治者視共產主義為洪水猛獸，繼邱吉爾喊出要把第一個社會主義國家"扼殺在搖籃裡"之後，美國掀起過兩次反共高潮，一是 20 年代的"恐赤潮"，二是 50 年代初的麥卡錫主義，都是以蘇聯威脅的名義矛頭指向本國人民。說明當時西方統治階級缺乏自信，感到一種威脅。但是後來在思想上攻守之勢易位，害怕演變的就不是西方了。為甚麼年輕的蘇維埃政權頂住了十四國武裝干涉，卻在發展成掌握核武器的超級大國之後害怕在對等基礎上的和平的思想交流？事實上，在冷戰期間蘇聯"文攻武衛"齊上，陽謀陰謀並用，與以美國為首的西方國家爭奪勢力範圍，特別是新興的亞非拉國家，也是不遺餘力的。包括美國共產黨在內的一些國家的革命政黨接受蘇聯的資助也是公開的秘密。所以問題不在於在互挖牆腳中哪一方的策略更高明，關鍵還在於誰能最大限度地發揮本國人的創造力，

滿足本國人民的物質和精神需要。因此本書系的主要篇幅放在討論
幾大體系的內部發展上。

　　本書系俄羅斯分冊提到了兩次歷史的選擇：第一次從二月革命
到十月革命，是通過暴力革命實現突變；第二次 1991 年解體也是突
變，雖未經流血，卻也是造成社會激烈震蕩，十分戲劇性。這與美
國漸進的改良成鮮明對比。所謂漸進的改良，也可以稱之為自覺的
"和平演變"。那麼俄羅斯有沒有走和平演變的道路的可能？例如第
一次布爾什維克革命是否必然要發生，克倫斯基政府是否有可能站
住腳？若然，俄羅斯有沒有可能沿着議會民主道路發展資本主義？
其結果會如何？第二次，到了 80 年代末，蘇聯是否還存在漸變的可
能？聯邦的解體是否是歷史的必然？在經濟改革上，人們對 "休克療
法" 議論紛紛，但是到了這個地步，是否存在像中國那樣漸進的改革
的條件？當然，對已經發生的歷史是很難有假設的，不過在探討問
題時也不妨作一些假設。從俄羅斯分冊的論述來看，作者馮紹雷傾
向於歷史的必然性，也就是說東西結合部的文明造就了俄羅斯的特
點，發展到本世紀初，社會結構中沒有中間階層，各種矛盾激化的程
度使得客觀上議會改良難有成功的餘地。到戈爾巴喬夫時，一切已
經太遲，戈氏實際處於進退兩難之中，回天乏術；葉利欽及其謀士
們也決不是無能之輩，不能認為他們就是無視本國條件盲目追隨美國
經濟學家的指導。局外人很難體會在那種積重難返的經濟體制中決
策者所面臨的艱難選擇，也許俄羅斯人民命中注定要經歷大起大落。
當然這是從既成事實向後推理，但是設身處地很難想出另外的道路。

　　在蘇聯解體和俄羅斯易幟之時，西方伸出雙手歡迎，一方面一個
勁敵消失了，一方面歐亞大陸這一大片將納入 "民主化" 進程。相當

多的俄羅斯人也這樣看，以為從此可以與西方共享民主、自由和繁榮。然而事實決不那麼簡單。外援遠遠少於期望，如杯水車薪；內部改制步履維艱。原來與西方國家在地緣政治上的矛盾又逐漸恢復，而此時抗衡的力量已經大大削弱。西方國家一方面必須維持俄羅斯不能垮台，一方面乘人之危，把北約的邊界東擴到了它的腳下，而且肆無忌憚地用兵於東歐僅存的尚屬俄勢力範圍的南聯盟，俄羅斯周圍再沒有傳統的緩衝地帶。俄羅斯手中仍然握有僅次於美國的強大的核武器，卻已形不成足以使其有所顧忌的威懾力量，除了加強抗議，給予人道主義救濟外，保護不了要求加盟的難友。如果說，命運特別眷顧美利堅，總是給予有利的歷史機遇的話，那麼這個有深厚的文化積澱，創造過燦爛文明的偉大的俄羅斯民族卻是命途多舛，20 世紀的歷程更是悲劇性的。下個世紀能否擺脫新舊包袱，終於走出困境獲得新生，尚在未定之秋。在世界全球化過程中俄羅斯在何處定位，扮演甚麼角色，也難以逆料。但可以確定的是，一個以歐亞大陸文明結合部背景為制約的俄羅斯既不可能復歸前蘇聯的 "社會主義"，也不能被 "全盤西化"。

"新時期的特點"

歷史的階段並不一定是按世紀分的，國家內部的歷史階段也不一定與國際關係的階段相一致。從全世界範圍來看，直到第二次世界大戰結束之前，還是 19 世紀國際政治的延續，新時期可以從第二次世界大戰的結束開始。其標誌如下：

一、歐洲的 "兩化"："邊緣化" 和 "一體化"。"邊緣化" 是指的從 19 世紀的中心地位移至"側翼";"一體化"則是把"歐洲統一"
的古老觀念落到了實處。儘管困難重重,卻是本世紀的一大創舉,
並與全球化的大趨勢相一致。一種跨國界的主權國家的聯合體以
及與之相聯繫的政治學和經濟學將是歐洲對未來世界文明的一大
貢獻。

　　二、德國問題的解決。德國既對歐洲文明的發展作出了巨大貢
獻,又是兩次世界大戰之源。德國法西斯的興起和滅亡使德國,從
而使歐洲,進入一個新階段。本書系歐洲分冊有專節論述法西斯主
義的歷史和思想根源,指出其興起在德國不是偶然的,而德國法西
斯的最終失敗使至少是西部德國最終納入了西歐的民主進程,在制
度上一致起來,使德國不再是歐洲的"問題"。至於冷戰中的德國分
裂而造成的"德國問題",其性質與以前的不同,這一問題以柏林牆
的倒塌而結束。法西斯德國的失敗不是一般意義上的政權的垮台,
而是一種思潮的終結,是德意志民族主義惡性膨脹到極點之後的消
亡,從此德國與西歐民主國家步調一致,理順了關係,從根本上改變
了 19 世紀的西歐格局 (現在這裡那裡還有法西斯殘餘,基本上不會
成氣候,無傷大局)。如果沒有德國的這一變化,西歐一體化的進程
就沒有可能。

　　三、"第三世界"的出現:殖民體系瓦解,出現了一大批新獨立
國家,構成"第三世界"。這一名詞有多重含義:最初指中立於西方
民主和社會主義"陣營"之間的一批中立國家;毛澤東於 60 年代提
出"三個世界"理論,主要用以劃分"敵、我、友",既有政治標準,
又有經濟標準,含義不十分明確;現在"第三世界"則泛指歐美以外
的發展中國家。不論其定義如何,這無疑是 20 世紀後半葉出現的新

現象，它使世界地圖必須重畫，國際力量的消長有所改變，在某種程度上相對平等的國際機制有實現的可能。還有一項深刻的影響是在國際關係中置種族主義於非法。最後一點對人類思想的發展極為重要，因為直到第二次世界大戰之前，國際間的弱肉強食還常常是以赤裸裸的種族優劣論為理論基礎的。德國納粹和日本軍國主義固然如此，歐美民主國家對待"非我族類"也是如此。本書系美國分冊專有一章論述種族主義，實際上這不限於美國國內而是帶有世界性的。所以二戰之後種族平等成為一項國際公認的原則應看作不但是國際關係史上而且是人類思想史上的深刻的革命。

四、核武器的發明：這是科學理論和實踐的劃時代的飛躍的產物，這種發明用於製造殺傷力空前強大的武器，並非科學家的本意。核武器既是毀滅人類的威脅，又是制止世界大戰的因素。整個下半世紀各大國都在為對付這一自己創造出來的怪物而傷腦筋，核軍備競賽與核軍備控制成為國際關係中的一個主題。

五、"信息時代"：這是計算機的發明、完善和普及的結果。這一名詞最引人注目地被接受是從托夫勒的《第三次浪潮》的發表開始。以後又發展到"網絡時代"。"後工業化"這一名詞在 60 年代就已出現，但是"後"以後是甚麼，當時還不明確，現在基本上達成的共識是稱之為"信息時代"。這也是與農業社會進入工業社會一樣不以人的意志為轉移的。與前面發展不同的是，這一次是席捲全球的，不可能像以前那樣，有些國家能夠長期處於工業化進程之外。這一變化帶有劃時代性質，深刻地改變着國家關係、人的生活方式、思維方式，甚至犯罪模式。但是並不等於說各國和各地區發展不平衡的現象可以縮小，相反，信息本身成為一種財富和權力，它一方面迫使世界各國趨同，一方面又在世界範圍內成為擴大先進與落後，貧富懸殊的新的動因，這也是一個悖論。

六、國際協調體制化：這首先是指聯合國的出現，還有諸如國際貨幣基金組織、世界銀行、世界貿易組織等一系列的國際組織及其規則的確立。這一機制是建立在二戰後的新的國際關係和新的觀念的基礎上的。例如"集體安全"的觀念，戰前就難以成立，威爾遜的國際聯盟的失敗從根本上講是當時條件尚未成熟。這種國際機制的出現也是全球化進程中的一個階段，是和平不可分割，市場一體化的現實需要，也是對人類休戚相關的承認。這與下面要講的美國霸權既矛盾又一致。聯合國及一系列的國際經濟組織實際上都是美國發起，並在美國"領導"下制定規則，然後由成員國討論通過的。但是一旦通過，就屬於所有參加者。儘管在組織內部仍然存在發言權和實際決策權的不平等，但是終究與沒有這樣一個組織大不相同。聯合國自成立以來在維護和平、調節爭端、監督國際協議的執行、解決難民、貧困、衛生等遍及全球的問題方面作出了無可代替的貢獻。美國一方面在其貢獻中佔最大分額；一方面，也利用這些國際組織實施自己的霸權，甚至在不能操縱時撇開它行事。這一現象還將繼續。一個有強制力的世界政府尚屬不可祈及，但是目前的國際機制不論有多少局限性，還是能對強權政治有一定的制約，隨着國際間相互依賴日益緊密，這種機制只能進一步改進和完善而不會倒退到無序狀態。

七、美國霸權：現在有多種提法："美國領導"、"美國世紀"、"美國治下的和平"、"美國霸權主義"，"超級大國強權政治"等等。歸結到一點，就是美國在 20 世紀崛起為世界第一超級大國，冷戰結束後

又成為唯一超級大國，對於全球所產生的影響，本書系美國分冊的
最後一章討論了這一問題。下面還將論及。

民主與霸道

在有關美國的對外行為中，作者用了一個提法就是美國"對內立
民主，對外行霸道"。就是要強調前面所論述的源於美國自由主義思
想的內部的民主制度和漸進的改良精神與它的國際行為並無必然的
聯繫。美國任何當政者在國內必須受制於一整套制衡機制，在國際
上卻駕凌於一切規則之上，包括它自己參與制定的規則。它憑藉超
強的實力軟硬兼施，迫使他國服從其戰略利益，甚至不惜大規模動
武，這就是"對外行霸道"。

在我國相當普遍的認識是，一個倡導自由，奉行民主制度的國家
理應在國際上也遵守和平和公理，否則就說明所謂的民主自由都不
足取，或者說都是假的。甚至於把我國應走甚麼道路，提倡甚麼原
則與有關國家如何待我聯繫在一起。一百年來無數仁人志士在這個
問題上有難以分解的情結，導致我國現代化進程的曲折道路。對這
種心情最生動地概括是：怎麼先生老打學生？於是決定轉而以俄為
師。但是結果如何呢？姑不論後者的榜樣如何，這位老師難道就不
欺侮學生了嗎？平等待我了嗎？時至今日，應該可以對這個問題作
理性的、客觀的分析，認識到，首先自由民主是一種思想理念，為人
類共同的財富，代表文明發展到某種程度時人的共同的追求。它雖
然肇始於歐洲，卻非哪個國家所專。這種理想付諸實踐要有一定的
條件，需要長期的發展過程。各國所處環境不同，當然過程各異，難

以強求一律。另一方面，到目前為止，國際事務還是社會達爾文主義佔主導地位，也就是為強權所主導。不過 20 世紀畢竟與 19 世紀有所不同，前面諸點已經提到。當然以美國為首的西方國家仍是強權政治的實行者。與其說這反證了民主自由之不足取，毋寧說正因為這些國家對內有一套足以使其富強的思想和制度，才有資格在國際上稱霸。這裡是講客觀事實，並非提倡凡國家強大必然行霸道。但是如不富強則不論稱霸還是主持正義抵制霸道都沒有力量。我們的祖先一個半世紀之前已經承認了西方列強船堅炮利的優越性，但是對於深層的探索，似乎始終走不出作繭自縛的怪圈。歷史包袱太重固然是原因之一，而在認識上總是把我們自己的追求與國際關係的起伏連在一起，有很大關係。

關於全球化

"全球化"的進程非自今日始，有的論者認為從哥倫布"發現"新大陸就已經開始了。或者說，資本主義的發展本身就必然帶來全球的擴張。但是這一提法成為全世界的流行語卻是冷戰結束以後的事。二戰以後貿易、投資、生產、金融的國際化與跨國公司的發展使全球化成為新的現實，而冷戰的結束最後打破了人為的壁壘，同時高科技的發達和信息時代的到來大大加速了全球化的進程，使每一個國家都不能自外於它。在許多方面人類真的到了休戚相關的地步，對他人的苦難既不能坐視，更不能幸災樂禍。東南亞金融危機的前因後果和國際社會的反應是對此最好的註解。毋庸贅言，全球化的動力來自高科技發展本身的趨同力和現代市場經濟的擴張。和在一國內一樣，它所到之處帶來巨大的發展，也帶來巨大的問題和矛盾。
其中至少有以下三個突出的問題：

1）全球範圍內的兩極分化。根據最新的聯合國的調查結果，全
世界最富有的三個億萬富翁的財產，加起來已經超過了最不發達國
家中六億多人口所擁有的財產。而這種荒唐的不平等現象正是時間
縮短、空間縮小和邊界的消失的經濟全球化的結果。一國內的問題
可以通過政府干預進行改良，而在世界範圍內沒有可比的機制。在
所謂"贏家通吃"的規律下，一些國家和民族可能境遇更加悲慘，有
些國家被淘汰出局，也不是不可想像的。

2）民族主義的突起。冷戰結束後被意識形態掩蓋的民族主義
突顯出來，紛爭不已。關於民族主義問題，本書系幾個部分都涉
及到。最後一部分討論了它與全球化的關係。應該說，民族主義是
民族感情及其政治化的表現，是與民族的誕生俱來的一種本能，因
此往往不是很理性的。民族國家起源於歐洲。歐洲國家經過了幾
百年的爭戰、磨合，各民族的要求得到充分的釋放，民族利益大體
上達到平衡和滿足，才有今天聯合的可能。另外，社會發展到一定
的高度並大體相同是重要條件。但是有少部分民族矛盾並未得到
解決，各自的歷史願望並未得到滿足，因而還在繼續爭鬥不已。冷
戰時期暫時被更加強有力的意識形態分野人為地壓制下去或加以
掩蓋，一旦這個蓋子揭開，原有的紛爭就變本加厲地爆發出來，甚
至惡性膨脹。蘇聯的解體也與此有關。至於歐洲以外的大部分地
區，其民族願望長期受壓制，剛剛有機會得到伸張，發展極不平衡，
歷史遺留的矛盾和問題極為複雜，自然就要頑強地表現出來。而
況大多數情況還有大國強國的利益和野心捲入其中，使問題更加

複雜。

　　3）霸權主義的伸張。在對峙的一方失去抗衡力量後另一方更加肆無忌憚。在世紀末到來時霸權主義與民族主義同時集中體現在巴爾幹地區的烽火中。

　　關於全球化，當然離不開美國。毋庸諱言，美國以其科技、經濟和制度的領先地位"領導世界新潮流"，也就是在全球化中起主導作用，這是客觀現實，不以哪個國家的意志為轉移。特別是在"知識經濟"或"智能經濟"中，美國比在工業經濟中更佔優勢。除其他條件外，作為獨特的移民國家，在全世界人才自由流動幾乎無國界的今天，最優秀的人才流向美國勢不可擋，使美國在這方面形成絕對的良性循環。全世界在不知不覺中追隨美國的生產方式、生活方式和思想影響。這是一種無形中的"美國化"，連歐洲也不例外。理論上各國有主動權，迎之拒之操之在己，不少國家也制定了許多保護民族"特色"的政策。但是實際上在市場一體化的潮流中，在相當程度上是身不由己的。特別是後進國家，面臨兩難抉擇：盲目追隨當然不足取，而過分強調民族特色則可能保護落後，自外於世界潮流。這種"領導"對世界是禍福相倚，不可一概而論。幾百年來，美國對人類並非沒有作出過積極貢獻，今後也仍然應該而且能夠對人類共同的問題擔負義不容辭的國際責任。但是，美國作為唯一的超級大國，在國際上也可以起極大的破壞作用。

　　首先，它所領導的"新潮流"不等於"好潮流"。全世界身不由己地追隨的榜樣未必是好榜樣。一種情況是促使西方文明發展的諸多優秀傳統正在發生異化，例如自由競爭帶來的貪婪自私；新聞自由轉為不負責任、散佈偏見，甚至助紂為虐；高度實用主義造成的文化庸俗化，還有高度浪費的消費習慣等等；一種情況是本來包括西方文明在內的任何一種文明都是精華與糟粕並存的，對外人來說，吸收精華需要進行艱苦的努力和具備吐納的能力，而以不可抗拒之勢瀰漫於世界的卻往往是糟粕部分居多。更重要的是美國憑藉實力在全球進行合乎自己利益的戰略部署，要求世界各國服從其戰略，也就是如布熱津斯基的書名所表達的，把世界作為它的"大棋盤"，其他的國家被當作棋子。這是傳統的強權政治，也是美國和其他西方強國所習慣的行為和思想模式，在方今國際關係中仍佔主導地位。近年來，所謂世界"多極化"之說甚為流行。但是客觀地審時度勢，這最多是代表一種主觀願望，或者一種未來可能的趨勢，目前還不能算是既成事實。試看哪一種力量可以稱為一"極"？歐洲、日本、俄羅斯各自都可能與美國有矛盾，但不足以與之抗衡，更不可能聯合抗美，而是相反，在他們之間有矛盾時，有可能各自藉助美國的力量，引來美國的干涉。這樣，外部沒有足夠強大的制約力量。內部人民的制約力量也在削弱——由於高度發達的武器可以避免出動地面部隊而不必付出人員傷亡的代價，這就難以使本國人民感到切身利害而形成反對的力量。在內外的制約因素都大大削弱的情況下，美國的干涉主義從理論到實踐將進一步發展。這是值得世人嚴重關切的。

新課題呼喚新思維

20世紀的確經歷了前所未有的大發展和大災難，誕生於19世紀甚至更早的重要思潮各自佔領舞台大顯了一番身手，在解決人類對發展和平等這兩大追求中取得了重大的進步，但是問題依然嚴重地存在。老問題以新的形式出現，同時又出現新的問題。全球化是一種客觀的進程，不是哪個國家的主觀意願的產物。但是這一過程是否能給世界廣大人民帶來和平和福利，則取決於非理性的民族主義和蠻橫的霸權主義這兩種力量能否得到有效的抑制，也取決於在全球範圍內發展和平等的問題能否得到解決。此外，人類如何以自律的精神駕馭飛速發展的高科技也是重大課題。就以環境污染來說，這可能是21世紀人類面臨的最大的問題之一，超過迄今為止的戰爭和平、貿易摩擦等等帶來的影響。不但地球上的水和空氣被污染，連天空、太空也正在以危險的速度被人類所污染。在這種情況下，下一個世紀人類所面臨的生死存亡問題將是自己親手造成的生存環境的破壞，這是不分國界的。明智的選擇應是聯合起來共同拯救和改善環境。但是發展的不平衡和環境的暫時差異，造成短期利益和長遠利益、局部和全局之間的矛盾。決策者不見得都那麼明智，即使是明智的決策也不見得能在盲目的群眾中貫徹。到那時真正的英雄可能不再是戰場上的軍人，或是以其他方式保衛某一個國家的局部利益的人，而是對保衛環境作出巨大貢獻和犧牲的人。如1998年戈德曼環境獎獲得者之一，以部族集體自殺相威脅來阻止西方石油公司在哥倫比亞雨林中開採石油的領袖，其英勇悲壯也可以入史詩。這只是例子之一。

總之，進入下一個千年，人類面臨的是如何使自己的高度智慧和創造力造福而不是加禍甚至毀滅自己。本世紀最後的十年的發展可能預示着一種質的變化。在思考世界面臨的問題時，也需要目光超越傳統的國際關係、地緣政治乃至意識形態的觀念。新課題呼喚着新的眼光和新的理論。本書系意在鑒往知來，希望能得出一些啟示。儘管着眼於世界，卻總忘不了在我國在這世界大潮中何以自處，如何自立於世界民族之林。因此最後有題為"全球化與中國"的《後記》，撰寫者陳樂民的結論是："至於我們中國自身，則改革和開放是在任何時期、任何情況下都不能有絲毫動搖的。今天如此，明天如此，以後仍如此。可以說是我們的'永恆主題'。"

　　這句話不是官腔，不是老生常談，而是本書作者們審世界之時，度我國之勢，得出的深切感受。

資中筠

1999 年歲末

第一章　概論

　　1941 年，美國《時代》、《生活》雜誌的創辦人亨利‧魯斯提出了
20 世紀是"美國世紀"之說。不論此說的含義是甚麼，自那時以來，
美國國力和地位一路上升，"超級大國"之名由此而來，到 20 世紀末
成為唯一的超級大國，則是事實。

　　另外一位分析家認為，美國的繁榮得利於四位經濟學家的理論：
1）亞當‧斯密的"看不見的手"。概言之，就是市場的自我調節、
專業分工、政府作用的嚴格限制和自由貿易。貫穿其中的哲學是私
利能構成公德。2）凱恩斯的政府干預製造需求解決蕭條和失業的理
論。3）海耶克的"自由市場"理論，反對一切政府干預，反對社會主
義。4）熊彼得的"企業家社會"，以思想和技術創新為經濟的動力，
也是真正的企業家精神。[1] 這一分析有其中肯之處。當然，影響美國

1　Joseph Noland, *The Roots of Americans' Prosperity*, Address delivered at Flagler
　　Forum, St. Augustine, Florida, March 19, 1998.

經濟的理論絕不止這些，例如在海耶克的對立面，還可以加上斯蒂格利茨；在凱恩斯的對立面，還可以加上佛利民，等等。實際上，先有實踐還是先有理論也很難説清。不過就大的方面來説，舉這幾位經濟學家無非是説明美國一個世紀以來的發展不斷在自由放任和政府調節之間擺動，趨利避害，同時不斷創新。這種機制、這種精神是長期起作用的，不是暫時的，從而造成美國持續的領先地位。

問題是，這些理論的發明者很多不是美國人，它們在歐洲國家也未嘗沒有實行過，但是為甚麼在美國最為得心應手，最見成效，而且形成了相互交替的機制？一個顯而易見的原因是美國實力雄厚，經得起大起大落。美國何以興？其秘訣何在？這正是本書試圖深入探討的。

關於美國究竟是怎樣一個國家，無論是美國人自己還是外國人，歷來眾説紛紜，莫衷一是。姑且撇開外國對美國國際行為的霸權主義的批判不談，就美國本身而言，在美國人中就有兩種極端看法。一種認為美國已經滑向一個"罪惡的城市"，企業、勞工、司法都日益腐化，傳媒為遷就最低級趣味的大眾而墮落，人人為利益所驅動而不惜對資源進行瘋狂的掠奪和浪費，整個國家正在四分五裂。另一種則認為美國物質富足，精神自由，在收入分配、社會升遷、職業觀等方面正向着日益平等的方向發展，對不同文化和宗教信仰的容忍度最高，等等。當然，更多的看法是介於這兩種極端中間的某一段。不論對其評價如何，無可否認的事實是，美國的崛起和發展為超級大國——包括這一事實本身和它的過程——是對 20 世紀全球發展起決定作用的因素之一。而且從當前整個世界正在經歷的又一輪的轉型或革命——"信息時代"、"知識經濟"、"全球化"等——來看，美國又處於遙遙領先地位，這種良性循環至少將持續到 21 世紀的前幾十年。作為人類發展的一種典型，值得深入探究。

　　一個國家的發展可以有兩條主線：一是物質的和表層的，科技、經濟、政治、軍事、外交等，姑稱之為"硬件"；一是包括精神、思想、歷史傳統、價值觀念、信仰習俗等比較內在而抽象的，姑統稱之為"軟件"。美國在這兩方面都有其"特色"，而二者相互之間既有區別又有關聯，既相輔相成又有矛盾。本書的主旨在於從"軟件"中得到啟示，對美國的探討亦是如此。關於美國的客觀環境和外在條件——"得天獨厚"、真正的"地大物博"、兩洋大陸、歷史機遇等——論者已經很多，這些是顯而易見的，不必詳述。美國的科技、經濟領先的客觀事實也為眾所周知，不是本書要敘述的主題。現在主要是從它的人文條件和獨特的發展道路的一個側面來探索其"何以故"。任何事物都是充滿矛盾的，本章既然是探討美國發展和強大之由來，重點就是講它的優勢這一面，不可能面面俱到。

一　19 世紀留給美國的問題

　　從社會發展的角度看，南北戰爭之後，美國在迅猛的工業化過程中經歷了一個全面的社會轉型，這個"變"，就是 19 世紀帶給 20 世紀的遺產。19 世紀最後 20 年是馬克‧吐溫稱之為"鍍金時代"的年代。社會財富大大增加，大財團開始形成，同時各種矛盾、貧富懸殊也突出表現出來。從生產力發展的勢頭來講，比之於歐洲，一新一舊已經很明顯。儘管歐洲走下坡路是在一戰之後，斯賓格勒《西方的沒落》一書也是在那時出版，但是實際上歐洲的困境在 20 世紀初已經出現，進一步發展的空間有限，所以從 20 世紀初就在醞釀打仗。而美國卻正像一架開足馬力的新機器，有的是潛力，方興未艾。另一方面，資本主義惡性膨脹，各種典型的矛盾也都開始激化：

1. "西進運動"已經到頭。隨着從墨西哥那裡搶來大片領土，而且取得了加勒比海和西太平洋島嶼後，全方位領土擴張基本完成，邊疆大體定型 (以後增加的主要就是夏威夷)。這樣一來，以往通過開拓新邊疆緩解社會矛盾的模式儘管還有一定的作用，但餘地已大大減少。與此同時，東部工業化和城市化急劇發展。貧富懸殊擴大，童工制、血汗制、危險而惡劣的工作條件、失業危機等都日益加劇。過去，資本家可以肆無忌憚地、花費很少的代價剝削工人而勞工問題沒有達到歐洲那樣尖銳的程度，是因為不滿現狀的人、缺乏競爭能力的人以及可能鬧事的組織者可以不斷西行，留下的空位又有新移民來填補。現在，受害者已無處可逃。20 世紀頭十年被認為是美國勞資關係史上最黑暗的一頁。一位歷史學家這樣描述當時的情況："誰擁有工廠、礦山，誰擁有給工人居住的房屋，提供工人做禱告的教堂，擁有學校讓他們的子女來讀書，誰直接出錢養活傳教士、教師、醫生、警吏，偶爾還有法官，誰——不論是個人還是公司——就擁有了工人的肉體和靈魂。連規定擁有奴隸的種植園主在管理奴隸方面不能不講的寬大基督教人道主義，現在在殘酷的公司的管理中也沒有了。"[1]

2. 廢除了奴隸制，黑人名義上得到解放，實際上命運並未好轉，

1　德懷特 · L. 杜蒙德：《現代美國 (1896−1946 年)》，商務印書館，1984 年，第 40 頁。

經濟生活在"自由"的身份下反而更加失去保障，而種族歧視又以新的形式表現出來。憲法第 15 條修正案形同虛設。黑人名義上的權利得而復失。南北戰爭後，南方舊的農業莊園制度解體，經濟出現混亂動盪，優越的教育制度也受到破壞。

3. 城市如雨後春筍般生長出來，而管理、設施各方面跟不上，出現了許多貧民窟，成為一切苦難、醜惡和罪惡的集中地。同時大批新移民湧入，他們與過去主要來自英國和北歐的移民不同，多數來自南歐和東歐，語言、習俗和宗教都不相同。另一方面，由於生產力大發展，不論是工業產品還是農業產品都大大超過國內市場的容量，生產技術的改進減少了對勞動力的需求，外來移民對待遇要求較低，更易為老闆所左右，19 世紀末已經相當發達的工人運動所取得的政治權利和經濟成果受到了威脅，於是移民的優越性轉為負面效應，從 19 世紀最後 20 年起，美國就開始大規模排斥移民。

4. 政治腐敗。 出現了能左右政策的特權集團，主要有：內戰有功的退伍軍人及其家人後代 (迫使國會通過優厚撫恤金)、大工業家 (從高關稅中得利)、金融家 (左右貨幣政策，主張金本位制)、鐵路建築業主 (從政府的慷慨土地政策中得利，處於壟斷地位，操縱運輸價格，任意勒索公眾，反對政府監督)。這些集團對政策的間接影響比國會和政黨還大。再加上內戰造成的分裂和仇恨、權力向聯邦政府的集中等因素，原來以主持正義、公平，反對奴隸制，反對特權起家的共和黨與民主黨的右派結合起來，殊途同歸，成為保守的力量。政黨、國會只玩弄權術，分配利益，政客譁眾取寵，各項政策更加明顯地為既得利益階層服務。在政府用人制度上出現了所謂"分贓制"，也就是說，當選的總統把政府職位視為囊中獵物，在支持自己競選的人物中論功行賞，進行分配。這樣，必然導致公務員素質下降，政府威望和效能日益低下。

總之，到世紀之交，資本主義種種典型的矛盾已經相當尖銳和突出。舊大陸的病症新大陸似乎也難以逃脫，而且還加上了美國特有的、先天的種族矛盾的頑症。那麼，美國憑甚麼度過這一百年，達到今天的情況呢？

二　悠長而豐富的精神遺產

這個小標題的用意是要澄清兩種通常對美國的印象：一是認為美國歷史很短，沒有源遠流長的傳統；二是認為美國是暴發戶，因而只有物質文明，精神文明貧乏。事實並非如此。

的確，美利堅合眾國在世界主要的大國中是歷史最短的。北美大陸從為世人所注意開始就和"新"字連在一起，人們提到它時很少和"悠久的歷史文化"相聯繫。但是有一點人們往往忘記，就是作為實行代議制的共和國，美利堅合眾國是最"老"的——美國獨立比法國大革命早 13 年。更何況，在獨立以前的殖民時代，歐洲早期移民已經在此繁衍生息了 200 多年。因此，不能說美國沒有自己的傳統。美國人對自己的歷史十分重視，凡到過美國的人都對它的博物館之遍及全國、數量之多、種類之豐富歎為觀止；美國人從各種角度寫的本國歷史研究著述如汗牛充棟，許多已經在中國翻譯出版。美國史在中國也是顯學，在歷史學科中佔一定的地位。對於美國立國的歷史條件和人文宗教背景及其對美國發展道路的影響等問題，中外學者於眾說紛紜之中大體上也有一定的共識。

　　從根子上說，美國從立國開始就擯棄了"人治"，——依靠領袖魅力的治理——而堅決選擇了"法治"。在這一點上，華盛頓總統厥功甚偉，史有定評。儘管多數來北美洲的歐洲移民，特別是參加獨立戰爭的開國思想家們都信奉立憲政府，不會贊成君主制，但是在獨立之初，像所有第一代革命領導人一樣，華盛頓威望極高，在人民中也有被神化的傾向。只有他一人能使分裂的各派心服，維持國家的統一。如果他當時有集權的慾望，或經不起權利的誘惑，以自己的意志來治國，也是可以做到的。另外，由於漢密爾頓和傑佛遜不和，大家都希望華盛頓能留任，如果他要當終身領袖，也十分順理成章。但是華盛頓本人碰巧是權慾淡薄的人，這種"淡薄"不同於東方式的消極的個人修養（即使是真誠的），而是出於對代議制和憲政的堅定的信仰。他只利用他的威望促進符合法治原則的憲法和政府機構的建立，然後功成身退，從而建立起健全的領導人更替制度，使得新的國家免於革命以後經常遇到的糾纏不休的接班人問題，從一開始就為整個美國民主制度奠定了基礎。當然，這與美國沒有一個舊制度遺留下來的貴族階級有關，並且是一批當時先進的思想家和政治家的共同功勞，不完全是華盛頓一人之力，但是他的做法至少使美國在立國之初免去了爭權奪利的折騰。另一方面，美國的民主不是民粹主義的，從憲法和機構的建立開始，就十分注意尊重少數人的權利，而且，民主權利的普及也是漸進的，這點與法國的傳統不同，較少街頭民主的傳統和群氓政治的可能，這對美國基本上平穩的發展道路奠定了重要的基礎。

　　關於物質文明昌盛而精神文明貧弱之說，首先在理論上就說不通，那等於說一個民族不要精神只要物質就可以達到繁榮富強。揆

諸美國實際，確實存在相當長遠的精神傳統和豐富的思想資源。簡
而言之，就是基督教精神和體現在憲法中的自由主義思想。基督教
精神對美國人是一種無形的道德力量，在激烈競爭中賴以自律，在
高度個人主義的社會中倡導集體合作，在貧富懸殊的情況下宣揚平
等，是物慾橫流的濁浪中的淨化劑。關於自由主義，如果只將其理
解為提倡個人自由競爭，而忽視其包含的平等的原則，未免失之片
面。事實上，所謂"天賦人權"，其前提是人生而平等，擁有某些與
生俱來的不可轉讓的權利：首先是思想、信仰、言論、集會結社四
大自由，在美國還特別強調機會平等，是在平等的機會中個人憑才
能和努力獲得成功的自由。這種包含個人自由和公平兩個方面的自
由主義在美國深入人心，成為美國人的共同理想，甚至是普遍信仰，
是來自世界各地的各族裔凝聚成為一個國族的膠合劑，是在最大的
差異中求同的共同標準，也是一切改良的動力和指針。

　　毋庸贅言，美國的思想資源來自歐洲，特別是英國，美國文明
是整個西方文明的一部分，因而源遠流長。不過歐洲的思想傳到美
國之後，在"新大陸"的土壤中進行了選種、變種、生根、開花、結
果，就帶有了"美國特色"。美國主流思想的基本出發點是：通過個
人的才智和力量在創造財富中得到充分發揮以達到全社會的進步，
在此基礎上形成社會共識的價值觀和道德標準。這是市場經濟的思
想基礎，也是其結果。由於沒有歐洲的封建殘餘和貴族勢力，在美
國早期建國過程中，這種自由主義—個人主義發揮得淋漓盡致，釋
放出了巨大的創造力。到 19 世紀中葉，歐洲出現了對社會發展有重
大影響的兩大新思潮：一是形形色色的社會主義和馬克思主義；一
是達爾文的進化論，後來發展成以斯賓塞為代表的社會達爾文主義。

這兩種思潮在歐洲的命運姑存不論，進化論對美國的思想界產生了巨大的影響，遍及哲學、教育、社會學乃至心理學。特別是社會達爾文主義所宣揚的自由競爭、適者生存，在美國找到了最適宜的繁衍的土壤，出現了一批熱心的鼓吹者和傳播者。但是到了20世紀，弱肉強食的法則已經弊端百出，社會不平等達到了難以忍受的地步，而且所謂的"起點平等"、"機會平等"日益暴露出虛偽性。此時在理論界出現了對立面，為社會弱勢集團說話，主張政府干預，對緩解社會不平有所作為，形成一種平衡的力量，促成了一系列的改良。有人認為美國的許多福利制度也含有社會主義因素，即使如此，分量也很少，與歐洲的社會民主主義不同。事實上美國最激進的改良沒有脫出自由主義的框架。這個框架彈性較大，在這個框架內左右擺動，不斷調整，是美國的改良的特色之一。

　　總的說來，美國社會實踐的主線還是自由競爭，相對而言，因平等而妨礙效率的程度比歐洲國家要輕得多。於是出現了在語義學上令人困惑的美國的"保守主義"和"自由主義"。這兩個詞在美國一反其原義："保守主義"指傾向於放任主義（laissez-faire）的經濟政策，因為這是美國的傳統；"自由主義"（狹義的）反而主張政府干預，多一些規章制度，抑強扶弱。簡單化地說，前者主要着眼於刺激投資者的積極性，讓資本家先賺錢，然後向下滲透，澤被全民；後者着眼於保護底層人民的基本利益，強調平等。這兩種思潮歸根到底都屬於廣義的"自由主義"，是一個核桃的兩半。正因為美國的實踐主線是自由經濟，其自然趨勢是貧富差距擴大，所以知識分子和社會輿論的主流在多數時間是"自由派"聲音較高，即為弱勢群體說話，放手批判現狀。有時越是處於邊緣的少數主張，越以引人注目的姿態出現。這往往給外人以錯覺，以為美國思想界主流出現左傾，事實上美國思想界的重心比多數歐洲國家要靠右。

總之，美國從 19 世紀接受了一大堆嚴重的問題，同時又擁有一筆歷史遺留的豐富的精神財富，足以促成 20 世紀的自上而下、自下而上、上下結合的漸進的改良。

三　持續漸進的改良

今天回頭來看，美國走過的百年充滿了經濟危機、社會危機、種族衝突，還有對外的熱戰和冷戰。但是它避免了暴力革命、軍事政變和其他方式的無序的政權更替，在思想信仰上也沒有經歷過"和傳統決裂"的過程，基本上是在原有的思想和政體的框架內不斷更新、變化，較之於任何一個主要國家都穩定。正是在這種穩定的局勢中，美國發展成全方位的超級大國，獨領風騷一個世紀，其秘訣就在於漸進主義的改良。尖銳的社會矛盾是通向適時的和平改良，還是政治集團陰謀政變，還是群眾性的暴力革命，往往不以理性的判斷為轉移，而是取決於多種因素，其中決定性的是統治者的意願及其主導思想，同時也與人民的傳統和行為模式分不開。而這上下兩方面的傳統的形成，歸根結底還是長期的政治體制和佔社會主流的思想培養出來的。

從對美國制度衝擊的角度講，20 世紀有過兩次最大的危機：一、20 年代末到 30 年代初的經濟大蕭條；二、60 年代的社會危機、信仰危機。

如果從重大的改良的角度講，20 世紀有過三次高潮：一、從世紀初到一戰前的"進步主義"運動，從思想到制度全面革新，落實到老羅斯福和威爾遜政府的立法和措施；二、30 年代隨着經濟大危機的反思和小羅斯福"新政"；三、60 年代的激進學生運動和民權運動，以及甘迺迪、詹森政府的民權立法及"偉大社會"計劃。這裡說的"改良"，主要是向着社會公正平等的方向進行妥協和調整，從一般的為民請命到爭取通過立法進行政治改革，也可以說是反社會達爾文主義之道而行之。這種改良的特點是上下相結合的。一般地說，在言論自由的庇護下，民間輿論對社會弊病、特權階層的惡行和政府政策不斷地批判揭露，群眾請願抗議運動此起彼伏，形成強大的改革力量，推動實際的改革措施。而落實到行動上的緩解矛盾的措施則來自權勢集團，有政府的也有私人的。

　　在漸進的改良中，政府職能也有所改變，起到一定的調節作用。

　　20 世紀西方發達國家一大創新就是福利國家，這也是資本主義制度賴以延續的決定因素之一。福利國家之出現，從某種意義上說是勞動者鬥爭的成果，也是資產者讓步的政策。但是還有一個很重要的因素，就是政府職能的轉變。美國史家提到美國的改良，一般都提"從老羅斯福到小羅斯福"，這是有道理的。20 世紀上半期美國採取一系列的改良措施，逐步完成政府職能的轉變，剛好就是從老羅斯福到小羅斯福。這一轉變主要有兩個方面：一是政府開始干預經濟生活，二是政府成為調節各種矛盾特別是勞資矛盾的中介人。本書第三章以相對長的篇幅闡述"進步主義運動"，這是因為無論從哪一種意義上說，那都是美國的關鍵時期，有人稱之為"大轉折"，對日後發展有決定性的影響。而"進步主義"思想則放在第二章，作為"社會達爾文主義"的對立面，作為美國思想的一部分，這樣脈絡比較清楚。接下來是羅斯福的"新政"，這又是一個關鍵時期，挑戰和迎戰、危機和措施都是戲劇性的，而歸根結底，它緊扣"拯救資本主義"這一主題。從羅斯福"新政"開始，美國政府把資本主義社會中兩大傳統的反抗力量都納入了體制內：一是有組織的工人階級，一是自由思想的知識分子。這是與一些主要的歐洲國家很不相同的。"新政"不是天上掉下來的，不是羅斯福與他的謀士們一時心血來潮想出來的，也不是從外面移植來的，而是美國不斷改良的歷史長河中的一個階段。前有古人，後有來者。從政府的改良主義思想和政見來說，"古人"從 19 世紀已經開始，若從 20 世紀算起，則主要是"進步主義"的改革，於小羅斯福完成變革，奠定了一種美國式的福利社會模式。而"來者"則綿綿不絕，以後歷屆政府都在福利制度上添枝加葉，尤以約翰遜政府的"偉大社會"計劃達到登峰造極。不論在具體政策上有甚麼壓縮和調整，"社會保障"這樣一種觀念已經確立下來，美國式的福利制度已經形成。

政府政策也在兩派中輪流交替，與社會思潮的交替在時間上有時一致，有時有差異。例如繼 20 世紀初的老羅斯福改良之後，有保守派塔夫脫執政，然後又是著名的"新自由"派威爾遜總統，在他之後是保守的哈定、柯立芝和胡佛，然後是小羅斯福。50 年代初出現反共高潮，政治極端保守，但是在經濟政策上並沒有後退。繼 60 年代激進思潮和大踏步改革之後，出現了"新保守主義"思潮和"列根經濟學"，列根政府的政策是一次較大幅度的向保守方向的逆轉，被稱作"劫貧濟富"的經濟學。然後又出現了克林頓的"中派自由主義"和改革福利政策的方案。小布殊執政後，"新保守主義"人士進入決策集團，又逢"9·11"衝擊的非常時期，政策全面右轉，達到空前的程度。

　　總的說來，美國的政治主流基本傾向是向中間靠攏，社會批評家和政客競選可以慷慨激昂、言辭激烈，但在實踐中，最保守的不能打破現有的福利制度框架，最激進的也不會真的損害大企業的利益。

四　中介勢力──基金會及其他私人公益事業

　　在美國的社會漸進改良中還有一種極為重要的力量，就是大財團出資創建的公益基金會。這種基金會並非美國所獨有，但是在美國最發達，其達到的規模和所起的作用任何國家無法比擬。它興起於 20 世紀初，與進步主義同步發展，到目前數目已達幾萬個，資產上千億，可以說是 20 世紀美國的一大特產。它是政府的補充，是社會的緩衝劑，是"取之於民，用之於民"的最佳途徑，授受雙方都從中得益。更重要的是它還有兩大特點：一、從一開始，就是以傳播知識、促進文化教育事業為宗旨，已經形成傳統，這一點對美國教育、科學、文化的貢獻是無可估量的，而且其影響早已超越國界，也是眾所周知的事實。這種影響一方面對造福人類做出巨大貢獻，另一方面也是美國在全世界擴大文化影響的有力途徑。二、它是由大資本家自願出資成立的，但是一旦成立，就成為獨立的、根據基金會的章程和有關法律運轉的機構，不以出資者個人的意志為轉移，因此不同於個人的慈善行為。造成資本家"自願"把一部分財產歸還給社會的原因很多，絕不能簡單地以"沽名釣譽"，或爭取免稅來解釋，儘管不排除這種因素。更深層次的還要從基督教文明的價值觀、重教育的傳統和漸進主義的妥協模式中去探尋。它還體現了美國人對"大政府"的根深蒂固的疑慮，對"私人"力量的推崇，所以也是

"向下滴漏"（trickling down）理論的極好的體現。這是處於社會主導
地位的資產階級的一大創舉，在美國得到最大程度的發揮，也可以
說是美國式的"保守主義"和"自由主義"的結合。從 20 世紀初的卡
內基、洛克菲勒到世紀末的泰德‧透納和比爾‧蓋茨、巴菲特，都
遵循這一發了財就捐贈的傳統，而且都着眼於促進文化教育事業。
在普通人那裡，基金會已進入百姓日常生活，凡有人想從事科研、
教育、文化或社會公益事業，自然就想到向某個美國基金會報一個
"項目"，申請資助。全世界都如此，即使是歐洲的一些著名文化學
術機構，追根溯源，其資金來源的重頭也往往是美國基金會。但是
很少人注意到這一事物的巨大意義，特別是它在平衡自由與平等的
悖論中的槓桿作用，因此本書專設一章（第六章）探討這一現象。

五　言論自由和批判精神

改良主義之所以得以成功，有賴於美國的批判現實主義的傳統。
任何一個社會都有其黑暗面，金錢的罪惡、權力的腐化作用對任何
種族、任何國家的人都不例外，因而任何國家制度的設計中都包括
某種揭露、批評和防止腐敗的機制。即使是中國的君主專制政權，
也還有"言官"、"諫議大夫"、"御史"之類的職位，理論上負有揭露
和針砭時弊的責任。特別是開國之君，總希望從前朝衰敗中吸取經
驗教訓，總想找出一種能防止政權腐化，達到長治久安的機制。但
是在專制和集權的制度下，無論當政者主觀上有多麼良好的願望，
實際上都做不到。輿論真正能起監督作用的關鍵，在於是否有**充分
的獨立的言論自由**。這種言論自由是公開的，受到憲法保障的，它

適用於每一個公民，任何人不得壓制。這與某些意見只許"內部"説，說給皇帝一個人聽，或只供決策者參考，聽不聽在他，有本質的區別。若是像馬克思所説，資本來到這個世界，每一個毛孔都滴着血污，那麼，言論自由就是其淨化劑。可以説，資本主義從誕生起就伴隨着對它的批判而成長。這種批判不一定立場都"正確"、"進步"，有時甚至是反映了被推翻的階級的懷舊情緒，但只要它是符合現實的，就有積極作用。這一源於歐洲的傳統自 19 世紀末以來在美國得到充分發揮。

　　美國思想史學家霍夫施塔特説，美國公眾每隔一段時間就要掀起全國性的自我反思的浪潮。這種批判形成一種拉力，使美國不至於滑向純粹的弱肉強食的原始森林。[1] 這的確是事實。遠的不説，整個 20 世紀這種自我批判從來沒有斷過，其中有幾次高潮：第一次就是從世紀初到一戰的"進步主義"運動。這個時期，作為社會達爾文主義的對立面，社會科學界的新理論、新聞和文學界的暴露文學、小生產者和底層老百姓的呼聲以及政治活動家的政策主張，共同形成了當時"平民運動"和"進步運動"的思想基礎。這些集團的利益和目標很不同，但是殊途同歸，都為社會弱勢集團説話，揭露各種黑暗內幕。它們匯集成聲勢浩大的輿論浪潮，對當時正趨於腐化的美國政治起了遏制作用，也是老羅斯福一系列改良政策的輿論基礎。如果沒有 20 世紀初的政治淨化鬥爭和吏制革新，以後小羅斯福以加強政府干預為方向的改革就不可能實現。因為這一改革阻力很大，

1　Richard Hofstadter, *The Age of Reform, From Bryan to F. D. R.*, Alfred A. Knopf, New York, 1965, "Introduction", p. 16.

但是批評者的論據主要是說政府干預違背自由競爭的原則、影響效率等，並沒有以政府官員可以從中作弊為理由。受"新政"保護的弱勢集團擁護政府干預，基本上表現出對政府官員的信任。特別是小羅斯福時期所採取的在當時向聯邦政府集中權力的"激進"措施，如果沒有廉潔奉公的大批執法者，就會弊病百出，失去群眾的信任，以失敗告終。這種悲劇在中外歷史上並不鮮見。

整個 20 世紀，美國社會批判的聲音時有起伏，卻從來沒有被壓制下去。一個證明是，不少批判美國國內外政策的激進言論，包括號稱"修正學派"的左派著作以及對社會主義、馬克思主義理論研究的著作，就是在 50 年代初麥卡錫主義肆虐時期出版的，因為至少大學校園的主流還是自由主義。

對資本主義制度從根本上產生懷疑而對社會主義國家有所嚮往的思潮，20 世紀只出現過兩次，時間都很短暫，而且也從未成為主流：一次是 1929—1932 年的"大危機"時期，那是工人運動活躍的時期，也是美共成立以來相對而言影響最大的時候（1932 年美共總書記威廉·福斯特競選總統獲得 10.2 萬多票，但根據美國選舉的間接選舉法，此數不夠獲得任何一州的一個選舉人），許多著名作家思想左傾。這一思潮不久就消沉下去，一方面為羅斯福的"新政"所化解，一方面因史大林 1933 年開始的大規模清黨和對知識分子的鎮壓而幻滅。另一次是 60 年代越戰時期，當時美國經濟相對繁榮，福利制度也相當發達，批判的動力更帶有理想主義色彩。這一運動以反越戰和民權運動為中心對美國內外政策發動全面批判，其中激進派對美國傳統價值觀發生根本懷疑，這是對"冷戰"的逆反，和對 50 年代麥卡錫主義的清算，還有對高度發達的工業化社會的厭倦。同時也有當時世界潮流的因素，特別是殖民地人民的反帝鬥爭，和被誤讀的中國"文化大革命"的影響。不過結果還是以政府對內加強福利政策，認真採取反種族歧視措施，對外撤出越南，開始改變對華政策而退潮。許多批判健將逐步匯入主流，各自找到自己的位置，他們大多數人還保持左派自由主義的觀點，繼續為社會平等呼籲，不過不那麼激進；少數人幻滅後走向另一極端，匯入 80 年代的"新保守主義"思潮，或稱"新右派"；其餘一批人未能進入中上層社會，處於邊緣地位，也許有人有受排擠感，但是也並非走投無路。

社會主義思潮——不論是馬克思主義還是社會民主主義——在美國始終沒有像在歐洲那樣成氣候。在西方所有主要發達國家中，美國是唯一國會中沒有類似社會民主黨性質的政黨代表的國家。其原因在第二章中有詳細的論述。除了美國學者已經多方論述的原因外，筆者提出了"時間差"和"反面教員"的補充解釋：美國的發展與歐洲有一個時間差，歐洲的社會主義思潮是在歐洲資本主義發展到矛盾已經尖銳到難以為繼時出現的，很快為工人階級所接受。此時美國還有很大的緩和餘地。到 20 世紀初，美國矛盾尖銳化時，各種政府的和慈善團體的改良措施已相繼出台，雖不能根本解決問題，卻足以將矛盾緩和到可以控制的程度。美國的權勢集團，包括政府和企業主，對於防止社會主義思潮在美國的興起確實做了自覺的努力。他們不能像專制制度那樣通過壓制言論自由的方式加以遏制，只有加緊改良措施，以消解社會主義者所宣傳的革命存在的理由。可以說美國的資產階級十分明智（也可以批判為十分"狡猾"）。這是包括政府和民間在內的權勢集團積極改良的動力之一，並達到了一定的效果。

　　再者是"反面教員"，就是十月革命之後的蘇聯在大部分時間內起了反面榜樣的作用。共產主義理論比之於任何改良主義對廣大勞動人民更有吸引力，其存在價值在於其徹底性。就是說，資本主義採取的種種改良措施只能緩和矛盾而不能消滅社會產生不平等的根源，只有工人階級通過革命推翻舊制度，掌握了政權，才能締造一個消滅了人剝削人的社會，不言而喻，在這個社會中，人民應該享有比資本主義國家更多的民主、自由和平等。十月革命之後的蘇聯，確實在全世界，包括美國的理想主義的知識分子中，產生過這樣的吸引力，而使資產階級懷有恐懼心理，這是美國 20 世紀 20 年代"恐赤潮"之由來。蘇聯革命初期的經濟困難和生活困苦並沒有影響其吸引力，但是自史大林執政以後接踵而來的種種情況，特別是 30 年代的大清洗，不斷使一批一批的嚮往者理想幻滅，而且使忠於蘇聯的共產黨人經常處於尷尬境地，在本國人民中孤立。結果，本來對美國社會極為不滿的人鑒於號稱實踐了社會主義的國家的"榜樣"，兩害相權取其輕，只能轉而向改良的資本主義妥協。"榜樣的力量是無窮的"這句經典語言在這裡有極大的反諷意義。

　　到 90 年代初，由於社會主義國家風雲突變，美國沾沾自喜，"歷史終結論"應運而生，認為一勞永逸地確立了西方制度的普世性，再不會有挑戰。但是過了幾年，世界的發展似乎並不完全如他們所想像，再回顧美國國內，儘管作為國家富甲天下，但是各種社會矛盾依然存在，20 世紀初進步主義運動所批判的種種城市罪惡有增無減，科技高度發達對人類是禍是福引起根本懷疑……於是批判之風又起。在學術界，承歐洲後現代主義之餘沫，興起了對所謂"晚期資本主義"的批判。這實際是美國思想界的常規，每隔一段時期就對自身進行一次審視，也是對前一段過於自信，以為歷史已經終結的逆反。
這種思潮也反映了對後工業化社會的厭倦、對整個科學發展的懷疑，
與 60 年代的激進派有類似之處。不同的是，後者當時寄希望於中國
和第三世界的反帝運動，並且有積極的行動，而世紀末的新左派思
潮則始終局限於學院內，在學術界也處於邊緣，一則是語言晦澀，很
難有廣泛的讀者，二則是只"解構"已有的秩序，不提出積極的主張，
這是與 20 世紀前幾次的思想批判最大的不同，因此影響和意義要小
得多。

　　以上所說的是對於不公正、不平等的批判，既反映了社會弱勢
群體的情緒和要求，又反映了知識分子理想主義對正義和公平的嚮
往。另外一種是來自權勢集團內部的批判，表現了一種憂心。例如
50 年代蘇聯衛星上天之後的"導彈距離"之說，引發了對美國教育的
尖銳批評，導致教育改革；80 年代對日本經濟強勢的誇大和"美國
衰落論"，導致對美國經濟特別是製造業的深入研究和改造；還有擔
心白人主流文化失去控制地位的"美國四分五裂論"等，都屬於這一
類。每一次總統競選中兩黨以及競選雙方的互相揭短、攻擊，除去
涉及個人的之外，多數都是對政治和社會弊病的審查，其所指出的
問題的切中要害和批判之尖銳，不亞於來自基層憤憤不平的群眾的
批評。儘管有些問題在野者執政後照樣無能為力，但是這種定期的
公開批判至少可以起到敲警鐘的作用，並引起全社會的注意。

　　一方面是權力制衡的政治體制，一方面是在言論自由的保障下，
自上而下、自下而上，全社會自我揭短、互相揭短的批判傳統，促
成了持續的漸進的改良。雖不能徹底解決問題（任何一個國家也不
能），卻得以把矛盾控制在一定範圍，一次次度過危機，也可以說是

社會在不斷搖晃中避免了激烈震盪。

瑞典著名社會學家古納·米爾達在二三十年代訪美，對美國人的公開自我揭短印象深刻。使他驚奇的還有，不少萍水相逢的美國人經常會對他這個外國人信任地問道："你看我們國家問題在哪裡"？他把這歸於基督教對罪行的懺悔心理。他寫道：

> 美國人強烈地、誠心誠意地"反對罪行"，對自己的罪行也絕不稍息。他審視自己的錯誤，把它記錄在案，然後在屋頂上高聲宣揚，以最嚴厲的詞句批判自己，包括譴責偽善。如果說全世界都充分了解美國的腐化現象、有組織的犯罪和司法制度的弊病的話，那不是由於其特別邪惡，而是由於美國人自己愛宣揚缺點。[1]

不論是出於基督教的悔罪傳統，還是出於自由主義的公眾認知權的原則，這種自我批判精神和對通過公開討論解決問題的信心是美國改良機制的靈魂，也是美國的活力所在。反過來，也可以設想，在這樣鍥而不捨的大聲疾呼、公開"家醜外揚"的制度下，仍然腐敗醜聞不斷，如果加以遮掩，壓制批判，其後果將會如何。

---

[1] Gunnar Myrdal, *An American Dilemma: The Negro Problem and Modern Democracy*, Harper & Brothers Publishers, New York, 1944, p.21.

六　最大的人才優勢和創新機制

80 年代中期，以保羅・甘迺迪的《大國興衰》一書為契機，"美國衰落論"曾在美國和中國風行一時，當然都有相當的事實和數字依據。但是筆者一直不以為然，認為美國的潛力遠未發揮盡，其中最主要的就是人才優勢。後來，筆者在《戰後美國外交史》的"緒論"中曾寫過這樣一段話：

> ……一個常為論者所忽視的方面，就是美國的人才優勢。如果說今後國際競爭主要是經濟實力之爭，而經濟實力又取決於高科技和各種管理人才的話，美國吸引人才和發揮人才的優勢仍將是他國所不能及的一大強項。美國是移民國家，從一開始就有其獨特之處。世界上沒有一個國家的人口是從已經具備一定勞動力和技能的青壯年開始的。他們出生、成長的"賠錢"階段是由別國支付，而把最富創造性的年華和辛勤勞動貢獻給建設美國。不僅是在立國初期和"拓邊"時期如此，這一過程貫穿於每個歷史時期，至今方興未艾。蘇聯解體後，美國在高科技人才方面又可望發一筆意外之財，其深遠影響不可估量。在人才日益國際化的今天，無可否認的事實是，全世界人才的自然流向是美國。這種情況不改變，就說明美國的社會機制相對說來更能提供發揮創造力的條件。大批移民當然也造成許多社會問題，但美國可以通過調整移民政策來進行擇優。人才狀況不是孤立的，它既預示着未來的競爭潛力，

也從一個側面反映了當前的相對實力。因為人才流動不可
能強迫，一個對人才有如許容量和吸引力的國家很難說是
走上衰落之路的。[1]

　　現在看來這段話已為近年來的事實成倍地證實，但是還沒有揭
示美國吸引人才的內在根源。那時"知識經濟"這一新名詞尚未流
行，但是大家都已意識到，在今後的發展中，知識或智力的重要性將
日益突出，這是肯定的。前幾年，"後工業化社會"一詞用得較多，
但是不明確這"後"面是甚麼。現在有了一個比較明確的稱呼，那就
是"信息社會"，或"信息時代"。在這個新時代中，美國的優勢是顯
而易見的。優勢之最就是人才。這裡有作為移民國家的先天因素，
也有教育文化的後天因素。不僅是高級人才的比例，更重要的是普
遍的人口素質，也就是"國民性"。
　　美國在"人"的因素上得天獨厚的優勢，源於其移民國家的特
點。世界上沒有哪個民族[2]的人口構成如此複雜，沒有哪一方土地是
這樣的萬國殖民地，也沒有哪一個國家幾百年來總能博採各民族之
精華為己所用，而且這一情況還在繼續下去。當然這一特點也正在
造成嚴重的問題和危機，可謂成亦蕭何，敗亦蕭何。這一點在第八
章中有所分析。但是可以肯定地說，迄今為止，"成"遠超過"敗"。
世界歷史上發生過多次民族大遷徙，今天許多國家的一部分人口的

1　資中筠主編《戰後美國外交史——從杜魯門到里根》(上冊)，世界知識出版
　　社，1994年，第13頁。
2　這裡的"民族"是用其廣義，如說"中華民族"包括漢族和少數民族。

祖先也來自其他地方，但是美國情況不同：1）美國的移民是陸續形成，一批一批來的，不是一次湧來；2）最早到美國的移民來自當時世界最發達的歐洲國家，帶來的是當時最先進的生產力和思想觀念；3）從《五月花公約》到《獨立宣言》的 100 年中已經形成了一套核心價值觀，成為以後無論來自何方的移民的認同的中心，產生獨特的凝聚力。這最後一點尤其重要，而且證明有很強的黏附力，否則美利堅民族就無法誕生和延續。

事實上，直到現在，美國的主要人口構成中，歐洲後裔還是佔壓倒性多數（關於歐洲不同的族裔，此處不細說）。至少直到二戰之前，美國一直源源不斷從歐洲吸取精華，包括思想、人才、科學發明，等等。許多新理論和新發明首創於歐洲而最後完成和實踐在美國。有一則流傳的故事：凱恩斯提出他的學說後，跑到美國去說服羅斯福予以實施，他說英國有顆大腦袋，而美國有個大身體，把英國的腦袋移植到美國的身體上可以發揮最大的作用。不論凱恩斯本人是否說過這樣的話，講這個故事的一定是英國人，反映了一種優越感和沒落感混雜的心理，但是也很形象地描繪了歐洲與美國的關係，也就是力不從心的歐洲的精華移植到美國獲得了新生。

但是，源於歐洲的理論在美國獲得新生的原因不僅僅是由於美國的物質力量。如美國著名企業家朱克曼指出的，造成美國的經濟強盛的根本原因在於獨一無二的"美記"企業管理資本主義。它本身有一種特殊的自我更新機制和靈活的轉型與適應能力。由於幅員遼闊、市場巨大和人口複雜的需要，美國發展出了特有的企業精神，善於經營管理的傳統，相信科學技術，以數字、法律、合同為基礎，而不是以人際關係和習俗為基礎。美國的企業除了得天獨厚能吸收

全世界的優秀人才之外，比任何其他國家都捨得在培訓人才上花本
錢。與歐洲相比，絕大多數優秀人才在私人企業中，其成功者受到
社會的鼓勵和尊重。從 19 世紀末，"新邊疆"結束後，整個大陸由縱
橫交錯的鐵路連成一片，又取消了州際的關稅壁壘，形成了一個統
一的大市場，成為推動生產發展的強勁動力，新發明層出不窮，而且
迅速普及，代替了地理上的新邊疆。今天，美國的"新邊疆"是全球
經濟，美國在其中仍然處於優越地位。美國的企業精神和個人獨創
性在當前的知識經濟時代比工業化時代更加能發揮優勢。所以 19 世
紀出現了卡內基、洛克菲勒、摩根這樣能夠把握世界的巨頭，20 世
紀比爾·蓋茨、泰德·透納、賴瑞·艾利森等領導世界新潮流的新
巨頭也出現在美國就不是偶然的了。[1]

　　一般說來，在民族融合中，總是處於先進的發展階段的民族同化
後進的民族，中國盛唐時期就是最好的例子。美國號稱"大熔爐"，
不論原屬於何種民族的移民到了這裡，就成了新的"美國人"的一部
分。他們保留自己的風俗習慣和宗教信仰，但是認同這個社會的基
本制度和核心價值觀。毋庸諱言，這樣形成的美國人，其主流是歐
洲裔的白人，也就是所謂的 WASP（白種—盎格魯－撒克遜—新教
徒）。直到 20 世紀上半葉，所有後來的移民都有一個"美國化"的過
程，也就是向先來的主流歐洲白人同化的過程。這一做法基本上是
自覺自願的。"大熔爐"之說就是一名俄國猶太移民於 1908 年創作
的一個劇本的台詞。1918 年紐約 7 萬新移民大遊行，來自 40 多個

1　Mortimer B. Zucherman, Debate: A Second American Century, *Foreign Affairs*,
　　May/June, 1998.

國家的移民熱切地表示認同美國。美國的活力和凝聚力在那時達到高潮。二戰以後，情況就逐漸複雜起來，有人提出"馬賽克"或"大拼盤"之說取代"大熔爐"的形象，説明種族的融合已經越來越困難了。但即使是拼盤，WASP 仍然是佔據中心的一大塊，其他大大小小族裔則處於層層邊緣。這種情況能夠繼續多久，或者是否應該繼續下去，是美國面臨的一個難題。

　　問題的根源在於，美國是以種族主義起家的，"白人至上"的思想統治了幾個世紀。從一開始就把原住民印第安人趕盡殺絕，然後又從非洲販來黑人做奴隸。各式各樣的後來的移民，從愛爾蘭人、意大利人、猶太人等白人到亞洲的有色人種，先後都受到過不同程度的歧視，在"熔化"之前都當過二等、三等公民。先來者根據自己需要在移民法上做文章，以決定接納還是排斥。在這個信奉自由、民主的國家，對種族平等的觀念卻接受得很晚，過程曲折而痛苦，這一觀念真正進入主流思想是在 60 年代的激進運動之後。但是直到現在，根深蒂固的種族歧視仍然時隱時現。與此同時，少數族群的覺悟也迅速提高，正因為過去受歧視，而且現在各方面的殘餘影響依然存在，這種覺悟和代表族群的要求就更為強烈，主要表現在對主流文化的挑戰，這與 1918 年的大遊行所反映的新移民急於認同主流文化的心態大不相同。這不僅是少數族群的要求，一部分自由主義知識分子也持這種觀點。第七章提到的關於"確保行動"之爭和第八章提到的 90 年代圍繞歷史教科書的大辯論，都反映了在種族問題上兩種思想之爭：前者關係到如何彌補歷史遺留的種族不平等；後者涉及的問題更加深刻——美國的歷史是否應該從根本上改寫，不再承認白人基督教文明的主流地位。如何詮釋歷史關係到如何塑造未來，也就關係到美國是否還能繼續在多元化中維持其原來的主流文化。筆者以為，在短期內，美國的多元文化遠不足以威脅主流文化的地位，而且移民"美國化"的過程仍在繼續，不論是自願還是不得已。但是從長遠看，這個問題始終存在。

美國的種族矛盾大於階級矛盾，而且要深刻得多。社會地位是可以改變的，而膚色是不可改變的。種族與階級有時相重疊，例如多數下層勞動者為黑人和拉美移民，但種族歧視是獨立於階級之外的。在黑人鬥爭的歷史上，受過良好教育、已經進入中產階層的照樣受歧視。今天，亞裔人儘管已成為美國公民，甚至是生於美國的第二代，職業和經濟地位都屬於高等社會，但仍然不免被另眼看待。最典型的例子是滑冰選手關穎珊，她明明是生於斯長於斯的美國人，但當她在全國冠軍賽中敗於一名白人美國選手時，美國幾大傳媒都歡呼美國選手擊敗了中國人。1999 年以莫須有的所謂洩露核機密罪名迫害的李文和事件固然與外交有關，從深層次看，也是種族歧視問題。在美國的主流人種之外，生存能力較強、對美國的發展貢獻最大的有兩個族裔：一是猶太人，一是華人。猶太人過去曾受歧視，現在已經完全匯入主流，不再有區別；窮苦的拉美移民是照顧對象，但是其中的白人一旦進入高等社會，就不再被區分出來。而華人卻似乎仍是黑白人種以外的"外來者"。究其原因，一是膚色，二是文化，三是受中美關係的影響。不論單個的華裔美國人自己的觀點如何，總體上其在美國的"特殊"處境看來難以在短期內完全消除。

美國作為移民國家，吸取各民族之精華，構成它最大的優勢之一，而根深蒂固的種族矛盾，又是美國最大的社會難題之一。

七　美國與世界

　　一個世紀以來，美國依靠漸進的改良不斷緩解矛盾，克服危機向前發展。但是矛盾遠沒有解決，例如貧富懸殊、種族關係、社會嚴重的道德墮落和犯罪問題等，都顯而易見。原來的優越條件也有異化的危險，例如，健康的社會批判的傳統會不會削弱？"美國精神"會不會也在變質？如丹尼爾‧貝爾對馬克思‧韋伯所説的促進資本主義發展的新教"禁慾苦行主義"做的補充："貪婪攫取性"這一面佔上風，"宗教的衝動"為"經濟的衝動"所淹沒，結果道德自律和創造精神兩敗俱傷……總之，今後美國的發展仍取決於在 20 世紀起作用的優勢能否繼續克服異化而保持其生命力。

　　在今天各國相互依賴日深的世界上，一個大國的興衰的影響絕不會限於其國土之內，美國就更不必説。不過至少到目前為止，人們擔心的還不是美國如果衰落會帶來甚麼影響，而是一個唯一的、在各方面遙遙領先的、超強的美國對世界是禍是福。也就是説，美國如何運用它的力量，奉行甚麼樣的哲學，對世界其他國家的人都有利害關係。百年來，美國高度發達的科技和生產力帶動了全球的進步，美國以雄厚的實力對反法西斯戰爭和戰後恢復做出了無可替代的貢獻，又直接幫助或間接促進了一批國家的經濟發展。如果哪個國家善於學習，美國從治國到企業管理到解決社會問題到文化教育都提供了極為豐富的經驗。今天，在有關全人類福祉的問題，如環境保護、自然災害控制、公共健康以及反毒品、反國際恐怖主義等鬥爭中，美國還能發揮帶頭作用。但是另一方面，美國的外交思想和實踐是不折不扣的強權政治和霸權主義，是"順我者昌，逆我者亡"。無論以甚麼"主義"的名義,"理想主義"還是"現實主義","孤立主義"還是"國際主義","意識形態"為主還是"地緣政治"為主,實際上,美國一直都是隨着實力的不斷增長而不斷向外擴張其勢力範圍。直到今天,全球都被當作它的戰略勢力範圍。

二戰結束後,有 40 年是美蘇對峙的冷戰時期。在這期間,以意識形態和社會制度劃線,美國在"順我者昌"和"逆我者亡"兩方面都盡情發揮。根據前者,使一批國家受其幫助和扶植得以發展,這是與其爭霸的蘇聯所做不到的;根據後者,則對另一批國家從封鎖、包圍到顛覆到武裝干涉無所不為,不過有的成功有的不成功。至蘇聯解體,冷戰結束,曾有一度人們以為美國注意力將"內向",更多關心國內事務;然而事實正相反,所謂"內向",只不過是短期的重新審時度勢、調整部署。冷戰後,美國強烈地意識到自己是唯一的超級大國,戰略目標的核心是防止任何國家挑戰它的獨一無二的地位,整個地球是它在上面進行部署的大棋盤。在經濟全球化進程加速的今天,它使"順我者昌"的能力已經大不如前,而且,國際關係大大複雜化,要定出全國一致認定的欲其"昌"的對象也不容易,但是對於"逆我者"欲其"亡"的意志卻不稍減,而且少了冷戰時的約束,更加肆無忌憚。

一般的傳統觀念認為,外交是內政的繼續,對外侵略與對內壓迫有必然的聯繫。日本軍國主義、德國法西斯都是如此。美國卻不然。美國的政治制度和政治信仰對內不能實行壓迫,所以才有漸進的妥協、改良,才有今天的昌盛。相對來説,美國人民享有的自由和民主權利是比較充分的。在國內政治鬥爭中,雙方不論如何互相攻擊、無所不用其極,都必須遵守一定的民主程序和規則,最後失敗者就認輸，犯規者就出局。尼克遜因水門事件不得不下台，就是因為違反了基本規則。但是在國際社會中，美國卻不把自己看成平等的一員，而是超然於一切國家一切規則之上。自威爾遜開始就意圖以制定國際規則來"領導"世界，至小羅斯福領導創立聯合國獲得成功。公平地說，沒有美國的倡導和主事，二戰後這樣一個國際組織很難實現。但是今天，美國認為聯合國已不那麼得心應手，一旦其他成員國的發言權阻礙了自己的意圖得到貫徹，就想方設法繞過它。總之，美國的意志必須貫徹，這是前提，國際規則以及其他種種法律的和道義的準則必須服從這一前提。美國的民主制度決定了決策者必須重視本國人的生命和福利，這對於對外用兵是一個制約因素。例如二戰最後階段，西方和蘇聯爭奪戰後地盤之勢已成，美軍原可以先進入柏林，但是因估計人員犧牲太大，而把這一攻堅任務留給蘇聯紅軍，寧願遺留下一個困擾幾十年的"柏林問題"。戰後，在可能的情況下，美國總是寧願出錢出槍讓別國出人打仗。如果由美國派出地面部隊，如朝鮮、越南戰爭，則不可能做持久戰，因為美國青年犧牲到一定程度，國內人民和輿論就要反對。現在武器日益先進，在不必派出地面部隊的情況下對別國的襲擊，則顧忌較少。美國擁有世界最大最先進的武器庫、最雄厚的經濟實力，卻常指認別國對自己構成"威脅"，這"威脅"究竟何所指？歸根結底，是對其左右世事的霸權（或如美國自稱的"領導權"）的挑戰。美國在綜合國力方面必須保持大距離的領先地位。形象地說，在長跑競賽中，美國不但長期習慣於跑在第一，而且與第二名的距離一直保持在 1000 米，若感覺到這距離有可能縮短到 800 米（還只是有可能），美國就感到威脅。這種心態使美國能對自身不斷興利除弊，奮發圖強，不因富強

而懈怠，但是對待別國無法平等。在國際社會，美國以最高裁判者
自居，給其他國家的表現評等級以決定獎懲，最壞的是"無賴國家"
（如伊拉克、南聯盟），可以武力打擊，甚至對別國內部不同的派別
做出評判，決定扶植或反對，而自認為可以不受評判和制約。但是
美國往往低估民族主義的意志和力量，在這方面屢犯錯誤。實際上，
在發展上的領先並不與左右世界局勢的能力成正比，這是戰後多次
為事實所證明的。

在第九章中，筆者創造了"隱性霸權"的提法。這是指一個世紀
以來，美國以它在科技和生產方式上的不斷創新"領導"了世界潮
流，使世人身不由己地接受它的影響，跟着它跑。不知不覺間，在器
用、話語、生活方式，乃至品位習俗方面，都向"美國化"發展。今
天所謂的"信息時代"、"網絡時代"，其源頭還是在美國。美國根據
自身的規律和需要實現某種發展進程，而這種進程必然輻射到全世
界，其他國家不論是否符合自身發展的階段和模式，只有緊追，否則
就被淘汰。這是另一種"順我者昌，逆我者亡"，不以人的意志為轉
移。這是一個客觀現象。如何掌握，更多是他國的問題而不是美國
的問題了。

"9·11"事件之後，美國是否又發生一次轉折？第十章專門對此
做了分析和論述。總的說來，小布殊政府內外政策沿着"新保守主
義"的極端思想走得相當遠，國家安全開始腐蝕國內民主。另一方
面，美國的批判精神、社會精英對保衛憲法的自覺性和法治的力量
依然存在。對外，布殊政府的"大中東民主"計劃遇到嚴重挫折，深
陷伊拉克泥沼不能自拔，現實迫使它必須收斂，但是無論如何不可
能如某些美國人所擔心的那樣回到"孤立主義"，連尼克遜那樣的收

縮戰線都難；對內，社會矛盾再次尖銳化，美國制度的痼疾造成的
負面現象正在加劇，似乎又需要一次類似"進步主義"的改革運動以
興利除弊。但是形勢今非昔比，很難形成促成 20 世紀幾次改革高潮
那樣的強大力量。美國國內預言美國衰落、危機乃至崩潰的種種議
論再次興起。這些議論都有一定根據，但往往片面誇大，表現出"愛
之深而慮之遠"。這種憂患意識及其盡情表達正是美國的希望所在。
21 世紀以來所發生的事態尚不足以修改本書的基本論點。美國是否
會發生重大轉折，現在還言之過早。但是對外人來説，不論美國過
於強大，還是突然衰退，都非世界之福。

第二章　在自由競爭與追求平等的悖論中擺動

"一個複雜的社會經常在一種壓力之下，就是要調整它的結構來適應它的中心價值觀，以便減輕由於社會關係的變化產生的張力，做不到這一點，就要發生社會動亂。"[1]

縱觀以自由主義為核心的美國的思想發展，從中可以看到兩條線：

一條是側重自由，傾向社會達爾文主義，鼓勵競爭，無拘束的個人奮鬥，講求效率，無情淘汰，適者生存。這導致貧富懸殊擴大，社會不平等加劇。

另一條是側重平等，信仰人道主義、社會公正、天賦人權，倡導對社會、對集體的義務，反對特權，反對壓迫。這導致批判現實主義和社會改良，包括政府干預和福利政策。

1　Seymour Martin Lipset, *The First New Nation: The United States in Historical & Comparative Perspective*, W. W. Norton & Company, New York, 1979, pp.7—8.

　　這兩條線構成美國的精神力量，缺一不可。政治、政策和社會思潮、風氣在二者之間不斷調整，取得暫時平衡（只能是暫時的），使美國得以相對平穩地發展。改良的實質是以第二條線抵消第一條線所造成的消極後果和社會矛盾。由此形成的哲學思想又有兩個方面：一是理想主義，一是實用主義，二者相輔相成。理想主義並非完全不顧實際，實用主義也不是毫無原則，它們是一個硬幣的兩面。今天的價值觀念與 19 世紀有很多不同。關於美國思想變遷的著作林林總總，要而言之，一種是強調其變化的一面，一種是強調其連續性的一面。實際情況是既有變化又有延續，變也是漸變，沒有“和傳統觀念徹底決裂”的過程，迄今為止，自由主義的核心還是未變。也可以説，自由主義是一個邊緣很寬的框架，每個歷史時期的思潮根據實用的需要在邊緣之內擺動。

一　簡短的歷史回顧

　　美國思想的淵源當然是歐洲。每一個時期歐洲的主流思想和反潮流思想在美國都有反映。最早來美的移民是英國人，這一事實奠定了美國早期的思想基礎，從宗教、政治、經濟、文化到生活方式，佔統治地位的都是英國的影響。但是歐洲其他國家，如法、德、北歐等國的移民也差不多同時到來，使得美國從一開始也接受了歐洲大陸的影響，這對美國國族自性（national identity）的形成，以至最終實現獨立非常重要。從最早的移民開始，就在歐洲大陸的理性主義和英國的改良主義、經驗主義之間的廣闊天地中進行偉大的實驗。直到 20 世紀，許多思想、學説仍然發源於歐洲，但是在美國得到充

分的實施，成為美國變種。作為美國立國之本並貫穿於整個美國社
會發展的主流思想是自由主義─個人主義。其來源一是基督教，二
是歐洲的啟蒙運動，特別是其先驅英國思想家約翰·洛克的思想。

　　基督教（包括天主教）教派林立，在歐洲不同的國家產生的影響
和傳統也各異。來到美國的歐洲移民就帶來了各自的宗教派別，正
是這一事實形成了美國宗教，不論是主流的還是非主流的教派都能
有一席之地。無形的宗教歧視是存在的，但是很少有歐洲中世紀那
種激烈的教派爭鬥，更沒有宗教戰爭，基本上各有各的地盤，和平共
處。眾所周知，早期作為美國思想主流的是新教的加爾文教派，亦即
清教徒。加爾文教派早期確曾有排斥異教的傾向，不過為時比較短
暫[1]，其他的教派，例如貴格會、浸信會等都較早在北美立足。儘管不
同教派教義各異，但總體上有其共性。基督教作為一種精神理想和
普遍的道德標準，在潛移默化中對美國國民性的形成有深遠的影響。
美國在法律上是政教分離的，宗教信仰唯其不是強迫的，其影響就
更具有滲透性。它所宣揚的某些基本原則始終是維繫美國社會的共
同價值觀。不論種族、職業、處境、社會地位、政治觀點乃至所屬
教派有多麼不同，大體上都認同基督教對人、對社會、對知識的取
向，有共同的善惡是非標準和倫理道德觀念。從總統到街頭流浪漢，
至少理論上在上帝面前人人平等。"敬畏上帝，經常上教堂，按規定
納稅"成為好公民的標準。早期，教堂是施教化的中心，牧師是當地
最受尊敬的人，是道德文章的象徵，是知識的傳播者。事實上，在美

1　眾所周知，美國 17 世紀有過極端宗教狂熱的表現，即"驅巫"浪潮。不過
　　從那時以後，特別是立國以後，信仰自由佔主流。

國建國之前和建國初期，教會對教育的發展和各級學校的建立起了
很大的作用。隨着科學、經濟的發達，教會也日益世俗化。但是直
到今天，宗教無論作為實際的社會勢力還是抽象的精神力量，其影
響仍不可低估。所以至今，總統就職、法庭宣誓都得手撫《聖經》，
而且每當新年伊始，還要舉行總統祈禱早餐會——一方面藉助彼岸的
力量，呈現一派蕭穆神聖；一方面，祈禱的內容高度實用，都與現實
相聯繫，歸結於永恆的主題：“上帝賜福美國。”這不能說成只是統
治者愚民的一種策略。從廣義來說，正因為絕大多數人民有此信仰，
統治者才必須強調自己對這一信仰的認同，以取得除了通過選舉制
度的合法性之外的精神上的合法性。

　　洛克思想對美國的影響眾所周知，例如主張宗教寬容、反對君
權神授、重視教育，最重要的是關於政府的理論，即天賦人權、主
權在個人、有限政府、分權制，等等。但是還有一種思想來源不常
為人道及，就是遠在 1690 年洛克的《政府論》出版之前 50 年出現的
“平等派”（levelers）”。那是 1642 年在英國內戰中出現的一小股政治
勢力，為基督教激進派，代表底層勞動者，先擁護後反對克倫威爾。
其平權思想對洛克本人和對美國獨立都有影響。他們的鬥爭方式仍
不外乎利用短暫的言論自由間隙從事宣傳，印發小冊子。作為政治
組織存在時間不長即被鎮壓下去，但是其思想影響深遠。“平等派”
自稱“生而自由的英國人”，其人權為“自然法”所保護，議會的主權
不過是選舉它的人民暫時借給它的。1649 年發表《人民的協議》(*The
Agreement of the People*)，提出為英國制定的憲法綱領。美國獨立的
思想先驅托馬斯·潘恩就是“平等派”思想的繼承者。美國大陸會議
發表《獨立宣言》，其內容乃至措辭與《人民的協議》十分相似，起草

人傑佛遜也承認,《獨立宣言》中的思想並非他的獨創。

　　基督教加上來自歐洲的啟蒙思想共同在新大陸的土壤上生根、開花、結果,形成了有"美國特色"的自由主義傳統。概括起來,大體有以下主要內容:

　　——個人主義:啟蒙思想中的人本主義在美國得到了最充分的發展。它一方面是對神而言,不相信神力而相信人通過自己的努力能改造自然,但同時通過教育和宗教信仰使人自律向善,在這一點上又藉助宗教的力量;另一方面是對國家而言,相信天賦人權——生命、自由、財產、追求幸福的權利——神聖不可侵犯,國家無權剝奪。如果國家剝奪了這一人權,人民就有理由起而推翻之。這一思想是美國獨立的依據,也是美利堅合眾國憲法的基礎。總之,這是一種樂觀、向上,個人求發展的自由主義。也可以說,美國人對自由主義—個人主義的最基本的理解就是個人不受外力強加的拘束,追求成功和幸福的自由。

　　——理性主義:理性主義在歐洲大陸是作為神學的對立面而發展起來的,一傳到美國就有了"美國特色",不是作為宗教的對立面,而是與宗教信仰巧妙地結合起來,相輔相成。這在一定程度上與英國傳統有關。加爾文教派和聖公會教徒都不排斥理性。他們維護信仰自由,認為上帝既然賜給人以理性,就應用來追求真理,每一個凡人都有權對《聖經》做理性的詮釋,也都有能力理解其中真諦,宇宙是有規律可循的,是可以被人認識的。這就使美國的宗教一開始就與自然科學沒有矛盾。特別是牛頓的學說,為美國清教領袖們普遍接受。當然,在對教義的各種解釋中也有許多非理性的成分,也存在對科學採取懷疑和抵制的保守的教會。但是總的說來,宗教信仰在美國沒有成為理性主義的對立面，因而沒有成為科學發展的阻力。

——人道主義：人道主義思想主要代表中產階級對社會"不幸"階層的人的同情和責任感。與歐洲的等級制度不同，美國立國前後是以中產階級為統治階層的社會，並且由於許多人脫離貧困不久，他們更容易接受人道主義思想。天賦人權說、基督教倫理以及當時興起的浪漫主義思潮，都與人道主義相吻合。與此同時，作為啟蒙思想的一部分，或由此派生出來的，是"環境決定論"。就是說，人的優劣是後天環境決定的，不是天生的。從這一前提出發，順理成章的應該是否定劣等人種之說，這是最早的美國廢奴主義和倡導改善監獄條件與罪犯生活環境的理論基礎（但是在實踐中，對待種族問題更強有力的思想是弱肉強食的社會達爾文主義，或者根本不把黑人當作"人"來對待，這一點在以後的章節中還將詳述）。

最早把人道主義及其組織貴格會帶到美國的著名人物是來自英國的威廉·賓，以及抨擊奴隸制的約翰·沃爾曼、安東尼·貝尼澤特等人，著名的思想家班傑明·富蘭克林也是人道主義倡導者。這一人道主義的延續和發展，後來實際上成為平衡社會達爾文主義的主要思潮的淵源。

——平民主義[1]：如果說人道主義代表中產階級，那麼平民主義則代表底層大眾，特別強調平等的一面。上述英國的"平等派"就具有這種特色。在美國，平民主義不是主流，但是一直作為一種潛流存在，在不同時期或隱或顯，對精英政治形成一種張力。在社會矛盾

1　Populism, 現在通常稱作"民粹主義"，這裡筆者有意用"平民主義"以區別俄羅斯革命中的"民粹主義"。

尖銳時則對主流社會發出衝擊，有時帶有反智色彩。

以上簡述的美國的自由主義—個人主義的幾個方面，在早期是渾然一體的，它們之間的矛盾並不突出。這種理想化的自由主義社會基礎是個體農戶和中等莊園或農場主。如林肯所說，"資本和勞動混合在一起"。僱傭勞動者的地位並不固定，有很多機會可以成為獨立的農場主或小企業老闆。這種社會的"垂直移動性"（vertical mobility）是美國早期發展的特點，後來隨着大工業的發展和壟斷財團的出現，階級的界限相對固定下來，但是較之其他發達國家，美國社會升降的流動性還是要大得多。這是共和黨創建時期的思想基礎——反對壟斷，主張自由勞動，以"生產者"的代言人自居，反對"非生產者"，也就是反對不勞而獲。在他們看來，從事經營管理和從事生產勞動的人同樣是"生產者"。這也與加爾文教派的崇尚勤儉起家、鼓勵個人創業的價值觀一脈相承。在那種情況下，自由與平等可以結合成為統一的理想。

南北戰爭之後，從 19 世紀後期到 20 世紀初，隨着大工業的急劇發展，階級分化日益明顯，使自由競爭與平等的原則日益難以相容。上述自由主義的幾個方面就沿着兩股道發展，互相制衡，也就是本章一開始提出的：社會達爾文主義和批判現實主義—改良主義。

19 世紀中葉，歐洲思想界發生了兩大驚世駭俗的事件：1）以 1848 年《共產黨宣言》的發表和 1859 年《政治經濟學批判》為標誌的馬克思主義的誕生；2）以 1853 年達爾文的《物種起源》發表為標誌的生物進化論的誕生。二者都是從根本上挑戰傳統觀念，但是對其後社會發展所產生的影響卻是方向相反的。

進化論本是自然科學，講的是生物的進化，它所挑戰的對象是神

學。但是被與達爾文同時代的赫伯特‧斯賓塞發展，用於人類社會，
就成為"社會達爾文主義"。他把"適者生存"的原則運用到人與人
的關係之中，極而言之，就是證明社會不平等、弱肉強食的合理性。
這一理論迅速傳到美國，在那裡找到了最適宜的土壤，成為美國發
展的一股強勁的動力。這絕不是説，歐洲國家在 20 世紀就已經沒有
了弱肉強食的自由競爭，美國就沒有爭取平等的努力，相反，本章正
是試圖勾畫出在美國這兩種思潮的消長、衝突和互補。但是，畢竟
社會達爾文主義在美國得到最大的驗證和發揮是事實。

二　社會達爾文主義的沃土

事實上，美國思想中的實用主義貫穿始終，對兩派都適用，其本
質是主張人能夠合理地控制地上的財富而不是依靠上帝的安排。亞
當‧斯密的《原富》剛好與美國《獨立宣言》在同一年發表，對美國
立國前後的思想起很大作用，為美國早期放任主義的經濟提供了重
要的理論基礎。

斯賓塞的巨著《綜合哲學體系》論證人類在社會、心理乃至生物
層面都是從簡單進化到複雜，從野蠻到文明，從混亂到有序，從無
政府到法治，並且預言這一進步將繼續下去，與宇宙的變化力量相
一致，最終臻於完美。他認為："進步是必然而非偶然。我們稱之為
'惡'和'不道德'的事物一定會消失。人類一定會臻於完美……"[1] 這

1　Henry Steele Commager, *The American Mind: An Interpretation of American
　　Thought and Character Since the 1880's*, Yale University Press, New Haven,
　　1950, p.86.

一觀點在南北戰爭之後傳到美國，剛好為當時的美國知識分子苦苦思索的問題找到了答案。在工業化突飛猛進的時期，人們崇拜的是機器和實驗室，17 世紀的加爾文教教義和 18 世紀的啟蒙思想理性主義的結合所建立的道德信仰，已經不足以解釋當時日益出現的社會不和諧與不平等，也不足以抵擋物慾橫流的大潮。如馬克‧吐溫筆下盡情諷刺的那個充滿了爾詐我虞的"鍍金時代"，每晚做禱告、每星期上主日學、誠實、幫大人幹活的"好孩子"長大了一事無成；而那個既說謊又偷東西，又懶又淘氣，褻瀆上帝，不做禮拜，為鄉鄰所不容的"壞孩子"，流浪出去之後卻當上了國會議員，衣錦還鄉。這個小故事典型地描述了靠舊的信仰和倫理觀維持的道德標準正在解體。達爾文和斯賓塞的進化論正好解決這一代思想者的困惑。它以無可辯駁的科學發現證明，萬物和人的進步是不可抗拒的宇宙法則，進步不僅是理性的邏輯，而是自然界的必然規律。它向人類指出前途無比輝煌，道德有了科學基礎。"惡"意味着對這一規律的不適應，自然而然會被淘汰。達爾文和斯賓塞被公認為是對美國思想影響最大的兩位英語作者，在美國宣揚他們的思想的先驅是哲學家兼歷史學家約翰‧費斯克。甚至有一個說法：這兩個英國人對美國的權威遠超過當年英王喬治三世對北美殖民地的統治，而費斯克則是其副攝政 [1]。那個時代學術分科還沒有後來那麼細，西方許多學者承文藝復興遺風，多才多藝，涉及領域很廣，費斯克也是其中之一，對生物學、哲學、宗教、人類學、法學和歷史都有研究。他在 18 歲

1　Merle Curti, *The Growth of American Thought*, Transaction Publishers, New Brunswick, 3rd ed., 1991, p.552.

時讀到了達爾文的《物種起源》和斯賓塞的《社會統計》，為之欣喜若
狂，自稱"靈魂為之燃燒"，從此成為達爾文和斯賓塞的整套理論的
忠實信徒和熱切的鼓吹者。他通過筆耕、口傳，畢其一生致力於把
社會達爾文主義與美國的實際問題相結合，用進化論的原理來解釋
自然和人類社會發展的規律，最終證明當前美國社會和盎格魯撒克
遜—美利堅文明是按照歷史擇優的原理發展而來的，並將繼續不斷
地進化和完善。

　　但是達爾文主義本質上是反宗教的，而費斯克既是優秀的生物
學家，又是虔誠的基督教徒，他就把二者結合起來。在他那裡，達爾
文主義所揭示的這樣一種完美的、不可抗拒的科學的法則是天定的，
運用到人類的進步是在更高的層次上證明全能的上帝的意志。這與
牛頓的第一推動力有異曲同工之妙。於是，正如 18 世紀傳到美國的
啟蒙思想可以與 17 世紀的加爾文教教義結合起來一樣，19 世紀後
半葉傳到美國的社會達爾文主義又可以與宗教相結合，並成為理性
主義的補充——而不是否定。這種影響是全面的，遍及各個領域，但
最重要的是史學和哲學。在他以後如以赫伯特‧亞當斯為首的"約
翰‧霍普金斯學派"和哥倫比亞大學的約翰‧伯吉斯等人都對在美國
宣揚這一學說做出了貢獻。

　　不過，社會達爾文主義真正滲透到一般美國人的意識之中，成為
全社會的主流思想是 20 世紀初的事，而且主要不是在抽象的歷史哲
學領域，而是在政治經濟層面。斯賓塞的著作在美國流傳最廣、時
間最長的是《人與國家的對立》一書。這部著作最清楚地闡明了主張
放任主義和反對政府干預的觀點，與美國的個人主義和正在上升的
物慾不謀而合，特別適合當時美國中產階級和大資產階級的口味，

使他們覺得，凡是個人的作為都符合進化論原理，而政府對個人的干預則都與之相違背。在這方面美國的主要鼓吹者是威廉·薩姆納。他從一名聖公會教區長而成為社會學家和經濟學家，同費斯克一樣，也把進化論和全能的上帝的旨意結合起來，不過更加側重"物競天擇，適者生存"這一思想。他把放任主義的原則推向極致，成為與萬有引力一樣的自然法則，甚至成為衡量善惡的標準——放任主義是美德，政府法規是罪惡；前者是文明的法則，後者是反文明的法則。這一理論極端到連公共教育、公共衛生和禁止童工法等都反對。其理由是縱容人的貪慾固然要使社會付出代價，但總比嬌慣弱者、延長"不適者"的生存好，因為前者導致社會進步，後者導致社會退化。薩姆納有一句名言："我們只能在二者之間選擇：或是自由—不平等—適者生存，或是不自由—平等—不適者生存。前者把社會帶向進步，使其優秀分子受益，後者把社會推向下坡路，使最劣等的分子受益。"這種理論與私有財產神聖不可侵犯的原則是相一致的。把私有財產作為天賦人權的一部分最早也來源於歐洲，同時是歐美經濟學共同的基礎，但是在美國，其神聖幾乎等同於宗教信仰，並且也是憲法的理論基礎之一。沿着這條線發展下去，自由競爭也成為美國人的一種信仰，被認為是"經濟宇宙"的天定的秩序。至於這種競爭造成的財富不均，這派理論的解釋是，財富不平等所帶來的罪惡遠不如財富平等的罪惡大，對個人處境的不滿是一切進步的動力，激勵個人奮鬥的最大的動因莫過於對匱乏的前景的恐懼。任何通過立法來緩解這種不平等的企圖都是危險的，它不可避免地要抵消"少勞少得"的原則，從而破壞私有財產權，從而毀滅文明。也就是說，私有財產和不平等是文明的基礎，窮人之所以窮，不是太笨就是太懶，上帝是公平的，只要通過個人奮鬥，人人都能成為資本家。

這種理論最極端、最徹底的派別被稱為達爾文主義"原教旨主義"。當然，還有各種不那麼極端的說法。一時之間，不僅在學術層面，而且在通俗文學，乃至教科書、兒童讀物中，都貫穿了這樣的思想教育，其中影響極大、流傳極廣的如霍瑞修‧愛爾傑寫的 100 多篇兒童故事，專講苦孩子如何通過善行和自我奮鬥取得成功，說明社會充滿機遇，能夠吃得苦中苦，就可以成為人上人。這一思潮在當時的美國得以如此流行，當然主要是符合大財團的需要，但同時也有一定的群眾基礎，能為普通人所接受。上述幾個這派思想最強有力的代表都是虔誠的基督徒，這正是美國特色的物質和精神的相結合。

社會達爾文主義在美國找到最適宜的發展環境不是偶然的。首先，它所宣傳的不斷進化、永無止境的思想與美國不斷開拓邊疆的歷史經驗相吻合，也與美國人所信奉的人可以改造自然、創建社會的樂觀主義相一致。達爾文主義在歐洲被視為對宗教的褻瀆，在美國儘管也受到某些保守的宗教勢力的排斥，有過學校禁止講授進化論而引起訴訟的案件，但是總的說來阻力不大，因為上面已經談到，美國人早已找到把科學理性與基督教信仰巧妙地結合起來的途徑。這裡有兩種平等的觀念：一種是機會均等，也就是在起跑線上平等；一種是結果平等，也就是縮小貧富差距。在兩種平等觀念中，美國人更重視機會平等。有人說市場經濟對美國人來說幾乎等同於宗教，簡直神聖不可侵犯。美國獨特的歷史條件，使它一開始就沒有像歐洲那樣的現成的享有特權的貴族階級，大批第一代資本家都是白手起家，也就是初始的競爭條件比較平等，儘管到美利堅合眾國建國時有產者和無產者之分已經很明顯，片面強調起跑線上的平等日益顯露其虛偽性，但是直到世紀之交，還存在不斷上升的機會和白手起家的榜樣，所以使得"人人都可以成為富翁"的口號不顯得那麼虛妄，還有一定的吸引力。

更主要的是，斯賓塞的放任主義和適者生存說剛好切中當時正在興起的大工業家的下懷，符合大魚吃小魚的潮流。所以大企業的代表人物如休伊特、卡內基等也親自出馬撰文以進化論為工具批判社會主義、工會主義和改良思潮，宣揚現狀的合理性和進步性。他們的說法是：美國的工業一直是朝着造福人類的正確方向發展的，工商企業集中在少數人手中是競爭法則的必然結果，不但有益無害，而且是人類進步所必需，這種競爭無論多殘酷，對全人類來說仍是最好的，因為它保證了每一個部類的適者生存。當時已經相當頻繁的勞資糾紛，被解釋為在公平正義的基礎上工資不斷增長的過程中的必要插曲。至於罷工，則是"既錯誤又有害"。對於正在開始的對外擴張，這種弱肉強食的理論也正好合拍，所以老羅斯福雖然在對內政策上屬於進步改良派，但在對外擴張上卻是以達爾文主義為依據。馬漢的海上霸權理論也是以此為依據。可以說，達爾文主義到了美國，既為商業競爭又為帝國主義擴張提供了科學和倫理的基礎。

社會達爾文主義得到公開的、充分的、全面的闡述並和美國的實踐相結合，是在 19 世紀末 20 世紀初。20 世紀越往後，這種赤裸裸的弱肉強食的理論就越難公開發表，而見諸文字的多是形形色色的批判現實和改良主義的理論、觀點和社會運動。但是並不等於說這種根深蒂固的自由競爭的思想已經式微。毋寧說，它在世紀之交已經為美國發展的主線奠定基礎，貫穿在整個制度的實踐之中，已經成為不言而喻的前提。而一些改良和批判的思想則需要大聲疾呼，正是為了不斷地限制和修正其弊病，緩解受害者的痛苦，防止它惡性膨脹到影響社會穩定的地步。另外，在 20 世紀，特別是二戰以後，自由主義的思潮有了一個新的對立面，那就是共產主義，所以反共主義在一段時期內成為美國的主要思潮，爭論的焦點有所改變，下面將專門論及。今天很少有人承認自己是原教旨社會達爾文主義者，但是源於這一思想的主張——縮小政府職能，加強自由競爭——作為國內改良主義、福利主義的對立面一直存在。有意思的是，在美國的政治和經濟界，主張自由競爭，反對政府干預被稱為"保守派"，而主張政府對自由競爭進行一定限制的被稱為"自由派"，這一語義的顛倒也正好説明，前者還是美國社會的根本。

三　改良主義的挑戰

如果完全聽任社會沿着弱肉強食的道路發展下去，美國就不會有今天，或許早已引起革命，或許在某個時候經濟因社會動盪而崩潰。事實上，另一條線，對於不平等的批判和主張抑強扶弱的思潮和呼聲一直存在。它也是植根於美國的思想傳統之中的，也就是自由主義中的人道主義和強調平等這一面。前一派社會達爾文主義在美國盛行的同時，在經濟、哲學、政治領域都有其對立面，不過在特定的時期內哪一派成為"顯學"，視情況而定。改良主義理論的蓬勃興起，自成系統，在實踐中發揮作用，是在 19 世紀 80 年代到 20 世紀 10 年代左右，史稱**"進步主義"**時期。當時面對着急劇工業化及其帶來的城市化、壟斷財團、兩極分化、權錢勾結的政治腐化，以及各種罪惡和不公，美國人建立在自由與平等和諧並存的基礎上、以農業為主的社會傳統價值觀受到很大震動。改良派理論在若干主要方面都是對到那時為止的美國傳統信念的批判，是對社會達爾文主義的制衡，也是為進步主義的改良實踐鳴鑼開道，從這個意義上，可以稱之為一場"思想革命"。這個時期湧現出一大批學者思想家，不可能一一列舉，現擇其影響較大、自成系統並有開創意義的，略加介紹：

1. 亨利·喬治（1839—1897）

1879 年，他在紐約出版了《進步與貧困》一書，提出了對當時社會的深刻批判和嶄新的理念，立即引起了轟動，說明它反映了當時的民眾情緒。全書以生動、雄辯的散文詳細分析了創造財富的要素：土地、資本和勞動，給出了自己的定義，其立論自成系統。以下是一些要點（黑體為筆者所標）：

只要現代進步帶來的財富只能促進貧富之間的鮮明反差，那麼進步就不是真實的。我們時代最大的謎，就是進步與貧困同時增長。這個謎如果不解開，找出醫治之道，就只能走向毀滅。只有政治經濟學能擔起這個任務。

財富是勞動創造的，因而工資就是勞動的報酬。一切創造性的努力，包括體力和腦力，都是勞動。貧困不是土地缺乏造成的（如馬爾薩斯人口論所說），而是財富分配不合理、社會不公平造成的。斯賓塞的社會達爾文主義"等於是堅持讓人人自己去游泳，而不考慮到有人是人為地配備了救生衣的而有人則人為地背着鉛"[1]。財富不能等

---

[1] Richard Hofstadter, *Social Darwinism in American Thought*, University of Pennsylvania Press, 1945, p.93.

同於增值，凡不能增加全社會財富的活動，如證券交易、發行鈔票、佔有奴隸、土地漲價，都不能算創造財富。只有可以觸摸的有實際價值而不是相對交換價值的製造品才能算社會的財富。由此，得出結論，工資應按付出的勞動計算，而不是如流行的觀念所認為的那樣，是預支的資本。

人的差別主要由於環境，與種族、階級無關。人生而平等，不分主奴、君臣、聖人和罪犯。貪婪、好逸惡勞都不是天生的，而是因為現今的社會中一切正義、道德都被踐踏，人們失去了靈魂，勞動不是為了自我滿足，而是為了僱主或他人，因而沒有樂趣。在當前的社會結構下最受壓抑、浪費最大的是精神力量，發明家、藝術家等佔人口的比例實在太小。

提出**"單一稅"制**（即廢除一切租稅，國家只徵收土地稅）。因為**造物主只承認對勞動的成果的所有權，沒有天生應該擁有的東西。**由於土地是造物主無償賜予的，所以首先應取消地租，使土地擁有者不能靠地租獲利，卻要對國家交納高額稅，這樣他就必須竭力開發經營，從而促進生產，紛紛爭取勞動力。於是勞動者由買方市場變成賣方市場，可以待價而沽。

理想的社會圖景：通過實行"單一稅制"改變社會制度，實現更為公平合理的勞動重組和財產分配，資本與勞動可以結合在合作社中。由於工資高、機會多，每個人都會把智力充分融合到體力勞動中，從而消滅粗放的純體力勞動。勞動時間縮短，體腦交替使用。人人免於匱乏之虞，有了公正感，就會以勞動為樂，迸發出無限創造力，讓所有階級的人都有舒適、獨立、從容、優雅的環境，就像把水注入沙漠，不久荒原上就會綠草如茵，鳥語花香。人類總的財富會大大增加，文明也會進步。這樣一個美好的社會，即使負擔最重的大地主也會歡迎，以便他的子孫生活得更幸福。

亨利‧喬治出身貧苦，只上過七年學，沒有受過正規的經濟學訓練，全憑業餘大量的閱讀和思考，結合切身體會，寫出《進步與貧困》一書。他明確表示自己不是社會主義者而是"民主主義改良家"，儘管他曾一度被工人運動推舉為一面旗幟。[1]他寫作的時候，馬克思的著作尚未有英譯本，不可能對他產生影響，上述有些論點和理想似乎與馬克思有異曲同工之處，但是他與馬克思有兩點最大的不同：一、不反對私有制，相反，他推崇在利益刺激下追求最高生產效率的機制，所以把小商人、小業主的收入都列為工資，他只反對不勞而獲的對自然資源或公共財產的壟斷，認為壟斷是產生專制的根源。二、達到他理想社會的手段是改良而不是革命，各階級的利益在其中是可以調和的。

《進步與貧困》出版後被譯成多種文字，享譽國際，成為經典，歐洲各國紛紛請他去做演講，得到托爾斯泰、蕭伯納、杜威等人的高度評價。杜威甚至說他是自柏拉圖以來屈指可數的世界社會哲學家之一。他所提出的"單一稅"制，一度成為美國一派政見，儘管過於理想化，未有可能實施。但他的很多論點還是帶有開創性，故而是進步主義思潮的先驅。

1　關於喬治被工人政黨推選為紐約市長候選人及其與工人運動的關係，見張友倫：《美國社會變革與美國工人運動》，中國社會科學出版社，1997年，第 259—271 頁。

2. 萊斯特・沃德（1841—1913）

沃德是美國早期著名的社會學家，社會學學會的創始人。他是
最早對放任主義經濟和社會達爾文主義從理論到實踐提出系統批判
的人物。他與費斯克、薩姆納屬於同代人，也是跨多種學科，原來
的專業是植物學、醫學、地質學，而其重要貢獻則在社會學、經濟
哲學方面。他和喬治一樣是自學成才，原來長期在政府任職，1906
年到布朗大學任社會學教授，同年，創辦社會學學會，任首屆會長，
實際上他也可以算是美國社會學科的奠基人。他的代表作是《動態社
會學》(1883)、《文明的心理因素》(1893)、《純粹社會學》(1903) 等。
沃德也是進化論者，他正是從進化論出發，反對放任主義的競爭，反
對弱肉強食。其理論要點如下：

**人之所以分為階級絕非"自然選擇"，在合理的制度下，人人機
會平等，人為造成的階級是可以消滅的**。階級社會，包括印度種姓
制、古希臘奴隸制等的生成歷史，説明統治和被統治階級的形成是
征戰的結果，失敗的一方淪為下等階級有種種主客觀原因，但絕不
是因為這一種族或人群天生劣等。成吉思汗征服文明程度高得多的
漢民族就是明顯的例證。由此引申到美國當時的經濟不平等是人為
的，而不是因人的天賦不同產生的，富人中不乏低能弱智，窮人中
也有天才。即使事實上底層人的體力和知識不如上層人，也是其存
在的條件造成的。沃德確實提出了消滅階級的目標，主張消滅"垂直
的"不平等，而發展"水平的"差異。就是承認人的天賦是多方面的，
正是這種差異推動社會的發展，而在一個消滅了"垂直的"差異的社
會裡，分工可以更加合理，多樣化的才能得以充分發揮，社會就能繁

榮進步。[1]

放任主義經濟不符合自然法則，而且完全違反人類發展規律，否定人的創造性，堵塞進步之路，因為文明正是人運用智慧把自己從自然力量的暴虐中解放出來的結果，在人類文明的發展中從來就沒有過放任主義。所謂"適者生存"是虛假的，因為"適合"不是絕對的，是有條件的，有一個對甚麼適合的問題。在人與人之間，"放任主義"是自相矛盾的、虛假的。相反，諸如洛克菲勒、摩根等大財團正致力於兼併、壟斷以消滅自由競爭。約翰·洛克菲勒有一句名言："美麗的玫瑰，美國之花，只有在早期把周圍的花苞掐掉，才能長成這樣芬芳絢麗，令觀者激賞喝彩"[2]，這就一語道破了大資本家心目中的所謂"適者生存"的含義。

政府的保護總是存在的，就看政策對誰有利，大力宣揚放任主義的人正是最受政府保護的那一階層。大企業要求政府對他們施行放任主義政策，不加任何管制，而自己並非真心歡迎完全自由的競爭，他們大聲疾呼反對勞工的要求，反對所謂"家長制"（即受政府監督），其實勞工只不過要求分享一部分資本家已經享受到的政府的保護而已，而這些大企業的代表人物每天都在進行院外活動，要求議會通過進一步保護他們利益的法案。

政府干預與自由主義沒有矛盾，一定程度的集體主義和個人主義也沒有矛盾，相反，真正的個人自由只有國家在社會強勢階層和

1　1907 年社會學學會上的會長講話："Social Classes in the light of Modern Sociology Theory"。

2　Commager, 前引書，p.209。關於沃德的思想，在該書第 10 章有詳細介紹。

弱勢階層之間起調節功能時才能實現。因為只有這樣才能建立真正平等的競爭機會，保障經濟安全和提高全民的智力。這一切可以通過立法來實現。而立法也是人發明的，是"社會為了自身利益用集體智慧來對社會的各種力量進行科學的控制"的一種機制。

經過教育而提高了智力的人可以引導社會的演變。既然沒有天生智力優劣，首先應該創造受教育機會平等的條件，通過普及和發展教育可以對社會進行根本性的改良。人類社會的進步與自然界不同，不是從遺傳上自然選擇，而是互相對立的因素，包括異質文化，在鬥爭中互相滲透，互相豐富，向更高階段發展。社會學不但要研究已往社會進化的動力，總結出一定的規律，以預測未來，還要研究如何用科學的原則對這一巨大的能量加以控制，引導它進入安全、和諧的渠道，從而對現有的社會結構進行有益的改造。要做到這一點，先要對人進行教育，提高其智能。

用我們熟悉的語言來說，就是不但要解釋社會，還要改造社會，首先要改造人。這是沃德賦予社會學的任務，因此他認為社會學是一切學科之上的學科。[1]

由於沃德常年在政府中任職，對政府的作用以及與大財團打交道中的種種甘苦有豐富的實踐經驗，所以他提出的政府調節的主張不僅是學理上的，而且具有可操作性。他的主張都是冷靜的、理性的，同時從主觀的同情到客觀的效果都是向社會的弱勢階層傾斜的。他針砭"時弊"的深刻、尖銳、實際和嚴謹達到空前的程度。由於第一部著作出版較早，思想太前沿，當時比較孤立，甚至受到圍攻，其

---

1 1906 年 12 月沃德在社會學學會第一屆年會上關於建立社會學的講話。

個人處境與其對立面薩姆納截然不同。但是隨着形勢的演變，他成為改良派的一面旗幟，以至於一時之間學者們不歸於薩姆納就歸於沃德旗下。更重要的是沃德的主張切合實際，實際上奠定了整個 20 世紀從老羅斯福到威爾遜，到小羅斯福，乃至約翰遜的"自由派"政府的思路。他從社會學和人類進化的角度主張政府干預經濟生活，起調節作用，比"新政"和凱恩斯主義早了半個世紀。同時，他也是美國高度實用的社會科學的先驅。他認為立法者必須懂社會科學才有資格對影響千百萬社會單位的措施投票，他曾提出應為當選的議員開關於社會科學的訓練班。

3. 亨利·勞埃德（1847—1903）

差不多同時的還有亨利·勞埃德，他畢業於哥倫比亞大學法學院，長期供職於《芝加哥論壇報》，最後任社論編輯。他的思想受愛默生和英國基督教社會主義影響，在 19 世紀 80 年代發表了一系列文章，詳細揭露壟斷財團如何在各個行業中壟斷物價和工資的情況，被認為是最早的"調查文學"。他出版多部著作提出改良理論，反對導致弱肉強食的放任主義。1885 年離開《芝加哥論壇報》後，他致力於反對童工和改善女工待遇的宣傳活動，到處演講，並支持工會和女權運動。他還曾為"草料場事件"中以爆炸罪被指控的工人辯護，使工人獲得赦免。他集記者、學者和社會活動家於一身，對包括杜威在內的進步主義運動一代人有長遠影響。

在沃德之後，在經濟理論方面與他一脈相承的還有伊利、康芒斯、貝米斯、比爾德等。他們都從不同角度抨擊放任自流，揭露時弊，主張政府向平等的方向進行干預。

4. 未成氣候的社會主義思潮

19 世紀從歐洲傳入美國的社會主義思潮，在這段時期一度活躍，多少都對這個時期的進步主義思想家有一些影響。儘管在理論上未出現系統的闡述者，其思想卻反映在一本至今成為經典的科幻小説上。

1888 年出版了一本科幻小説：《回顧：公元 2000—1887 年》，作者貝拉米，書中寫的是一個波士頓人因故於 1887 年長睡到 2000 年醒來，發現城市變化一新，物質豐富、沒有競爭、沒有商品，人人安居樂業，人性擺脱了自私和嫉妒，書中還包括詳細的制度和操作方法，反映了作者心目中烏托邦社會主義的境界。貝拉米自認是社會主義者，明確反對競爭，認為競爭的動力就是自私，只能鼓勵野蠻，培養最壞的人而淘汰優者，只有聯合才是出路。此書出版後的暢銷和引起的轟動效應，説明在當時的一般美國人心目中存在着對另一種制度的嚮往。

貝拉米所描繪的社會主義社會固然不可能實現，但是另外一種社會主義性質的模式，對美國的改革卻發生過一定的現實影響，那就是德國式的國家社會主義。當時美國大學尚未授予博士學位，大學生到德國的著名大學讀研究生成風。與美國大學重經典和宗教課程不同，德國大學重哲學、政治學，並採取歷史的和經驗的方法。而且學術自由，鼓勵交流，重實證，重實踐。不像美國那樣個人主義，德國重視組織的力量，德國教授很多參與國家的改革。這些對美國學生都產生了影響。這批留學生在思想上受到黑格爾影響，在現實中見證了俾斯麥政府的國家福利，相信國家最不容易犯錯誤。他們回國後，引進了德國的思想和經驗。例如伊利的《法國與德國社會主義》（1883），介紹歐洲社會主義。他們還憑藉自己的威望把學術界組織起來，成立一批學會，如"美國歷史學會"（1884）、"美國經濟學會"（1885）等，宣傳此類思想，這種思潮從另一個角度批判放任主義，順應當時加強政府干預的需要，與老羅斯福改革的思想方向一致。[1]

5. 范伯倫的《有閒階級論》（1889）

這是又一部傳世之作。作者獨樹一幟，以獨特的眼光深刻地分析了富人的致富途徑和行為模式，把社會分為"有閒階級"和"勤勞階級"這樣兩類人，着重揭露有閒階級的寄生性和窮奢極侈的生活方式，先是滿足物慾和聲色之需，然後再滿足虛榮心，以金錢購買一切足以贏得社會尊敬的身份、頭銜。范伯倫在此書中發明了"顯赫消費"一詞，用今天通俗的話說，就是"炫富"、"擺闊氣"。他指出，現代社會的生存競爭造成人對金錢的貪慾，使人走向野蠻，只不過在種種欺騙和高級行政手段的巧妙掩飾之下，在形式上不同於原始的野蠻掠奪而已。他還提出"為用而生產與為利潤而生產"的區別，批判後者，主張由受過高等教育的"勤勞階級"中的專家治國。這本小書剛好於世紀之交問世，正好道出了一般民眾對當時的"財大氣粗"的富人的奢靡之風的反感，因而反響很大，對富人造成了巨大的壓力，在某種程度上起了移風易俗的作用。

1　Arthur A. Ekirch, Jr., *Progressivism in America, A Study of the Era from Theodore Roosevelt to Woodrow Wilson*, New Viewpoints, 1974, p.133.

四　杜威和實用主義

在南北戰爭以後的 30 年中，兩大派思潮的辯論已經基本完成，而且是在當時所能達到的最高水平上進行，雙方的論據已經發表得很充分。當然，在理論上誰也說服不了誰，但是 20 世紀主要是實踐。在實踐中，改良卻是時代之需，於是世紀之交的進步主義思潮進一步導致威廉·詹姆斯和杜威（1859—1952）的實用主義、工具主義哲學。他們的出發點不盡相同，詹姆斯是醫學生物學家，在哲學上主要師承英國的經驗主義；杜威是哲學家和社會學家。二者殊途同歸，成為美國實用主義和實證主義的主流。

杜威的思想極為豐富，對 20 世紀的美國的影響貫穿在政治、社會和教育以及學術方法論等各個方面，並及於幾代人。他本人前後思想也有所發展。這裡只着重談與進步主義有關的部分。

對"適者生存"提出新的解釋："適者"是善於和願意靈活適應今天和明天的條件者。"天擇"是由社會或一種有機體來選擇多種優於其他的行動和反應的模式，而進行這種選擇的機制是輿論和教育。

杜威無疑屬於進化論者中的改良派，而且他的行動更是如此。不過在理論上，他不是把兩種思潮對立起來，而毋寧是對"適者生存"做了自己的解釋。他反對把生物的功能做僵化的解釋，然後生硬地套到人類環境獨特的、充滿活力的條件上。食肉獸中的"適者"並不等於人類中的"適者"。人類環境變化和進步很快，因此"適者"是善於和願意靈活適應今天和明天的條件者。既然環境的意義在不斷變化，生存競爭的意義也就跟着不斷變化，這種生存本能可以導向善，也可以導向惡。人類的問題實質在於把握預見的能力，既能保持過去的機制,又能改造之以適應新的條件。總之,是在習慣和目標之間取得平衡的能力。同樣從"進化論"出發,對所謂"現存條件"應該綜合來看,包括構成現有社會結構的所有習慣、需求和理想,那麼"適者"就應該是最優秀的,"不適者"可等同於那些反社會的分子,而不是那些體力上最弱的或是經濟上的依附者。從整個環境來衡量,依附階級很可能是"適者",可比之於人類嬰兒期的延長,對他們的照顧使人類發展了預見性、計劃性和社會團結,猶如照顧病人可以教會我們怎樣保護健康人。

杜威崇尚知識、實驗、活動和人的主觀能動性。如果傑佛遜的時代可以相信人和社會能自然進步的話,現在必須用集體的力量努力推動社會向進步方向發展。一切都在演變中,事在人為。手段能夠決定結果,所以過程的民主對一個民主社會的目標是至關重要的。由此產生了他的教育思想,他力主以知識與教育來改革社會,並提出以兒童為中心,充分挖掘其創造力。教育的過程是改變社會的巨大力量,民主的教育可以引導社會走向民主的目標。[1]

用比較淺顯的話來說,這種"實用主義"或稱"工具主義"的精髓,一是社會覺悟(略相當於我國的經世致用),杜威對此身體力行,身為哲學家,卻忙於參加各種小黨、改良組織和工會的活動,這本身就是對 19 世紀書齋中的知識精英的一大變革;二是應變能力,不拘泥於固定的教條,永遠開着口,隨時準備適應變化着的現實條件。從這個意義上講,杜威是最名副其實的"進步主義"者,他痛恨墨守

---

1 Hofstadter,前引書,pp.114—120,和 Elkirch,前引書,pp.22—23,對杜威的這方面思想有很好的概述。

成規,故步自封。以下一段話很能説明他的觀點:

> 不論是教育還是任何其他事物,只有在前進中才是進
> 步的。有些思想、原則、風俗、習慣或機制過去曾經代表
> 着一種改良,而現在卻成為橫在我們面前的問題,沒有比
> 硬要保持這些過時的東西的後果更反動了。……盲目迷戀
> 於一種適合於昨天的事物,而情況已昨是今非,就會阻礙
> 我們認清當前的需要,看不見這種需要應該導致的結果。
> 如愛默生所説,已經完成的"良好"往往是"更好"的敵人。

另一方面,杜威又不贊成突變而提倡漸進。他説:

> 當然,"新"總是相對的,不是絕對的。即使有的絕對
> 新的東西是值得嚮往的,或者有人自欺欺人地以為擁有了
> 絕對新的東西,然而文化的延續和經驗排除了事實上任何
> 東西是絕對新的可能性。[1]

杜威的威望在兩次大戰之間達到高峰。實際上,他的哲學思想
前人已經畫出輪廓,他是在此基礎上集大成的人物。也可以説是杜
威最集中地表達了美國式的進步主義思想的精華——實用主義加漸

---

1 Introduction to Elsie R. Clapp, *The Use of Resources in Education*, New York, 1952, 轉引自 "John Dewey: On Progressive Education", *The Annals of America, 1952*, p.182.

進主義，充滿樂觀精神，相信人的主觀能動性能夠創造美好的未來。

在 19 世紀末豐富的改良主義理論資源匯入 20 世紀人道主義復興的潮流中，又出現了一批更為激進的政論家。例如沃爾特·韋爾，1912 年發表"新民主政治"；出身紐約新聞記者的赫伯特·克羅利，1914 年發表"進步的民主政治"，並創辦《新共和》雜誌；後來成為著名專欄作家的沃爾特·李普曼，也於 1913 和 1914 年發表"政治學序言"與"放任與控制"；還有沃爾特·克拉克（北卡羅來納州首席法官）、埃倫·史密斯、查爾斯·A. 比爾德（哥倫比亞大學教授），等等。其中比爾德的《美國憲法的經濟解釋》（1913）從根本上揭示美國憲法是為商業利益服務的，矛頭直指美國人一貫認為神聖不可侵犯的憲法，和最高法院詮釋憲法的權力，認為憲法也應與時俱進，成為這一派的經典著作之一。

這些思想匯成一股潮流，從道德倫理到現實生活，從社會發展到國家利益，揭示"放任主義"之不公正、不道德，實質上並非自由競爭；"放任自流"經濟是把人拋向殘酷的市場，任其自生自滅；主張運用各種有組織的社會力量進行干預，其中最重要的是政府的力量，以"國家利益"制衡極端個人主義。他們的學說和提出的方案各異，但其共同的特點是：都贊成"進化論"，而且從中吸取理論根據，着重在"演變"（evolution）這一側面，強調人能掌握自己的命運，並改良社會，使之更加人道、公平、健康，指斯賓塞一派為歪曲達爾文的學說。他們不把社會看作各自游離的個人的混合體，而是有機的集體。另外，他們大多是虔誠的教徒，建立了與進步基督教相通的橋樑，對當時以及以後的進步宗教影響極大，不可低估。作為社會科學家，他們各自的命運有所不同，但是總體而言，形成了一筆巨大

的思想財富，成為從老羅斯福到小羅斯福乃至今天的歷屆美國政府
改良之路上取之不盡的資源。

1934 年，亨利·華萊士在一本着作中對“時代”做了總結性的
概括：

> 新時代的宗教的、經濟的和科學的主調應該是這樣一
> 種壓倒一切的意識：認識到人類已經具備的精神力量和對
> 自然的控制力使得為生存而競爭的理論肯定已過時，而為
> 更高級的合作的法則所取代。[1]

華萊士的説法過於理想化，但也有部分道理。20 世紀的資本主
義進入不同程度的福利國家，再也不可能回到原始的弱肉強食的競
爭，但是美國社會的主線還是自由競爭。就社會思潮而言，則整個
20 世紀美國就在這兩端之間擺動，直到 90 年代，美國極端保守派把
各種社會弊病都歸罪於從“新政”以來的政府干預和福利政策以及主
張平等的思潮，其所使用的語言和論據基本上與費斯克、薩姆納等
人的一脈相承，例如認為政府干預、福利制度以及各種同情弱者的理
論都是鼓勵人的最壞的嫉妒心，是罪惡之源，等等。[2]

知識分子對社會總是抱有批判的態度，這一點美國與歐洲是相
同的。但是歐洲知識界的批判對象除了社會的不平等、非正義之外，

1　Henry Wallace, *Statesman and Religion*, 1934, 轉引自 Hofstadter, 前引書，p.102.
2　比較典型的這類論調見 Robert H. Bork, *Slouching Towards Gomorrah: Modern Liberalism and American Decline*, Regan Books/Harper Collins Books, 1996。該書被《紐約時報》列為暢銷書，有一定代表性，以後還將提到。

還有強烈的對工業化本身的逆反，對人性日益為機器和技術所異化的疑慮，從而形成了深厚的與物質文明對立的人文主義傳統。而美國雖然在 19 世紀也出現了梭羅這樣的反社會的思想家，但是總體説來，這種呼聲要微弱得多，其主流是對技術進步、工業發展的擁抱和歌頌。如馬克‧吐溫對當時的大資本家權勢集團尖鋭抨擊，極盡冷嘲熱諷之能事，而對一切新的技術發明頌揚備至；詩人惠特曼也曾以極大的熱情歌頌專利辦公室厚厚的報告書。他和馬克‧吐溫都以生於這樣的新發明層出不窮的年代為莫大的幸運。這指的是 20 世紀初奠定的思想界的主流。比較激進的乃至傾向於社會主義的批判之聲也一直存在，時有起伏。到 20 世紀下半葉，特別是 60 年代以後，對工業化社會及其帶來的一切弊病的逆反思潮開始興起，以後的幾十年中形形色色的"後工業社會"、"後現代"的批判思潮不斷出現。這些將在下面論述。

第三章　進步主義運動

托克維爾曾指出，美國人喜變革而害怕革命。胡適 20 年代在美國也頗有感慨地說過："美國不會有社會革命，因為美國天天在社會進步之中，這種革命是漸進的。"[1] 旨哉斯言！

漸進主義的確是美國發展的一大特點——不斷從改良和妥協中化解矛盾，避免了大起大落。如果以"左"和"右"來概括其思潮和政治的變化的話，可以說它猶如鐘擺，每隔一段時期就向一方擺動一次，而總的趨勢是向中間靠攏。所以美國社會和政治的主流是中間派。20 世紀的發展說明了這一特點，其軌跡清晰可見。

前一章闡述了改良主義思潮為"進步主義"改革鳴鑼開道。所謂"進步主義"，寬泛地說，是指 19 世紀最後 20 年到 20 世紀前 20 年間，也就是美國工業化基本完成、全社會財富激增而社會矛盾尖銳化的關鍵時期，實行了一系列重大改革，完成了一次基本上和平的

---

1 《漫遊的感想》，《胡適散文》，浙江文藝出版社，2001 年，第 150 頁。

轉型。這段改革的歷史統稱"進步主義運動"。正是這一"運動"開
啟了美國漸進改革的模式,對以後的發展有深遠的影響。

何謂"進步"?

"進步"、"落後"、"反動"是我們耳熟能詳的詞。在不同的年代
又有不同的聯想和內涵。在中國人心目中,一個永恆的話題是中國的
"落後"和"進步"。自從鴉片戰爭以來,中國的仁人志士都痛感中國
"落後"而努力"急起直追"。而關於甚麼是衡量"落後"、"進步"的
標準,似乎有一個不言而喻的共識,就是生產或生產技術的水平(甚
至不是全面的生產力發展水平)。但是美國"進步主義"之稱,恰恰是
代表一種新的覺悟,就是認識到生產水平、社會總體的富裕程度並不
一定代表進步。自從 1776 年美國獨立之後,美國是"新大陸",歐洲
是"舊大陸"的觀念,已經深深地印在大西洋兩岸的人的心目中。也
就是承認美國"進步",歐洲"落後",或者至少趨勢是如此。但是正
當美國生產力突飛猛進,開始把歐洲甩在後面之時,美國人忽然發現
自己落後於歐洲,需要"急起直追"。這個"落後"指的是甚麼?指的
是"人道主義的行進隊伍"(humanitarian procession),也就是對社會兩
極分化中底層百姓的關懷和與之相應的一系列學說、思想和措施。

19 世紀 80 年代,美國的知識精英到歐洲考察,發現在這方面自
己的國家的確是落後了。如芝加哥大學的社會學教授在考察兒童福
利問題後說:"世界上最偉大的國家正在逐漸爬到人道主義行進隊伍
的排尾。"[1] 美國著名的改良主義者簡·亞當斯注意到當時俾斯麥的

---

1   Daniel T. Rodgers, *Atlantic Crossing: Social Politics in a Progressive Age*,
    Harvard University Press, 1998, p. 73.

德國政府竟是最關心勞動人民的基本需求的，她問道："難道民主制度在保護其最低賤的公民方面反倒更加遲緩？難道能夠坐視他們境遇逐步惡化，就因為根據民主理論他們不需要保護？"[1]1908 年西奧多‧羅斯福總統 (史稱"老羅斯福") 在《國情咨文》中說，在 1907 年的歐洲有關意外工傷事故國際會議上，美國被點名為"僱主責任立法方面最落後的國家"，他為此深感羞恥。

　　這說明美國人得到啟發，"放任自流"的經濟制度不是絕對優越的，政府也不一定管得越少越好，而是有責任保障公民最基本的生活。他們明確了"進步"的方向，那就是基於關懷人民普遍生活條件的社會改良。當時美國的有識之士沒有以己之長比人之短，也沒有滿足於哪一年 GDP 超過英國，或哪些重要技術指標超過歐洲大國，而是在兩極分化開始加劇、社會矛盾開始突出時，及時發現自己的落後方面，從而努力借鑒和學習，博採歐洲各國之長，又結合"美國特色"，開始一系列的改革，構成對資本主義殘酷競爭的制衡，同時有效遏制了政治腐化，從而形成了美國歷史上最重要、對後來的發展方向具有決定意義的時期——名副其實的"進步主義"時期。這一交流和學習過程又繼續了將近半個世紀，直到小羅斯福總統實行"新政"，美國人才確定自己已經形成適應美國國情、有"美國特色"的社會保障模式。

1　Ekirch, Jr., 前引書，p.14.

一　改革的推動力

美國的改革之所以滯後於歐洲，更主要是由於其發展本身與歐洲有時間差，矛盾尖銳化到非變不可的局面出現得較晚。歐洲的經驗固然有啟發作用，而真正促成這場進步主義運動的還是美國本身的社會矛盾所形成的巨大推動力。沒有全社會強有力的推動，沒有危機感，地位優越的既得利益者很難主動進行變革。不平則鳴，這是普遍規律，美國也不例外。社會貧富差距從來就存在，到甚麼時候、甚麼程度就變得不能再繼續下去了呢？套用一句列寧的話（大意）：當上層社會不能像先前那樣統治下去，下層人民也不願接受按原來的方式被統治下去時，就具備了爆發革命的條件。對於當時的美國來說，如果要避免革命，佔統治地位的人就必須設法去適應不可避免的變革，進而掌握主導權。

美國南北戰爭之前，壓在最底層的當然是黑奴，他們根本無所謂“收入”，從財富的統計來看，這部分人甚至不算在分母之內。其他包括新老移民的勞苦大眾流動性很強，在一個地方生活不下去了，可以不斷加入西進運動的人潮，在為美國開拓新邊疆的同時，實現自己的創業夢。南北戰爭之後，工業化、城市化急劇發展，一下子把各種人群的距離拉近了。解放了的黑奴名義上有了自由，有了企盼，生活卻更加沒有保障。與此同時，財富急劇向少數財團聚集。19 世紀末出現了一批頂級富豪，有“十大家族”之稱，奢靡成風。像芝加哥、紐約這樣的大城市，隔着幾條街區之遙，一邊是豪門盛宴，在燈紅酒綠中一擲千金，一邊是貧民窟中全家老少（包括未成年兒童）在危險而惡劣的條件下日夜辛勞，難求溫飽。每天面對着這種鮮明的對比，如果老一輩還能靠宗教信仰、傳統價值觀而逆來順受的話，到年輕的一代就難以忍受了。而此時西進運動已經基本停止，一走了之的機會已經很少，他們不得不在形同囚禁中討生存。那種不平之憤不斷發酵，終歸要找到出口爆發出來。與此同時，各行各業的組織紛紛出現。歐洲的經驗不僅有改良措施，還有大規模勞工運動和 19 世紀中葉的革命浪潮，方興未艾的社會主義思潮也正在越過大西洋向美國襲來。 1901 年麥金萊總統的遇刺，可以說象徵着一個時代的結束。 1896 年，麥金萊第二次擊敗有平民思想的著名改革家、民主黨人布賴恩而連任總統，富商巨賈為之額手稱慶。四年後，麥金萊被一名無政府主義者刺殺，消息傳來，給那些正在尋歡作樂的紳士貴婦當頭一棒，他們意識到盛筵難再，再也不能按原來的方式生活下去了。美國的中間階層精英與上層權勢集團感受到了覆舟的危機，他們從不同的角度意識到必須在還能控制局面時主動進行改革。"progressivism" 一詞除了 "進步主義" 外，還可以理解為 "漸進主義"，所以從本質上講，這是一場避免暴力革命的大規模改良運動。歸根結底，推動改革的原始動力還是來自底層的不平之鳴。具體說來，有以下幾種力量。

(一) 勞工運動

美國情況獨特，一個重要的因素是移民造成的多族裔，組織往往以族裔分，而不完全以階級分；移民有先來後到，這個時期大批新移民來自東、南歐，從事不熟練工種，處於底層。先到的熟練工人要維護自己的利益，排斥後到的非熟練工人。凡此種種，造成勞工隊伍難以團結一致，工人運動的聲勢與影響不能與歐洲相比。儘管如此，勞工組織起來，為改變惡劣的生存條件、維護自身權利而鬥爭，還是大勢所趨。不論結果成敗，有組織的勞工運動仍是改革的最重要的推動力，因為只有它能使全社會感到震動，產生危機感。

南北戰爭後曾有一定影響的勞工組織是 1869 年出現的"勞工騎士"(Knight of Labor)，但它不是真正的產業工人工會。它最初是費城的製衣工人發起的，具有秘密行會的性質，後來發展為全國性的公開組織，規模迅速擴大，成員包括工人和僱主（主要指小業主），後來吸收婦女和黑人，只排除銀行家、律師、賭徒和股票持有者。它提出的口號是："一人受難，眾人關心。"目標有：八小時工作制、廢除童工和囚犯勞工、同工同酬、消滅私人銀行、建立合作社等。它組織過幾次成功的鐵路罷工，在 1886 年勢力達到頂峰時成員超過 70 多萬。但因內部派系鬥爭、目標不切實際、管理不善等種種原因，很快衰落下去，到 1890 年已基本消亡。

代之而起的是 1886 年成立的"美國勞工聯合會"（以下簡稱"勞聯"）。這是個鬆散的聯盟，作為其成員的各行業工會仍可自行組織鬥爭。"勞聯"也只吸收技術工人，其領導人是有名的勞工領袖岡帕斯。他認為非熟練工人沒有與老闆討價還價的力量，與其共同失敗，不如讓一部分工人先勝利，然後再幫助其他人。它曾組織或支持了幾次大罷工，其中就包括有名的"普爾曼罷工"。

19 世紀的最後 20 年，美國勞資糾紛引起的工潮此起彼伏，實際上從來沒有停止過。其中比較著名的、引起全國震動的有 1886 年的"草料場事件"和 1896 年的普爾曼鐵路工人大罷工。二者都發生在芝加哥，都以罷工者失敗告終。"草料場事件"更是引起暴力騷亂，遭政府殘酷鎮壓，好幾名參與者被判死刑。儘管如此，工潮次數仍不斷

上升，到 19 世紀最後 10 年，其數量達世界之最。1898 年罷工與各
種形式的怠工有 1098 次，1900 年 1839 次，1901 年陡增至 3012 次。[1]
另一方面，美國資方的態度一貫強硬，從思想上就不能接受罷工的
正當性，認為那是妒忌心引起的"惡行"，即使有時被迫做出有限讓
步，也不能承認有組織的工會；與此同時，勞工方面的組織能力卻
越來越強大，勞資雙方對立日益尖銳，直到發生震驚世界的 1902 年
的賓州無煙煤礦工人大罷工。

　　1902 年 5 月 12 日，屬於"勞聯"的"聯合礦工工會"一聲令下，
位於賓州西北礦區的全體煤礦職工同時停止工作，覆蓋幾個縣的礦
區頓時陷入一片寂靜。這就是載入世界勞資衝突史冊的、持續 5 個
月的賓州 14 萬無煙煤礦工人大罷工。他們一致提出的具體條件是：
8 小時工作制（當時是 10 小時）、增加工資 20%、公平秤（他們懷疑
礦主在出煤的秤上做手腳），以及資方承認"聯合礦工工會"。當時
美國的大部分無煙煤礦為 9 家鐵路公司所有，資方照例態度強硬，
拒絕妥協；工會方面則通過正式決議，認為如果這次退讓，將一敗
塗地，必須堅持到底。此時，各種中間力量為之震動，紛紛出面調
停。勞工領袖中的溫和派曾一度佔上風，準備接受調停，但是資方
錯誤估計形勢，認為此風不可長，繼續頑固拒絕。他們企圖利用過
去工人中因不同族裔、工種、熟練程度而造成的不團結來分化、瓦
解、擊敗罷工。但是這一回礦工卻空前團結。雙方僵持不下，直到
進入 10 月，寒秋逼近，煤價飛漲，整個東北地區都感受到了取暖的

1　Michael McGerr, *A Firece Discontent, The Rise and Fall of the Progressive Movement in America, 1870—1920*, Free Press, New York, 2003, p.120.

威脅，醫院肺炎患者增加，工廠因缺燃料紛紛關門，學校也停課。資方的強硬態度引起全社會的譴責，社會進入危機狀態，隨時可能出現暴亂。於是老羅斯福總統被迫親自介入。但是他首次召集勞資雙方代表會談，就以資方態度的極度傲慢無果而終。相反，工會領袖米切爾卻表現理性、克制而有教養，這使原來並不同情罷工的老羅斯福轉變了對工會的成見，態度開始向勞工方面傾斜。更重要的是，他認為這種勞資衝突關係國家安危，政府必須介入，取得一定的權威。最後，總統請出他的好友、金融家 J. P. 摩根與資方斡旋，終於取得資方同意，並作為資方的建議，成立一個有各方代表參加的"總統委員會"負責調查和仲裁此事，工會方面也無異議。白宮於 10 月 15 日正式宣佈該委員會成立，次日工人復工，長達 5 個月的罷工宣告結束。此後，"總統委員會"進行了 500 多次聽證，於次年 3 月提出報告，部分地接受了工人的條件：實行 9 小時工作制，工資提高 10%，不過另外兩條：正式承認聯合礦工工會和改變產煤計量制度，仍未得實現。

對勞工來說，這次罷工取得了突破性的勝利。當然，這次勝利有種種特殊的主客觀條件：東北部地區對煤的需求特別敏感；第一線採礦工人根據法律必須受過兩年培訓，這阻礙了礦主招收足夠的臨時工；資方態度強硬引起全社會反感；工人這樣團結一致的持久戰鬥力以後也很難再現。在此以後，工潮仍然不斷發生，儘管沒有這樣的規模和成果，組織上有種種缺陷，而且常遭地方政府鎮壓，但還是足以造成對既得利益者的威懾，引起他們的警覺。它的歷史意義在於：第一，打擊了資方的氣焰，使全社會接受勞資談判的原則，為整個 20 世紀和平解決勞資問題樹立了先例；第二，政府作為代表更高的公眾利益的仲裁者的權力由此確立。過去，勞資糾紛只有地方武警以擾亂治安為名鎮壓工人的先例，政府本身，特別是聯邦政府，從不介入，更遑論迫使資方讓步。這件事開了政府敢於抑富扶貧的先聲。其結果不但使當時正在尖銳化的社會矛盾緩和下來，而且開啟了一種解決矛盾的機制。實際上勞資雙方都從中得利。以此為先例，勞工通過談判爭取工作和生活條件的改善成為正常的、合法的途徑。

那些懼怕"外國激進思想"和暴力革命的當權者、資本家與中間階層都意識到改革刻不容緩。許多工廠主也吸取教訓，改變策略，在本單位主動實施超過政府規定的改善勞工福利待遇的措施，以與工會爭奪群眾，逐漸發展出"福利資本主義"。"勞聯"還堅持不懈地提出改善勞工條件的法案，要求國會通過，包括八小時工作制、反對"禁令法"（即政府有權下令禁止罷工）、更嚴格的反托拉斯法、保證勞工不受囚犯工人的排擠，等等。這些要求在包括老羅斯福和塔夫脫共和黨執政期間遭到國會拒絕，"勞聯"轉而支持民主黨，為威爾遜競選，結果威爾遜上台後通過一系列立法，部分滿足了勞工的要求。從此，支持民主黨成為美國工會的傳統。所以，不論是直接還是間接，勞工運動確實是推動改革的重要初始力量，並對現實政治產生影響，儘管發展的結果並不能完全滿足勞工的訴求。

早在 1886 年的賓州礦冶工人（煉鐵和煉焦業）大罷工曾得到大洋彼岸恩格斯的歡呼，他認為美國社會在十個月中發生了其他任何國家需要十年才能完成的變革，否定了美國沒有歐洲式的工人階級之說。他還滿懷信心地期待下一步——美國各派獨立的工會聯合成一支具有臨時綱領的全國性的工人大軍，成立自己的政黨，然後朝着

《共產黨宣言》的方向奪取最終勝利。[1] 但是這一步沒有實現,美國勞工鬥爭只是促進了上層及時採取改良措施,從而阻止了那"下一步"的出現。

(二) 平民主義運動

主要是農民[2],也包括少部分城市新移民、手工業者和小業主,在南北戰爭之後受農產品價格下跌、生產成本上漲,特別是 1870 年經濟蕭條的影響,收入急劇下降,債台高築。19 世紀 70 年代初,他們開始組織起來,著名的有"全國格蘭其協會"和"農民聯盟",力量迅速壯大,到 1892 年在內布拉斯加州奧馬哈地方,來自聯盟和其他農民組織的代表開會成立人民黨,選出韋弗將軍為其總統候選人。

平民主義運動與"勞工騎士"所代表的勞工運動一度結成聯盟,為社會公正而鬥爭。他們的許多主張如累進稅、八小時工作制、直選參議員等與進步運動的目標一致,後來逐一實現。但是他們代表獨立農民 (小農場主)、手工業者和小業主,其理想是拯救農業免受工業的吞噬,回到傑佛遜時代的農業美國,包括其傳統價值觀。從本質上講,是個體勞動者抵制大資本和政府干預,其理想是復舊,不能適應不可阻擋的工業化的發展,最終目標與城市勞工相矛盾,談不到"進步",但是它對大資本特權的衝擊,則與進步主義運動的方向一致,也起一定的壓力作用。1896 年,同情平民主義的民主黨人

1　恩格斯:《美國工人運動》,《英國工人階級狀況》(美國版) 序言,1887 年 1
　　月,《馬克思恩格斯選集》,人民出版社,1972 年,第 6 版,第 255—264 頁。
2　美國的 "farmer" 包括農業勞動者和小農場主,不同於中國 "農民" 的概念,
　　為方便計,統稱農民。

布賴恩獲得民主黨總統候選人的提名，於是平民主義者放棄獨立競選，全部支持布賴恩。此後，他們作為獨立的政治力量開始式微，到1908年左右銷聲匿跡。但是平民主義思潮的影響長期存在，在以後的美國政治生活中時或起一定的作用。

(三) 公眾輿論的監督和批判

紮根於自由主義思想的西方知識分子有着深厚的批判現實的傳統。"知識分子"的定義就和批判精神聯繫起來，代表自由、平等、公正的理想和以此為核心的社會良心，對一切有悖於這一理想的社會弊病加以撻伐是其天職。也可以說，資本主義從一誕生就伴隨着對它的揭露和批判而成長，這也正是它的生命力所在。這一傳統當然起源於歐洲。19世紀豐富多彩的批判現實主義的作家及其傳世之作可以為證。作品以外還有行動，表現在代表某種思想或政見的集會結社、報紙刊物乃至在特殊事件中與群眾一道上街遊行，等等。

與歐洲的思想一脈相承的美國知識界也不例外。不過其資本主義的興盛既然晚於歐洲，這種批判的興起也略晚些，可以說，從南北戰爭結束之後，美國文學就不約而同地以批判特權階級為己任。中國讀者熟悉的馬克·吐溫是最早的代表之一，不過當時還沒有形成規模。大約從進步主義時期到20世紀前半葉，是批判文學的鼎盛時期。

以《憲法》為保障，建立在充分的言論和出版自由基礎上的歐美新聞媒體一直都以報道真相和社會批判為己任。從20世紀初開始，矛頭指向正在興起的大財團和其所代表的思想觀念、生活方式的文

學和其他寫作蔚然成風。有的偏重於揭露社會的種種不公平、勞動
人民的苦難生活；有的提出各種改良方案。總的是説明現行制度並
不像保守派説得那麼公正、美好，揭穿那種只要努力人人都能致富
的神話，指出恰恰是那些辛辛苦苦勞動的人創造了財富，卻富了遊
手好閒的人，窮了生產者。大資本家在文學作品中很少以正面形象
出現。從這個時期開始直到 50 年代，整整半個世紀中湧現出一大批
著名的作家和傳世之作，形成美國文學史上輝煌的一頁，有美國第
二次"文藝復興"之説（第一次是指 19 世紀以惠特曼、霍桑等人為代
表的時期）。可以舉出一連串的 20 世紀偉大作家的名字：辛克萊、
海明威、史坦貝克、德萊賽、威廉‧福克斯、多斯‧帕索斯、安德森、
諾曼‧梅勒……他們流派、風格各異，並不一定屬於某種"主義"，
批評的角度也不相同，但對權勢集團和上層社會保持距離，採取不
同程度的批判態度，同情社會不幸者，則是其共同點。

　　美國進步主義時期，這種批判性的輿論的作用尤為突出，並出現
了有名的"耙糞文學"（Muckraking Literature）。"耙糞"一詞並非他
們自己所起，而是老羅斯福總統對他們不滿的貶詞。他說，有些專
門揭醜的作者像《天路歷程》裡的一個人物，"手裡拿着一把糞耙，
不會看別處，只會低頭往下看"。但是這一詞卻為公眾認可，成為正
面的稱號，從此載入字典。顧名思義，"耙糞文學"就是專事揭露各
種腐敗醜聞和黑幕的寫作，因此在中國有些文獻中也譯為"揭醜文
學"，其揭露的對象主要是上層權勢集團和地方政府。其中影響最大
的是通俗雜誌而不是大報，其首先考慮也是市場效應。"耙糞者"們
就其多數而言，並非一開始就是抱定改革社會的宗旨，專事反對大
資本家的。當時正在興起的大財團的發家史及其經營內幕當然是一

般老百姓關注的熱門題目，圍繞着上層人士、社會名流的一切故事，包括私生活，總是吸引人的。1902年《麥克盧爾雜誌》連載女記者塔貝爾關於標準石油公司如何實現全行業壟斷的紀實報道，和林肯‧斯蒂芬斯揭露美國市政腐敗的文章並列為"耙糞文學"之濫觴。但二者出發點不同：麥克盧爾本人開始選中洛克菲勒家族的標準石油公司做專題系列時，原是想報道其走向成功的道路。接受採訪任務的塔貝爾也不是一開始就有意揭醜，但是作為優秀的新聞工作者，忠於真實的原則、職業本能和敏感促使其窮追不捨，結果該公司如何通過巧取豪奪吞併同類企業、政府又如何予以縱容等內幕，以及工人的困苦生活等，被詳細解剖，揭露無遺，結論是實際上公平的個人自由競爭已經蕩然無存。這一系列文章結集成《標準石油公司》一書，大為暢銷，成為進步主義的代表作之一，至今還是揭露大財團的經典著作，塔貝爾也因此成為著名的改良派記者。其他報刊也群起效尤。斯蒂芬斯則與塔貝爾不同，他一開始就比較自覺地具備社會改良意識。他有社會主義思想，十月革命後曾擁護蘇聯。他以紐約為典型進行了一系列採訪，後來把這些採訪的文章匯集成書，題為《城市的恥辱》，成為專門揭露市政官員的腐敗行為的名著。

　　除了新聞界以外，還有一批嚴肅的文學作品，如弗蘭克‧諾里斯的著名小説《章魚》(1902)和《深淵》(1903)，揭發南太平洋公司和芝加哥穀物市場的罪惡行徑；厄普頓‧辛克萊的著名小説《屠場》描述芝加哥肉類加工廠的殘酷陰暗，等等。這些著作在美國都引起了轟動。它們與新聞報刊一道形成美國的批判現實主義文學，不論自覺還是不自覺，客觀上矛頭大多指向壟斷財團，同情社會底層和弱勢群體。這一現象使人想起馬克思評論巴爾扎克的一句話："偉大的作家是能夠具有駕凌於他們自覺信念和態度之上的見識的。"這些作者可能不一定稱得起"偉大",但是只要能獨立於利益集團,忠於現實,並有一定的職業洞察力,當然還要有正義感,就能寫出直指時弊的優秀作品。這樣,美國的每一個角落都難逃記者和作家的筆鋒。他們的主要對象是政府和企業的關係、關於參議院的"百萬富翁俱樂部"、托拉斯、金融集團、保險公司內幕,等等。這些都在公眾中引起強烈反響。眾怒難犯,形成改革的壓力,同時也得到身受壟斷財團之害的企業主和開明政治人物的歡迎。

揭露社會陰暗面並非新現象,它本是資本主義社會文學和輿論的特點,其所以新,不在於它"暴露黑暗",也並非提出了比以前更激進的新思想,而首先是其規模和影響達到了空前的程度,這是與美國新聞事業的大發展分不開的。如果說 20 世紀末正在發生一場信息革命的話,世紀初美國新聞事業的發展和電信的普及所帶來的影響,也可以算是一場初級信息革命。以日報的發行量為例,1870 年全國有 574 家,發行量共 280 萬份,到 1899 年這個數字分別為 1610家和 2420 萬份。[1] 量變引起質變,新聞工作者的角色和社會地位、經濟狀況都發生了變化,從新聞提供者變成了輿論和思想情緒的塑造者。報紙雜誌進入家家戶戶的餐桌和起居室之後,比學術著作、文學作品的讀者面要寬得多。與此同時,報刊和報人的經濟收入也今非昔比,這又至少產生了兩個重要後果:一是更加獨立於政黨政治;二是有更多的財力聘請高水平的記者和進行廣泛深入的社會調查。

---

1   Alfred M. Lee, *The Daily Newspaper in America*, New York, 1937, pp.716－717, 轉引自 Hofstadter 前引書,p.187。

新聞記者的天職就是報道真相，除了一般的消息外，對事件的內幕挖掘得越深，價值就越高。毋庸諱言，這一類的文章總是十分吸引讀者，給刊物帶來巨大的經濟效益，"耙糞"刊物之興旺與利益驅動分不開，也是事實。但是就總體而言，它起到了輿論監督的作用，是推動社會改革不可缺少的力量。這種輿論氣氛為老羅斯福政府通過限制壟斷、改善勞工條件的立法創造了有利條件，也使得大財團坐不住，必須設法挽回聲譽，卡內基、洛克菲勒等一系列基金會的成立與此不無關係。當然美國公益基金會的出現有更深、更複雜的原因，不僅是為應付輿論，以後還會談到。

（四）基督教福音派及其他教會改革派

　　與歐洲的革命運動不斷淡化宗教情緒迥異，美國人的宗教與社會道德倫理始終緊密聯繫在一起。基督教改革派，或稱"社會福音派"（Social Gospel）是進步主義的一支重要力量，可謂美國特色。

　　"關心你的鄰居"和慈善為懷，本是基督教傳統，不過在農業經濟社會，這是個人行為，最終的贖救靠自己和上帝。有組織的社會改良對教會來說是新事物。從組織上說，1900—1914 年間參加有組織的教會的人數激增（包括天主教和新教），從 3600 萬增至 5200 萬。從思想上說，到 19 世紀 90 年代自由派神學界已經接受了達爾文主義，建立起一種新的世界統一的觀念，把進步演變看作上帝的意志在地上的展現。神學不再拘泥於僵化的教條，而轉向社會正義的倫理。上帝和教會成為改革的積極推動者，進步和演變是天意的一部分。這樣，進步主義在宗教上完成了合理化，教會就放手參與社會改革。

　　教會的"社會福音派"興起於 19 世紀 90 年代。許多新教徒繼承了前輩反對蓄奴制的精神，到世紀之交，出現了一批思想自由的牧師，作為城市傳教士，倡導進步主義改革。他們與城市貧苦勞動者有直接接觸，親眼見到他們的勞動和生活狀況，感到在這樣一種壓迫和剝削的環境中空談道德是脫離現實的。

　　他們中又有兩派：以格萊頓為代表的一派害怕歐洲社會主義傳播到美國，企圖找到在個人主義無情競爭和社會主義之間的妥協道路，以預先實行某些社會主義可接受的主張來防止社會主義的"威脅"；另一派比較激進的則更接近社會主義運動，如布利斯受英國社會主義和費邊主義影響，成為"基督教社會主義"者，他建立了波士頓勞動者的教會，稱"木匠差會"，以及"聖公會促進勞工利益協會"、"社會改良聯盟"等，並曾參加"勞工騎士"組織。個別激進人士如赫倫於 1899 年成為美國社會黨的骨幹。

　　宗教界最重要的知識分子代表是德裔浸信教牧師饒申布士，撰有多部關於基督教與社會改革的著作。他最初的教區是在紐約貧民窟。他認為，一個國家如果不能在民主合作的基礎上重新組織經濟生活，就絕不可能成為基督的國家。其途徑是非暴力的革命運動。如果基督徒不團結起來在地上建立主的王國，就會面臨社會陷入少數人掠取獵物而多數人失去生產和生存能力的混亂情況。即使是宗教界的保守派，在傳教中也不能對廣大下層人們的生活狀況無動於衷。一批教會人士描述底層生活的著作問世，把基督的理想社會與物慾橫流、貧富懸殊的現代美國做對比。他們提出問題："如果耶穌來到芝加哥會怎樣？"如果耶穌面對現代美國的生活將如何？

　　"社會福音"導致一些跨教派的世俗化的宗教合作組織的誕生，

如"救世軍"、"基督教青年會"等，它們不是以傳教而是以公益活動為主要工作。1908 年成立的"教會聯合理事會"（The Federal Council of Churches）第一次會議就通過了《教會與現代工業宣言》，贊成通過社會福利立法和加強工會組織來實現基本社會改良。

實際上宗教力量參加或推動改革，不僅是新教福音派，天主教、猶太教以及從東歐、南歐來的新移民各自的教會，都有共同的思想基礎，就是關注貧苦大眾，反對弱肉強食的社會秩序。社會福音派的作用，就是在宗教情緒很濃的美國，喚起美國公眾的良心，把基督教和世俗的改良運動很好地結合起來。因此，儘管缺乏深刻的理論分析和切實可行的改革方案，仍對廣泛的階層有吸引力。它的影響及於一大批進步主義人士，包括政治家和學者，他們都把自己的主張與基督教理想結合起來。

（五）學者、政黨、政治家

如果説新聞和文學揭露了社會問題，指出了疾病的症候，那麼分析病因，開出藥方，就是學者和思想家的事。前一章已經介紹了這個時期的改良主義學者及其學説。他們的貢獻還在於直接參與社會改革，在當時特定的條件下，得以與地方或全國的執政者相結合，把他們的主張付諸實施。"思想庫"一詞是 40 年代小羅斯福時期才出現的，但是進步主義時期這一批社會科學的知識分子實際上已經開了"思想庫"之先河。

民間的各種呼聲和壓力，最終必須落實到掌權者的政策、立法和行動上，才能在整體上實現重大的轉變。風雲際會，出現了若干著名的進步主義政治領袖，在聯邦和州、市各級都有；在美國的政治運作中，改革派的代表逐步佔據各級議會的多數，從而實現了影響深遠的改革措施。

1. 20 年中兩位關鍵性的總統

改革的內容涉及面很廣，實際上是對政府職能的觀念的一次轉變。要實現全國性的改革，離不開關鍵性的政治領袖。在這期間共三位總統，其中塔夫脫政績平平，有特色的是老羅斯福和威爾遜。

(1) 西奧多‧羅斯福 (即 "老羅斯福")

老羅斯福青年時代即對從政感興趣，以抨擊當時政府用人中盛行的 "黨派忠誠制" 和 "分贓制" 起家，力主公務員人事制度的改革，任人唯能。這使他聲名鵲起。歷任紐約市警察局長、紐約州長，於 1901 年在麥金萊總統遇刺後以副總統接任總統，後又於 1905 年競選連任至 1908 年。此時剛好是在 20 世紀初，實際上是現代美國的開始。他是美國歷史上個性鮮明、政績顯著的強勢總統。對外開始帝國主義擴張，佔領古巴、取得菲律賓、開闢巴拿馬運河、把對遠東的 "門戶開放" 政策付諸實施，都是他任內之事；而對內卻採取了較大幅度的改良政策，涉及勞工權利、反壟斷資本等廣泛的領域。在他身上這兩方面並不矛盾，而且在推行中同樣堅決。他在當時社會的一片樂觀中坦率指出美國經濟發展的根本問題，並且是第一個把公權用於廣泛的社會經濟目標，而不限於狹窄的政治和財政目標的政治家。他被認為最能代表他的時代："國家主義的民主" (democracy of nationalism) 以別於 "個人主義的民主" (democracy of individualism)，他的思想是社會達爾文主義與改良主義的結合，匯入進步主義思潮，並成為其重要構成部分。

（2）威爾遜

威爾遜（任期 1912—1920 年）是到那時為止美國總統中學歷最高的，集教育家（普林斯頓大學校長）、學者（著有多種著作）、政治家於一身。他在外交方面的名聲比內政大，那都是與一戰、美國在巴黎和會上的作用以及"國際聯盟"有關。但是在國內改革方面，他在總統任期內也有比較重要的舉措，繼續通過了若干重要法案。就思想體系而言，威爾遜比較複雜，並非一開始就與進步主義認同。他出生於南方比較保守的篤信宗教的家庭，是長老會教徒，受過良好的教育。青少年時代經歷了南北戰爭，同情南方邦聯派，認為南方要求分離是正當的，甚至認為奴隸制有可取之處。這一點始終沒有變。但他又是人道主義、理想主義者，夢想把一切普通生活的進程都"人道化"。他早年專攻英國文學，對英國的文化十分推崇。所以一方面，他帶有貴族氣質，反對平民主義，與勞工、黑人、新移民格格不入；另一方面，反對工業和金融大財團，反對赤裸裸的弱肉強食，反對特權，也反對"北方佬"的粗俗文化。他任普林斯頓大學校長期間正是進步主義運動高漲時，他根據自己的理想進行了提高教學標準、取消學生中的不平等界限等革新措施。他從政開始時是由民主黨保守派推出來的。到 1912 年大選時，共和黨前任總統老羅斯福擊敗了現任總統塔夫脫又成為候選人，並提出了"新國家主義"的口號。威爾遜作為民主黨的候選人提出了"新自由"的口號與之對壘。當時總的潮流仍是進步主義方興未艾，所以威爾遜一當候選人就背離支持他的保守派而向進步主義靠攏，從此在國內問題上進一步堅定改革

的立場，其主張的實質與老羅斯福大同小異，而且在反大財團方面
更為激進，終於以微弱多數贏得總統寶座。他所依靠的謀士路易斯‧
布蘭代斯（1916—1939 年間任最高法院法官）是強烈主張對大財團
特別是金融資本進行監督和限制的代表人物。威爾遜所採取的改革
大多以此為方向。與老羅斯福和小羅斯福都不同的是，他的理想還
是回到中小農場和中小企業為主的社會，對正在發展的大工業心存
疑慮。

美國有的歷史學家解釋"新自由"之所以"新"在於第一次有一
個身居總統職位的人在社會理論上重視為個人保持經濟的與政治的
自由；在政治理論上主張政府對人民的社會安全負有責任，並主張
建立新的經濟制度，使其既對財富集團負責，也對社會負責──這一
切並不是在威爾遜指導下創始的，但卻在他的指導下推進到前所未
有的地步。[1] 簡單地說，也就是通過政府干預，限制向壟斷資本發展
的趨勢。在這方面，時任威爾遜政府的海軍部副部長的富蘭克林‧
羅斯福以後將更加大規模地實行。

但是威爾遜從思想上對婦女平權、婦女就職並不熱心，對黑人
權利尤其不感興趣。剛好在他任內通過婦女選舉權是多年的婦女運
動此時水到渠成，他無法反對。而黑人問題，在他任內沒有任何進
步。在這方面他是保守派。

2. 進步黨

進步主義不等同於進步黨，但進步黨的出現是與這一思潮緊密

---

1 《現代美國》，第 182 頁。

相連的政治現象，它也是美國歷史上兩大政黨以外的小黨中相對而言發揮過一定影響的黨。1908 年共和黨保守派塔夫脫擊敗老羅斯福成為共和黨總統候選人並最終當選為總統，於是一些改革派的共和黨國會議員成立了"共和黨進步派聯盟"。在此基礎上，1912 年 8 月，老羅斯福同他們一起在芝加哥成立了進步黨。他於同年發表了"新國家主義"的演說，主張把國家利益放在個人利益之上。以後他又在各種公開演說中提倡一系列保護弱者和勞工的措施。1912 年總統競選中老羅斯福敗於民主黨的威爾遜，實際上威爾遜的競選綱領與共和黨進步派並無多大區別。威爾遜上台後，把改良派的主張進一步理論化，進步黨基本上銷聲匿跡。

　　1921 年威爾遜下台，共和黨人哈定上台，保守思潮又佔上風。於是在以拉福萊特為首的一批改革派的努力下，重建進步黨，1924 年在克利夫蘭召開代表大會，拉福萊特被提名為總統候選人。其政綱稱，美國《獨立宣言》所確定的美國公民的自然權利已為少數人的特權所取代，現在面臨的重大問題是"私人壟斷組織對政府和工業的控制"，主張用政府權力來"摧毀"私人壟斷，把水利、礦產、木材產地等資源收歸公營，改革稅收制度，裁減軍備，修改憲法，等等。總之，這是向着平等方向，在體制內社會主義色彩最濃的改革主張，因而被保守派攻擊為"共產主義"和"非美的"，最後在當年的競選中敗於保守的共和黨人柯立芝。[1]

　　二戰後冷戰初起時，以曾任羅斯福的副總統的華萊士為首，又重建進步黨，這回是代表民主黨的自由派，與 20 世紀初的進步主義

---

[1]　詳見黃安年：《二十世紀美國史》，河北人民出版社，1989 年，第 54—62 頁。

已無組織上的聯繫。當時的主要目的是試圖延續羅斯福政府的自由
主義的一面,對內遏制正在升起的反共浪潮,對外與蘇聯妥協合作。
1948 年華萊士以進步黨的名義參加總統競選,並得到共產黨的支
持,但以失敗告終。從此不但進步黨,任何兩大黨之外的小黨都難
以在政壇上佔一席之地。

綜觀進步黨的幾次興起,都是在改革派開明派總統下台之後,美
國政治趨於保守之時,一批原來屬於體制內的人士企圖另外組成力
量繼續向自由派方向推動,但是都以失敗告終。這說明美國的政治
中實際上容不下第三黨。從左到右光譜上代表社會主流的勢力總是
在一定範圍內,過於激進的主張都沒有成功的希望。

二　全國性改革

(一) 遏制壟斷財團

自 1870 年以來,美國的經濟經歷了結構性的變化:全國鐵路
網建成,原料大大豐富,技術革新,資金雄厚,黑奴的解放提供了
豐富的勞動力,外加一些有關政策,所有這些促使工業生產突飛猛
進,形成了規模巨大的公司、財團,如洛克菲勒的標準石油公司,
卡內基的聯合鋼鐵公司,杜克的煙草公司,J. P. 摩根的金融財團。
1897-1904 年間出現了兼併潮,1800 家公司合併成了 157 家。僅
1900 年就有 185 起合併,其中 73 起資產在 1000 萬以上。1901 卡內
基鋼鐵公司與摩根財團合併,成為第一個 10 億資產的財團。從公司
的名稱就可以看出其野心,例如"大陸棉花"、"合眾國黏膠"、"全國
餅乾"、"全國玻璃"、"美國自行車"、"美國銅業",等等。從食品到

石油，到金屬，到木材，到造紙，幾乎重要的經濟領域都為壟斷性的公司所掌握。1904 年 300 多家托拉斯控制全國製造業資本的 2/5。[1] 每家公司都佔有本行業 40% 的市場，其中 1/3 的公司佔有 70% 的市場。[2]

這些大財團一方面提供物美價廉的產品，為投資者、白領管理人員和藍領工人都提供就業機會，促進生產發展。另一方面，造成了一批寡頭操縱各個行業，可以任意抬價坑害消費者，壓低工資、增加勞動強度坑害工人，提高鐵路運營價格坑害農民和小商人，還可以削減成品價格、抬高原材料價格以坑害實力較弱的競爭者。他們還操縱貨運價格，把鐵路運輸和整個行業集中到某個地方，從而坑害整個地區和城市、鄉鎮。更重要的是，這些財團和銀行、證券、保險業結成一張利益相關的網，成為一股特權勢力，影響政治，危害廣大民眾的利益。這一情況引起輿論廣泛關注。雖然仍有人堅持放任自流的原則，認為這是自由競爭的結果，即使是罪惡，也只好接受，但是要求改變的思潮開始佔上風，遏制這種兼併潮的呼聲日益高漲。

當時的美國政府對付大財團形成幾種方法：

1. 反托拉斯

自 19 世紀 70 年代起，地方性的反壟斷法已經開始，如阿肯色州針對保險公司、德克薩斯州針對石油公司、北卡羅來納州針對煙草

1　詳見《二十世紀美國史》，第 140 頁。
2　McGerr, 前引書，p.156。

公司等。1890 年通過的《謝爾曼反托拉斯法》是第一部全國性的反壟斷法。該法規定："凡足以限制州際或與外國貿易的以托拉斯或其他方式建立聯合的合同，或者陰謀"，均為非法。而且違法者可以作刑事犯罪處理，不但可能坐牢，罰款也比以前此類案件大大增加。但是這部法很不完善，對甚麼是托拉斯，甚麼是"聯合"（combination），怎樣才算妨礙競爭，沒有明確定義，也缺乏嚴格的司法措施，所以難以制止變相的以新的公司為掩護的大托拉斯。

老羅斯福任內大力推行反托拉斯措施，是他的主要政績之一。在開始採取行動之前，1901 年 12 月他發表了著名的"關於托拉斯"的演說，這是一篇很有代表性的妙文：首先以大段篇幅說明，美國的制度是健康的，經濟蓬勃發展，出現大規模的企業是自然現象，是發展的需要。他駁斥了美國富者愈富、貧者愈貧的說法，認為多數美國人生活已大大提高。他稱讚工業巨子，專門提到鐵路巨頭（即將採取的反托拉斯措施的主要對象）的功勞，特別是在對外競爭中的貢獻。他還警告不要以衝動來對待大企業，自毀美國朝氣蓬勃的力量。然後話鋒一轉，說現在的問題是美國已經今非昔比，舊的法律對過去的財富的積累和分配是適宜的，而如今已經不夠用，因此需要有新的立法，對"過度資本化"（overcapitalization）加以限制。前面肯定大資本的話說得很多，後面卻很簡短，但是很堅決。他最後表示，如果這一改革與憲法有所矛盾，那就對憲法提修正案。[1]

這篇講話說明：第一，老羅斯福本人並不反對大資本家，甚至不承認貧富懸殊是嚴重問題；第二，他對當時進步主義思潮的激進派

1　*Encarta 98 Encyclopedia*, Theodore Roosevelt.

存有戒心，擔心在改革中引發出更強烈的要求；第三，他估計到改革定將遇到來自財團的強大阻力，因此態度堅決，為此而修憲也在所不惜。"違憲"是保守派反對政府干預的一張牌，因為美國憲法保護私有財產不可侵犯。後來為採取累進稅制，果然需要憲法修正案，到威爾遜總統任內才通過。老羅斯福已預料到這一着，所以先發制人。以下是老羅斯福任內兩個最著名的拆散托拉斯的成功案例：

——"北方證券公司"案：起因是兩大鐵路財團——"聯合太平洋鐵路公司"和"大北方鐵路公司"爭奪西北鐵路的控制權，雙方背後都有華爾街大銀行的支持，並涉及摩根、洛克菲勒、哈里曼等當代壟斷巨頭。在相持不下、眼看要兩敗俱傷時，這些財團轉而決定在"北方證券公司"中整合它們的利益，讓該公司同時握有兩家公司以及它們要爭奪的西北一家鐵路公司的股份。此舉顯然是危害正當競爭的。1902 年 2 月，司法部長根據總統指示，依據《謝爾曼反托拉斯法》起訴"北方證券公司"。經過幾番較量，1904 年最高法院以 5 票對 4 票判政府勝訴，使該公司的兼併計劃失敗。

——標準石油公司案：20 世紀初，標準石油公司大魚吃小魚，席捲同行，引起全國矚目。在塔貝爾揭露其各種巧取豪奪的手段的名著發表後，有八個州個別或聯合起訴這家公司，迫使老洛克菲勒東躲西藏，以逃避被傳喚。最後聯邦政府介入，於 1906 年正式起訴，要求解散新澤西的標準石油公司及其附屬公司，這回洛克菲勒不得不出面應訴。1909 年聯邦上訴法庭判決公司敗訴，1911 年又由最高法院判決新澤西州標準石油公司解散，其所屬各家子公司分別獨立運營。直到 20 世紀 80 年代 AT&T 被拆散之前，標準石油案件一直是美國歷史上規模最大、最有名的由法院判決拆解壟斷財團的案例。

——《克萊頓反托拉斯法》：1914 年威爾遜執政期間，作為對謝爾曼法的修正案，通過了由參議員克萊頓提出的法案。該法進一步詳細規定諸如大幅降價、專賣權等不正當競爭手段為非法，禁止大公司之間互相控股，等等。1915 年在威爾遜總統建議下，又立法建立"聯邦商業委員會"，取代原來的"公司局"，負責受理因壟斷行為而受害的投訴。違法行為一經證實，該委員會有權下令對違法企業進行凍結。此外，克萊頓法特別肯定了工會罷工、聯合抵制等權利，並把勞工排除在反壟斷的範圍之外。這部法也仍然有許多漏洞，對壟斷財團只能略加限制，遠不能傷筋動骨。"聯邦商業委員會"的委員由威爾遜任命，多為企業代表，等於自己監督自己。所以，有的進步主義人士認為，這個委員會是"新自由"的終結，是威爾遜向"新國家主義"投降。

反托拉斯有其局限性，是政府與財團、法院，聯邦政府與州政府之間的博弈。美國人一方面崇尚自由競爭，本能地反對壟斷；另一方面又有根深蒂固的私有財產神聖不可侵犯的信念。反壟斷的運作，是行政部門根據有關法律對財團起訴，由法院判決。在實施中，經常遇到政府權力與個人自由以及財產權不可侵犯的原則之間的界限問題。財團方面可以據此力爭，影響法院的判決。另外，還有國際競爭的問題。因為歐洲的卡特爾，特別是德國的國家資本主義，大大加強了競爭優勢，也使得美國政府並不願意一味反對大財團。

2. 法規監督

從上述老羅斯福的講話中可以看出，他並非反對托拉斯本身，只是限制其惡性膨脹。相反，他認為集團公司是發展的必然結果，應該承認其存在的合理性。相對拆散而言，他和多數進步主義者更主張由政府通過法規來對它們的行為進行疏導、限制和規範，讓企業在政府監督下運行。原則是不妨礙競爭，而且促進更健康的競爭。1903 年，在總統建議下，國會通過在商務勞工部增設"公司局"，負責調查財團的違規行為，進一步擴大了總統干預經濟的權力。在立法方面，1906 年正式通過了三項重要法案，標誌着政府監督的勝利：赫伯恩法、肉類視察法和純潔食品與藥品法。

　　——《赫伯恩鐵路價位法》（*Hepburn railroad rate bill*），是針對鐵路運價的。那時的美國鐵路是一大壟斷行業，操縱運輸命脈，最大的不正當行為就是對不同的對象任意制定價格，以豐厚回扣或贈送免票勾結其他財團和政客。例如標準石油公司實行兼併的手段之一，就是利用與鐵路方面達成的秘密運價擠垮中小同行。許多州已經在不同程度上採取了監督措施。在聯邦層次，最早的是 1887 年國會通過成立"州際商業委員會"（Interstate Commerce Commission）監督鐵路運價和貿易行為。不過這些措施收效甚微，雖有反回扣法，但形同虛設，到 20 世紀初，回扣日益猖獗。全國要求規範鐵路的呼聲日益高漲。老羅斯福第二次當選總統後，決心對此有所作為。私人企業一般最珍視的是自由定價權、賬目和營業秘密，以及與本單位職工單獨談判，不受第三方干擾的權力。他在 1905 年向國會的演說中對這三方面都提出了挑戰，表示跨州集團公司的權力太大，必須受到政府的監控，並首先拿鐵路的運價問題開刀。在他推動下，1905 年眾議院提出了赫伯恩法案，經過國會的曲折鬥爭，於 1906 年正式通過。該法授權州際商業委員會仲裁投訴，規定合理運價，調查鐵路公司賬目，並制定統一的簿記方法。

——《肉類視察法》(*Meat Inspection Act*) 和《純潔食品與藥品法》(*Pure Food and Drug Act*)。1905 年，繼幾家生活類雜誌揭露肉類行業的價高質次問題後，辛克萊著名的小説《屠場》發表，其中對肉類加工廠的令人作嘔的骯髒條件做了詳盡的揭露，引起輿論大嘩，該書暢銷上百萬冊，可以説調動了跨階級、跨族裔的消費者。羅斯福總統派出個人特使到芝加哥去視察小説中作為原型的工廠，發現小説的描述並未誇大。其結果就是先後通過了聯邦政府的《肉類視察法》和《純潔食品與藥品法》。這兩部法首次賦予政府官員權力，不僅在商場檢查，而且在食品和藥品投放市場之前就深入生產部門進行檢查。在美國來説，這是聯邦政府權力空前擴展的一大突破。在此以後，在每一項具體案件上都有主張或反對、加強或放鬆法規之爭，但是對政府以法規來監督企業的原則已經不再有爭議。工廠主方面開始竭力抵制，羅斯福即下令公開發表對肉廠視察的報告，肉類營業額立即急劇下跌，工廠主被迫就範。後來他們發現這些法規的執行使消費者更加放心，反而有利於促銷，利潤不減反增，也就不反對了。

3. 税收調節（又稱"補償代替"）

在承認大財團存在的前提下，以課税的方法強迫他們將一部分財富返回社會，這項措施到威爾遜政府才積極啟動。

直到 19 世紀末，美國對大公司的賦税一直是比較輕的，而且各州各自為政。1900 年之後，有一些州開始對鐵路、保險及其他大公司徵税，特別是對"外來"企業（即總部在其他州，到本州來營業賺錢的企業）徵收特別税。1908 年，在進步主義州長拉福萊特倡導下，威斯康辛州首先實行累進所得稅制，這是最早的創舉。不過，全國範圍的稅改主要是在威爾遜政府時期實行的。威爾遜總統根據其"新自由"理念，進一步採取消除特權和壟斷的措施，在稅收上有兩大舉措：

——實施累進所得稅：1913 年正式通過並批准憲法第 16 修正案（此法案開始提出是 1909 年塔夫脫任內），內容是國會有權對任何來源的收入規定徵收所得稅，無須在各州按比例進行分配，也無須考慮任何人口普查和人口統計。這樣，聯邦政府就有了可以對付"違憲"指責的武器，放手決定按各種收入的水平規定所得稅率，因此而獲得的稅款可以彌補降低外貿關稅的財政損失，也可以用於福利措施。這一修正案開啟了以稅收來緩解貧富差距的機制，是又一大突破，從此確立了累進所得稅制度，延續至今。

——降低外貿關稅：美國自內戰結束以來，最重要的支持特權和壟斷的手段就是日益提高的保護性關稅。威爾遜上台後第一件事就是召集國會兩院，發表取消保護性關稅的演說，以刺激企業主們不斷提高效率、節約成本、改進管理來在競爭中取得優勢。除了美國不能製造的產品和奢侈品之外，一切關稅都應着眼於推動美國人與世界其他國家鬥智來進行有效的競爭。最終於 1913 年 4 月通過了《安德伍—西蒙斯關稅法》，平均降低進口關稅 27%—37%。這一措施的意義是取消對國內大企業的價格保護，有利於普通消費者，但是一部分企業的工人對此有意見。

4. 幣制改革

進步主義總的傾向是銀行體系應該掌握在政府手中而不是為私

人利益所左右。威爾遜總統上台後採取的最重要的、有深遠意義的改革措施，就是建立聯邦儲備銀行（簡稱"美聯儲"）。他利用公眾擔心大銀行互相勾結造成金融托拉斯操縱經濟的心理，於 1913 年成功地通過了《聯邦儲備法》。根據該法，全國分為 12 個聯邦儲備區，所有全國性的銀行必須參加這一體系；在美國政府支持下，發行以黃金和銀行儲蓄為基礎的聯邦儲備紙幣；全面決策權在華盛頓的聯邦儲備董事會，全國貨幣流通的收或放掌握在該董事會手中。以後的歷史證明，聯邦儲備銀行在美國經濟生活中的作用越來越重要。

（二）勞工福利與社會保障

1. 互助形式的勞動保險

最早的勞動保險是工人自己發明的。他們自發地組織互助儲金會（英國稱"Slate Club"），每年初交一些錢，遇到老、病、死、事故、失業等可從中提取救濟，如果到年終有盈餘，則大家分掉。以後發展成商業性的承包保險組織。再以後，最大的保險機構是以產業工人為對象的保險公司。然後，政府才逐步介入。

在世紀之交，美國此類互助組織的數量和覆蓋的人數不亞於歐洲，但是社會和政治影響遠遠不如歐洲，因為不像歐洲的組織那樣經常參與公共政策辯論，並對政府政策的傾向產生影響。其主要原因是美國是移民國家，互助組織多在某一族群中，需求和地域都十分分散，形成不了公共力量。在這種情況下，保險公司的發展大大超過歐洲。到 1911 年已經執行的保單有 2470 萬宗，是所有互助會會員的 3 倍，其錢數與同時期德國的國家保險制度相等。所有這些制度所覆蓋的領域有限，熟練工人得到的保險多一些，越到下面越少，婦女基本談不到。[1]

從自發互助經過政府介入發展到以政府為主導的社會保險制度有一個過程。一方面，強迫僱主參加工人的風險承擔，樹立一個新的觀念——老、殘、失業、工傷事故等不僅是工人的風險，而且是僱主的責任，勞工的痛苦是對有權制定其工作條件者的控訴；另一方面，也迫使工薪獲得者自己加入保險，建立比過去各種互助組織更加健全、穩定的制度。這一制度於 19 世紀 80 年代始於德國。1911 年英國通過的《國家保險法》(*National Insurance Act*) 比德國的範圍還要擴大。美國的社會保險立法阻力重重，滯後於其他方面的措施。全面的社會保障觀念和制度直到 30 年代小羅斯福"新政"時期才建立起來。

2. 保護勞工的立法

直到 20 世紀初，在美國人的觀念中，勞資雙方還是契約關係，每一個工人都是成年人，是在對勞動條件和風險知情的條件下接受僱傭的，所以出了問題自己負責，老闆沒有責任。如上一節所述，1902 年的賓州煤礦工人大罷工以後，在老羅斯福總統干預下達成勞資妥協，是第一次突破，但這一成果並沒有鞏固下來。到 1910 年左右，美國"危險"工作條件仍然惡劣，工傷事故頻發，而有關法律條款中存在種種漏洞，使僱主得以逃避責任，賠償率極低。以工傷事故最嚴重的煤礦為例，1910 年華盛頓州法院審理的案件中有一半是涉及工傷事故的，司法調查的最後結果多半仍為礦主開脫責任。但

1　Rodgers, 前引書，p.221。

是隨着事故頻發，即使少量賠償，也使法院、僱主和保險公司不堪重負，必須設法改變這種狀況。[1]

　　勞工保障法律最初的推動者是"美國爭取勞工立法協會"（American Association for Labor Legislation，AALL），它是國際勞工立法協會的分支。發起人是耶魯大學的德國留學生，他們利用美國經濟學會年會之機發起成立。該協會第一個遊說的題目就是爭取更嚴格的勞工安全標準立法，特別是在磷加工的火柴廠，這完全是從國際協會中學來的。另一個組織是"全國消費者協會"（National Consumers' League），領導人是凱莉，她帶領一批婦女主要爭取為改善女工的工作條件而立法，着重揭露惡劣的勞動條件。此外，1906 年澳大利亞最低工資立法傳到國際上，美國全國消費者協會也隨之積極推動，在一個一個州相繼就部分血汗制工種進行限制性立法。自 1910 年至美國參加一戰，各州陸續通過了一系列有關勞工的法律。

　　在聯邦領袖中，最早、最有力的工傷賠償倡導者為老羅斯福。他到歐洲開工傷事故會議，發現美國落後，受到刺激，回國大力推動。1910 年，紐約通過了第一部《勞工賠償法》，以後迅速擴大到其他州，到 1916 年一戰前夕，有 30 個州立法建立了勞工保險制度。

　　在此之後，有以下一些重要立法：

　　1914 年通過《基廷—歐文法》，禁止出售 14 歲以下童工產品。

　　1916 年通過對僱用童工的企業課以額外所得稅法。

　　但是以上兩項法案又先後於 1918、1922 年被最高法院裁定為違憲。

1　Rodgers, 前引書，p.246。

1916 年通過《亞當遜法》，同意鐵路工人實行八小時工作制，但又規定，未經政府調查禁止罷工。

可以看到：進步主義時期美國在勞工福利方面的立法開了一個頭，歐洲的榜樣和激勵起了很大作用，但是由於勞資力量對比迥異於歐洲主要國家，這方面的進程步履維艱，直到小羅斯福"新政"，才有更大的突破。

(三) 資源保護

一般人印象中美國的環保運動始於 20 世紀 60 年代，其實 20 世紀初已經開始，是進步主義運動的一部分，自那時以後，一直是各個時期改良派的題中之義。只是早期污染問題還不嚴重，主要是森林、水、土資源保護，出現了一批"資源保護主義者"（conservationists，以下簡稱"環保主義者"或"環保人士"）。最早、最著名的環保人士是加州人約翰·繆爾，他於 1892 年建立了美國第一個環保組織"塞拉俱樂部"（Sierra Club），主張永久保護森林和公園，不做經濟開發。不過，資源保護形成氣候是在東部先工業化地區，主要在中產階層的精英中間，越來越多的人對無節制地開發自然資源產生疑慮，他們從審美、民主、道德、實際經濟效益，以及反對富人剝奪、提倡公平享有資源等各個角度出發倡導"資源保護"，逐漸引起了全社會的注意。1891 年，在環保主義者的艱苦努力下，國會勉強通過了一項不為人注意的法案，授權政府在國有土地上建立森林保護區。即使這樣一項極為有限的法案，在實施中也是阻力重重，遭遇到來自各種利益集團的巨大阻力。

老羅斯福本人是強有力的資源保護主義者。他上台後在權力所及的範圍內大刀闊斧地推行他的理想，逐步改變了力量對比。不過，他的出發點與繆爾等自然主義者不同，後者倡導返璞歸真的生活方式，以對抗當時與奢靡成風相聯繫的向自然界無節制的索取，而老羅斯福及其領導下的一批人則更加實際，從對國家長遠發展的利益出發，倡導合理發展，因而更加有說服力。那時還沒有"可持續發展"這一提法，不過他在 1901 年第一次國情咨文中提到這個問題時所說的一番話就包含了這層意思：

> 森林保護本身不是目的，而是一種手段，目的是增加和維持我們國家和工業賴以發展的資源……我們必須管理好水、林和草原，以便傳給子孫時的狀態比我們接受時更好，而不是更壞。[1]

他最倚仗的手下，環保主義者平肖說得更明白：

> 資源保護的核心就是要使這個國家成為我們以及子孫後代的最佳宜居國；反對浪費不可再生的自然資源，如煤、鐵等；主張使可以再生的資源永久持續下去，如產糧的土地和森林；最重要的是，主張使每一個美國公民現在和將來都有平等的機會從這些資源中獲取一份公平的利益。環保主義的主張就是由人民對這個國家進行實際的、

---

1 McGerr, 前引書，p. 166。

符合常識的管理，猶如一切企業家處理他們的生意一樣。[1]

平肖是老羅斯福的耶魯同學，林業專家，1898 年被麥金萊政府任命為農業部林業局局長。老羅斯福上台後，主張把公共領域內的水、土、礦、森林都收歸聯邦所有，而不是州或財團。為此，他把原來分散在各部門的水、土、草原管理職責集中到平肖所管的林業局，給予他大力支持。凡是行政命令能夠合法做到的，他不遺餘力地推行，在全國 20 多個州建立了幾十個鳥類、野生動物保護區以及國家公園和大批的國家保護文物建築。但是有些問題非通過國會不可。1902 年，他爭取到國會通過《新地法》(*Newlands Act*)，該法授權政府回收某些土地的灌溉權，並建立了"回收局"(reclamation service)。其後，羅斯福又成立"內陸河流委員會"，以制定水資源的統一規劃。可以想像，這些措施必然受到地方利益的抵制。為取得各州的配合，他特於 1908 年在白宮召開全國州長會議，討論自然資源流失和保護的必要性；同年 12 月，又召開部分州長和官員聯席會議，以愛國主義、國家的長遠利益和加強與歐洲發達國家的競爭力來號召大家。這樣，美國資源並非取之不盡這一概念開始深入人心。

這些舉措成績斐然，1899 年，在麥金萊政府治下，用於資源保護的聯邦撥款只有 28519 美元，到 1908 年羅斯福任期滿時已增至 3572922 美元，劃入保護的森林從 41 塊 4600 萬英畝增至 159 塊共 1.5 億英畝。[2] 不過，也就到此為止。羅斯福下台前後就遭到反彈。塔

1　Ekirch, 前引書，pp. 150—151。

2　Ekirch, 前引書，p.148。

夫脱繼任後，平肖即離開政府。資源保護運動的勢頭大大減弱。

三　州市改革、反腐與民主化

美國儘管有憲法保障基本的民主制度原則，但是隨着形勢的發
展，政治制度也經歷了多次改革，民主權利陸續擴大和完善也是漸
變過程。眾所周知，南北戰爭之後的第 15 修正案確定了公民的選舉
權不得因種族，膚色受限制（當時主要是針對黑人）。進步主義時期
向平權方面最重要的改革成果是：第 17 修正案規定參議員直選制
（1913）和第 19 修正案給予婦女選舉權（1920）。直選制的由來與城
市改革有密切的關聯。

（一）歐洲的啟發

直接與人民生活切身攸關的是城市改革。因為城市化與工業化
同步，絕大部分社會矛盾集中表現在城市化的過程中。在農業社會
中，貧困戶是分散的，不那麼顯眼。集中到城市，貧富的鮮明對比時
刻都在眼前。條件惡劣的貧民窟以及一系列的衛生、水電、公交等
各種公共設施的嚴重問題，都與人民日常生活密切相關，實際上勞
工福利與市政改革也是密不可分的。從恩格斯的著作中也可得到證
明：1845 年恩格斯出版的名著《英國工人階級狀況》所揭示的英國工
人的惡劣生活條件，不少人都熟悉。但是較少受到注意的是，半個
世紀之後，1892 年恩格斯為此書德文第二版所寫的"序言"，其中指
出（大意）：從那時以來，情況已經發生了很大的變化，原來提到的
城市觸目驚心的惡劣條件已得到改善，如公共衛生、下水道等，在

貧民窟中也修築了寬闊的街道；工廠主學會了避免與工人不必要的糾紛而鼓吹和平與協調，實現了一系列的改革。原著中所描寫的情況，"至少就英國而言，現在很多方面都已成為過去"。[1]

與其他方面一樣，歐洲的經驗，主要是英國和德國，對美國有不可忽視的影響。其中英國走在前面。第一次世界大戰前夕，倫敦的工人聚居區域成為歐洲模範勞工住宅區，此時英國 80% 的供水、60% 的電、37% 的煤氣、80% 的電車軌道都是市政府所有。[2] 德國則後來居上，出現了一批模範城市，其中杜塞爾多夫被美國學者譽為"為其居民所做的事超過世界任何城市"。[3]

總的說來，美國工業化的進程晚於歐洲，大規模城市化和"城市病"的惡化也較晚而進展速度較快，還有源源不斷的新移民，治理遠遠跟不上。因此，20 世紀初，訪問美國的歐洲人覺得美國城市污穢不堪，而到歐洲考察的美國人則充滿對歐洲市政建設的讚語，痛感美國的落後。

美國進步主義運動中的幾位著名學者都是歐洲經驗的傳播者。其中突出的如阿爾伯特·蕭是"崇英派"，理查德·艾利、弗雷德里克·豪是"崇德派"，他們到歐洲考察後，著書立說，傳播經驗，影響若干州市的領導進行改革。

除了"走出去"之外，還有"請進來"。紐約是歐美交流的一個中

1　恩格斯的《英國工人階級狀況》1845 年初版，至 1892 年德文第二版時在"序言"中肯定在這幾十年中情況已有很大的好轉，《馬克思恩格斯選集》第四卷，人民出版社，1972 年，第 271—287 頁。

2　Rodgers, 前引書，p.129。

3　同上書，p.123。

心，舉辦過不少報告和研討會。90 年代，倫敦進步人士紛紛到紐約
演講，傳播英國經驗。其中有一位叫約翰‧馬丁，不久就移民紐約，
成為當地改革組織"政治教育聯盟"的領導。後來赫赫有名的報業巨
子赫斯特，當時在他主辦的《晚報》上一馬當先批判市政承包商，並
以英國格拉斯哥和伯明翰為榜樣讚揚市有化。[1]

（二）美國的改革與反腐相聯繫

城市改革首先是改造公用設施和公用事業的體制。美國的特色
是州一級政府有相對的獨立性，在地方改革中州與市同等重要，並
且差不多同步進行。當時的公用服務設施大多由私商承包，以劣質
高價坑害平民，因此首先要改革這一體制。在美國每一步改革都發
生政府干預與自由經濟之間的關係問題，長期爭論不休。在市政、
州政改革中這一矛盾比聯邦一級更早出現，因為市政改革牽涉到公
用事業是否公管，乃至公有的問題。這方面也有歐洲經驗可資借鑒，
並有許多研究機構如"全國市政聯盟"、"紐約市政研究局"等，對觀
念和理論的轉變起了一定的作用。不過最終要落實到立法和政策措
施上，還有賴於政府。這裡遇到的最大障礙就是政治腐敗問題。

當時州議會被認為是最腐敗的機構。到世紀之交，州與市的腐
化已經相當嚴重。1905 年《文摘雜誌》(Literary Digest) 刊登了一張
法國印製的美國地圖，標明在 45 個州中只有 6 個是沒有腐化的，有
25 個全部腐化，13 個特別腐化。[2] 最常見的形式就是權錢交易，或

1 Rodgers, 前引書，pp.136—137。
2 Ekirch, 前引書，p.108。

權錢勾結。在州一級，最重要的表現在行使批地建鐵路權上，就是州政府將其管轄內的土地批准給私人建鐵路，在低稅率、高票價等方面給予優惠待遇，有關官員從中牟取私利。有些情況嚴重的州，如密蘇里和新澤西，州立法機構和政府關鍵職位都為鐵路遊說集團所控制。西部各州對鐵路的依賴更甚，南太平洋鐵路公司幾乎擁有了整個加州，著名小說《章魚》就是揭露該公司的。

在市一級，腐敗有所謂"外部腐敗"和"內部腐敗"。前者是指政府在將公用事業承包給私商的交易之中受賄、吃回扣、勒索等。承包商可以通過現金交易（直接行賄），或安插官員的親友，或給予政治支持等不正當手段，得到利潤豐厚的項目。後者是美國政治體制特有的，主要是行政與立法部門之間的交易，例如在任命官員中裙帶風、分贓制、在選舉中變相勒索政治獻金等。這兩種腐敗有時互為消長。政府權力縮小可減少內部腐敗，但卻增加了私商供應中的腐敗；政府權力擴大則內部腐敗增加。美國城市兩種腐敗都有，但以第一種權錢交易更為猖獗。

美國各州議會選舉辦法自行其是，相當複雜，憲法並無明文規定。南北戰爭後發展成兩大黨把持，經常由大資本家與兩大黨的權勢人物幕後交易，共同操縱，這成為權錢勾結的一大領域。在第17修正案通過之前，憲法規定，全國參議員由各州議會選舉，各地的大財團也就可以間接操縱聯邦參議院的選舉。他們常常把自己中意的代理人，或乾脆就把老闆本人選進參議院。因此，參議院有"百萬富翁俱樂部"之稱。所以，改革必須與反腐敗相結合。當美國是以小城鎮為主時，只要把誠實可靠的人選進政府領導職位就可以避免腐化。因此，傳統的自由主義者認為，市政改革是個道德問題。但是到了城市化、工業化、人口達到一定規模時，經濟社會問題之複雜就超越了道德問題，必須組織化、專業化，在道德倫理方面也需要新的社會價值觀來替代舊的個人道德修養。如弗雷德里克‧豪所說，"城市摧毀了個人主義，不論是自願還是強迫，必須通過合作而生存，沒有合作，一天也活不下去"。[1]

進步主義運動理所當然地包括政治上的民主改革。在美國的制度下，改革總是從有改革思想的政治人物被選入權力機構而落實在立法和行政措施上，但選舉本身又往往是權與錢勾結的途徑。如何打破這一悖論？一是靠輿論，其威力已經在第二節詳述。另一途徑，就是改革選舉制度。改革派喊出了"還政於民"的口號，但是要改變選舉制度，必須先通過憲法修正案，而修正案又必須由參議院多數通過，這等於"自己革自己的命"，可以想見其鬥爭的艱苦與曲折。

(三) 改革的主力和思路

和全國性的改革一樣，推動者是各階層的綜合力量，包括有組織的勞工、知識分子、社會工作者、各種人道主義機構，也有一部分開明行政長官和議會議員。當時有兩股力量，兩種思路：

——精英式：倡導者主要是中上階級的開明人士，主張改革政府結構，把權力從政客手中轉移到專家手中，使政府超越於政黨政治的壓力。其具體主張是減少選舉產生的崗位、取消黨派標籤、改革吏治、規範行政、避免任人唯親，由專門委員會成員對城市進行專業化管理，既不受選民壓力，又可以提高效率。在一個城市中不分

1　Fred Howe, *The Modern City and its Problems*, 轉引自 Ekirch, 前引書，p.101。

區，而是全市統一投票選舉市議員，以消滅當時選區的"政客走卒機制"（ward heelers，即專門幫政客拉票的人）。

——平民式：倡導者主要是底層市民，特別是新移民和代表他們的政客，主張非但不減少反而增加選舉產生的崗位，甚至包括原來任命制的法官；直選參議員，設立預選制，取消選舉法中的財產和性別限制，從而大大擴大選民範圍，擴大無記名投票的範圍；採取措施防止僱主在選舉中脅迫僱員，以保障底層百姓的權利；選舉前舉行民意測驗，以擴大民意的表達途徑；重新分配州議員的比例，以結束農村對城市的牽制。

前者主要代表老羅斯福等進步共和黨人的思路，總的是加強三權中行政這一支的權力，在全國範圍內發展為"國家主義"。不過在州、市一級，基本上是後一種思路佔上風，即直接民主。其根本原因是州、市長和議員都是選舉產生的。當時的現實情況是大量新移民來自東、南歐。他們在本國習慣於互相依賴的社會機制，家庭、行會、教會、村落、地主，都在某種程度上有義務對老弱病殘的勞動者提供一定的保護。到了新世界以後，他們與美國老移民傳統中全憑個人奮鬥、激烈競爭的氛圍格格不入，加上屬於非熟練勞力，在競爭中處於劣勢，自然而然會依靠各自的族裔組織，如"改良猶太教義"、"波蘭民族聯盟"、"意大利之子"，等等。當有人提出政府應該干預經濟以保障起碼的生活時，新移民當然是最積極的擁護者。他們雖然貧窮，但是每人一票，擁有人數優勢，在了解情況、提高參政意識後，自然會把票投給能改善自己切身處境的人，而那些族裔組織能使投票集中。這樣，政治人物為爭取多數選票，也會把關注點轉到底層人民身上，提出提供經濟和安全保障的政治綱領，逐步形成議會中的改革派。在多數情況下,改革派是民主黨人,也有一部分共和黨的"游離分子"(自老羅斯福以後,共和黨領導為保守派所把持)。民主、共和兩黨權力基礎的相對分野,大約從此時開始。

中產階級關心城市的環境,更有主人翁感,更加敏銳地認識到城市的危機將破壞自己賴以生存的條件,因而在大方向上也是改革的動力。他們有廣泛的社會聯繫,"朝中有人",或本人就在朝,或掌握輿論工具,或接受進步的理論,其作用在於塑造一種輿論氛圍,使得改良的新思想為社會所接受,從而加強為改革立法而遊説的成效。如一位美國歷史學家所説:"進步主義時期及後來的有效的社會改良,似乎是靠下層和中層的改良派在一個個具體問題上的建設性合作而實現的。"[1]

各州的改革進程不平衡,由先進的州帶頭先通過直選法,再逐步擴大,各州陸續通過,然後全國立法。到 1912 年,國會終於通過第 17 修正案,規定各州兩名參議員由各州人民直選,於 1913 年得到 3/4 以上的州批准,得以生效。

(四) 婦女選舉權

美國婦女開始爭取選舉權大約始自 19 世紀中葉,到 19 世紀末爭取婦女權利的鬥爭進一步開展。1900 年卡里·卡特夫人當選為美國婦女選舉權協會(women suffrage)主席,女權運動開始有組織地大規模在全國展開,並逐步與進步運動結合起來,經過 20 年的鬥爭,

---

1   Joseph Huthmacher, "Urban Liberalism and the Age of Reform", *Mississipi Valley Historical Review*, Sept. 1962, 轉引自 John D. Buenker, *Urban Liberalism and Progressive Reform*, Charles Scribner's Sons, 1973, pp.203—204。

一個州一個州地取得勝利。1890 年懷俄明州成為婦女取得選舉權的第一個州，1900 年有 4 個州，1914 年另外增加了 7 個州。一戰期間女權運動達到高潮，到 1919 年，婦女選舉權擴大到 15 個州。在威爾遜總統支持下，1918—1919 年眾、參兩院先後通過給予婦女選舉權的第 19 憲法修正案，1920 年得到全國 3/4 的州批准後生效。與此同時，婦女經濟權利也提上日程，各州逐步通過保護女工的法案和政策。1917 年有 39 個州制定法律，限制女工每周勞動不得超過 60 小時。但是，同工不同酬的問題並未解決。

著名的瑪格麗特・桑格夫人（舊譯山額夫人）的節育運動也是這一時期的重要創舉。1916 年，她在紐約開設了第一家節育門診診所。當時受到廣大婦女歡迎，卻被社會視為大逆不道，桑格夫人還因此被捕坐牢。雖然最後法院部分承認某些避孕措施合法，但直到今天，墮胎問題在美國還是一個爭議極為尖銳的政治問題。

（五）州、市改革的內容

改革的發展是不平衡的。在改革勢力佔上風的地方，先進的人物掌握了地方政權，就可以推行自己的方針，一些典範於是產生。由於改革是順應社會發展的需要的，必然會在其他地方產生影響，被提上政治日程，由點到面推廣到全國。這種推廣是自然產生的，不是由上而下推行的。改革主要方向是社會公正和勞工權益。東部工業化和城市化實現更早的那些州起步略早。以下略舉幾個州為例：

——麻薩諸塞：起步最早。早在進步主義運動之前就已有規範公用事業和鐵路經濟的立法，1888 年它是第一個實行秘密投票選舉州長的。

——威斯康辛：是最早成功地大刀闊斧進行改革的州。1901—1906 年間其州長為著名進步主義人士，後來的進步黨領袖——拉福萊特。而其他州的改革高潮大多在 1910 年左右或以後才形成。拉福萊特的有利條件是在任時議會中支持他的議員佔多數，得以較為順利地推行改革。更重要的是，得到了威斯康辛大學的合作。如上所述，該大學集中了一批留德歸來的學者，他們集中於威斯康辛大學，稱"威斯康辛學派"，使該大學成為進步運動思想的重鎮。他們創建了美國經濟學會，其綱領中宣稱"州政府的積極幫助，對人類進步是必不可少的條件"。[1] 因此，他們把州的改革作為實現其理念的實驗場。該大學一度成為州政府的"第四部門"，與州政府合作，共同推進改革。豪教授認為德國政府不是民主的，但市政服務是民主的，對全世界起了示範作用，而威斯康辛州作為政治、社會和工業立法的實驗站，及其科學和高等教育的民主化，可以對全美國起示範作用。加以這個州德國移民較多，更容易接受德國的改革經驗。

威斯康辛州最重要的創舉，一是建立州鐵路視察委員會，進而出台規範鐵路的法案，成立交通定價委員會、提高鐵路和公司稅率等；二是通過新所得稅法，成為美國第一部累進所得稅法。另外，還通過公務員法、反遊說法、水土保持和水力利用法、直接預選法，以及建立州立銀行等。由於拉福萊特接受了不少德國的影響，其改革帶有一定的社會民主主義色彩。

在威斯康辛州影響下，東部、中西部一些州的州長相繼由改革派當選，並進行反腐敗和類似的改革。比較先進的有紐約、芝加哥、

1　Buenker, 前引書，p.43。

克利夫蘭、麻省等東部和中西部工業發達、新移民較多的州。各州根據自己的特點和居民的需要，先後通過不同的具體改革措施。不過其領域和方向都是共同的，都是提高弱勢群體的福利，例如：保護勞工權益、改革稅制、杜絕腐敗、普及教育、規範公司企業、限制暴利以及改革政治制度，等等。

　　——紐約：西奧多·羅斯福曾任紐約州長，他在任時提出過許多改革措施，但是在任內來不及實施，離任後往往被反對派推翻。實際改革源起於紐約襯衫廠的一場大火，隨即成立了"紐約州工廠調查委員會"，根據該委員會的報告和建議，最終在 1911—1913 年間先後通過了 36 項有關福利的立法，而且沒有一項為法院所否決。其中很多涉及女工、童工，除工時、產假、未成年人體檢和工種限制外，還有服裝廠安全設備的詳細規定。最重要的有關勞工的立法是建立賠償制度。美國第一部勞工賠償法是 1910 年通過的，1913 年民主黨佔多數的紐約州議會又通過了更進一步的勞工賠償法，賠償率比 1910 年的高，而且規定不必僱主同意強制執行，同時杜絕保險公司的介入。工會領袖岡帕斯稱之為 "任何州、任何國家所通過的此類立法中最好的"，還有學者稱之為 "美國社會保障之始"。[1] 另外還有星期日休假制，鐵路工人工作時限和帶薪休假，為有孩子的職工遺孀及退休公務員設養老基金，貧寒子弟獎學金，等等。此外，針對高收費職業介紹所、賭場和妓院向警察交保護費等弊病，都設立了相關機構並採取措施。

　　——克利夫蘭：1913 通過《母親津貼法》，不但包括給母親以津

1　Buenker, 前引書，pp.50—51。

貼，並且包括對童工的限制，以及強制義務教育（男童到 15 歲，女
童 16 歲，亦即在此之前不得工作）。1911—1914 年通過的法包括：
規定公立學校教師退休金和教師每月最低工資（如果當地學校負擔不
了，就由州政府補發差額）、維護礦工權益與鐵路工人的法，對礦井、
火車安全和工時等都有過細的規定，以及防治有害煙霧的工種的職
業病，禁止用罪犯勞動，等等。

　　——芝加哥：州長杜恩是社會民主主義者，他明確提出靠工資為
生者是"生產階級"，是國家棟梁，是真正的統治者。他竭力爭取的
保護職工的一些措施很多歸於失敗，特別是禁止童工問題，爭議很
激烈。當時在男性家長去世的情況下，事實上許多家庭童工是主要
生計來源。有的小店主認為，不讓童工當店員，將造成一批遊手好
閒青年。還有對舞台上的兒童演員是否應該禁止也有很大爭議。杜
恩成功之處在於確立州視察員巡視工廠生產條件的制度，並根據其
"人道主義標準"，修改州《衛生、安全和舒適法》，強制工廠建立符
合安全和衛生的各種設施，內容也十分詳細，重點也是在礦工和鐵
路工人。[1]

　　——新澤西：這個州一向被認為是最腐敗的、由大財團控制的
州。1911 年在威爾遜任州長期間，經過大力改革，通過了一系列進
步立法，改變了形象。其中對杜絕腐敗最起作用的有 1911 年通過的
《新思想法》，它把公交和公用事業置於政府嚴格監控之下，被認為
是到那時為止最徹底的公用事業法規，是進步主義者過去十年來努
力的目標。但是威爾遜離開之後，不少改革措施被推翻，或名存實

1　Buenker, 前引書，pp.62—63。

亡，以後才逐漸恢復。

　　各州先後進行的改革大同小異，不再一一列舉。其中很多州都建立了"州公用事業委員會"，負責監督公用事業，制定法規。但對於其權限，一直有很大爭議。不過，總的方向是推動政府監控公用事業。另外，這個時期的一些改革派已經開始努力推動的主張，諸如建立工會的合法地位、進一步規範企業、更加公平的稅制（累進稅）等，當時未能實現，要到小羅斯福"新政"時期才實現。

　　州政改革中最重要的是致力於直接訴諸選民，推動州議員直選制，然後進一步改革聯邦參議員的選舉制，這一情況上一節已有介紹。

　　市政改革的內容主要有：爭取公用事業優質服務，保證廉價煤氣和電車票，進一步爭取公用事業市有化，或限制承包期，重新分配稅務負擔，改善公共教育、住房、娛樂、醫療、衛生設施，建立失業救濟，實行"人道主義"工時、工資和勞動條件，保護新移民不受歧視，等等。市議員本來就是直選的。隨着新移民的增加、底層群體的組織加強和覺悟，政客們為爭取選票，開始把施政綱領轉移到對底層階級有利的社會經濟改革上，同時以一種相對公平的辦法幫助各族裔的代表進入公共機關。總之，他們建立了一些新的機制取代老的政治機器的許多功能，而避免貪污腐化。這樣，他們逐步失去了一部分過去的中上層選票，但獲得了更多的新移民族裔和工人階級的選票。

　　美國兩位成績最突出的市政改革領袖是俄亥俄州托來多市市長瓊斯和克利夫蘭市市長約翰遜。

　　瓊斯原以煉油機器工業發家，是托爾斯泰基督教無政府主義信奉者，嚮往以《聖經》的教義管理企業。他 1897 年當選市長，推動實現公用事業市有化、改進城市體育場、在公園舉行免費音樂會、把幼兒園納入教育系統等一系列措施。他把基督教教義用於市政管理，卻引起教會和傳統上層勢力的反對，而得到工人和下層百姓的擁護，並以獨立身份連任市長三次。1904 年瓊斯去世後，其繼任得以繼續改革，使該市通過新的市憲章，確定市政官員由市民直接提名候選人和罷免的制度，還確立了重大問題市民公決制。

約翰遜原來也是企業家。他受當時著名改革派經濟學家亨利‧喬治的經濟哲學影響，棄商從政，1901—1909 任克利夫蘭市市長。曾在威斯康辛州推動改革的學者弗雷德里克‧豪此時到克利夫蘭定居，協助約翰遜，並成為他的繼任者。他們都堅定地支持公用事業市有化，共同推行完成的改革有：街車軌道市有化、降低車票價、通過市政規劃重估房地產價等。

另一位英國市政的仰慕者是 1895—1900 年波士頓市長昆西。他在任期間仿效英國，在波士頓到處建立公園、公共浴室、游泳池、體育館、兒童遊樂場，以及舉辦免費音樂會、藝術展覽等。英國進步分子和費邊主義者對他評價很高。

在進步主義時代結束時，美國大部分城市的供水和排水系統都已由市政府控制，但是煤氣、電力和公交則較少市有。還有許多市的憲章不允許市有化。總之，經過進步主義運動的改革，美國在城市化和工業化的過程中遏制了州政府和城市腐化，改進了底層居民的生活質量，在制度上更加民主，更加負責任，更有效率。[1]

1　參考 Ekirch，前引書，pp.99—100, pp.104—105。

四　進步主義與種族主義、帝國主義

　　進步主義的基調既然是強調平等、關注弱勢群體、反對弱肉強食，那麼合乎邏輯的應該是在世界上同情弱小民族，反對帝國主義。但這個時期剛好美國開始向外擴張，為二戰後的稱霸全球從理論到實踐奠定基礎。對內改革，對外擴張，仔細分析，並不矛盾。

(一) 種族優越論

　　首先，進步主義的改革有一個薄弱環節，就是種族問題。1870年通過的憲法修正案名義上給予黑人的選舉權，到20世紀初實際上喪失殆盡。誠然，進步主義思潮的產生與內戰之前的反對蓄奴運動有某種淵源，但這只是一部分。到20世紀初，許多主流改革派是白人精英，不是本人就有種族優越感，就是知難而退，迴避種族問題。他們強調經濟平等，但多數不關心種族平等，無視當時尖銳的種族隔離和黑人的處境。有些人是公開的種族主義者。老羅斯福在種族和國族問題上是公開的社會達爾文主義者。他在從政以前多次發表關於印第安人的講話，用極端鄙視的語言形容乃至咒罵印第安人，認為對這種充滿罪惡的"野蠻人"，如不使其馴服，就理應趕盡殺絕，否則"文明"無法在這蠻荒之地立足。1896年他有一段著名講話稱：

　　　　我還不至於認為印第安人中只有死人才是好人，不過我相信十有九個就是如此，而對第十個我也無須仔細查問。最壞的牛仔也比普通的印第安人多一點道德原則。

對於黑人，特別是在他執政之後，鑒於當時形勢，他沒有公然發表過此類言論，並且曾邀請黑人領袖布克·華盛頓參加白宮晚宴。但此舉引起了南方種族主義者的強烈反對，以後他就不再邀請了。他和威爾遜在思想上或隱或顯都是盎格魯—撒克遜種族優越論者，甚至認為其他族裔扯了美國的後腿。

從底層來說，有組織的勞工運動代表多為先移民的熟練工人，且多為白人，他們本能地排斥新進入勞工大軍的黑人和後來的移民。新移民雖然對推動市政改革有積極性，但是不同族裔之間互不團結，與黑人更不團結，形不成反對種族歧視的力量。所以，美國從立國以來的白人至上，特別是盎格魯—撒克遜至上的思想，並沒有克服。

（二）新國家主義

進步主義改革的方向是反對放任自流，加強聯邦政府的職權。也就是在憲法允許的範圍內，將一部分州政府和私人的權力收歸聯邦政府。從這裡派生出了"新國家主義"（new nationalism）。在理論界的代表人物之一是克羅利。他明確主張加強權力集中，認為傑佛遜式的建立在個人自由、分權基礎上的民主已經過時。他反對拆散托拉斯，主張加強政府法規；反對平民主義的民主，主張精英民主。當然，並非所有進步主義者都與克羅利一致，例如其對立面布蘭代斯就傾向於平民主義，仍嚮往傑佛遜式的民主。不過在實踐中加強聯邦政府權力是大勢所趨。

從某種意義上說，主流進步主義與帝國主義思潮有共同的根源：與進化論一致，都相信人定勝天，通過人的主觀努力可以改造世界，進步戰勝落後，同時把進化論與基督教教義結合起來。那個時期的美國人充滿自信和樂觀，與生俱來的"以天下為己任"的"天命"思想到此時具備了付諸實現的條件。進步主義者更是推波助瀾，他們要與過去的"渺小"決裂，要創造偉大的、史無前例的民主。他們相信一個現代化、城市化、多元化的美國社會能夠為普適的、充滿活力的新式民主提供基礎，真正實現民主所許諾的一切。他們所理解的民主對一國的公民和全人類的公民之間的界限模糊不清，把創造民主公民等同於把美國變成上帝的王國。美國人的責任不僅在本國，而且在全人類。[1]

最早的海外擴張鼓吹者是媒體、傳教士、倫理哲學家和海軍主義者，其理論是"天命論"、達爾文主義演變論、盎格魯—撒克遜種族優越論、經濟決定論、海軍主義、國家主義和愛國主義大雜燴。用的語言都是傳道的語言。例如，1885 年有一位斯特朗牧師，出版了一部名為《我們的國家》的書，影響很大，把基督教的理想社會與現代物慾橫流的美國做對比，充滿種族主義論調，結論是要把盎格魯—撒克遜的基督差會遍佈全世界，以拯救罪惡的靈魂。[2]本書第二章提到的著名的社會達爾文主義學派領袖費斯克就認為領導世界的天命已經落到盎格魯—撒克遜族頭上，因為它是神授基督原則和公民自由的承載者和傳播者。他的理論在國內問題上遭到進步主義者駁斥，但是在國際上，他們是一致的。

1899 年，哈瓦那發生暴動時，有"公正而寬容"之名的進步主義作家艾倫·懷特主張美國派兵干涉，他在文章中寫道：

1　Bob P. Taylor, *Citizenship and Democratic Doubt, the Legacy of Progressive Thought*, University Press of Kansas, 2004, p.16—24.

2　Ekirch, 前引書，p.54。

盎格魯—撒克遜人的使命就是要以世界征服者的身份
勇往直前。他應該佔有所有海洋中的島嶼。他要消滅那些
不能臣服的民族。這是上帝的選民的命運，是天識。對此
提出抗議的人會發現他們的反對意見會遭否決。必然如
此。[1]

老羅斯福集中代表了這種思想，他在大刀闊斧與壟斷集團鬥爭
的同時，加強和擴大了政府的權力。他鼓吹好的公民應該有責任感，
為國家的整體利益而自律，反對放任的個人主義，認為美國向外擴
張不但符合美國利益，不可避免，而且符合優勝劣汰規則，是美國的
"天命"。他解釋門羅主義的延續就是：為了阻止歐洲國家對拉美的
干涉，美國干涉拉美國家的內政是正確的。他說美國為了遵守門羅
主義，可能不得不行使國際警察的權力。他在美西戰爭後不久撰文
稱："在這個世界上，一個沒有尚武精神、閉關自守的國家終究要屈
服於那些保持雄風和冒險精神的國家。"[2] 他反對美國國內同情弱國的
傾向，曾公開表示，一個民族如無力保衛自己，就不配存在。他說：

如果我們要成為真正偉大的人民，我們必須認真努力
在世界上作為大國起大作用。面對大問題，我們不能迴
避，唯一可做出的決定，就是做好還是做壞。1898 年，我
們無可避免地面對與西班牙戰爭的問題。我們只能做出決

1   Ekirch, 前引書，p.189。
2   Curti, 前引書，pp.557—558。

定，是否像懦夫一樣從競爭中退縮……[1]

　　更重要的是，這一思潮符合實際發展的需要。在佔領和爭奪世界資源與市場方面，美國是後來者。到世紀之交時，美國國內已經實現繁榮穩定，同時美洲大陸的邊疆已經開拓到頭，而過剩的產品需要出路。1897 年，美國第一次出現工業品出超，全部外貿的出超數字達到歷史最高水平。從內戰結束到 1898 年，人口增長了一倍，可以消費 90% 的產品，但是剩下的 10%，絕對數字達到 10 億美元。所以，剩餘工農業產品的海外市場成為主要的需求。此時美國與“舊世界”，特別是英國，越來越接近。英國在南非對布爾人的戰爭，美國主流政界並不反對。英國的費邊主義、社會主義者也找到理由為南非的戰爭辯護，如蕭伯納也認為，到了 20 世紀，一國可以在自己本國內為所欲為而不影響他國之說已經站不住腳，妨礙國際文明發展的民族，不論大小，都應該消失。[2] 一批有影響的雜誌，如《獨立》、《展望》、《世紀》、《哈潑斯》、《北美評論》等，都連篇累牘發表文章支持帝國主義，認為這不僅符合美國的經濟利益，而且是美國對世界負有的民主責任。這樣，美國進步主義者與英國的改良派也找到了共同之處。他們相信英美聯合，或各自行動，可以給世界“最低下”的人帶來秩序、民主、文明和正義。在這裡，現實利益、進步主義、益格魯—撒克遜種族優越論和帝國主義匯合在一起了。

　　不過，反帝國主義的思潮在當時也是存在的。以民主黨領袖布

1　Theodore Roosevelt, *The Strnuous Life*, 1898, 轉引自 Ekirch, p.191。
2　Ekirch, 前引書，p.182。

賴恩為首，指責美國對古巴和菲律賓反抗的鎮壓，說美國過去在世界上以自由的捍衛者受到尊重，現在卻轉到了非美立場——以軍事力量鎮壓前盟友爭取自由和自治。包括馬克‧吐溫在內的一批著名作家、新聞評論家、民主黨人以及老共和黨自由派等，都反對美國自命代表世界文明，認為這樣會使美國本國的民主垮台。傳統自由派認為帝國主義背離了早期的共和理想，是對其他國民自由的粗暴干涉，是"把手伸過大洋，探入他人的口袋"。[1]

有一些學者在理論上把進步主義所主張的政府干預與帝國主義者的強勢政府立場區別開來。其中就有先為威斯康辛大學教授，後任駐華公使，並為中國政府法律顧問，死於上海的芮恩思。他於1900年發表《19世紀末的世界政治》，指出英美過去的個人主義、自由主義已經日益為黑格爾式的民族主義所取代，關於養老金的立法不如大國榮耀更能吸引群眾。他擔心政府權力日益集中，人民的福利將被犧牲。

還有一派反對帝國主義擴張正是從反對進步主義出發的，如放任自流經濟的堅決維護者薩姆納等人認為，恰恰是進步主義運動反對放任自流、主張政府干預促進了強勢政府，把干預擴大到國境之外，就走向了帝國主義。[2]

但是前一種思潮遠遠壓倒後一種，成為美國20世紀對外關係的主流，因為它符合現實需要。而且也是20世紀美國內外政策的基調：對內行民主，對外立霸權。

1　Ekirch, 前引書，p.176。
2　同上書，p.187。

第四章　小羅斯福"新政"及其後

一　小羅斯福"新政"

　　整個 20 世紀，美國經歷過幾次危機，有的主要是經濟危機，是經典的經濟週期的表現，有的是經濟和社會全面危機，還有的主要是社會危機，經濟卻沒有很嚴重問題（如 60 年代）。其中最嚴重的全面的經濟、社會和思想危機，是以 1929 年的股市崩潰為標誌的著名的大蕭條。那一次，美國確實面臨經濟崩潰的邊緣，資本主義制度到了生死存亡的關頭。正因為如此，小羅斯福的"新政"對挽救美國資本主義所起的關鍵作用怎樣強調也不過分。關於"新政"的措施內容，中外著述已述之甚詳，本章主要從挽救和改良資本主義這個角度探討其深層意義。

（一）20 年代末大蕭條的形勢

　　可以說，在所有資本主義週期性的蕭條中，20 年代末至 30 年代

初的這一場大蕭條，在深度和廣度上是空前的，它來勢猛烈而且是
世界性的。它是資本主義世界一場真正的大危機，是美國內戰以來，
也可以說是建國以來最嚴重的全面危機。胡佛政府勉強採取的應急
措施——成立“全國復興總署”，用巨款挽救許多已經解僱大批工人的
企業免於破產，等它們能賺錢時再重新僱傭工人——顯然是遠水救不
了近火。到 1932 年冬，通貨緊縮已持續三年以上，國民總收入三年
中減少了一半，5000 家銀行倒閉，使 900 萬儲戶的積蓄蕩然無存。
失業人數達 1500 萬的最高峰。1929 年在鋼鐵工業領取工資的人數
是 22.5 萬，到 1933 年 4 月降為 0。多少家庭斷電，連蠟燭都買不
起；多少人失去住宅，露宿街頭。200 個以上的城市面臨破產危險。
幾百萬人民喪失了以血汗掙來的積蓄和房產。幾十萬少年失學，到
處遊蕩。幾百萬青年沒有就業希望……美國史籍、文獻、個人回憶
錄和文學作品對那個冬天的情況有豐富生動的描寫，親身經歷過那
個時期的老人都談虎色變。有人寫道：“我想在近代從來沒有過那樣
廣泛的失業和那樣慘不忍睹的飢寒交迫。”[1] 美國早期移民經歷過難
以想像的艱難困苦，美國建國以來也經歷過各種曲折、艱險，即使
是在南北戰爭時期人們都抱有希望，認為總有出頭之日。而此時最
嚴重的是普遍的、空前的絕望情緒，看不到任何出路，如有人在日
記中稱“世界末日已經來到”。[2]

　　在這種情況下，貧富懸殊、社會的種種不公平表現得特別尖銳。

1　Irving Bernstein, *The Lean Years*, Boston, 1960, 轉引自 William E. Leuchtenburg,
　Franklin Roosevelt and the New Deal: 1932—1940, Harper & Row, Publishes,
　New York, 1963, p.19。
2　同上書，p. 18。

20 年代繁榮時期，統治集團和傳媒大肆宣揚企業界的功勞。既然他們是社會的支柱，那麼人們自然想到如今的困難也應由他們負責。胡佛總統對股市狂瀉惱火之餘，敦促國會對華爾街的幕後操縱者進行調查，找出罪魁禍首，以為這樣可以平息民憤，解決問題。誰知這一調查就不可收拾，金融界、企業界的黑暗面越揭越深，使他們自私貪婪的面目，不顧國家法令、不顧人民死活巧取豪奪的手段和種種罪惡行徑，得到深刻的揭露。原來道貌岸然的金融家爆出醜聞，曾經不可一世的瑞典火柴大王、美國公用事業大王等相繼破產，都揭露出許多駭人聽聞的騙局——發行空頭證券，大量偷稅漏稅，造假賬、爛賬等等，不一而足，而這一切都以誠實勞動者為犧牲品。一方面，學校發不出工資，敬業的教師因飢餓而暈倒在講壇上；另一方面，大企業和大銀行的老闆、經理們仍領取着高得嚇人的紅利和薪金，還能設法逃避繳納所得稅。諸如福特等大老闆，完全拒絕對自己企業的失業工人負任何救濟的責任。當飢民在垃圾堆裡撿東西吃時，大批糧食、果子爛在地裡，牛奶倒到海裡，奶牛被屠宰後扔到山谷裡。這一切都使人們意識到是制度本身極不合理，不是哪個領導人好壞的問題。19 世紀歐洲各種社會主義思潮乃至馬克思主義興起時所依據的社會現象、所揭露的資本主義的矛盾和罪惡，此時正在整個資本主義世界變本加厲地顯示出來，美國也不例外。國際共產主義者所預言的資本主義總危機，此時比以往任何時候看來都更接近現實。

與此同時，年輕的蘇維埃社會主義聯邦共和國實行了新經濟政策之後正在復蘇繁榮起來，對世界勞動人民和進步知識分子有巨大的吸引力。20 年代是共產黨在各國建立和發展壯大的年代。在社會主義和共產主義思想土壤最貧瘠的美國，這個時期是唯一一次共產黨勢力發展壯大的時期。工人運動、工會組織也在這個時期有所抬頭。在前十幾年進步運動和自上而下的改革比較成功的時期，工潮比較少，工會會員數量下降。到 1929 年之後，由於勞工狀況的惡化，工人運動又活躍起來。此時美國共產黨在工會中的作用加大，例如組織紡織工會並領導罷工，但遭到殘酷鎮壓，被迫轉入地下。共產黨人還在各城市組織失業者委員會。1931 年失業者委員會發起向華盛頓飢餓進軍，1932 年 3 月 7 日在福特工廠門前示威，有 4 人遭殺害，引起 3 月 12 日 4 萬名工人參加出殯遊行，同日，共產黨聯合其他組織在各城市舉行了大規模的示威遊行，僅紐約和底特律就有 10 萬人參加。這也是歷史上唯一一次出現"倒移民"傾向，據說 1931 年秋有 10 萬人登記申請去蘇聯工作（實際很少人成行）。眼看共產黨和左翼工會的勢力迅速擴大並得到越來越廣泛的社會輿論的注意和同情，當局做出了讓步，1932 年通過了《諾里斯—拉瓜迪亞法》，宣佈取消部分對罷工及示威遊行的禁令，同意了集體談判的原則，並規定了一些保護工人鬥爭權利的條款，但是這些措施都是杯水車薪。

種種跡象似乎都在證實馬克思主義的預言，資本主義世界已面臨革命的前夕。但是歷史沒有朝着無產階級革命的方向發展（中國革命的勝利和一系列社會主義國家的出現是二戰以後的事，而且其動因並不是資本主義經濟危機），而是發生了兩大轉折：在歐洲，德國人在絕望中給希特拉以可乘之機，導致法西斯上台，把世界拖向戰爭浩劫；在美國，產生了羅斯福的"新政"，使民主資本主義獲得新生。

(二)"百日新政"——羅斯福上任的三把火

當時美國政界和思想界就救濟、復興和改革展開了激烈的辯論。概括起來，從政治社會層面來說，分歧在於先考慮企業家的利益，復興公司，然後重新僱傭工人，還是先救濟或扶助廣大勞動者；從經濟政策上說，就是堅持放任主義和主張政府干預之爭。這樣概括是過於簡單化的，每種主張還有其複雜的內涵，具體說來還可以分為以下幾派：

1. 保守派

胡佛總統應算是溫和的保守派。他的出發點是認為美國經濟結構基本上健全，如果能使信心恢復，通貨緊縮的時間是短暫的。他堅決反對由政府出資救濟失業者，認為這是原則問題，在困難時期應當訴諸個人對個人的慷慨好義的責任感："假如我們（政府）開始這種性質的撥款，我們就不僅危害了美國人民生活中極其寶貴的品質，而且打擊了自治的基礎。"[1] 後來失業人數急劇增加，到 1932 年達到 1000 萬，他才批准國會通過一項法令，授權通過地方委員會分配農產品，後又允許復興金融公司貸給各州救濟款。但是他仍然頑固地反對由聯邦政府撥款救濟飢民。商會和企業界是這種保守主張的積極倡導者。他們發起運動強烈反對使用公款救濟失業者，並掀起在全國範圍內壓縮教育經費的運動，若非及時遭到制止，幾乎使美國引以為豪的教育受到致命的打擊。

1　《現代美國》，第 488 頁。

2. 溫和的改革方案

《共同安全計劃》：1931 年由艾伯特·迪恩（後任聯邦住房管理局副局長）提出，主要內容是：擴大現有的工程、建立永久性公共工程和足以維持購買力的捐稅制度、設立循環儲備基金以補助就業時數低於平均數的工人工資，等等。總之，其主導思想已側重於提高就業和保持購買力。

《肯特計劃》：1931 年查爾斯·米勒（復興金融公司）提出，由其公司進行調查以確定在正常時期某一工業系統或單位開工所需資本、原料、職工等資金總額，然後授權銀行給予貸款，並規定該企業因此而增加的利潤的 50% 歸政府。政府再用這筆錢從事各項救濟及社會公益事業。這是先救資本家再救勞動者的方案，但是不反對政府干預，是一種折中方案。[1]

3. 激進派

技術主義：這一理論起源於進步主義時期的改革理論家范伯倫於 1919 年出版的《工程師與價格制度》一書，該書是他的《有閒階級理論》一書觀點的發展。它批判企業管理者為謀求最大利潤而限制技術發展，主張拋棄現有的資本主義制度，建立一種技術政體的新的經濟王國，由工程技術人員管理企業，以便用最低成本得到最高產量。這種理論沉寂了十年，在經濟危機的形勢下，1931—1932 年間又受到注意，並獲得某些響應。其中較有影響的是世界工人聯合會的斯科特於 1920 年發表的文章。斯科特受到李普曼、諾曼·托馬斯

---

1 《現代美國》，第 454—455 頁。

等人的批判，兩三年後逐步在公眾視野中消失。

平民主義：以參議員休伊·朗提出的"共享財富"方案為代表。其基本內容是把稅收的負擔轉到富人身上，要求重新分配財富，而不考慮發展生產。他本人出身鄉村，升到州長，在任期內集大權於一身，在本州實行了劫富濟貧的各種措施。1932 年當選參議員，立即掀起重新分配國家財富以拯救國家的運動。他在參議院提出的提案，包括限制每個公民年收入不得超過 100 萬，凡超過 100 萬的由政府沒收重新分配，還有重新分配稅收、補助低收入和養老金等內容。他建立"共享財富社"的口號是"人人都是國王"。休伊·朗在經濟上是絕對平均主義，在政治上迎合了困難時期一般老百姓希望有強人領導解脫困境的心情，很容易通向法西斯，是一種形左實右的帶有民粹派色彩的主張。朗本人於 1935 年遇刺身亡。

羅斯福於 1933 年 3 月就職，開始了美國歷史上最全面的社會和經濟改革，或稱之為"革命"也不為過。他不拘一格，根據實際需要採納各派意見，不過總的說來，接近於中間溫和派。由於當時美國人所感到的危急情況不亞於外國入侵，所以國會破例授予總統空前廣泛的權力，總統又把廣泛的權力委託給行政部門和執行官吏。國會在 100 天之內通過了大批立法，史稱"百日新政"。其措施有的是繼續並發展前幾屆政府已經開始或未及實施的政策，有的是創新。以後又有"第二次新政"，此處只概述其意義重大的幾個方面：

1. 金融改革。首先向銀行開刀，通過緊急銀行法，把黃金的流動牢牢控制在政府手中，並給政府以宏觀調控的權利。以後又毅然決然使美元與黃金脫鈎。

2. 開創了"以工代賑"的政策。為此，創立了"民間資源保護隊"、"聯邦緊急救濟署"、"公共工程署"、"工程興辦署"等機構。由政府各有關部門和軍隊通力合作，付諸實施。形式和對象是多種多樣的，其所承擔的工程都是國家所需要的，如修鐵路和公路、架電話線，以及橋樑建設、水利工程、建築工程、植樹造林、森林和野生動物保護乃至製造軍艦、飛機，等等。實施的結果不但解決了失業問題，而且使成百萬教育不完全的青年受到文化教育和技能培訓，大學生通過工讀得免於失學；另一方面，許多由於耗資巨大又非特別急需，在一般情況下國會難以通過撥款的工程，在此非常時期得以在平時難以達到的低成本高效率的情況下完成。著名的田納西河谷工程就是那時完成的。聯邦政府和各州之間在財政分擔等方面複雜的法律關係，也只有在共赴"國難"的使命下才得以克服。真可謂一箭數雕，從某種意義上説，也是因禍得福。

3. 救濟債務者。到那時為止的法律都是保護債權人的。因此，在經濟蕭條時期大批公司破產，多少人一夜之間因無力償還債務利息而失去終身為之奮鬥的產業，因銀行倒閉而失去終身積蓄。在這種情況下自殺率特別高。而債權人可以趁火打劫，廉價購買大批企業或房產，進一步加深社會不平等現象。羅斯福政府第一次以保護債務者為己任，通過了一系列立法，如創立復興金融公司、對農場貸款法的修正案、房產主賒貸法、農場破產法等。也是第一次，由聯邦儲備銀行保證儲戶在銀行破產時能得到一定數量的存款償還，當時定的數字是 1 萬美元之內可以全額償還。從那時起，一般靠勞動工資為生的人結束了旦夕之間失去終身積蓄的噩夢。特別是通過《房產主貸款法》，規定以房產做抵押品的房產主無力償還欠款時可以其抵押品轉借由政府擔保的國債,從而使許多人保住了住房。

4. 保護勞工權利和促使勞資妥協。1933 年 6 月通過的《全國工業復興法》是妥協的產物。該法以放寬反托拉斯為條件,取得資方同意,規定了最低工資、最高工時、工人集體談判的合法權利等保護勞工的條款。同時,政府撥款 33 億,用於公共工程的工資支出。

在最困難的時候也採取了一些純救濟措施。不過到 1935 年聯邦救濟署就結束了。羅斯福原則上也不贊成由聯邦政府撥款救濟的做法,他認為靠這種救濟生活會造成精神上和道德上的瓦解,對國民素質是根本有害的,甚至等同於吸毒。

"新政"的實施並非一帆風順。最初的幾年,在全國處於危機狀態時,羅斯福得以憑藉他空前的聲望和權威推動通過一系列法案,成就其"百日新政"。但是國家稍稍緩過勁來之後,就遇到既得利益集團和保守勢力的反抗。1933 年通過的好幾項立法被最高法院判為"違憲",國會的阻力也開始增大。於是羅斯福進一步依靠勞工組織的力量,1935 年後,克服重重困難,通過了更多、更徹底的立法,被稱為"第二次新政"。其內容主要是提高對富人的徵稅、增加對農村用電的補貼、養老、失業救濟、對地方福利的補貼,等等。其中最重要的是兩部涉及勞工權利的法:1935 年的《全國勞工關係法》(或稱《瓦格納法》)和 1938 年的《聯邦公平勞工標準法》。前者確定了工會與老闆集體談判的權利,還包括資方如破壞這一權利的懲罰條款;後者規定最高工時和最低工資的限額。

(三)"新政"的深刻意義

對於"新政"在解決經濟危機問題上的成敗,中外論者一直有不同的看法。許多人認為羅斯福和美國人應該感謝的是第二次世界大戰的爆發，否則很難擺脫經濟再一次蕭條。這個問題不是本書要討論的。事實是，"新政"的意義遠遠超過經濟領域，也超過一般的改良運動，不論其提出者是自覺還是不自覺，它都造成了資本主義的一次深刻的變革，或者説是一次再生，並且樹立了一種模式，對日後有深遠影響。至少可以歸納為以下幾點：

1. 改變了美國傳統的"自由"的含義

羅斯福在有名的就職演説中把舊"四大自由"改成了新"四大自由"——言論自由、信仰自由、免於匱乏的自由和免於恐懼的自由。也是**第一次在基本人權中注入了"經濟正義"的因素**。作為放任主義的思想基礎的社會達爾文主義，已經受到進步主義理論家的批判和衝擊，他們指出，在一個這樣富有的社會裡還有赤貧現象是不合理的、非正義的。現在又把"免於匱乏"列入帶根本性的"四大自由"，實際上是對憲法原則的修正，儘管不是以修正案的形式出現。其意義是把消滅這種不合理現象列為政府的職責和社會的目標，幫助"不幸者"（underprivileged）是全社會的責任。例如傳統的觀念是只有資本家認為有利可圖時才僱傭工人，這是天經地義的；現在規定了最低工資福利，不僅是從法律觀念出發，而且成為一種公認的正義的觀念。它保護有勞動能力的人就業的權利，同時規定沒有勞動機會的人得到救濟的權利。過去救濟工作是從基督教的道德良心出發的私人行為，現在對公民來説是應得的權利，對政府來説是用法律固定下來的義務。從此以後，社會福利和保障進入了政府經常性的政策。有一位分析家估計，從 1929 年到 1939 年的 10 年間，在福利方

面所取得的進步勝過美國人在這塊大陸定居以來的 300 年。[1] 這不僅
是數量的增加，更是觀念的更新。有些救濟措施胡佛政府也已經開
始做了，不過那是被迫的，從理論上，胡佛根本反對政府擔負濟貧的
任務。"新政"的觀念逐步為全社會所接受，同時也成為民主黨的一
個標誌。從那以後，在兩黨鬥爭中，民主黨總是打着社會平等的旗
號，而共和黨則強調私人志願和減少政府開支。

2. 樹立了社會安全（或稱社會保障）的觀念

這個問題與上面的經濟正義有聯繫，但是角度不同，更多是從維
持社會穩定出發。羅斯福有一個明確的思想，就是與發財的機會相
比，廣大人民所追求的更重要的是生活安全。"新政"的一系列立法，
諸如失業救濟、最低工資、養老保險以及醫療保險等都是這一觀念
的內容。後來歷屆政府又加以發展，成為今天的福利制度。特別是
財政保險是一項創舉，直到那時為止，減輕債務者的負擔而犧牲債
權人的利益在法律上都沒有根據，而"新政"這一創舉對穩定中產階
層起了極大的作用。

3. 在觀念上向種族平等的方向邁進

到那時為止，美國仍是種族等級觀念極深的國家。美國人主流
的核心是所謂 WASP，即白色、盎格魯—撒克遜、新教徒，而且是
有產階級。其他民族或種族在不同程度上被分成不同等級。即使其
他的白種人也略低一等。排猶情緒到美國參加二戰前還很嚴重，直

1　Leuchtenburg, 前引書，p.332。

到 1945 年，著名劇作家亞瑟·米勒還出版過描寫排猶的小說《焦
點》，講一個並非猶太人的男子只因戴上他的黑框眼鏡看起來像猶太
人就到處受歧視、碰壁。亞裔和黑人就更不用說了。羅斯福夫婦以
及其"新政"的執行者們在種族問題上都是比較徹底的自由派，他們
為倡導種族平等做了積極的努力。羅斯福手下有一批黑人顧問，分
佈在各政府部門或政府以外，人們稱之為"黑人顧問團"。這並不是
一個固定的組織，只是有為數不少的黑人經常受到羅斯福的諮詢，
或被派去完成特定的任務。他們當中有不少高級知識分子，因此也
被稱為"黑人智囊團"。黑人在政府中職務最高的到部長助理，還有
不少司、處級官員。此外，參加各種特殊任務的黑人可以列出一個
長長的名單。羅斯福政府還頒佈了新的公務員條例，第一次規定申
請就職登記表上可以不必填寫種族和附照片。儘管多數黑人還只擔
任低級職務，但聯邦僱員中黑人的人數從 1933 年的約 5 萬人增加到
1946 年的 20 萬人已是不小的進步。在二戰中，為了改變黑人士氣
低落的狀況，也取消了軍隊和兵工廠中某些歧視性的慣例和規定。
另外，"新政"的就業措施對以非熟練勞力佔多數的黑人是有利的，
有助於阻止黑人進一步貧困化。1945 年聯合國成立大會在舊金山舉
行，國務院任命的美國觀察員中有包括著名黑人領袖杜波依斯在內
的好幾名黑人代表。全國各地的黑人報紙得以派記者去採訪。對當
時的美國來說，這些都大大地提高了黑人的地位，並使黑人本身打
開眼界，看到自己的命運與世界其他有色人種的聯繫。這些日後都
產生了深遠影響，其意義不可低估。所以，絕大多數黑人都對羅斯
福有好感，認為他是林肯以來最好的總統。羅斯福夫人更是積極的
民權運動支持者，一直到她逝世，她在這個問題上的立場都沒有變。

羅斯福任內還有一段佳話：著名黑人女低音歌唱家瑪麗安·安德森，因受種族主義者的抵制不能進憲政大廳演唱，於是內政部長就安排她在林肯紀念像的台上向 7.5 萬聽眾演唱。這件事一方面表明了最高當局的一種姿態，同時也說明當時種族主義者的勢力還很大，白宮方面也只能做到此為止。宗教聯合組織也開始接納天主教和猶太教。

當然，根深蒂固的種族歧視在二戰後還延續了相當長的時間，法律、政策並不能在短期內克服民間的組織和傳統觀念。例如羅斯福不願得罪南方種族主義者，在他任內沒有推動反私刑（lynching）法的通過。但是，最高領導在觀念上的不懈提倡比私人的努力對於改變社會風氣總是作用要大得多。在種族問題上，小羅斯福比老羅斯福要開明得多，"新政"所促進的觀念上的轉變為 60 年代在這方面的進步奠定了基礎。

4. 調整勞資關係，勞動者的社會地位得到承認

在此之前，許多與工人切身利益有關的社會團體，甚至慈善救濟機構，組織社區委員會時，都很少有勞動者代表參加。在羅斯福"新政"的後期，任何為社會福利集資的團體都必然有工會代表參加。通過了一系列法律保護工人為維護自己利益而鬥爭的權利，首次確定了勞資雙方"集體談判"的原則。政府的作用從主要維護有產者的利益轉變為勞資之間的調解者，或者說是各種利益集團的協調者。政府至少在某個方面同某一部分資本家處於對立地位，而要依靠強大的工會爭取提高最低工資的標準，同時用金融、經濟手段與資本家爭利。另一方面，這樣做的結果使工會不再是一種反社會的潛在的

革命力量，而納入了體制內。這從根本上改變了美國工人運動的性
質，也可以説是等於"招安"了工人階級。從此，美國的工會成為民
主黨的主要支柱之一。

"資方"也被置於工資的基礎之上，也就是把出資者和經營者分
開，出現了一個"經理"（executive）階層。這也使美國的階級關係發
生了深刻變化。

5. 知識分子參政

有一位評論家説過："把總統職位提高到現在這種力量、尊嚴和
獨立的狀況，除了創始總統職位的華盛頓和重建這一職位的傑佛遜
之外，沒有人比羅斯福做得更多了。"[1] 當然，羅斯福進行的行政改
革，統一了行政部門的職權，結束了政出多門的狀況，是一大成就，
對戰後美國政府的決策起了很大的作用。但是其更重要的力量源泉
還在於他的博採眾長，兼聽兼容。知識分子和大家一樣，也是大蕭
條的受害者，一開始大批失業，籠罩着一種悲觀失望的情緒。社會
精英首先敏感地意識到出現了根本性的問題。在這種情況下，素有
批判和反抗傳統的知識分子自然是向左轉，匯入社會主義、共產主
義思潮。但是"新政"扭轉了這一局面。在全社會失業問題尚未解決
的情況下，大批各行各業的知識分子首先得到任用，他們從全國各
地湧向華盛頓，加入新設置的各種立法、行政管理、研究機構。有
的仍不脱離所任教的大學，而經常被邀請參加諮詢。他們紛紛提出
自己的理論和治國良方，在羅斯福周圍展開討論和爭論，羅斯福使

1　Clinton Rossiter 語，ibid., p.327

他們感到自己有機會得到傾聽。“新政”所實施的內容在不同問題上採取不同人的建議，不拘泥於一種理論。特別是一些因改革的意見而受到權勢集團排擠的有識之士被召回華盛頓，使他們有用武之地。“思想庫”一詞就是在那時開始出現的。這種做法的意義遠遠超過解決就業和生活問題，更重要的是把消極的批判變成了建設性的建議，把反抗力量變成了政權的支柱之一。全國的智力資源如此大規模地與體制相結合，匯入政策的制定，這不但在美國是空前的，在其他西方資本主義國家也前所未有。而且所容納的政治光譜也空前地拓寬，不論右邊還是左邊，反對“新政”的知識分子都是極少數（這裡指的是知識界，不涉及政界、企業界的反對派），共產黨員及其同路人或公開或隱蔽地參加政府工作，這在美國歷史上也是空前絕後的。除了實用的政治、經濟、法律等學科的學者之外，還有一大批有才華的失業藝術家、作家等，他們在羅斯福政府中有遠見、有鑒賞力的官員的運作和鼓勵下，由國家資助從事創作。就在那個經濟最困難的時期，出現了文學、藝術、音樂、電影的繁榮和創新，許多著名作品和作家、藝術家就是那時嶄露頭角的。

　　有意思的是，這個時期有系統的理論創新並不多。向着改良主義方向的理論在進步主義時期已經表達得相當充分，為以後的實踐奠定了基礎。“新政”與以前的改良主義比較，有兩點主要的區別，一是在範圍和程度上要宏大和深刻得多，並且制度化、系統化，這點已如上述。二是擺脫理想主義，高度實用主義。過去的改良主義者多少都與基督教的影響有關，道德和人道主義色彩較濃，威爾遜總統最為典型。早期進步運動倡導者常常訴諸基督教教義，訴諸人的良知，其中還包括愛默生的“改造人”的思想。而“新政”倡導者的着眼點是改造體制，不是改造人。在當時的社會危機條件下，人們需要權威和強人，社會價值觀更多崇尚力而不是善。也就是馬克思所説的撕去了前資本主義的那種"含情脈脈"的紗幕。為每一項計劃辯護的依據，主要不是從道義出發，而是從純經濟規律出發：設法救濟窮人、增加就業等，最終目的是讓更多的人買東西以維持工廠開工。使得更多的人生活有所改善，這是客觀結果，而不是主觀出發點。他們的思想有很濃的實用主義色彩，即使是法律，也要視實際需要而加以解釋或修改。羅斯福最親信的助手哈里·霍布金斯曾説過："在法律許可範圍內，我們不怕進行任何探索，而我們有一位律師，只要是你需要做的事，他都可以宣稱是合法的。"[1] 所以有人説：**羅斯福政府起用知識分子之多是空前的，但是從某種意義上講，它又是反智的，因為它削弱了真正深刻的、暫時與現實無關的思想探索。**

實際上，專家學者的作用總是有一定的限度，他們絕不像當時輿論和反對派所誇大的那樣，成了各種法令政策的主要制定者。在美國，任何一項法案如果不是符合相當的利益集團的需要，都是通不過的。羅斯福重視知識分子是真誠的，同時也有其策略的運用。一項新政策出台，其建議者在被炒作的同時，也成了反對派集中攻擊的靶子，這樣，火力就不直接射向執政者，留下了緩衝的餘地。如果反對太激烈，總統可以決定不用其策，甚至不用其人。所以，"思想庫"中的成員並非穩定的，可以説是各領風騷幾個月或幾年（50 年代初的反共高潮中，右派全面反攻，"新政"時期的大批知識分子被指

1　Leuchtenberg, 前引書，p. 340。

責為“親共”）。無論如何，自“新政”開始，實用型的專家學者大大
發展，“思想庫”確立了一種知識分子參政的模式，其運用十分靈活，
與政府的關係可遠可近，其意見被採納的成分可多可少，兩黨輪流
執政，不同傾向的“思想庫”和學者也輪流行時。“思想庫”承擔政
府委託研究的項目也已是題中之義。所以，到今天為止，美國知識
界批判的傳統雖然依然存在，但其主流是體制內的。他們儘管對現
行政策不斷地批評，但大多數不超出美國政治正常的爭論範圍，這
一點與歐洲有所不同。

　　資本主義社會兩大反抗力量：有組織的工人和思想精英都被納
入了體制內，這對制度的維繫、鞏固和發展的意義毋庸贅言。

6. 關於政府職能的觀念的變革繼“進步主義”之後進一步深化和鞏固

　　美國賴以立國的傳統政治理論以傑佛遜思想為主導，都是建立
在對“國家”的不信任上，立足於盡量縮小聯邦政府的規模、限制政
府的權力，特別是在政府的開支上，國會代表納稅人監督甚嚴。在
政府與私人的關係上，立足點主要是站在私人立場反對政府干預。
當然，從 19 世紀反托拉斯法的出現到老羅斯福的改革，對最後一點
有所突破，但以後還有反覆，沒有從根本上改變觀念。羅斯福“新政”
的實施，首先在財政上處處需要政府撥款，自然大大增加政府開支；
許多措施都是削減大財團的特權和利益，而且與傳統觀念背道而馳，
必然會遇到強大的阻力，非用行政手段強制執行不可。這一需要導
致政府特別是總統的權力擴大。這樣一種變革，如果不是非常時期，
在當時的美國是很難辦到的。正是由於大蕭條造成的絕望情緒促使

人們把希望寄託在強有力的政府身上，從而在很大程度上消除了美國傳統政治中對國家干預的抵制。那個時候，地方政府在處理從救濟到嚴重犯罪問題上都軟弱無力，也促使聯邦政府的職和權都空前集中。政府的強制權從在實踐中的必要性發展為在理論上得到肯定的一項原則。從羅斯福本人到他的"新政"謀士們都認為，一個關心群眾福祉的犯錯誤的政府比一個漠視人民疾苦的無所作為的政府好；對美國人自由的威脅主要來自私人財團而不是國家。

政府干預最重要的是對經濟的干預。"新政"在凱恩斯主義之前首先提出了增加勞動者的收入以增加消費，從而促進社會需求來繁榮經濟的理論。也就是說要提高工資、降低物價，這與商人一貫的謀求最高物價、最低工資背道而馳。它為凱恩斯主義理論提供了豐富的實踐依據。與此同時，加強政府的作用和權力，也是凱恩斯主義加以發展的重要部分。諸如政府大量補貼農業戶實行休耕、政府代表進廠礦幫助工會選舉、對從公用事業到航空公司進行調節，有時甚至與私人企業競爭，例如開辦國營水力發電站以分散電力集團的壟斷權，等等。在金融方面，政府監督大大加強，政府的手伸進了聯邦儲備銀行和紐約證券交易所，以至於有人說金融中心已從紐約移到了華盛頓。

不過，必須指出的是，在羅斯福個人威望達到頂峰，手中權力大於華盛頓以來任何一個總統，又在形勢危急的情況下，他還是依法辦事，每項政策的出台都通過國會立法。只不過在那個非常時期，國會議員多數都以大局為重，願意放棄成見支持他。美國歷史上有過兩個總統曾經有條件個人集權，一個是華盛頓，一個就是羅斯福，但是他們都抵擋了這一誘惑。當然，實際上羅斯福的處境與華盛頓不同，他的超乎尋常的威望是暫時的，到第二任時各種反對意見就紛紛出籠，美國政治又恢復了吵吵鬧鬧的常態。所以羅斯福一切通過立法愈見其明智，已經立了法，再推翻就手續繁雜，比較困難了（儘管如此，在羅斯福第二任內還是有幾項新法被最高法院判為"違憲"而廢除）。

"新政"的許多思想和措施看起來帶有社會主義成分，但在本質上是拯救和維護資本主義，改革內容中雖然農業政策佔了很重要的位置，但在思想上卻是反映城市工業社會的要求。在主導思想上沒有脫離自由主義的框架。事實上，羅斯福本人以及"新政"的"思想庫"人物本質上都是自由主義者。例如天主教大學道德神學與工業倫理學教授瑞安神父，他提出了工業民主思想，"新政"的許多措施都是他的主張的一部分。他明確與社會主義、共產主義等各種類型的集體主義劃清界限，把自己的學說定位在維護民主制度上，只是提出既能保持經濟自由又能保持經濟繁榮的方案。增加就業機會、提高勞動者的工資福利等各種措施的目的是擴大消費，增加資本家的利潤，從而增加擴大再生產的能力，最終有助於鞏固和穩定現有的以私有財產為基礎的制度。[1] 羅斯福自稱，他的最終目的是要"給私人企業加油"。大量使用社會青年，使他們不是全部湧向勞動市場，是穩定社會的安全閥；以工代賑的方針實際上提供了平時不可能得到的大量廉價勞動力，這是凡擁護"新政"的政客和資產者心裡都明白的；使工會合法化，創造勞資談判的模式，把工人運動納入現存社會制度的框架，更是一項創舉，它使工會永遠失去了潛在的革命

---

1 《現代美國》，第 502—504 頁。

力量的性質，而成為美國政治體制中的一種利益集團，而且在很多
問題上傾向保守。

1933 年，凱恩斯曾在一封致羅斯福的公開信中説，世界各國所
有謀求在現存的社會制度框架內補救社會的罪惡的人都奉羅斯福為
他們的總頭頭，"如果您失敗了，全世界理性的變革就會受到嚴重損
害，留給教條主義和革命去爭天下了"。[1]

總而言之，對傳統的資本主義而言，"新政"可以稱得上一場深
刻的革命，不但是在政策措施上，而且是在思想上。另一方面，對於
源於歐洲的極右的法西斯思潮和左派社會主義與共產主義，它都起
了強有力的抵制作用。所以説是拯救了資本主義，並不為過。

二　詹森的"偉大社會"計劃

林登‧詹森作為總統以兩大"業績"載入史冊，一正一負：正的
是"偉大社會"計劃，負的是越南戰爭。1963 年，他因甘迺迪總統被
刺而繼任總統。1964 年大選中，他以"偉大社會"的口號贏得美國
近代當選總統最高比例的選票（61%），而到 1968 年大選時，由於越
南戰爭的不得人心，他又成為 20 世紀唯一的自動宣佈放棄競選連任
的總統。

就國內政策而言，詹森政府的改良的確前進了一大步，從某種
意義上講，也帶有里程碑性質。無論是從個人經歷還是從政策性質

1　Leuchtenberg, 前引書，p. 337。

來講，詹森的"偉大社會"都是羅斯福"新政"的繼續和發展，其方向是一致的。1932年，青年詹森初涉政事，第一個職務是民主黨眾議員克萊伯格的私人秘書，他在大蕭條中第一次到華盛頓，正好趕上胡佛與羅斯福交接的幾個月，於是從羅斯福政府一開始，他就是"新政"的熱切擁護者。以後於1937年當選眾議員，其競選綱領是全面擁護"新政"，到任不久就有機會與羅斯福面晤，深得後者賞識。在總統親自推薦下，以資格最淺的議員進入國會"海軍委員會"。在任眾議員期間，他把"新政"的政策和為他選區的選民謀福利結合起來，推動了許多立法，在德州多所建樹，如電氣化、修水壩、修公路、水土保持工程、農業貸款，等等。二戰時，他繼續全力支持羅斯福的反孤立主義政策，並利用加強國防之便，使德州成為重要的海軍和造船業基地。珍珠港事變爆發，他立即參軍，在軍中一年，獲麥克阿瑟銀質勳章。羅斯福逝世時，他曾說過，羅斯福是他的第二父親，足見愛戴之深。他的這些早期經歷對他後來當政路線有很大影響：一是大幅度的改革，一是重視軍備建設和對外強硬，也就是人們評論他的"既要黃油，又要大炮"。此處主要講他的"黃油"這一面。

　　"偉大社會"雖然是繼承"新政"的傳統，但是時代背景很不相同。此時美國經濟不但沒有危機，而且持續增長，進入"豐裕社會"（affluent society）。主要問題是如何更合理地分配日益增長的財富，使更廣泛階層的人民得以在這富足的社會中改善生活質量。唯其經濟繁榮富足，貧困的存在就愈形突出和不可容忍。這是"向貧困宣戰"的口號的來源——這"貧困"不是國家和全社會，而只是一部分人，所以不是靠增長財富，而是靠公平分配來消滅之。如前一章所述，當時各種抗議性的社會運動迭起，有關於民權、和平、婦女、環境、消費者權益等等，矛頭都是指向現行制度本身，方向都是要求平等。就全社會而言，物質不成問題，精神卻發生了危機。在新舊交替中，美國傳統的價值觀面臨挑戰，青年一代尤其思想苦悶，找不到動力。在這種背景下，作為一個追求青史留名的總統，詹森要回答的問題與當年的羅斯福是大不相同的。

1964 年 5 月 22 日，詹森因甘迺迪被刺而繼任總統不到半年，就在密歇根大學發表演講，正式提出"偉大社會"的綱領。這篇演講以及以後一系列的演講，提出了許多消滅貧窮和不平等的具體主張，並特別強調，國家和個人收入的增加本身不是目標，**"下半個世紀的挑戰是看我們是否有足夠的智慧把這些財富用於豐富和提高我們的國民生活，防止舊有的價值觀念被無節制的經濟增長所埋葬"**。他一再強調，物質本身不足以建立理想的文明，而需要道義、精神和美的追求。因此"偉大社會"計劃不僅要在若干方面促進福利的改良，而且要在建立一個合理社會的同時重新創建精神文明。詹森之所以敢於提出這樣一項雄心勃勃的施政綱領，一是因為他從當時美國社會各種運動中感覺到了美國人需要甚麼，自認為把握了美國公眾的脈搏；另一點是他確實是自羅斯福以來的支持率最高的總統，在舉國哀悼甘迺迪總統的氣氛下，他以繼承甘迺迪遺志的名義提出自己的創造性的綱領，最能得人心。不久後他在正式當選中的得票率證明，這兩方面的估計都是對的。而且，當時國會兩院都是民主黨佔多數，1964 年大選後民主黨席位有增無減，這也是他推行改革極為有利的條件。在他任內實現的各項改革中最重要的有兩大領域：一是關於種族平等，一是醫療保障。

1. 關於種族平等：1964 年 7 月通過的《民權法》和 1965 年通過的《選舉權法》是美國黑人鬥爭史上的一件大事。

——《民權法》：甘迺迪於 1963 年就已提出民權法案，並為此成立了白宮"平等就業機會委員會"，由副總統詹森任主席予以推動，但在國會遭到強烈反對。1963 年 8 月著名的"向華盛頓進軍"，實質上是對國會施加壓力，支持甘迺迪的民權法（詳見第七章），但是甘迺迪生前仍未獲通過。到他死後，詹森以繼承遺志為名，經過激烈的辯論才使其通過，那是參議院進行的最長的辯論之一。

《民權法》明文規定，禁止一切因膚色和種族等原因的歧視，特別是包括工資、就業方面的具體條款；取消公共場所歧視性的隔離制度，取消學校隔離制，禁止在僱用人員中的種族（後來又加上性別）歧視，等等。爭論最激烈的是一切公共場所向黑人開放這一點，許多中小業主和房產主特別反對，因為這將影響他們的生意。實際通過的法還是有一定限制，開放公共設施僅限於"與州際商業有關的地方"，反對就業歧視也指"州際商業和與聯邦政府有業務關係的企業"。

——《選舉權法》：全面保障黑人的選舉權，取消了對選民登記的不利於黑人的資格要求，以及文化測試、人頭稅等歧視性規定，還規定建立"聯邦選舉調查員"，調查並監督各州執行情況，要求司法部派人到實行歧視的地區或選民登記低於 50% 的地區檢查選民登記。也就是說，不但有規定，還有落實措施。而且進一步規定了受歧視者可以起訴。儘管這兩個法實際得到貫徹還經過了艱苦的鬥爭，但是這一立法確有深遠意義，把黑人的法律和社會地位提高了一步，同時也有助於緩解當時一觸即發的社會衝突。

2. 關於醫療保障：具體體現在"醫療照顧"和"醫療救助"（Medicare and Medicaid）修正案。

醫療保險是福利國家的一項重要內容，在這方面，美國起步晚於歐洲。建立普遍的醫療保險制度的想法是從杜魯門開始的，他在任期間曾竭力推行仿照歐洲國家的"國家醫療保險"方案，終以阻力太大未獲通過。事隔 20 年，在 60 年代強大的改良運動的推動下，作為"向貧困開戰"的口號的一部分，詹森政府提出了"醫療照顧"和"醫療救助"兩個法案，終於作為對 1935 年《社會保險法》的兩條修正案獲得通過。前者的對象是 65 歲以上的老人和不到年齡的殘疾人；後者的對象是低收入者, 不受年齡限制。這是繼"新政"以來經過改良派的長期鬥爭而取得的一項重大成就，顯著擴大了醫療保險的覆蓋面。

除此而外，還有《中小學教育法》，撥款 10 億美元改善中小學條件，擴大貧困學生免費午餐等，是美國有史以來最大的政府對教育的資助；《高等教育法》，增加了對大學生的獎學金、助學金和低息貸款；《模範城市法》，撥款 12 億美元改善和建造公用設施，建造面向貧民的廉價住房，改進城市貧民區和貧困地區的環境、衛生和生活條件、教育和娛樂設施等。

總之，通過一系列的立法和其他措施，不僅使社會弱勢群體的基本生活保障進一步得到鞏固，基本上形成了社會安全網，更重要的是使機會平等向前推進了一大步。

詹森的"偉大社會"計劃一方面是順應時代的潮流，一方面也體現了他自己的信仰和政見。除上面提到的羅斯福"新政"的影響外，他崇拜的祖父是平民主義者，這一點對他早期思想的影響也很大。

在思想體系上，他基本屬於自由主義中傾向於平等的一派。不過他從政的年代是在冷戰高潮中，他有強烈的反共主義思想，並且一貫主張加強軍備。在這種思想指導下，他以反共的名義深陷越南戰爭，大力擴充軍備，既要黃油又要大炮，使美國政府財政赤字達到空前程度，成為左派、右派都攻擊的對象。其後果除了自己被迫放棄競選連任外，也造成了以後的政策向保守方向逆轉的契機。

三　福利制度的困境

應該說，詹森政府所實施的各項對內政策，是 20 世紀最大也是最後一次向着平等方向的改良。以後幾十年中，黑人權利得以保持，並逐步有所進展，而福利問題則矛盾和爭議很大。總的說來，到詹森政府為止，基本規模已經定下，以後歷屆政府都企圖予以調整和改革，但舉步維艱，只能做微調，很難縮減。與一些高福利的歐洲國家相比，美國負擔和面臨的問題沒有那麼嚴重，福利與發展效率的矛盾沒有那麼明顯。不過自"偉大社會"計劃之後，這種矛盾也在不同程度上有所表現，最主要的不外乎兩個方面：

一是政府開支過大，而且逐年增加。在公共項目中支出的社會保障費用 1960 年為 523 億美元，佔 GNP10.3%，其中聯邦政府支持的部分佔總預算的 28.1%；到 1982 年總數達 5926 億美元，佔 GNP19.3%，聯邦補助部分佔總支出的 52.4%。[1] 僅此數字可見一斑。

1　黃安年：《當代美國的社會保障政策》，中國社會科學出版社，1998 年，第 220 頁，表 8-1。

而美國自 60 年代以來財政赤字居高不下，無論是哪個黨執政都以削減財政赤字為目標，在冷戰期間軍費開支無法壓縮，福利開支愈形突出。另一方面，受益的覆蓋面並不與開支的增加成正比，原因很多，如：管理部門的官僚主義效率低下，機構日益龐大，人員日益增多，佔用了很大一部分經費；人口老齡化，享受福利的人數不斷增加；兩性關係的變化使需要救濟的單身母親家庭急劇增加，等等。還有一項很重要的原因是美國醫生協會強有力的壟斷，造成醫療費用高昂，而醫療保障是政府福利開支中的大頭。

二是客觀上造成一部分人的依賴性，無助於刺激勤儉的美德。假如一個單親家庭有三個未成年的孩子，其福利補助就超過一個拿法定最低工資的勞動者的收入。儘管從"新政"到"偉大社會"到以後歷屆政府的福利制度中都包括職業培訓計劃，但實行起來困難甚多，還是有相當一部分人根本沒有就業的希望或意願。而中低收入的納稅人則認為，他們辛苦得來的收入養活了懶漢，是不公平的。另外，累進所得稅到一定的程度就有平均主義傾向，難以刺激積極性，又使中高收入的人感到不公平。這在西、北歐國家比較嚴重，在美國還不明顯。

這種情況一直是保守派攻擊福利制度的依據，同時自由派也意識到難以為繼。所以自尼克遜以來，抨擊現行福利政策成為歷次總統競選的內容之一，當選總統也總是把改革福利制度納入施政綱領。總的目標是既要削減政府開支，又不影響真正需要的人得到扶助。但是事關千百萬人的既得利益和社會穩定，要有所更改必然會有一部分人受影響，也必然有為政敵攻擊的理由，因此阻力重重。從尼克遜到卡特都提出過不同的調整計劃，但不是停留在紙上就是收效甚微。

　　1981 年，列根一上台就反凱恩斯主義而行之，對國內大力縮小政府負擔，他首先向福利制度開刀，在理論上和政策上都是自"新政"以來對改良主義的一次最大的逆反。從思想體系上，他是典型的保守派，強調私人的作用，反對政府負擔濟貧的責任，號召包括老弱病殘在內的弱勢群體減少依賴性。他集中攻擊詹森的"向貧困開戰"口號，以破壞其"偉大社會"計劃為己任。他提出"新聯邦主義"的構想，主要精神是把原來由聯邦政府負擔的福利開支一部分轉到州政府，一部分轉到私人團體，一部分削減，聯邦政府只負擔最必要的而地方政府和私人團體都無力或不願負擔的部分。當然，事實上列根的設想絕不可能得到全盤實施。1983 年經全國激烈辯論後通過生效的一攬子福利計劃，既增加了工薪階層的"保障稅"（為的是增加政府的保險基金，縮小這方面的赤字），又減少了對低收入的補助，還下調了領取福利金資格的底線。其中觸動較大的是削減對撫養未成年兒童的補助項目，取消對工資收入略高於貧困線家庭的這項補助。這項規定涉及面很廣，由於 60 年代後的社會風氣變化，離婚率、非婚生子女以及犯罪率提高，單親家庭的數目也大大提高，而其中低收入的又以黑人母親多子女家庭比例最高。到 1980 年已有 380 萬個家庭、1107.9 萬人享受此項福利。據各種不同的統計和估計，列根方案實施後，大約有 37 萬至 52 萬家庭失去補助，受害最大的當然是黑人貧困戶。另外削減的項目還有大學教育福利、兒童營養補助，等等。削減福利的同時，政府和企業大幅度裁員，失業率陡增。另一方面，政府又對企業實行減稅以刺激投資。這樣，貧富差距自然明顯擴大。因此，列根的經濟政策獲得了"劫貧濟富"的"雅號"。

　　但是這一方案實施的結果，政府的福利開支並未減少。一則因

為時至 20 世紀 80 年代，任何政府都不敢也不能打破過去半個世紀
漸進的改良所形成的社會安全網。被認為屬於這個網內的一些項目
列根也不敢觸動，例如醫療保障、失業補助、學童午餐以及退伍軍
人福利等。二則是拆了東牆補西牆：領取失業救濟金的人數增加，
因失去補助而跌入貧困線下的人又取得進入另一項補助的資格，等
等。另外，由於取消對低工資家庭的補助，縮小了這部分人與無業
人員實際收入的差距，剛好與減少依賴、刺激自立的初衷背道而馳。
1992 年美國報紙曾載有這樣一則真實的故事：一個生長於長期靠福
利生活的黑人家庭的少女決心擺脫這種處境，走自學成才自食其力
的道路，於是就課餘打工，省吃儉用地存錢以便上大學。但是不久，
政府福利工作人員就來找她，說是她的銀行存款已達到取消福利的
標準，因為她未成年，收入算作家庭的一部分，她得趕快花掉這筆
錢——買首飾、上歌舞廳都可以——否則她母親的福利金就要被取消。

　　至今，美國人對列根的經濟政策（不僅是福利政策）仍存在不同
的評價，持肯定觀點的認為他大刀闊斧地削減政府負擔，實行私有
化，改革凱恩斯經濟學的積蔽，為已經走入困境的美國經濟重新注
入活力，實屬必要，為以後的經濟持久繁榮開闢了蹊徑，只可惜未能
按計劃完全實行。另一派當然集中攻擊他造成貧富懸殊擴大，從而
犯罪率提高，各種社會問題更加嚴重。

　　（老）布殊政府基本上是延續列根的政策。總的說來，共和黨執
政的 12 年間實際上醫療保險和其他福利的覆蓋面有明顯縮小，引起
底層人民的不滿。1992 年在確定克林頓為總統候選人的民主黨大會
上，前總統卡特全面批評在共和黨執政下的現狀，主要在不平等上
做文章，他指出：享有足夠醫療、像樣的住房、就業機會、安全感

和對前途有希望的人數日益減少。他特別以會議所在地亞特蘭大城為例，指出其貧富對比鮮明，無家可歸的人比他執政時多了 10 倍。犯罪率急劇上升也是因為人民看不到希望，等等。這裡面不排除黨派鬥爭的因素，有誇大之處，但是在平等方面有所逆轉，則是事實。

在這種情況下，克林頓上台前的承諾和上台後的努力必須扭轉這一趨勢。但是與此同時，他必須減少財政赤字，形勢已不允許他像詹森那樣放手花錢。而且，舊的福利制度弊端已經暴露甚多，並不見得很公平。所以他上台伊始就選中了醫療保險制度為突破口進行改革，並任命其夫人希拉莉親自負責進行這項極為複雜艱巨的任務。經過精心策劃，於 1993 年 9 月提出了一套詳細周密的方案，總的精神是既要擴大醫療保險的覆蓋面，使幾乎每一個需要的人都能享受到，又要縮減政府開支。那麼誰來負擔這筆費用呢？這個方案有極為複雜的旨在兩全其美的實施細節，歸根結底一是把一部分負擔轉到企業僱主身上，一是降低醫療費用。前一點必然引起企業主的反對，後一點也觸及了醫生和藥商的既得利益。美國醫生協會是一個勢力很大又十分保守的組織，它致力於保護醫生的特權。由於醫療保險的付費標準較低，醫生往往拒絕為享受醫療援助的窮人看病。經過國會激烈的辯論和討價還價，克林頓做了妥協和讓步，其間又幾經擱置，到第二任內再繼續討論，意見才逐步接近。但是此時冒出了因緋聞而引起的彈劾案，使總統在剩下的任期內很難有大作為，這一改革又擱淺了。[1]

1　關於克林頓的改革醫療方案的內容可參閱秦斌祥《克林頓的醫療改革》,《美國研究》1994 年第 4 期。

　　每一屆政府在這方面多少都有所作為，每一項改革的立法都在國會中經過激烈的辯論，也就是說，它們都是各種利益集團和各種思潮的代表經過激烈的討價還價後妥協的結果。在向一個方向走了一段時期之後，鐘擺就向回擺。所以說，美國基本上總是走"中間路線"（當然不是指過去我們所說的社會主義和資本主義之間的中間路線），在改良和妥協中保持其社會穩定和發展。

　　一個世紀以來，美國的漸進的改良的確對緩和社會矛盾、穩定人心、維繫現行制度和發展國家起了很大的作用。這種改良又是與各種階層的改革呼聲、批判言論和抗議運動密切相關的。19 世紀末的兩大思潮至今依然在政治鬥爭中反映出來，在言論上仍然壁壘分明，但是在政策實踐中越來越大同小異。從詹森到克林頓，美國福利制度所走的曲折道路說明，誰也不可能打破已經形成的安全網，但是依靠政府干預調整貧富不均的做法已經陷入困境。美國與歐洲國家相比，平等與效益的矛盾還沒有那麼突出，這是因為美國實際上佔主導地位的還是基於社會達爾文主義的自由競爭，在必要時會犧牲平等。由於在物質上實力雄厚，在制度上自由度大，這種不平等總還可以限制在社會能承受的範圍內。克林頓和英國的布萊爾提出了"第三條道路"，就是要設法打破這一僵局。所謂第三條道路，在歐洲是介於老社會民主主義和保守主義之間，在美國則是介於自小羅斯福"新政"以來的自由派和保守派之間。克林頓及其謀士們自認為可以把過去認為相互格格不入的自由思想和保守思想融合起來，或者說，使過去的進步主義政治"現代化"以適應新的形勢。

第五章　60 年代的反抗運動及其他

　　整個 20 世紀，從思想上對社會不公正的揭露和批判從來沒有停止過，其內容和重點隨當時的現實而變。從其社會影響和規模上來講，有兩次高潮：一次是與 20 世紀初的進步主義相聯繫的批判思潮，前面已經介紹；一是 60 年代與反越戰相聯繫的"新左派"[1]、"反文化"（counter-culture）思潮。以後保守派回潮，雖然還有反覆，但迄今尚未再現那樣規模和深度的批判運動。

一　60 年代"新左派"和"反文化"運動

　　60 年代中期，以反越戰為核心，美國的制度又經歷了一次巨大的衝擊和考驗。這次不是經濟危機，而是全面的社會、文化和根本價值觀的危機。

1　"新左派"一詞容易引起歧異，60 年代自稱為"新左派"的與方今流行的作為"後現代"的另一稱號"新左派"不盡相同。

　　事實上，在美國儘管帶有社會主義色彩的左派思想一般不會有很大群眾影響，但是自由主義知識界的批判即使是在麥卡錫主義猖獗的時期也未被扼殺，這種批判性的著作仍然在出版。例如被稱為"修正史學派"鼻祖的威廉‧阿‧威廉姆斯，其第一部批評美國外交政策的著作《美俄關係》就出版於 1951 年。1957 年他轉入自由主義傳統較強的威斯康辛大學，影響了一批青年史學家，創立了"修正史學派"。所謂"修正"，主要就是對美國的對外政策做出不同於主流的另一種解釋，批駁反共、反蘇的合理性，認為冷戰的責任不完全在蘇聯一方，而是深深植根於美國的制度和權勢集團的利益之中，並指出其推行民主自由的虛偽性。另外兩位"新左派"思想家先驅：哥倫比亞大學的社會學教授米爾斯於 1956 年出版了《權勢精英》，保羅‧古德曼於 50 年代中期在左派刊物《解放》和《評論》上發表了一系列文章。他們的特點是矛頭針對中產階級和勞工領袖，指責他們的滿足和麻木不仁，指出美國在平等掩蓋下的富足之中實際上的階級不平等，並認為自由主義已成虛妄。不過在 50 年代的保守氣氛下他們處於邊緣，到了 60 年代才重新得到注意，為激進青年奉為精神指導，並又出現一批後起之秀如科爾可等。到 60 年代末至 70 年代初，反制度的批判運動達到高潮。

　　"新左派"是一個很鬆散的包羅很廣的名稱，實際上匯入這一運動的思潮形形色色，極為複雜，總的是對現狀不滿，矛頭針對美國主流社會和內外政策。籠統地列入"左派"，是區別於傳統的自由主義改良派，因為這一思潮對美國制度的批判更尖銳、更深刻，他們不滿足於制度內的改良，而是認為問題在於制度本身。他們出於對少數精英代表廣大人民執政的不信任，主張"參與的民主制"，以取代現行的代議制。其中一部分人公開宣稱自己是馬克思主義或擁護卡斯特羅和格瓦拉。另一方面，他們反對蘇聯的高度集權的制度，同"史大林主義"劃清界限，故稱"新左派"，以別於以老美共為核心的"老左派"。同時，他們更進一步把作為美國對外政策受害者的國外人民也包括在內。這一抗議運動關注的問題範圍很廣，有種族歧視、性別歧視、核裁軍、環境保護、古巴、越南、對華政策，等等。圍繞着不同的問題，積極分子的成分也不同，有從溫和到激烈的反種族歧視者、和平主義者、前共產黨員或其同路人及其子女、女權主義者、環境保護主義者、左派宗教人士，還有爭取同性戀權利者，等等。其核心力量是大學生。參與群眾最廣泛的兩大主題是種族平等和反越戰，而又以反越戰為中心。隨着美國在越南戰爭的不斷升級和受挫，這一運動也隨之高漲，其退潮也是在美國退出越南之後。

　　一般認為 60 年代激進學生運動的發源地是柏克萊加州大學，以1964 年的"言論自由運動"為開端。起因是學生在"公民參與的民主"的主張下，在校園內演講、撒傳單，反對校方"家長式的"管理，包括一系列校規等等。學校當局出面禁止，引起更大規模的抗議，即"言論自由運動"。這一運動迅速發展成以反越戰、反對徵兵為主題，並走出校園。1965 年該校學生聯合校外力量成立"灣區越南日委員會"，發起靜坐示威活動，一些名流如喬姆斯基、馬庫斯、古德曼等都在會上發表演講，把這一運動推向理論高度。全國各大學紛紛響應，1966—1969 年期間多數大學都有反戰、反政府的組織和活動，出現無數報刊，越是名牌大學如哥倫比亞、哈佛、耶魯、康奈爾等越活躍，當然社會影響也越大。其活動特點是學術思想辯論和群眾運動並行，在反種族歧視和反越戰兩個問題上與社會其他階層相結合，造成極大聲勢，引起舉世矚目。有文獻估計，到最高潮時（1969—
1970 年）直接參加者達 15 萬，而經常支持者有數百萬之眾。

　　民權運動一向是促成自由派和左派結盟的唯一的持久性問題。
一則因為這是最經常而影響面最大的現實問題；二則因為自南北戰
爭之後，把黑人視為劣等種族、反對其享有平等權利的理論雖然已
沒有公開立足之地，但事實上的種族歧視卻仍很嚴重，使一切有正
義感的美國人感到恥辱。60 年代的"新左派"當然也與民權運動分
不開，而且最激進的白人與激進的主張暴力鬥爭的黑人組織曾一度
結合起來。黑人民權運動在這一時期達到的規模和激烈程度以及取
得的進步都是空前的，這一成績的取得不是孤立的，和當時的整個
社會思潮分不開（種族問題將在下一章詳述）。關於越戰，開始時馬
丁‧路德‧金為了爭取政府的支持不敢公開反對，直到 1966 年才第
一次公開表態，從那時起，他領導的組織也發起和參加了反越戰的
組織與其他活動，匯入了左派和自由派的聯盟。

　　在此期間，各大學成立了名目繁多的組織，不過全國性的、持續
時間最長、影響最大的是"學生爭取民主社會"，並且是"新左派"學
生運動的標誌。還有一個與之性質完全不同的學術團體，但也是 60
年代特有的產物，有其特殊的作用，這就是"關心亞洲學者委員會"。
現分別敘述如下。

（一）學生爭取民主社會（Students for Democratic Society，簡稱 SDS）

　　1960 年成立於密歇根大學。1962 年兩發起人之一湯姆‧海頓起
草了著名的《休倫港宣言》，闡明宗旨，提出一系列美國造成社會危

機的問題，有種族歧視、冷戰政策、軍備競賽，特別是核競賽、世界範圍的貧富懸殊和對自然資源無節制的開採與破壞（當時越戰尚未開始），等等。海頓本人是天主教道德主義者，其理想源出於同一個傳統，都是信奉美國的自由主義和民主制度，相信人能改造環境，並且認為美國有拯救全世界的義務。從這點出發，他對美國現狀和現行政策失望，感到言行不一，虛偽，矛盾。他指出，美國黑人的狀況使"人人生而平等"的口號顯得虛偽，美國宣稱的和平意圖與它在冷戰中的軍事投資相抵觸，美國上流社會窮奢極侈的生活與世界上三分之二的營養不良的人成鮮明對比。他認為美國的"民有、民治、民享"制度已為權勢所操縱，同時驚呼"國際秩序混亂"，"集權主義國家牢固確立"，批評美國對此無動於衷，沒有負起自己對世界的責任。[1]

　　這一組織的成立是本着"參與民主制"的主張，認為自稱代表人民的政客們不能解決這些問題，學生需要挺身而出，以天下為己任。海頓等人自稱是受到黑人"學生爭取非暴力行動協調委員會"的啟發。該組織採取進入黑人禁區去靜坐等非暴力的直接行動衝破種族隔離，他們相信，普通公民能以直接行動的方式改變現狀，促使上述問題的解決。這一主張正符合當時青年思想的潮流，很快從各名牌大學開始，在全國許多大學都有了分會。實際上，各校的組織都是平行獨立的，全國性"總會"的領導只印發小冊子、發表宣言，各分

1　《休倫港宣言》的引言題為"是甚麼折磨我們的良心"，中譯文見《美國檔案——影響一個國家命運的文字》，中國城市出版社，1998 年，第 661—665 頁。

會自己決定行動日程。美國國內的貧富懸殊當然是題中之義,例如 1964 年"學生爭取民主社會"發起了"經濟研究和行動計劃",到全國各地的貧苦地區去幫助窮人反抗警察壓迫,為改善生活條件和維護自己的權利而鬥爭。不過,詹森政府的"偉大社會"計劃出台了一系列的福利政策,因此他們在這方面與政府的矛盾不尖銳。共同的主題還是反越戰和種族平等。1965 年 4 月,在 SDS 號召下,華盛頓舉行了第一次反越戰遊行,有兩萬學生參加,以後行動規模越來越大。各校採取的行動方式五花八門,例如 1968 年哥倫比亞大學分會組織了一次學生行動,佔領了幾座大樓,以抗議學校進行的為越戰服務的研究項目和種族主義政策。

該組織開始是以非暴力行動為原則的,但是在發展過程中不可避免地日趨激烈,其成員不時受到當局的注意和警察的騷擾。在大規模群眾行動中往往發生與軍警的衝突。其中比較著名的有:

——1968 年"芝加哥七人"案:學生運動擁護持鮮明反戰立場的民主黨參議員麥高文競選總統,而民主黨通過了漢弗萊為總統候選人,於是 SDS 組織大批學生衝進芝加哥民主黨代表大會的會場,結果遭到早有準備的芝加哥市長所指使的警察鎮壓,包括海頓在內的七名學生領袖被捕。這一事件為電視現場播放,引起了全國更大的抗議運動,使學生運動向更加激進的方面轉向。

——焚燒美利堅銀行事件:1970 年 2 月,加州伊斯拉—維斯塔鎮的學生和群眾在"一切財產都是罪惡"的口號下放火焚燒了當地的美利堅銀行大樓。

——肯特大學事件:1970 年 5 月,學生為抗議尼克遜入侵柬埔寨舉行了大規模示威,在俄亥俄州的肯特州立大學示威學生與警察

的衝突中,有一名警察開了槍,打死 4 名學生,引起全國震動,150
萬學生大罷課。

此後,SDS 的主張日益激進,他們公開認同第三世界的革命運
動,公開支持北越和南越抵抗陣線,以促使美國失敗為己任。其中
一部分人認為和平的手段已無望,需要採取暴力革命以推翻現政權,
於是成立了名為"氣象員"的組織,轉入秘密的爆炸等活動。另一部
分成員接受了左派小黨"進步勞工黨"的領導。還有許多人不贊成這
種做法,退出了運動。實際上肯特大學事件是最後一次高潮。從此
學生運動開始走下坡路,內部分化鬥爭不已,外有聯邦調查局的壓
制、騷擾、離間、分化,加上原來的積極分子大批畢業,走上社會
謀生,這一組織就盛極而衰了。不過它在 60 年代的反抗運動中所起
的作用不可磨滅,它所倡導的普通公民積極參政的主張對以後美國
各種專題的社會運動有深遠的影響。

(二) 關心亞洲學者委員會 (Committee of Concerned Asian Scholars,簡稱 CCAS)

比起前一個組織來,這一組織的詳情在中國介紹較少。由於它
除了對美國思想界本身有影響外,對於美國的中國學和美國對華關
係也有重要作用,值得在這裡重點介紹。

1968 年 3 月,哈佛大學東亞研究專業師生委員會趁"美國亞洲
學會"在費城召開之機在費城另覓場所舉行越南問題研討會,與會者
同時也是參加亞洲學會的代表,但是研討會本身與亞洲學會無關,
費正清教授應邀主持會議。會議議程有三:1) 就當前美國對越戰爭
的一系列問題舉行問卷調查;2) 就幾項措辭不同的反對美國現行對

越武裝干涉政策、主張和平解決的決議草案投票表決；3) 建立各大
學間的聯合組織，以便繼續就會上大家關心的問題組織活動。大會
的組委會除哈佛大學外還有哥倫比亞、麻省理工學院、普林斯頓、
加州大學（柏克萊）、芝加哥、密歇根、耶魯等 11 家全國名牌大學的
代表。那次會後，又經過一番運作，"關心亞洲學者委員會" 於 1969
年春正式成立。其宗旨如下：

> 　　我們最初走到一起來是為反對美國對越南的野蠻侵
> 略，並反對本專業對這一政策採取的以沉默為幫兇的態
> 度。亞洲學界的人士對自己的研究工作的後果及其專業的
> 政治態度是負有責任的。我們為專家們不願站出來揭發當
> 前亞洲政策的含義而擔憂，這一政策的目標是確保美國對
> 亞洲大部分地區的統治。我們拒絕承認這一目標的合法
> 性，並要求改變這一政策。我們意識到，本專業目前的結
> 構往往使學術墮落，並把許多人拒之門外。
>
> 　　"關心亞洲學者委員會" 謀求促進對亞洲各國社會的
> 了解，從而達到對他們的合乎人道的理解，理解他們為保
> 持文化完整和面對貧窮、壓迫與帝國主義問題所進行的努
> 力。我們意識到，要研究別的民族，首先得懂得我們同他
> 們的關係。
>
> 　　"關心亞洲學者委員會" 希望創建一種不同的學風來取
> 代當前在亞洲學界佔統治地位的、經常在文化上居高臨下
> 並為自私的擴張主義目標服務的學風。我們的組織計劃成
> 為一個亞洲和西方學者之間的媒介和交流網、為地方分會

　　提供資料的中心和開展反對帝國主義的研究工作的團體。[1]

　　這一聲明言簡意賅，一是從反對美國對越戰爭出發，全面審視美國對亞洲政策；二是認為當時整個美國的亞洲研究界都不是批判政府政策，而是為它服務，因而起了幫兇的作用。這一聲明還明確提出"帝國主義"一詞。這一組織代表了一批青年學者（其中大多數是博士研究生）對以費正清為首的老一輩亞洲學派的挑戰，同時也是對正統的已經有 40 年歷史的"美國亞洲學會"的挑戰，儘管有許多人同時也是亞洲學會的成員。費正清是哈佛大學東亞研究中心的創始人，是公認的當代亞洲學之父，也是首當其衝被批判的對象。但是他採取寬宏大度的開明態度，同意主持發起會議。他本人不對越戰表態，但不反對討論。這一組織的成員也參加各種反越戰的遊行示威以及各自校園內的抗議活動，但主要的是致力於改造美國的亞洲研究。[2]

　　這裡需要對"改造亞洲研究"的背景略作介紹。當時亞洲研究的核心是中國研究。二戰之後在冷戰和反共高潮中，美國一大批中國問題專家受排擠、受迫害，或者改行，或者鑽入故紙堆中只研究歷史。當代中國研究十分薄弱，對 1949 年以後的中國更難有客觀的了解。後來美國政府感到這一缺陷，從 1958 年開始，由國防部撥款在各大學設立"關鍵語種"（critical languages，包括俄文和中文）的教

1　*Bulletin of Concerned Asian Scholars*, Vol. 21, Nos.2─4（1989, 20th Anniversary Issue On Indochina and the War）, p.186.

2　有關"關心亞洲學者委員會"的資料主要來自現存於美國丹佛大學的歷年的 *Bulletin of Concerned Asian Scholars* 和其他文件，承蒙該組織發起人之一菲利普‧威斯特教授和丹佛大學的彼得‧凡內斯教授的熱心，應筆者要求提供了大量的有關文本和複印件。

學，以福特基金會為主的民間基金會也大量捐款資助一些名牌大學開展當代中國和東亞研究。到越南戰爭時，美國政府為配合作戰需要，又撥專款進行越南研究，由"國際開發署"出面資助南伊利諾州大學建立"越南中心"。這些研究的成果直接間接為美國政策和冷戰需要服務，但是同時客觀上對亞洲，特別是中國研究，起了推動作用，刺激了對中國的興趣和了解，培養了一批青年學生和學者。不過，相當多的人對麥卡錫主義心有餘悸，採取了對當前政策超然的態度，致力於非政治性的課題。"關心亞洲學者委員會"的宗旨就是要打破這種狀況，"關心亞洲"這一名稱本身就是針對那種漠不關心的態度而言的。該組織致力於揭露學術界與軍事—權勢集團的關係，並指出，身為東亞問題專家，不揭露真相，對美國屠殺越南人民保持沉默，就是幫兇。他們明確提出了反對美國新殖民主義和帝國主義政策。多年後，這一組織的積極分子在撰寫的回憶錄中認為，他們取得的一項與本專業有關的重大勝利，就是搞垮了上述南伊利諾州大學的"越南中心"。他們與越南留學生一道，以維持學術骨氣、不做幫兇的名義號召學者們抵制該中心，最終使它名譽掃地而辦不下去。

從越南問題出發，必然聯繫到中國，而從研究的角度以及與美國的歷史淵源來說，中國對於更多的人有更大的吸引力，所以這一組織吸引了相當多的人研究中國，特別是當代中國，後來成為亞洲研究的重點。當時參加這一組織活動的人的動機、立場和情況各有不同，其中比較激進的一批人有的現在已匯入學術界主流，成為名教授；有的被排擠出名牌大學到邊遠的大學任教；有的改變專業，或者完全脫離學術界……許多一度嶄露頭角的優秀青年終於沒能成為中國或亞洲學專家。另外也有一部分留下來，成為以後 20 年間各名牌大學東亞研究的骨幹，卓有成就。有少數人在新形勢下轉到另一極端，變成"新保守派"。該委員會的另一意圖：另樹旗幟與老的"亞洲學會"分庭抗禮並沒有成功，後者至今不斷擴大，仍然是美國唯一的亞洲學者的全國性組織，前者作為組織則已名存實亡，只有《公報》還繼續出版，仍然是保持批判立場的亞洲學者的園地，用他們自己的話說："繼續與權勢對話。"

　　無論如何，從 60 年代中到 70 年代中的十年間，隨着反越戰而興起的這一思潮及其所形成的氛圍對美國社會的影響和貢獻是不可低估的。它深刻地改變了不但是學術界，而且是一般美國人對亞洲的態度，使學術和教學終於走出了麥卡錫主義的陰影。例如公開用"帝國主義"的字樣來批評美國的政策，對共產黨領導的中國做客觀的、正面的分析，不必再處處顧慮被扣上"親共"的帽子。當代中國和亞洲研究成為體面的、受尊重的學科，出了大批人才，的確對美國這一領域起了提高、創新和繁榮的作用。無形中也改變了輿論的環境，使決策者對客觀情況有更深的了解，至少為促進美中關係正常化創造了有利的條件。在 1989 年中美關係逆轉、美國輿論普遍主張對華制裁的情況下，美國的中國研究界的主流都持冷靜、客觀的態度，60 年代所建立的基礎和培養出來的幾代人是起了作用的。當然，對美國整個社會的改革而言，這只是副產品。

二　60 年代運動與進步主義的比較

　　首先，20 世紀初的進步主義，矛頭主要針對正在興起的大財團，批判的是貧富不均現象，提出的解決辦法是政府通過立法抑富濟貧，

取得社會公正。到 60 年代，政府職能已大大膨脹，並且深深介入
經濟生活。每年用於科學研究和技術發展的費用有 150 億，而私人
出資是 60 億。1929 年聯邦與地方政府負責美國經濟活動的 8%，
到 60 年代已達 20%—25%。聯邦資金支付了航空與航天研究費用的
90%，電氣和電子設備方面的 65%，科學儀器 42%，機械 31%，合
金 28%，汽車 24%，化工 20%。所以大企業的生存權一大部分握在
聯邦政府手中。但是另一方面，詹森政府的"偉大社會"計劃又是通
過政府為弱勢集團謀福利達到頂峰的表現。這又是美國的一個經常
性的悖論。在這種情況下，向着平等、正義方面推動的那條線不是
強調政府干預，而是要求擺脫政府與大企業的勾結，特別是反對依
靠軍備競賽而畸形發展的經濟，反對艾森豪威爾在下台前所指出的
那個"軍事—工業組合體"，同時仍要求加強福利計劃。

其次，60 年代"新左派"思潮的一大特點是與美國的對外政策
相聯繫，包含了反對帝國主義的內容。當年老羅斯福政府對內實行
改良，對外實行擴張，而且公然以弱肉強食的理論為美國的征服辯
護，大部分"進步主義"知識分子都給予支持（儘管 1899 年有一部分
激進人士成立了"反帝大同盟"，反對美國佔領菲律賓，但是沒有造
成聲勢，到"進步主義"時期已經無聲無息）。到一戰時，除少數例
外，多數當年的"耙糞"積極分子都在保衛"國家榮譽"的旗幟下為
美國的參戰鼓與呼。

二戰後，大小國家權利平等的原則已載入《聯合國憲章》，美國
對外絕不能再用種族優越的理論，其政策依據（或藉口）是維護和推
行自由民主，反對極權主義，反對蘇聯的擴張和威脅。但是在維護自
由民主的旗幟下實踐的卻往往是扶植最專制腐朽的政權，反對有關

國家的革命運動，到越南戰爭時達到頂峰。以《醜陋的美國人》一書
為標誌，美國人意識到自己在世界上的形象不佳，美國使館在很多
國家都成為襲擊的對象。這一切衝擊着美國知識分子和激進青年的
良心，他們感到政府所宣傳的對外政策在道義上的說服力日益減弱。
50年代的"修正史學派"是這一批判的先驅。美國對越南的所作所為
更加集中地暴露了他們所批判的一切，越來越多的知識分子認為這
是不義之戰，為之感到羞恥。同時由於美國陷於其中不能自拔，其
直接後果是更多的美國青年要被送去做無謂的犧牲，甚至是助紂為
虐，直接激發起反參軍運動。再者，由於美國在越南出師不利，越陷
越深，掉進了無底洞，在外交上越來越被動，在盟國中也日益孤立，
引起上層精英和統治集團內部的懷疑與反對，這是反越戰運動得到
最廣泛的社會階層參加和擁護從而形成如此聲勢的原因。

　　從理想主義角度看，越南戰爭違反了威爾遜民族平等、民族自
決的主張，但是從另一個意義上講，它又是以在全世界維護和推行
民主制度為己任的理想的延續。所以，50年代的"修正主義學派"
和60年代的"新左派"運動，從近期而言是對以"杜魯門主義"為標
誌的冷戰政策思想的挑戰，而從更遠的思想根源講，也是對美國這
種"理想主義"外交的否定，也就是從根本上懷疑美國對外政策的道
義依據。於是，從對美國整個冷戰政策進行全面的反思和批判，到
進一步對美國的根本制度和價值觀提出懷疑，其中的激進派更是前
所未有地直接提出了反對資本主義和帝國主義的目標。

　　其三，20世紀初的"進步主義"的由頭是階級矛盾尖銳化中突
出的社會不平等，特別是經濟不平等。其主體是成熟的理論家、知
識精英和政界開明的改良派。儘管他們自己不一定直接支持工人運

動，但實際上與 19 世紀的工人運動密切相關。其群眾基礎是勞動
者，其對立面是大資本家，其主張和綱領首先是使勞動者得利，同時
也是為避免勞工運動激進化，抵擋社會主義思潮。種族問題不是關
注的重點。

　　與此相反，60 年代反抗運動的主體是青年學生。這個時期美國
承戰後生產發展、經濟繁榮之利，進入"豐裕社會"，政府的福利政
策已經成型，在經濟上並沒有社會危機。他們更多從道義和理想出
發，追求平等公正的社會，在理論上公開講階級鬥爭，對美國社會
制度的批判更深刻、更激進，卻與勞工運動沒有關係，甚至不受工
人歡迎。這是因為他們所處的時代背景與世紀初已大不相同：這批
青年屬於戰後出生高峰期"嬰兒潮"的一代人，他們此時正好進入
大學。這一時期在美國人口中青年比例大大增加。又由於美國對教
育投資的重視，大學生人數猛增（1941 年大學生佔適齡青年 15%，
1965 年達 40%，1969 年頒發的學士學位達 50 萬個，每年用於正規
教育的費用達 300 億美元）。特別是名牌大學的學生多來自富裕或至
少小康家庭，在環境優美的校園裡不受拘束地吸收各種流派的思想，
不太發愁畢業後的就業出路。他們以青年人的敏感和理想主義關注
各種社會問題和美國內外政策，特別是人文和社會科學專業的學生
不甘心自己成為實用主義教育的工具，不願意受束縛。他們中一部
分骨幹是"老左派"的子弟，被稱為"裹紅色尿布"的嬰兒，自幼就
受左派思想的熏陶，對資本主義制度持批判態度，上大學時正趕上
國際和國內的革命思潮，自然一拍即合，要以行動改造社會，影響政
策。但是其主張恰好不受工人階級歡迎，因為工人是越戰的得利者，
越戰停止，他們就有失業之虞。所以在反越戰運動得到最廣泛階層

參加時，唯有美國工會極少參加。貧富懸殊依然很鮮明，但貧民已不是工人，而是無業遊民，其中大多數是黑人和新移民。所以這一運動在實際行動中主要與黑人民權運動相結合，並且特別同情和支持其激進的派別。

其四，從行動的聲勢和激進的程度來說，60 年代遠遠超過"進步主義"運動，但是從思想體系的完整和連貫性、主張的可行性和影響的持久性來講卻略遜一籌。"進步主義"的成果是匯入了整個漸進改良的主流；60 年代反抗運動則不然，它最重要的持久性的成果是種族平等。關於越戰，則說法不一。總的看來，美國在越南以失敗告終有更加實質性的原因，是當時國際形勢的必然結果，美國國內的反對運動起不了決定性的作用。這一運動除了種族問題外，在國內缺乏堅實的建立在利益認同上的群眾基礎。它代表了當時青年學生中的一種理想主義、一種躁動情緒和對一切現行制度和現有規範的逆反心理，是對物質富足而精神貧乏的厭煩。到越戰時升級成為各派的匯合點，各種不滿都可在此問題上發泄出來。除此而外，難以有共同的目標和行動綱領。相當多的人則消極地、本能地反抗一切成規，放蕩不羈，以搖滾樂盡情發泄（當時盛行在搖滾樂中進行激烈瘋狂的舞蹈比賽，有耗盡體力而猝死的），奇裝異服，甚至以頹廢、吸毒、混亂的性行為為時髦，也就是泛稱為"嬉皮式"的所謂"反（主流）文化"派，其中少數人走向恐怖、暴力活動，完全脫離群眾。另外，學生在校園中的時間是有限的，畢業後就各奔東西，進入社會後，其思想、態度就因各自的處境和地位而發生變化。70 年代美國撤出越南，與中國開始關係正常化，形勢發生變化，這一運動也就解體了。

三 "後 60 年代"

"60 年代"至今在美國是一個特殊的詞語,代表着一個特定的時代插頁。它留下的影響很難估計。美國各派論者的看法差異極大:左派傾向於誇大其失敗這一面,認為是被資產階級鎮壓下去了;右派則反之,強調其負面影響深遠,動搖和破壞了美國一切優良的傳統,是現在美國社會萬惡之源。據筆者觀察,60 年代留下的直接、間接的效應有以下幾個方面:

總的說來,對全面的社會改良還是向前推進了一步。正如進步主義思潮為促成老羅斯福的改良措施製造輿論,"新左派"所造成的聲勢至少在客觀上抑制了阻礙詹森的福利計劃的保守力量,使其較為順利地通過。此外,其所提上日程的問題的範圍比以前要廣泛得多。在疾風暴雨般的群眾運動消退之後,各種專題活動轉入分散的長期的合法鬥爭,"院外遊說集團"從而大大發展。以前這些遊說集團主要是與經濟利益有關的,或代表各大企業,或代表工會。到 60 年代出現了名目繁多的遊說集團,涉及婦女、少數族裔、墮胎問題、同性戀的權利、環境保護、消費者利益、醫療保健……各種問題。其中影響較大、特別值得一提的集團有"共同事業"(Common Cause)和"公眾的公民"(Public Citizen)。這兩個集團所宣傳的和對國會施壓的問題都很廣泛。不過前者更側重政治改良,如政府的道德行為、國會的制度等;後者的領導人是著名社會活動家和環保主義者拉夫‧奈德,着重在環境保護和有關的立法。另外,儘管代議制沒有被動搖,但美國民眾的參與意識和參與程度的確有所提高,從關心基本生活條件到進一步關心生活質量。這些看來分散的、無關大局的問題對推動美國社會的改良——從觀念到科學技術——的影響不可低估。事實上，他們所倡導的主張大部分陸續體現在詹森政府和以後歷屆政府的立法中。

當時的積極分子現在已經進入中年後期，基本上匯入了社會主流文化。相當一部分人繼續攻讀高級學位，在大學和學術機構任教，有了一定的學術地位。他們的觀點已趨溫和，向中間靠攏，比較超脫、冷靜、客觀。如果發表政見，多數人基本上還是傾向於自由派，一般說來投民主黨的票，支持向平等傾斜的政策，在冷戰結束前反對巨額軍費，等等。儘管他們中間見解各異，但是這一大批人進入學術界，大大拓寬了社會、人文學科的視野，在總體上使重心從保守向中間移動。

堅持左派觀點的也有一席之地，他們基本上肯定60年代的運動，繼續批判資本主義制度和美國的內外政策，特別反對列根上台以後實行的保守政策。在對外政策方面，集中反對美國的拉美政策；在繼續支持古巴的同時，支持當時尼加拉瓜的桑地諾政權（列根政府則支持其反對派武裝推翻該政府）。

在學術界有所謂"後現代主義"和"新馬克思主義"的興起。這些是很籠統的、不一定確切的稱號。其來源還是歐洲，特別是法國60年代興起的思潮，傳到美國成為"後60年代"思潮的一部分。其大多數著作語言晦澀，從理論到理論，基本上在大學中循環；另外，他們對啟蒙運動以來的整個西方思想體系包括自由主義、理性主義、市場經濟等都一概否定，認為資本主義已經到了晚期，無可救藥，在社會主義的蘇聯已經解體、中國正在向市場經濟的方向改革的形勢下，提不出替代的思想體系和改造社會的方案（他們的觀點中有一個重要的內容是站在"多元文化"立場反主流文化，關於這個問題將在

第九章討論）。他們也並不從事實際社會活動，並不以改造社會為己
任，這是與 60 年代的"新左派"大不相同的。

這一現象說明兩點：一、60 年代的運動儘管激進，但實際上是美
國（包括整個西方社會）知識分子批判社會的傳統的延續。這種批判從
來沒有斷過，不過在不同時期有不同的表現。這種批判精神正是深深
植根於自由主義傳統之中，儘管其立場可能是反對自由主義。不論其
主張或社會影響如何，有這種批判思潮存在就可以對極端的保守思想
起到平衡作用，客觀上促進改良。二、現在的左派之所以提不出建設
性的思想體系是客觀形勢使然。法國著名新潮派（法國人自己似乎沒
有"後現代"之稱）知識分子之一鮑德里亞曾說：那時（指 60 年代）的
知識分子很幸運，有一整套巨大的全新價值體系有待產生，但是現在
不可能了，沒有誰能提出一套連貫的"其他"方案，所以只能批判。[1]
他說得很坦率。這正說明目前資本主義制度相對穩定，雖然問題不斷，
但還沒有出現危機。原來的痼疾都還存在，而長期行之有效的在自由
競爭與平等之間不斷調整的漸進改良仍然有效，且機制日趨成熟。當
然，這只是相對而言，絕不是說永遠不會出問題，這點以後將要談到。

另一個現象是新老右派的合流。60 年代有些積極分子在越戰結
束後產生幻滅，思想轉到另一極端，成為 80 年代的"新保守派"或
"新右派"，觀點與老保守派基本相同，並在政治上擁護列根。促使
他們理想幻滅的主要有國際和國內方面的兩大因素。國際因素最關
鍵的是印度支那局勢。原先他們反對美國干涉越南，最主要的理由

---

1 《知識分子、認同與政治權力—鮑德里亞與瑪麗亞 · 舍夫索娃對話錄》，《萬
象譯事》第 1 期，遼寧教育出版社，1998 年，第 24 頁。

是認為越南人民進行的是解放戰爭，勝利後統一在越共領導下將給全體越南人民帶來民主和幸福，因此深信自己是站在進步一邊而美國政府是在反動的一邊。但是北越統一南越後，情況完全與想像的相反，印度支那戰火又起，人民陷於更加悲慘的境地，而且當初所支持的紅色高棉卻是殺人如麻的暴虐政權。另外，中國"四人幫"垮台，陸續揭發出來的"文革"真相使當初基於誤解的對"文革"的期望也破滅。原來期待的"世界革命"當然更加遙遠。美國國內的"運動"內部則不斷分化、爭鬥。特別出現了幾起謀殺案，都是由於有些激進的黑人組織懷疑內部有人向當局告密而為，被殺的有黑人也有白人。美國聯邦調查局對激進組織的分化、瓦解加鎮壓的手段也取得了一定成效。當然還有"革命"隊伍魚龍混雜，也混進了販毒分子及其他真正的刑事犯等。1987 年，一批從 60 年代轉向的人物在首都華盛頓開會，題為"再思（Second Thoughts）會議"，訴說各自的經歷，總結思想轉變過程。他們觀點並不一致，有的成為保守派，有的自稱自由派，有的還認為自己仍屬於左派。但是他們共同的立場是認為美國的民主制度值得保衛。他們從仇恨美國變為愛國者，對過去的破壞行為表示反悔，因為意識到自己在激進的年代對美國進行了如此的傷害，卻得到如此的寬容。這次會議為傳媒廣泛報道，引起很大反響，當然右派歡迎，左派批評，毋庸贅言。[1]

1　詳見 Peter Collier & David Horowitz, *Destructive Generation: Second Thoughts About the 60's*, Summit Books, New York, 1989。Horowitz 為典型的"紅色尿布嬰兒"，其父為老美共，他參加過少共，從有政見起就信奉馬克思主義，是 60 年代運動的骨幹分子。在上書中，他敘述痛苦的思想轉變過程和對左派的分析甚詳，深受保守派稱道。

四　社會主義、共產主義與反共主義

美國的自由主義的框架彈性較大，因為它與實用主義相結合，可以隨形勢的需要左右搖擺，許多思潮並無明晰的界線。但它不是沒有邊界的。這邊界可以說左邊劃在共產主義，右邊劃在法西斯主義，二者都被歸入極權主義。社會主義，包括帶有馬克思主義印記的社會主義思潮在美國歷史上也曾有過一定影響，並與自由主義曾有短暫的結合，其結合點就在爭取正義與平等的理想上。19 世紀各種社會主義思潮從歐洲傳入，在美國互相鬥爭，綱領不斷變化，與工人運動的關係幾起幾伏，最終沒有形成氣候，特別是沒有掌握工人階級，終於基本上退出了工會。[1]

（一）美國工人階級為甚麼不接受社會主義？

20 世紀社會主義思潮曾有過最興盛的時期，那就是 1902—1912 年間，與進步主義相重疊，其主要原因恰恰是那時的知識分子開始成為獨立的階層，其中較為激進的容易接受某種社會主義的理想，與當時的社會批判相輔相成。在 "耙糞者" 們徹底揭露資本主義社會的醜惡之後，需要有替代的方案，社會主義剛好可以填補這一需要，只是各種流派的社會主義者提出的方案完全不同，形成不了一股統

1　關於美國社會主義與工人運動的關係，國內外有許多著作，其中較詳盡而深刻的有 Daniel Bell：" Marxian Socialism in the United States"，*Socialism and American Life*，ed. Donald Drew Egbert & Stow Persons, Princeon University Press, 1952, Volume I。

一的、強有力的思潮，特別是不為工人運動的主流所接受。但是社會主義思想領袖人物和社會黨的活動與進步主義運動一道，在客觀上促進了從老羅斯福到威爾遜的改良政策，有些主張融入了主流政策之中。在此之後，社會主義無論作為一種思潮還是一種政治勢力都很快退潮。到 20 年代末那次嚴重的經濟危機時，社會主義思潮又曾一度抬頭，但是結果為小羅斯福"新政"所消解。關於社會主義為甚麼在美國沒有土壤，有多種解釋：

1."新邊疆"、移民國家、沒有固定的世襲工人階級等客觀條件

最早提出這個問題的是德國人桑巴特，他於上個世紀之交專門寫了一本書，題為《美國為甚麼沒有社會主義》。他和稍後的美國學者如玻爾曼、透納、利普塞特等提出了一系列的答案，各有側重，互相補充，比較共同的是：美國有廣闊的新邊疆供開拓、通過個人奮鬥改變地位的機會多、源源不斷的外來移民造成工人階級鬆散，還有人口流動性大，形不成固定的世襲工人階級，而工人階級中又由於種族不同，難以團結一致，白種工人從一開始就有選舉權（歐洲有些國家就不是如此），等等。凡此種種，使美國工人階級很難有階級覺悟和獨立的政治要求，他們的鬥爭主要針對本企業和本行業的資本家，而不是整個資本主義制度，其要求主要是經濟的而不是政治的，加上全社會的生活水平在短時間內提高較快，社會主義的口號就難有吸引力。[1]

---

[1] 中國學者楊生茂和李道揆教授都不同意特納的"新邊疆"論，見李道揆：《美國政府和美國政治》，商務印書館，1999 年，第 177 頁。

2. 倫理與政治的矛盾

丹尼爾‧貝爾則認為那些都是"條件",不是真正的"原因"。他認為深層的原因在於美國的社會主義運動無法解決"倫理"和"政治"之間的悖論。從倫理原則上講,社會主義者全盤否定資本主義,自外於自己生活其中的這個社會,這樣,在政治上就無法與解決當前具體問題的實際鬥爭和妥協聯繫起來,而這正是工人階級所需要的,也是工會所做的。美國的社會主義者既不能承認資本主義的秩序為合法的,心安理得地在其中按照它的規律進行鬥爭,又不能像共產主義者那樣宣佈這個制度是人民的死敵,乾脆號召為推翻它而鬥爭。還有一個問題是:倫理道德究竟是"目標"還是"限度"?貝爾認為,從廣義來說,社會是為了分配摸得着的報酬和特權、義務和權利的有組織的制度。在這個社會中,倫理關注的是"應該"如何分配,而政治關注的是一種"能被接受的"分配模式,這就要通過各種利益集團的鬥爭和妥協來決定權益的分配。對於自由主義改良派來說,倫理是一種"限度",超過這個限度就是非正義的。而對於社會主義者來說,倫理是"目標",就是要以合乎道德的社會來取代現存的不道德的資本主義社會。但是涉及在達到這個目標之前應該做甚麼的問題,社會主義者就言人人殊。在不斷爭論和分裂之中,大多數人在實踐中未能分擔解決具體問題的責任。

以上所有的答案都是很有道理的,都符合美國的歷史現實,但是還沒有完全說透。例如除了新邊疆之外,從思想體系到社會制度,美國與歐洲是一脈相承的,為甚麼社會主義和社會民主主義在西歐能有這樣大的影響,能掌握工會,能成為獨立的政治力量?如果說美國在南北戰爭之前有新邊疆可開拓，那麼到 20 世紀情況已非如此，特別是 30 年代的大危機應該是社會主義理論最好的驗證機會，當時共產黨確曾有所發展，社會黨也一度抬頭，其領袖諾曼‧托馬斯有相當高的聲望，但是基本上不成氣候。何以故？

3. 筆者的補充

（1）實用主義傳統與漸進改良的實踐消解了社會主義主張。美國的政治是高度實用主義的。姑不論社會主義，就在共和與民主兩大黨之間，在競選時互相揭短、攻擊不遺餘力，似乎水火不相容，但是在執政後，實際政策大同小異，而且反對黨的主張部分地為執政黨所吸收。社會主義思潮的核心在於反對特權、主張平等、同情弱勢群體，除了其遙遠的最終目的外，大部分與實際問題相聯繫的主張已陸續為各屆政府主持的改良政策所吸收。1898 年社會民主黨代表大會通過的綱領第一次提出了關於具體問題的方案，主張建立"合作生產和分配"的制度，以及一系列改善工人工作條件、建立工傷事故保險等主張。這一綱領被激進派斥為向資產階級妥協，實際上以後歷屆政府陸續實行的改良基本上與此相符。到了"新政"的各種改革措施，就其對勞動者和其他社會中下層的實惠而言，已超過了社會黨人就具體問題所提出的主張。在當時美國的現實政治中，為了保護"新政"所帶來的好處，工會選擇了支持羅斯福政府和民主黨，同反對"新政"的政敵做鬥爭。社會主義者面臨的問題是要麼支持改良派的資產階級政府，要麼提出更高的綱領獨立進行鬥爭。但是羅斯福已經把改革的文章做足，使任何更高的要求都脫離實際，於是在與民主黨爭奪工人階級中，社會主義政黨自己分裂，結果完全失去影響。也就是說，社會主義思想是資本主義矛盾激化的產物，而美國當政者和權勢集團總是棋先一着，改良和緩和矛盾的措施走在矛盾發展的前頭，或者至少不等到尖銳化至引起大動亂的程度。

另外，輪流執政的兩大黨已經找到競爭、妥協、共處、合作的機制，而形形色色的社會主義政黨或勢力卻總是在誓不兩立的鬥爭和分裂中，似乎"左派"總有一種"唯我獨革"的心態，對不同的主張，甚至只是在分寸上的不同都難以妥協。實際上各種派別和思潮根源都在歐洲，美國社會主義運動的每一次分裂，往往都與歐洲社會主義運動的形勢有關聯，當然不一定是組織上的。但是歐洲的社會主義派別各自有工會做基礎，這一點與美國不同。結果，美國的社會主義者始終沒有成為至少是一部分勞動群眾所承認的代表自己利益的勢力，而把精力消耗在派別鬥爭之中。

(2) 時間差。實際上，福利國家的思想原本也來自歐洲，而真正起到穩定社會的作用是在二戰後。那麼為甚麼歐洲有些國家有強大的社會民主黨，共產黨也可以發展壯大呢？這個問題有複雜的歷史文化原因，本書不可能詳細探討。僅就與美國的比較而言，二者的發展有一個時間差：在19世紀下半葉，歐洲國家內部新老矛盾交織在一起，國際之間又衝突不斷，原有的制度有一種難以為繼的形勢。在斯賓塞的學說出現時，歐洲主要國家中階級對立已很尖銳，廣大人民對社會不平等的感受強烈，強大的中產階級沒有形成。相對而言，社會主義思想所提出的理想更有吸引力，很容易與工人運動相結合。儘管歐洲各國政府先後實行福利政策，但社會主義思潮已經深入工人運動。而此時美國的資本主義發展方興未艾，餘地很大，因此如本章一開始提到的，社會主義與社會達爾文主義同時傳到美國，後者在美國找到了適宜的土壤。與此同時，自由主義的另一面——追求平等和正義——同時在起作用，形成強有力的批判力量，促成政治和社會的不斷調整和改良。20世紀30年代大危機到來時，這種改良的傳統已經形成，有足夠的思想和政治資源供當政者汲取，進行更為深刻的、大規模的改革，而不損害資本主義制度的根本，毋寧說使它更加鞏固。當然，強大的物質條件也是重要因素。在物質極大豐富的條件下，美國政策在"保守派"與"自由派"之間無論擺向哪一邊都游刃有餘。例如根據"向下滴漏"的理論，先讓資產者更富，然後澤及平民。由於蛋糕很大，因此所得份額雖小，也能過得去，與歐洲社會主義者所批判的"麵包屑"大不相同；如果先照顧窮人的福利，則還沒有達到像歐洲福利國家已經感到的尾大不掉的沉重負擔，

（3）第一個社會主義國家的反面榜樣。第一個社會主義國家蘇聯建立以後的現實對社會主義思想在美國的命運起了消極作用。誠然，由政府自上而下地實施的改良和福利政策能改善勞動者的境遇，但不能從根本上改變階級存在的現實。馬克思主義對資本主義提出了最深刻的鞭辟入裡的批判，並提供了一種徹底消滅剝削來代替零敲碎打地改良的遠景，這是其吸引力所在。因此，美國理論界對馬克思主義有一些響應是在19世紀，出現了像勞倫斯·格朗倫這樣的分析家，基本上用馬克思主義來批判當時的資本主義社會的矛盾，還有前面提到的像愛德華·貝拉米這樣的嚮往社會主義的浪漫理想家，他的書能夠暢銷，也說明了對美國人民的吸引力。但是在十月革命之後，有了蘇聯這樣的現成榜樣，反而使大批嚮往社會主義革命的人士夢想破滅，工人階級除了滿足於不徹底的福利外，看不到更好的遠景。

在高科技日益發達、人的生活方式發生根本改變的情況下，經典意義上的社會主義在美國就越加沒有土壤。儘管在實際財產的佔有上貧富懸殊的兩頭不但沒有縮小，還更擴大，但是在日常生活方式和所享受的基本生活質量上卻日益趨同。20 世紀初范伯倫在《有閒階級論》中所描繪的那種景象已有很大改觀：億萬富翁大多有專業知識，與普通人一樣必須緊張工作，如果不是更緊張的話。平時同樣穿牛仔褲，吃漢堡包。至於億萬富翁另一方面的豪華生活，對於一個有穩定職業的普通人說來，只要有自己的住宅，有社會保障，並不一定去羨慕攀比。更何況，在今天的美國社會中，仍然存在着創新的途徑，至少仍使人相信，通過個人奮鬥有機會得到自己想得到的。西方國家還有另一種說法，就是把各種福利制度和社會保障措施都算作社會主義因素，因而認為實際上社會主義已經融入資本主義之中。這裡 "社會主義" 作為一種整體制度取代資本主義的概念已經被偷換了。

但是，作為一種時有起伏的社會思潮，社會主義不能說完全沒有影響和作用。其作用就是促進了資產階級讓步妥協，以及政府的改良政策。如中國學者李道揆所概括："小黨常提出有進步意義的新思想、新政策和改革計劃。兩大黨則把小黨的許多政綱接過去……這在政治上產生了兩方面的影響，一是使小黨失去吸引力……二是促進了美國政治的改革。"[1] 美國學者貝爾說："社會主義好似一抹淡色，織入了美國的生活的布料中，改變了它的色調。"[2] 換言之，如果沒有

---

1   李道揆：前引書，第 190 頁。
2   Daniel Bell, 前引書，p.403.

社會主義思想的傳入和各種運動，美國的"色調"會更保守。這些都是很中肯的評估。

(二) 共產主義在美國

20 世紀有過兩次反共高潮，一次是 20 年代的"恐赤潮"，一次就是 50 年代初的麥卡錫主義。而在整個戰後冷戰時期，反共始終是主流意識形態。在自由主義知識分子中，對此有兩種態度：一種是根據信仰自由的原則，"我堅決反對你的主張，但我誓死保衛你發表的權利"，因此對不寬容的反共主義持批判態度；另一種邏輯是共產主義排斥一切其他思想信仰，共產黨執政後必然剝奪人的思想自由，因此為了保衛基本自由，必須反對之。

美國共產黨是於 1919 年作為一個激進的派別從社會黨中分裂出來成立的。時在俄國十月革命後兩年，當然與此有關。從此以後，它與各國共產黨一樣，主要聽命於共產國際，也就是聽命於蘇共中央，在政治路線、幹部訓練和組織安排上幾乎完全接受蘇聯的領導。國際共運的鬥爭和分裂，蘇共的內部鬥爭和政策變化，都對美共有直接影響。蘇聯的行為和形象也就決定了美國公眾對美共的印象。美國共產黨一成立，就以戰鬥的姿態出現，宣佈以暴力推翻現政府的綱領，號召無產階級組織自己的國家以鎮壓資產階級，與此同時，的確出現了一系列的行動，如波士頓警察罷工、西雅圖工人總罷工、後來成為美共總書記的福斯特領導的 50 萬鋼鐵工人大罷工等。另外，還有一些以布爾什維克名義進行的恐怖活動，其中最大的一次是 1920 年 9 月紐約華爾街的爆炸案。當時歐洲許多國家也出現了紅色政權，一時之間似乎山雨欲來，世界革命即將到來。與西方列強聯合武裝干涉新生的蘇維埃政權的同時，美國掀起了"恐赤潮"，政府乘機大肆鎮壓，並且不通過法律程序而對共產黨人突然襲擊、搜查和逮捕，對更多的人進行監控。在"恐赤潮"下，美國公眾對這種違反人權的做法予以容忍。特別是大多數第一批共產黨人是新移民，政府可以以"違反歸化法"罪名剝奪其公民身份，將其驅逐出境。不過，這一次"恐赤潮"為期比較短。不久，歐洲的紅色政權相繼被鎮壓下去，美國的罷工失敗，暴力事件也不再發生。1921 年上任的哈定總統承認對美國布爾什維克的影響過分誇大。事實上，從 20 年代之後，美共一直處於低潮。它隨着蘇共的黨內鬥爭把主要精力放在了內部鬥爭上，不斷分化，加上客觀條件，自然不可能有很大作為。

1929 年經濟大蕭條，使美國人首次對能夠沿着原來的道路發展下去的信心發生了動搖，在此以後的兩三年也是歷史上絕無僅有的美國人轉向蘇聯找工作出路的時期。小羅斯福上台後，對內的兼容性空前寬大，對外恢復了與蘇聯的外交關係。正好蘇聯方面於 1935 年號召建立反法西斯"人民陣線"，這樣，同資產階級政黨合作就不再是"機會主義"了。這是美共發展的一次絕好的機會，可以放手支持羅斯福"新政"，與此同時發展壯大自己的勢力。到 1939 年，黨員達到了 7 萬人的頂峰。這也是美共歷史上唯一一次與左派自由主義力量（例如《新共和》雜誌、《民族》週刊和進步黨、農民勞工黨等）結成統一戰線，進入美國主流政治的邊緣。同時，蘇聯的形象在美國人的心目中也有所改善。但是在此期間，有兩大事件對美共打擊很大：一是史大林的大規模清黨，一是 1939 年蘇德簽訂互不侵犯條約。

儘管從根本上說，布爾什維克主義與美國的自由主義思想是格格不入的，但是十月革命後，一大批有着批判現實主義傳統和嚮往平等社會理想的西方知識分子熱情歡呼一個新制度的誕生，美國也不例外。從20年代到40年代的著名作家、藝術家和其他知識分子中相當多的人都有過左傾和"親蘇"的歷史。共產黨主辦的報紙雜誌常有他們的文章。有些人加入過共產黨，有些人是同路人。1932年美國共產黨總書記福斯特競選總統時，還得到了許多知名知識分子的支持，如德萊賽、安德森、道斯帕索斯等。但是1936—1937年間發生了著名的"莫斯科審訊"，這使許多對俄國革命抱有理想的西方知識分子始而震驚，繼而失望。特別是原來許多左派知識分子對托洛茨基和布哈林都有好感。於是，以本來也曾同情過蘇聯的著名哲學家杜威為首組成的調查委員會，對史大林對托洛茨基的指控（即說他1917年就背叛了布爾什維克革命）進行調查，結論是：證據都是偽造的。隨後，在杜威領導下又成立了"爭取文化自由委員會"，成立宣言上有140名知名人士的簽名。這是左派自由主義者與蘇聯及共產黨決裂的先聲。美共內部照例產生了一次分裂，在史大林指示下，被認為與布哈林關係密切的原領導人拉夫斯通等一批人被開除出黨。不過，這一次因為有反法西斯"人民陣線"政策，美共的對內對外政策基本都能與美國政治的主流相配合，暫時損失不太大。隨後，史大林於1939年突然宣佈與希特拉訂立互不侵犯條約，把美共置於極為尷尬的境地。一夜之間，美共的立場從動員一切力量為反法西斯而鬥爭轉為為蘇聯的行為辯護，聲稱德國與其他國家之間的戰爭就是資產階級之間的爭奪，主張採取中立態度，而且利用其在部分工會中的影響，致力於破壞兵工廠的生產。這不但脫離了當時廣大美國人的感情，而且站到了羅斯福政府的對立面，失去了許多同情者。到希特拉大舉進攻蘇聯時，美共又180度大轉彎。兩年中

的這兩次公開的對蘇聯亦步亦趨的大轉彎，使美共在群眾中威望大
跌。在當時美蘇作為同盟國共同作戰、美國人對蘇聯有一定好感的
情況下，影響還不十分明顯，但是在美國人心目中留下的印象，戰後
在冷戰中成為反共主義的依據之一。

　　美國第二次反共高潮是在二戰結束後，從 40 年代末到 50 年代
中期。這一次的國際背景比上一次更加複雜：一是冷戰，出現了兩
個陣營；二是反帝、反殖的民族解放運動高漲，並多數與左派的社
會運動相結合，其中最重要的是中國革命的勝利，一時之間，馬克思
主義被認為是 "未來的潮流"。雙方都認為兩種制度、兩種意識形態
不可調和，決戰攤牌只是時間問題。在這種情況下，美共以其與蘇
聯的密切關係和忠於蘇聯的立場，被視為與二戰前和二戰中的親德
法西斯團體同樣的 "第五縱隊" 和 "非美" 勢力。美國戰時為對付德
國法西斯向美國滲透的法律、組織機構和一整套做法，都被現成地
拿來對付共產黨和與它有關的外圍組織和人士。事實上，此時美共
本身已無多大勢力，形成不了對美國安全的威脅，1948 年支持進步
黨華萊士競選總統是其最後一次參與主流政治的活動，失敗以後，
從此一蹶不振。但是由於蘇聯的關係，它始終被當作一個 "裡通外
國" 的陰謀集團來對待。由於不斷分裂過程中的前黨員的揭發、大量
滲透進去的聯邦調查局特務的破獲以及政府各種手段的突然襲擊和
逮捕審訊，秘密工作暴露無遺。

　　美國掀起反共高潮還有國內政治原因。主要是右派對羅斯福 "新
政" 的中左路線的一次反動，所有反對 "新政" 的右派勢力都可以以
造成 "共產黨滲透" 為罪名攻擊自羅斯福執政以來的政策，包括反對
其繼任杜魯門政府。這當然與兩黨政治有關，但反對者不僅限於共

和黨，也包括民主黨內右派，還有其他各種社會勢力，包括相當一部分工會勢力。根據美國歷史學家霍夫施塔特的分析，以極端反共姿態出現的麥卡錫主義更深刻的思想根源是存在於美國底層的"反智主義"（anti-intellectualism），是保守的平民主義對知識分子的不信任和反感，而羅斯福"新政"時期是美國歷史上最大規模的知識分子參政、專家在政府中發揮作用的時期，當時這批人的基本傾向可稱為左派自由主義，其中也有不公開身份的共產黨人。另外，美國的社會主義和馬克思主義主要只存在於知識分子中，除了在短期和極為有限的範圍內，始終未與勞動群眾相結合，甚至也沒能進入爭取種族平等的民權運動的主流。所以平民中反知識分子、反理性的情緒在某種情況下可以與反一切左派思潮結合起來，得到發泄。就杜魯門而言，他本人的思想原也是反蘇反共的，為了應付政敵的攻擊，更得採取強硬的反共立場；為了動員全國力量進行反蘇的"冷戰"，也得以"赤色恐怖"恐嚇人民。所以整個冷戰時期，互相指責"反共不力"、"對蘇軟弱"成為美國政治鬥爭中的一項經常的話題，而民主黨由於歷史的原因，往往處於守勢，正因為如此，在實際行動上，民主黨有時反而走得更遠。

在40年代末到50年代中期的反共高潮中，發生了1949年以宣傳顛覆政府罪對11名共產黨領導人的審訊和判刑（本來有12名，美共總書記福斯特因健康問題未出庭），所依據的法律就是1940年為對付法西斯組織的破壞而通過的《史密斯法》，1950年又通過了旨在將一切共產黨人的活動置於監控之下的《麥卡倫法》，等等。而對美國政治生活影響最大的是1947年杜魯門政府建立的"人事安全制"，也就是對政府工作人員實行政審制度，凡是其"忠誠"有問題，或對國家安全造成風險的人員，都在清除或不錄用之列，並通過了"忠誠宣誓"的法規（即公務員在就職時宣誓自己與共產黨無關）。所以，實際上在麥卡錫主義出籠之前，已經開始清洗了，麥卡錫主義是反共的高潮而不是開始。

在1956年蘇共二十大上赫魯曉夫的秘密報告和波匈事件之後，美共又發生了一次分裂，主要是對史大林的評價和是否仍應維護蘇聯的問題。許多黨員不滿意美共領導繼續忠於蘇聯的態度，紛紛退黨，一些左派同路人也與美共疏離。這次分裂在左派圈內稱"赫魯曉夫（造成的）離婚"。在這以後，老美共瀕於名存實亡。但是擁護馬克思主義、相信社會主義優於資本主義的人士仍然存在，並繼續發表自己的主張，只不過都明確與史大林主義劃清界限。到60年代，他們與新生的青年一代結合起來，成為一時頗具聲勢的"新左派"。

有一點值得研究的是，為甚麼60年代的新左派反抗運動沒有引起另一次反共高潮？特別是以前的左派只是"文鬥"，而60年代的運動暴力傾向比較明顯，發生過不少流血事件，除了黑人的暴力鬥爭外，還有基本上由白人青年組成的像"氣象員"那樣的進行綁架、爆炸活動的組織。而這些常是在"格瓦拉"和"馬庫斯"的旗號下，公開蔑視現有法律，宣揚從根本上反對現制度。更有甚者，這一運動反對美國正在進行的戰爭，不但有言論，而且以行動爭取美國打敗仗，公開與"敵人"聯手，與國際上反美和支持越南的力量相呼應，有些人還親臨越戰前線瓦解士氣，包括著名電影演員珍·方達。當然也發生過與軍警衝突的事，卻沒有像過去那種"紅帽子"、"外國間諜"滿天飛的現象。分析起來，可能有以下幾點原因：

1. 從根本上說，此時美國已經不感到"共產主義"作為一種潮流對它的威脅。十月革命之後和二戰剛結束時，儘管美共本身力量不大，但是"共產主義"作為一種新的世界潮流似乎來勢洶洶。一戰後，各國紛紛成立共產黨，歐洲似乎已處於革命前夜；二戰後，新出現了一批共產黨執政的國家，形成了社會主義陣營。這兩個時期還有一個共同點是各國共產黨都唯蘇聯的馬首是瞻。當時美共黨員並不都公開，底細尚未摸清，被看成陰謀集團。而到了 60 年代，儘管在地緣政治上被認為蘇聯處於攻勢（其實現在回頭來看並非如此），而就兩種制度而言，社會主義早已處於守勢，古巴危機的結果和柏林牆的建立是明顯的標誌。以中蘇論戰為標誌，共產主義運動也已分裂。情報機構對美國共產黨和各種左派組織的底細也已摸清，不認為會造成威脅。這是最主要的大背景。

2. 60 年代的運動除反越戰之外，黑人權利問題佔主要地位。形形色色的激進組織和行動大多是黑人在第一線，並得到白人的支持。進行鎮壓，就要落種族歧視的罪名，而甘迺迪和詹森的政治資本之一是主張種族平等、維護黑人權利，並且為此與南方種族主義勢力進行過鬥爭，他們絕不能放棄這一旗號。在現實層面上，此時黑人的情緒已達到白熱化的地步，如果鎮壓，可能激起更大規模的動亂，不可收拾。從意識形態上講，黑人運動離共產主義甚遠，沒有理由扣"紅帽子"。

3. 反越戰的人士範圍甚廣，包括政府內部官員、有名望的國會議員和各界社會名流，甚至如諾貝爾獎獲得者保林、世界聞名的小兒科醫生斯波克、前總統羅斯福夫人埃莉諾這樣的人，使政府每有行動必投鼠忌器。而激進的青年運動言行固然激烈，但基本上都是公開的，反對資本主義、反對帝國主義，也是公開的主張，且組織十分鬆散。更主要的是他們公開反對蘇聯,雖然有些派別自稱"毛主義",但顯然與中共沒有組織上的聯繫。這與老美共聽命於蘇聯完全不同。況且有組織的工人完全不在內,更無關大局。

4. 在統治當局方面,已經有了麥卡錫主義的反面教訓。如詹森總統後來所說,他當時儘管對反越戰運動非常惱火,但是他沒有動用《國家安全法》進行鎮壓,因為他更不願意再出現麥卡錫時代那種歇斯底裡的反共,造成全國的分裂,危及美國最基本的自由主義精神。那一次的創傷很久才得以平復,損失太大。衡量之下,他寧願採取偏於寬鬆放任的態度。

總之,美國資產階級在 60 年代以後已經有足夠的自信,共產主義、社會主義在國內作為一種政治思潮和力量完全不需要費力氣去對付了。其反共主義主要用在國際上,所以外交政策始終不能擺脫意識形態的色彩。霍夫施塔特有一段話可以作為這種批判和改良的傳統的總結:

> 如果沒有不斷的反對、抗議和改良的傳統,以美國所處的時代和位置,其制度就會成為純粹的弱肉強食的原始森林,大約不會發展成現在這樣出色的生產和分配的制度。……單是看一下稅收制度的歷史,就可以提示我們,在把社會開支讓那些最能承受的人去負擔這一點上,自由主義傳統給我們帶來多大的好處。[1]

---

1   Richard Hofstadter, *The Age of Reform: From Bryan to F. D. R.*, Alfred A.
     Knopf, 1965, p.20.

　　不論是在政界還是在知識界，形形色色的社會批判家的出發點和主張有很大差別，從溫和到激烈到無政府主義和烏托邦社會主義都有。但是他們價值觀的基礎和理論框架還是沒有脫出自由主義、天賦人權的傳統。大家都從《獨立宣言》中找尋根據。前面提到，美國開拓和發展的歷史經驗使社會達爾文主義容易被接受。但是同樣的經驗也可以成為改良主義的思想資源。有一部分美國人根據自己的切身經驗認為，啟蒙思想所倡導的個人通過理性和奮鬥有力量把世界改造得更加美好的思想更能體現人的尊嚴，也就是建立更加平等的社會。保守派以個人主義為基礎，為維護不平等的現狀辯護；改良派也從同樣的個人主義出發反對壟斷資本，認為大財團是罪魁禍首，只要對它進行控制和抑制就可以解決問題。所以，他們都不反對私有財產和個人主義，而認為在現行民主制度中可以把政府從既得利集團的手中奪回，使其通過立法建立比較平等的社會。這是社會思潮的主流。當然也有更為激進的派別，不相信通過現行制度和政府立法能實現真正的個人自由，如當時俄國的無政府主義、法國的工團主義，他們在美國都有反映，在 20 世紀初引起過一定注意，但是他們人數很少，影響也很小。

第六章　公益基金會與捐贈文化的獨特作用

在美國，漸進的改良進程中有一個重要組成部分，就是私人捐贈的公益基金會。它對 20 世紀美國的發展所起的作用無法估量，有論者稱："美國重要的文化項目，無論大小，鮮有不直接或間接與基金會的哲學思想或影響有關的。"[1] 此話毫不誇大，而且美國基金會的影響絕不止於本國，而是遍及全世界。事實上，這一具有美國特色的事物的興起，也可以算作進步主義運動的一部分。

一　巨大的財富流向何處

有一條社會新聞可能有象徵意義：1897 年 2 月，紐約著名富婆布萊德利—馬丁夫人在華道夫大酒店舉行了一次盛大的化裝舞會，

1　E. C. Lindman, *Wealth and Culture*, p. 20, 轉引自 Raymond B. Fosdick, *The Rockefeller Foundation, Nineteen Thirteen to Nineteen Fifty*, Harper & Brothers Publishers, New York, pp. 304—305.

據説花費有幾十萬美元（當時的價值），她刻意模仿法蘭西王朝盛時凡爾賽宮的排場，她的丈夫化裝成路易十五，她扮成英國斯圖亞特王朝的瑪麗女王，同時戴着法國末代王后瑪麗·安東尼的寶石項鍊。到場嘉賓六七百人，絕大多數都化裝成歐洲王公貴族，滿堂珠光寶氣。酒店外的人行道上有 250 名警察站崗，以防"有無政府主義傾向"的危險分子搗亂，紐約市警察局局長親自指揮。此人不是別人，就是西奧多·羅斯福，四年後他登上總統寶座，成為進步主義運動的旗手，這是後話。而此時此刻，他的夫人也是應邀的嘉賓，正在裡面跳舞。

　　這個時期大城市的豪門盛宴是一種時尚，奢靡成風，常是記者爭相追逐報道的題材。而且同一切暴發戶的心態一樣，他們也刻意模仿被他們推翻的貴族。紐約布氏夫婦的豪華舞會尤為著名，幾年來已經舉辦過不止一次。這一次的特殊之處在於，正當經濟大蕭條、路有凍死骨之時，許多頂級富人圈內的朋友都認為不妥，設法勸阻。主要是他們已經感覺到底層百姓的強烈不滿情緒，擔心此舉火上澆油。然而這位財大氣粗的夫人不為所動，一意孤行，而且事先在媒體上大肆宣揚，希望造成轟動效應。結果適得其反，舞會成為輿論的一個轉折。儘管沒有爆發革命，夫人也沒有像她所崇拜的兩位瑪麗王后那樣上斷頭台，卻引起輿論一片譴責之聲，各大報紙競相用尖刻的語言抨擊這一事件，進而矛頭直指頂級富豪階層及其生活方式。紐約也不再是他們的天堂，一向與他們關係很好的市政府乘這股風決定對布氏夫婦提高稅率。最後，這家人在紐約待不下去，只得"自我放逐"到英國定居。兩年後，范伯倫的劃時代名著《有閒階級論》出版，系統地批判了這種暴發戶以炫富來爭取社會地位的消費心理，起到了移風易俗的作用。

　　勸阻人們參加布萊德利夫人舞會的，還有摩根和洛克菲勒家族各自所屬教堂的牧師，他們不約而同地號召信徒們不要去參加這場舞會，並且說這筆錢應該用於慈善事業。不論是否響應牧師的號召，事實是，包括洛克菲勒在內的另外一些頂級富豪確實這樣做了。大約十年後，他們也是不惜"一擲千金"，不過不是用於聲色犬馬，而是用於公益慈善事業。他們創建了公益基金會，以這種新型捐贈模式壓倒了炫富、奢靡之風，引領了社會餘財的流向。此事的意義怎樣估計都不為過，這對美國人來說，的確是莫大的幸運。

二　與傳統慈善的區別

　　"濟貧"是很古老的觀念，非始於工業社會。富人捐錢於慈善事業，古已有之，中外皆然，非美國所獨有。在歐洲古代主要由教會興辦各種慈善事業，在中國"為富而仁"、"樂善好施"也是傳統美德的一部分，但是這些與現代公益基金會還有所區別。19世紀中葉，歐美大多數進步人士和慈善家都開始對傳統的濟貧模式抱有疑慮，認為慷慨不當適足以刺激更多的需求，使無業之人認為領取救濟理所當然。他們逐漸把兩種幫助對象區別開來，一種是基本上無自立能力的老、弱、病、殘、孤兒等，為純救濟對象，對無家可歸者設救濟院加以收容。另一種是有勞動力的貧困人群，援助的目的在於使受援者有能力自立，並且有機會參與社會競爭。歐洲、俄羅斯和美國已經開始有少數名目不等的私人基金會。但是成為一種完備的制度，數量之多、規模之大和影響之重要，確實是20世紀美國的獨特現象。其不同於傳統慈善捐贈的特點是：

（1）在用錢的理念上從長遠着想，重治本而不是單純的濟貧。其口號是"治理貧困的根源"，目的是為大多數人提供自食其力的能力與機會。例如福特基金會的一位負責人曾強調，基金會與其他慈善機構不同，不是去解決問題的後果，而是向造成問題的原因開刀。

（2）科學地、有組織地分配捐贈，而不是即興地，憑個人一時發善心。

（3）在運作上，它與現代企業有類似的機制，有一套制度和法規，聘請專業人才管理，會長略相當於企業的總裁，有較大的決策權。

（4）財富一旦捐出，即屬於社會，接受政府和公眾的監督，捐贈者不再能任意支配。基金會按照註冊的宗旨資助相關對象是義務，授受雙方沒有施捨和受恩的觀念。

正式的"基金會"根據美國"基金會中心"給的定義是："非政府的、非盈利的、自有資金（通常來自單一的個人、家庭或公司）並自設董事會管理工作規劃的組織，其創辦的目的是支持或援助教育、社會、慈善、宗教或其他活動以服務於公共福利，主要途徑是對其他非盈利機構進行贊助。"美國公益基金會多如牛毛，而且在不斷變化中，每年都有新的出現，資產大小差別極大，自定的目的五花八門。每個基金會的資產因股市升降而每年有所不同，很難做精確的統計。

基金會儘管側重點各有特色，甚至同一個基金會在不同的會長主持下工作重點也有變化，但是大方向基本一致。綜合性的大基金會在宗旨中都有"傳播知識"、"促進文明"和"造福人民"的內容，同時，既然是某種慈善事業的延伸，社會弱勢群體必然是其主要關注點。另外，美國幾家帶頭的大基金會一開始就帶有世界性，國際工作是一個重要方面。最早的卡內基基金會（1911）的宗旨是："增進和傳播知識，並促進美國與曾經是英聯邦海外成員的某些國家之間的了解"，當時眼光還只及於英語地區。稍後成立的洛克菲勒基金會（1913）的宗旨是把傳播知識和增進福利擴大到"美國和世界其他地方"，它的工作也的確是從一開始就面向全世界的。福特基金會後來居上，在很多年中，資產在美國眾多的基金會中遙遙領先、獨佔鰲頭（進入 21 世紀為比爾·蓋茨基金會所超過），其工作範圍更是遍及全世界。現在美國基金會有海外項目已是司空見慣了。

以下的介紹僅以卡內基、洛克菲勒和福特三大基金會作為典型，以見一斑。[1]

三　對內推動社會改良

（一）教育、文化、科學

既然援助的目的是創造平等競爭的機會，那麼首先就要消除造成機會不平等的主要因素。根據當時美國主流的認識，在同是正常的健康人的條件下，教育機會是最重要的。這符合進化論的信仰：人的優劣不是天生的，而是可以通過教育來改變的。貧寒子弟缺乏受教育的機會，是他們處於劣勢的主要原因。所以，綜觀美國各大

1　在本書出版後，筆者另有專著《散財之道──美國現代公益基金會述評》，初版於 2003 年，詳細論述美國的公益基金會，現已有第四版修訂版，題為《財富的責任與資本主義演變》。這裡僅以三大基金會為例做簡要論述。

基金會的歷史和捐助領域，最突出的共同點是把教育事業放在第一位，這幾乎是基金會存在的共同理由，前面提到的權威工具書給基金會下的定義也把援助教育放在其創辦目的的第一位。大學、中學、職業教育、黑人教育、專項研究、教師待遇、圖書館以及對校舍、教學設施、教育改革的研究等無不得到其關注。

以安德魯‧卡內基為例，早在 1889 年他發表了《捐贈的最佳領域》一文，提出七大領域中第一、二項就是大學和公共圖書館。緊接着，他個人最有名的創舉是在美國各地和英語國家建立公共圖書館，20 年中鍥而不捨，共捐款 4300 萬美元，建立了 2000 座圖書館。1900 年，他捐資 1200 萬美元創辦卡內基理工學院，即今卡內基梅隆大學，是美國一流的理工大學之一。1905 年成立"卡內基促進教學基金會"（啟動資金 1000 萬美元），用於大學教授的退休金和美國教育問題的研究。這一動作有深遠意義，以此為開端，引出了 1918 年成立的"教師保險與年金協會"，使教師先於其他社會階層開始享受退休金保障。此外，他還曾捐款給多家黑人學院。1904 年設立"卡內基英雄基金"（500 萬美元），獎勵見義勇為的公民，這項基金延續至今。這些都是在卡內基基金會正式成立之前的事。

1911 年，老卡內基以其個人剩餘的 1.5 億資產的絕大部分建立了"紐約卡內基集團"（Carnegie Corporation of New York），通常稱的"卡內基基金會"指的就是這一個，其工作仍舊以教育為首要重點，普及與提高並舉，或根據形勢需要輪流突出。形式多種多樣，僅舉一例：20 世紀 60 年代，在卡內基集團成立的"電視教育委員會"建議下，詹森政府向國會提出並獲通過，成立全國性的教育廣播電視集團公司，這就是現在在全美廣受歡迎的、唯一不靠廣告支持的"公共教育"頻道。

　　與老卡內基一樣，老約翰 · D. 洛克菲勒在建立基金會之前就已有大量捐助，1901 年成立"洛克菲勒醫學研究所"，1903 年建立"教育總會"（General Education Board）。他在教育方面最有名的是 1892年創辦芝加哥大學，到 1910 年捐贈最後一筆錢，累計捐款 3500 萬，創歷史上獨家對一所大學捐款之最。老洛克菲勒拒絕了以自己的名字命名該校的要求，也不干涉其建校方針及管理，只提出"一切都要最好的"，果然芝加哥大學今已是世界級的名牌大學。

　　"洛克菲勒基金會"於 1913 年在紐約正式註冊成立。其宗旨是促進"知識的獲得和傳播、預防和緩解痛苦、促進一切使人類進步的因素，以此來造福美國和各國人民，推進文明"。洛氏的重點是醫療衛生，同時把醫學和教育結合起來。首先他與卡內基基金會合作，在博採歐洲各國所長的基礎上改建約翰 · 霍普金斯醫科大學，使其代表了美國當時醫學的最高水平。洛氏基金會頭 10 年的幾大業績之一就是與先此成立的"教育總會"合作，在美國和世界各國建立高水平的醫學院和改進醫學教學。眾所周知，在中國建立有名的協和醫學院及其附屬醫院，就是洛克菲勒基金會這一時期在海外頭等重要的項目，是洛氏的得意傑作之一。[1]

　　福特基金會財力雄厚，出手很大，於 1950 年重新確定綱領，目標是："加強民主價值，減少貧困和不公正，促進國際合作，促進人的成就"，實際上仍以教育為主。 1955 年，福特決定大規模出售股份以符合股權分散的潮流和政策，在此之前他做了一筆空前巨大的

1　詳見資中筠：《洛克菲勒基金會與中國》，《美國研究》1996 年第 1 期。

一次性教育捐款：5.5 億——相當於其前 18 年付出總數的 1.5 倍。其中一半捐給了全國 600 家大學和學院，用於提高教師的工資待遇；另一半分別給了 3500 家義務性質的非盈利醫院和 45 家私立醫科學校。以後的歷屆主持人繼續以教育為重點，甚至認定福特基金會就是一個教育基金會，並且也是普及與提高並重，根據其主持人的認識輪流突出重點。福特與卡內基還聯手成立了"全國優秀獎學金基金"，被認為是美國有史以來最大的大學獎學金項目。另外，還建立了教學設備實驗室，專門從事實驗和設計各種新的學校設備和教學工具，卓有成效。

美國每隔一段時期，就會提出教育改革的需要，這也是一些大基金會的關注點。他們在幾次教育改革浪潮中都撥巨款聘請頂級教育家參與研究，產生了一系列報告，對各大學的教育思想和政府關於教育的決策，以及全國教育改革都有重要影響。

在科學研究方面，各基金會支持的單項研究取得成果的不計其數。一般說來都帶有開創性。首先是醫學研究。卡內基提出的"捐贈的最佳領域"，繼教育之後就是醫療衛生，這也是與創造平等競爭條件的理念相一致的。特別是洛克菲勒近一個世紀以來一直關注科學，其傳統強項就是醫療衛生和農業。洛克菲勒基金會註冊成立之後第一個重要行動就是建立"國際衛生小組"，第一項任務就是把它發起的鈎蟲病防治和公共衛生工作向全世界推廣，在疫情重點地區開展的防治和控制鈎蟲病、瘧疾、傷寒等工作取得了相當大的成績；洛克菲勒醫學研究所成立之初的短短幾年，就對流行性腦膜炎、小兒麻痹、黃熱病和梅毒的研究取得了突破性的成果，成功地分離出了疫苗；1928 年，英國人弗萊明發明青霉素的研究，也得到洛克菲勒基金會的資助。這些成果把美國和世界的醫療水平向前推進了一大步。其他如工業醫療（即職業病）和精神病的研究、遺傳學、生物物理和生物化學，以及研究儀器的改進和發明（如探測鏡、X 光分解儀等），都是在洛氏的支持下取得突破性成果的。這方面的科研與在世界各地的扶貧工作結合起來，到五六十年代後，工作重點更加向第三世界傾斜。它的傳統項目——農業和農作物品種改良——對印度等一些第三世界國家的"綠色革命"有很大貢獻。1970 年，受洛氏資助的農業科學家諾曼‧博洛格獲諾貝爾獎，當時有人提出應把這項獎頒給洛氏基金會的集體。這一重點延續至今。

除醫、農外，洛氏對其他科學研究和傑出的科學家都有扶植。最突出的是，後來參加製造原子彈的"曼哈頓計劃"的主要科學家中，曾接受洛氏資助而獲得關鍵性成就的竟有 23 名之多。一些後來導致原子分裂的重大科學研究，如迴旋加速器的研製成功，主要靠的是洛氏的資助。此事後來引起基金會負責人的自省，引發了關於自然科學家對發明用途是否負責的討論。

(二) 社會改良和社會科學

改良主義是公益基金會與生俱來的特點，如卡內基基金會的一位負責人說，基金會就應該預見到社會變化所引起的壓力，及時幫助主要的機構適應這種變化。也就是說，基金會本身就以改良社會、緩解矛盾為其存在的理由，為此，需要走在時代前面。與進步主義時期的思想家一樣，教育、公共衛生本身被認為是大規模扶貧和改良社會最重要的手段，而支持科學研究和發明則體現了前瞻性，促進了整個人類文明的進步。當然，還有各種類型的直接和間接的扶貧和福利項目。在進行實際工作的同時，研究社會問題，提出針對性的改革之道，自然是題中之義。所以，美國社會科學的發展也與大基金會的扶植分不開。

這裡解剖一下洛氏從自然科學到社會人文科學的過程是有意義的。對洛氏基金會的成立，以及其前期的決策起決定性影響的弗雷德里克·蓋茨是一個醫學迷，他深信健康為人類福利之本，發展醫學可以解決一切問題。所以早期的洛氏基金會幾乎全部工作都在這方面，對這一現象不滿的工作人員稱基金會"被一群醫生所俘虜"，開展其他項目的主張往往受阻。不過在執行秘書格林堅持下，還是出資成立了"政府研究所"，後來併入著名的"布魯金斯學會"，這是洛氏資助的最早的社會科學項目。

1922 年，老洛克菲勒為紀念亡妻勞拉，斥資 7400 萬設立"勞拉·斯貝爾曼·洛克菲勒紀念基金"（Laura Spellman Memorial Fund），任命一名學心理學專業的青年拉默爾為主任。他立即確定以社會科學為該基金的中心任務，並以極大的熱忱進行。其最重要的建樹是 1923 年贊助成立"社會科學研究理事會"（Social Science Research Council），該組織至今都是美國促進社會科學各專業的發展、交流和合作最重要、最權威的機構。它資助的從事社科研究的機構還有：布魯金斯學會、太平洋關係學會、全國經濟研究局等。此外，還直接資助個人和單個項目，從而與美國以及歐洲許多國家的大學建立了聯繫。

1928 年洛克菲勒基金會接管"勞拉紀念基金"之後，關於社會科學方面的工作連同這一主導思想和資助模式都一併繼承下來，而且在新的條件下有所發展。此時正值經濟大蕭條，接踵而來的是德國

納粹上台和歐洲戰雲密佈。洛氏基金會以會長福斯迪克為首的一批
負責人敏感地意識到社會科學的重要性。他們見證了在生產力突飛
猛進中的經濟崩潰和社會危機以及與巨大財富並存的廣大群眾的極
端貧困，也看到了自然科學發展不但不一定造福人類而且可以成為
災禍，大聲疾呼人類對自然的征服超過人類控制自己的能力的危險
性。基於這一共識，基金會一致決策以社會科學為新的突破口。確
定的重點有三：經濟穩定、公共行政管理和國際關係。

　　第一項的提法是"經濟穩定"而不是一般的經濟學，其主導思
想是提倡以科學方法研究經濟不穩定所造成的危害，並提出切實可
行的措施。資助對象有美國及國外、國際的各種研究機構、大學有
關科系以及個人項目等，不勝枚舉。中國的南開大學經濟研究所於
1928 年成立後不久，就成為洛氏在亞洲資助的重點，因此得到較大
的發展，在與實際相聯繫的研究課題上做出了成績。

　　在行政管理方面，主要目的是為政府提供合格的工作人員，以配
合 30 年代羅斯福"新政"之後政府迅速擴大的需要。為此捐資給一
系列大學培養此類人才，特別具有開創性的是在哈佛大學建立了行
政管理研究生院和在華盛頓的美利堅大學設立了在職公務員進修的
計劃。

　　福特基金會從 1950 年改組整頓，確定工作重點在五個領域：1)
和平問題；2) 民主問題；3) 經濟問題；4) 教育問題；5) 對"人"進
行科學研究並把這一研究成果充分用於民主生活的各個方面。最後
一個領域更是福特基金會的獨特貢獻，由此幾乎一手扶植了美國"行
為科學"的建立和發展。

　　除三大基金會外，還有其他扶助社會科學的先驅，不再一一列

舉。在一定程度上，基金會的鼓勵可以影響一個學科或學派：例如在社會學方面的功能主義、政治學的行為學派、發展經濟學的"人力資本"學說等，在其開創階段，基金會的大力資助起了很大作用。在這些領域內的一大批名家，包括諾貝爾獎獲得者、經濟學家舒爾茨，以及行為主義—多元主義政治學家達爾等，都得到過上述大基金會的大力支持。

（三）密切關心美國所面臨的國內外重大問題，為美國政府出謀獻策

以下是兩個例子以見其規模：

50 年代中期，冷戰方酣時，在美國人心目中蘇聯和"共產主義"勢頭正旺，第三世界又在興起，全球性爭奪將全方位地展開，美國面臨嚴峻考驗，須謀求應付之道。在這一背景下，1956 年，以"洛克菲勒兄弟基金會"[1] 為首，進行了一項規模宏大的工程，集中了 100 多名各個領域的一流專家和政府官員、企業家，共同就美國內政外交各方面的問題進行全面深入研究。他們歷經四年，寫出了六大報告，包括外交、軍事、對外經濟、內部經濟社會、教育、民主等各方面，從 1958 年到 1961 年分四次陸續發表，然後再集合成書，題為《美國的前景——洛克菲勒專題小組報告》，副標題是："美國民主所面對的問題和機遇——在外交政策、軍事準備、教育以及社會經濟事務諸方面"。每一份報告都是由專家小組集體創作，面面俱到，既有理論，

1　Rockefeller Brothers Foundation 成立於 1940 年，由小約翰·洛克菲勒的五個兒子把他們原來各自的基金合併在一起而成，為第三代。它與原來的洛克菲勒基金會不是一個組織。

又有資料，最後有對策性結論，都能獨立成冊。從開列的名單看，確實是名家薈萃，集中了當時美國的精英智慧，在美國的特定情況下，如果由政府部門出面召集，是很難做到的。[1]

80 年代，美國在高科技產業領先的同時，製造業滑坡，國際競爭力受到嚴重影響。特別是日本的製造業在國際貿易中咄咄逼人，使美國全社會產生危機感。1986 年麻省理工學院成立了一個委員會，研究美國自二戰以來的重要國內課題，集中了 30 名第一流的專家，對八個製造業部門深入研究和採訪調查，訪問了遍佈三大洲的許多企業，歷時兩年，對美國經濟發展的複雜問題進行了梳理，得出了明確的結論，並出版成書，為美國 80 年代後期以來調整經濟發展戰略、重新振興製造業起了重大的獻計和推動作用。這項工作從一開始就得到政府和企業的支持和配合，而出資者是斯隆和休萊特兩大基金會。如該書的序言所説，"沒有他們的支持是做不成這件事的"。[2]

以上只是無數案例中的兩例，説明基金會在這方面的工作的規模、模式和作用。事實上，幾乎所有與政策有關的部門的重大課題的研究、討論、出版都有基金會的資助，這已成慣例。選題的範圍大小不等，但至少都是其領導人認為有價值的，是既有現實迫切性又有長遠意義的課題，它能調動的人才一般不會是平庸之輩。

1　*Prospect for America*, *The Rockefeller Panel Reports*, Doubleday & Company, Inc., New York, 1961.

2　Michael L. Dertouzos et.al., *Made in America:Regaining the Productive Edge*, MIT Press, 1990. 中譯本題為《美國製造——如何從漸次衰落到重振雄風》，科技文獻出版社，1998 年。

(四) 種族問題

在美國，提到機會平等和社會改良，總是與種族問題分不開，所以，各基金會的社會工作大多與黑人和民權問題有關。

在這方面，教育仍是貫穿始終的重中之重。卡內基基金會在成立前後一直大力資助兩所最早建立的著名黑人職業學校：塔斯克吉和漢普頓學院[1]。還有一些在城市面向貧民區和貧寒子弟的項目，如幫助棄學兒童、法律救助等，主要受益者是黑人。

洛克菲勒家族有關注黑人問題的傳統，其先於基金會建立的"教育總會"原打算命名為"黑人教育總會"，後因顧慮白人反感遂改名，實際上仍以黑人教育為主。在第一次世界大戰前，這是最大的、有系統地資助黑人教育的組織。其方針也是以職業教育為主，目的是把黑人教育成適應在工業社會中自立謀生的人。當時在南方還沒有實行義務教育制度，整個基礎教育很薄弱。洛氏先後撥巨款以各種方式直接和間接在南方各州普遍加強公共教育，使黑人子弟從中受益，又撥專款通過各種渠道全力改善黑人學校和鼓勵建立黑人中學（主要是職業中學），取得一定效果。第一次世界大戰之後，又以南方一所大學為基地，培養南方教育專家，黑人白人都有，以備將來所需，後來卡內基及其他基金會也都參加了捐款。這一項目持續了30年，幾乎所有南方黑人高等院校的校長都是從這裡培養出來的。它不但為黑人教育提供了極為寶貴的人才，而且使黑人增加了自信，

1　這兩家學院是 19 世紀末根據黑人教育家布克·華盛頓的職業教育思想建立的工技學校，後稱為"塔斯克吉運動"。該學院至今仍存在。詳見本書第五章。

向白人顯示出黑人的才幹和潛力，這一效應的意義是無可估量的。

　　二戰以後，各基金會的重點開始向黑人高等教育轉移。此時，福特基金會開始活躍，在 1950 年以後的近 20 年間，直接用於黑人的各項開支達 2.5 億美元。1968 年遭到第二次國會調查（罪名之一是資助黑人競選）之後，它又於 1971 年大張旗鼓地宣佈出資 1000 萬以 6 年為期用於加強一批黑人高等院校的建設。

　　關於黑人問題的研究和改善黑人處境的措施，卡內基基金會有一項特別有意義的創意：1938 年開始，出資委託瑞典社會學家根納‧米爾達對美國黑人進行專題研究，該項工作完成得十分成功，研究成果於 1944 年出版，題為《美國的兩難處境——黑人問題與現代民主》。米爾達作為歐洲人，可以比較超脫和客觀。這部巨著正文 45 章，連同附件和註釋，共 1483 頁，至今都是研究美國黑人問題的經典著作。

　　此外，改善黑人處境的工作還有：培訓善於處理種族問題的警察，成立為貧民窟的居民提供法律援助的社區律師事務所，對紐約黑人聚居區的醫療援助計劃，有關城市貧困、危機和族際關係、青少年犯罪、老年和城市貧民窟問題的研究和治理等。

　　早期的黑人教育工作都是在承認種族隔離的現實下進行的，沒有向種族隔離挑戰，而且基金會內部多數人實際上也是接受隔離的。這種情況到 60 年代有所改變，如福特基金會開始活躍時，正值種族問題尖銳化和民權運動高漲之時；“洛克菲勒兄弟基金會”成立之時，黑人運動已進入新階段，它們在推進種族平等方面態度比較鮮明，工作也做得較多。許多黑人民權組織有關黑人教育、福利和爭取平權的工作成為它們的經常項目的資助對象。此外，還有許多對民權運動領導人的特別援助,包括直接資助馬丁‧路德‧金等民權運動領袖。在各大基金會中,福特基金會直接用於反對種族歧視和黑人福利的撥款遙居榜首,並在其決議中明確支持黑人履行選舉權。其中突出的行動是,在 1953 年麥卡錫主義猖獗時,資助"共和國基金"(一個民權組織)1500 萬,用以維護公民自由權,特別是黑人的權利。另外,還有培養青年黑人政治活動家等一系列被認為"激進"的活動,此事作為"介入政治",成為國會調查的一個問題。它還提出"社區發展"和"灰色區域"項目,並協助市政府研究和實施城市改造計劃,其中黑人問題佔主要位置。這些工作中的許多創意後來為約翰遜的"向貧困開戰"計劃所吸收。1968 年,福特董事會第一次吸收了一名黑人,改變了大基金會清一色為白人的歷史(現在不少基金會的領導機構都已有黑人,不足為奇)。

除以上著名的大基金會外,在幫助黑人方面特別值得一提的是羅森沃德基金會(1917—1946)。其創始人朱利葉斯‧羅森沃德是第二代猶太移民,可能由於自己對種族歧視的切身體驗,同時受黑人教育家布克‧華盛頓(下稱"布克")的影響,他從 1910 年開始從事捐贈事業就以黑人教育為重點,大力資助南方興建黑人學校。1917年正式成立羅森沃德基金會,以便更加有組織地從事這項工作。在二三十年代,當洛克菲勒退卻之時,羅氏仍堅持捐獻黑人校舍的活動,總計在南方 13 個州捐助成立了 5300 所鄉村學校。與此同時,也向一些黑人高校捐款,並為黑人高等教育提供優厚的獎學金。與其他基金會不同,羅氏在反對種族隔離方面起了先鋒作用。早在 1919年,它在南方推動成立"族際合作委員會",這一活動使當地政府和一般公眾開始對種族主義者濫施私刑的恐怖活動給予注意,迫使議會通過對黑人比較公平的法案，並使黑人生活進入當地媒介報道的內容。在當時的形勢下，這一委員會對改變南方種族關係的模式，營造較為寬鬆的氣氛起了幾乎是獨一無二的作用。在羅斯福"新政"開始時，羅氏基金會積極與之合作，向各有關部門提供專家，敦促他們關注黑人問題。羅森沃德基金會於 1946 年解散，他們在最後的報告中表示，該基金會致力於爭取各種族機會平等，在種族間建立溝通的橋樑，只要有可能就設法打破種族隔離，並已經為此盡了最大的努力。

　　總的說來，在美國眾多的基金會中，把黑人工作列為專項的還是少數。不過，幾家大基金會一直以黑人問題為社會改良的中心，為此所花費的資金、工作的規模和所起的歷史作用都十分巨大。在各類工作中，教育始終是中心，其形式可謂百花齊放，在二戰前，起了政府所不能或不願起的作用。其前期工作客觀上提高了黑人的教育水平和自信，對日後黑人自己為爭取權利而鬥爭的覺悟和能力所起的間接影響還是不可忽視的。

四　面向全世界

　　美國的基金會名目繁多，大多數的工作還是面向國內。不過從一開始，幾家大基金會就有海外工作。二戰後隨着美國本身在全球的超級地位的確立，越來越多的基金會把關注點擴大到國際上，並出現了許多新的在全球範圍內活動的基金會。

　　20 世紀前半期，洛克菲勒基金會為最早的先驅。

　　從一開始，洛氏從宗旨、觀念到實際工作範圍就是國際化的，而

且它對戰爭與和平的問題十分關切。除衛生、農業等都是面向世界
外,它在二戰前後的作為,更顯示了世界眼光。在戰爭爆發前幾年,
德國開始法西斯化時,洛氏就以搶救人才為己任,為此專門立項,撥
大量資金,幫助歐洲傑出的科學家和其他知識分子逃脫希特拉的虎
口,並給予適當安頓,使他們得以繼續其研究工作。在戰爭臨近結
束時,洛氏又設專項幫助培養戰後各科教、文化領域的領先人才,
以免知識精英因戰爭流失,使學術發展出現停滯期,並為戰後各國的
復興工作保留了大量建設人才。洛氏這一舉措的效果很難從數量上
來具體評估,但是其遠見和及時是不容置疑的,包括愛因斯坦等一
批後來的諾貝爾獎獲得者在內的數以百計的傑出人才都是受惠者,
對全世界的科學發展有重大意義,當然得益最大的還是美國。

　　在學術領域,自 30 年代開始重視社會科學起,國際關係是三大
重點之一,制定的目標是:"在有爭議的問題的情況下,促進不同國
家人民的相互了解;樹立和發展善於友好地解決國際爭端的專家的
作用。"為此目的資助的組織有美國"外交政策協會"[1]的研究部、"國
際聯盟"下屬的財政委員會和"日內瓦研究中心"[2]。防止二戰發生的

1　"外交政策協會"(Foreign Policy Association)成立於 1921 年,宗旨是"研究
　　一切對美國有影響的國際問題,並把結果告知最廣泛的美國人民,以使公
　　眾對外國問題有所了解"。它實行會員制,在 30 年代時會員遍及全美各州
　　和世界 20 多個國家,經費主要靠會員會費和捐款,總部在紐約,設研究、
　　出版和廣播等部門。
2　一戰後的"國際聯盟"總部設在瑞士的日內瓦,這裡成為國際信息中心。
　　由於美國沒有參加,信息就不那麼靈通,一些在日內瓦的美國僑民自願向
　　國內有關方面以通函方式傳遞信息,以補此不足。到 1930 年,組織成立
　　"日內瓦研究中心",正式出版兩份刊物,發表最新的信息和對當前問題的
　　看法。

目的沒有達到，但是在洛氏開創性的努力下，美國和其他國家關於
國際關係的研究確實發展起來了，這些資助在戰爭爆發後仍然繼續。
二戰後，洛氏的資助轉向聯合國，其下屬機構諸如衛生組織、教科
文組織等都是它的對象。

　　1939 年，在歐戰爆發而美國尚未參戰的關鍵時刻，洛氏基金會
主動向政府提出，願意出資建立一項"戰爭—和平研究計劃"，集中
全國最優秀的專家研究形勢，提出對策建議。國務院表示歡迎，願
意在不加干涉的條件下予以合作。這一項目通過紐約"外交關係委
員會"進行，持續到 1945 年二戰結束，洛氏獨家出資共 60 萬，每
年都提出報告，形成系列，當時不發表，只提交政府有關部門供參
考。所提出的意見不但為國務院，而且為國防部、海軍部和財政部
所採納，與戰後的實際外交政策基本吻合，諸如歐洲復興的重要性，
外援、支持民族獨立運動防止其倒向共產黨，以及建立國際金融機
構（1941 年的報告中就曾提出此意見）等都已在其中。如會長福斯
迪克所說："這一項目實際是一次調動全國的智慧協助外交政策的大
動員。"[1]

　　在 20 世紀前半期，這一工作是基金會的宗旨"傳播知識"的延
伸，同時也體現了"美國中心論"，相信自己是先進文化的代表，要
以科學和理性教化落後地區和民族。

　　二戰後，出現了新的形勢：一是美國成為全球超級大國，全球
任何角落都與它有利害關係；二是前殖民地國家紛紛獨立；三是在
冷戰的背景下，文化教育也注入了與"共產主義"爭奪的因素，大基

1　Fosdick, 前引書，p.220。

金會精英以其自己的理念，在這段時間的活動也必然與這些因素相關聯。

　　二戰期間，特別是二戰後，美國有關外交政策的"思想庫"蓬勃發展，其工作無不得到基金會的資助，而且一些重要的"思想庫"成員和基金會也有所重疊。其中最權威、對政策影響最大的當屬紐約"外交關係委員會"及其刊物《外交》(以前稱《外交季刊》)。幾大基金會與它的關係也最密切，它們是該組織除大企業直接資助外的主要資金來源。它與基金會人員之間的交叉重疊也最明顯。

　　福特基金會在 1950 年改組振興，確定工作方向。正值冷戰激化時，因此它的冷戰背景比洛氏更濃，而且其工作更加明確重點在爭奪第三世界。1952 年的一份文件稱，基金會決定把海外項目集中在中東和亞洲，因為這些地區有許多新興國家處於蘇聯—共產黨領域的邊緣，如果這些國家"民主失敗"的話，就意味着世界共產主義加強，發展中國家的戰爭危險就會增加。基金會會長霍夫曼認為，印度是中國的"軟腹部"，並且有希望走民主的道路。[1] 根據這一認識，福特的海外工作重點是印度。1953 年設"培訓與研究部"，其主任明確表示，培訓人才的宗旨就是"在海外直接或間接推進美國的利益"。[2]

　　與洛克菲勒一樣，福特支持過許多大規模的研究外交政策的項目。鑒於美國專門從事戰略研究的蘭德公司、防務分析研究所等機構都與美國政府有關，其研究成果常使歐洲人懷疑帶有傾向性，是

1　John B. Howard, "Oral History", *Ford Foundation Archives*, Box 4—5.
2　Edward H. Berman, *The Ideology of Philanthropy*: *The Influence of the Carnegie, Ford, and Rockefeller Foundations on American Foreign Policy*, State University of New York Press, 1983, pp. 56—57.

為了誘使他們配合美國的戰略需要而進行軍備建設，因此福特基金
會決定出資建立一所國際性的戰略研究所，地址選在倫敦，這就是
著名的倫敦"國際戰略研究所"。它每年公佈的世界戰略形勢報告已
為國際公認的最權威的報告之一。這是福特一大得意傑作。[1]

　　戰後，美國大力開展對外文化交流和宣傳，通過了著名的《1948
富布賴特法》和《史密斯—蒙特法》。但是從一開始就缺資金，因此
專門規定國務卿應該"最大限度地利用私人機構提供的方便"[2]。此
類工作原本就是基金會的題中之義，它們自然積極主動配合。富布
賴特計劃有賴基金會的資助，才得以啟動。另外類似的項目有：自
1947 年起每年都舉行的薩爾斯堡研討會、50 年代的美歐交流項目
（主要是幫助歐洲人了解美國）、在世界各地建立英語教學中心等，
都卓有成效。特別是在"歐美交流"項下，由美國人到美國文化發源
地的英國開辦系列講座，向英國高級教授講述美國，得到認可，並
且在英國把"美國學"作為獨立的學科成立學會，這是戰後的新鮮事
物，令美國人頗為得意。[3]

　　戰後，各大基金會以第三世界為工作重點。主要內容仍是教育，
其目標更加明確，是以西方的理論影響其發展道路，說是"如果這些
國家能熟悉西方社會科學所積累的經驗和知識，就有助於在制定社
會政策中避免犯錯誤，建立比較高效率的行政機構，並更快形成公

1　Joseph Slater, "Oral History", *Ford Foundation Archives*, Box 42—43.
2　Walter Johnson and Francis J. Colligan, *The Fulbright Program*: *A History*, The University of Chicago Press, 1965, p.35.
3　同上書，pp.128—130。

民責任感"[1]。更加直接的目標是培養能與美國合作並能維持這些國家的"穩定性"的新興國家領導人。在這一思想指導下,洛克菲勒、卡內基和福特三大基金會與世界銀行和美國國際發展署等機構密切配合,開始了在亞非拉國家發展教育,特別是高等教育的大規模計劃。1958年5月,卡內基在西維珍尼亞召開討論非洲工作的重要會議,參加者有各大基金會、美國政府有關部門和大企業代表,還有名教授專家、英國駐聯合國託管委員會代表等。這次會議對取得非洲工作的共識非常重要,而且克服了英國對美國插手其前殖民地的阻力。英國意識到諸如尼日利亞等國獨立在即,即將成為與蘇聯爭奪的對象,自己又無力包攬下來,只得靠美國。事實上,英國管理非洲殖民地教育的機構相當一部分資金就來自卡內基。

三家基金會既有合作又各有側重。一方面在亞非拉選擇重點國家建立大學,按照美國的制度和理念培養人才;另一方面設多種名目的獎學金資助亞非拉學生來美學習,特別是選拔外國學生領袖來美,以建立與美國學生團體之間持久的關係。同時推動哈佛、芝加哥、史丹福等大學在對亞洲和拉美國家的高校進行改造和建設中發揮作用、培養教師、傳播理論,等等。在這些方面,福特出手最大,有時一次就撥款千萬。

另一項工作是協助當地政府和有關機構制定發展計劃,收集和散發有關信息。亞非拉國家社會科學學科的建立和有關院校、研究所在形成的初期率多得到過基金會的支持。50年代之後,福特成為

---

[1] 1948年洛氏基金會工作人員的內部通信中語,轉引自 Berman,前引書,p. 79.

海外社會科學研究的最大資助者，在非洲捲入最深。60 年代，在剛
果共出資 300 萬建立政治行政學院，研究剛果社會，培養行政人才。
甚至還支持過設在坦桑尼亞的培訓葡屬非洲殖民地政治難民的學
校，引起與葡萄牙政府的糾紛。

五　與中國關係

(一) 20 世紀前半期洛氏基金會的重大影響

　　從一開始，洛氏海外工作的第一重點就是中國，於成立的第二
年 (1914) 就派人來中國。從 1915 年到 1949 年對中國的教育做了大
量的捐贈和扶植。其中最有名的就是協和醫學院及其附屬醫院，自
1916 年至 1947 年最後一筆撥款，用於創建、維持和發展協和醫學院
的資助總數達 44652490 美元。在中國長期資助的還有十幾家教會大
學。對南開、清華等國立大學有專項資助。特別是在抗日戰爭困難
時期，洛氏對中國有過專門的考慮和計劃，包括抗戰期間的圖書資
料、勝利後的遷校復校等。在抗戰最艱苦的最後兩年，還有"搶救中
國傑出知識分子"的項目。此外，中國高等院校和科學院的一些開創
性的自然科學和社會科學的學科建設，乃至周口店"北京人"的挖掘
等，都有洛氏的資助。此外，洛氏自 1917 年開始設立個人獎學金給
外國人到美國留學，在各國留學生中最突出的也是中國學生，這些
人回國後大多在各大學和政府部門任高級職務。

　　另一項工作是發展美國的東亞研究，特別是中國研究。過去，
美國的"東方學"指的是中近東——希伯來和波斯文化所覆蓋的地
區。最早對中國的介紹來自 19 世紀的來華傳教士，談不上學術研

究。歐洲的"漢學"傳入美國大約是在一戰以後，學術界開始重視中
國是在 20 世紀 20 年代末，洛克菲勒基金會又是其開創的推動者。
1928 年 12 月，洛氏獨家出資由"美國學術團體理事會"（American
Council of Learned Societies，簡稱 ACLS）發起在紐約召開美國"首
屆促進中國學會議"，出席的是恆慕義等美國早期漢學家，並專門請
來法國著名漢學家伯希和指導，說明當時美國漢學實屬初創階段。
與會者一致強調西方對中國歷史文化的無知和建立"中國學"的重要
意義，會議通過了幾項重要決議，從此中國研究進入美國的學術領
域。以後幾十年中，洛氏對這一學科的發展做出了巨大貢獻，在它
的推動下，到二戰結束時，美國有十幾家名牌大學建立起了以研究
中國為中心的遠東學圖書館，並保持至少三名以上教授遠東課程的
全職教師。國會圖書館的東亞藏書部、哈佛—燕京學社的圖書館等
都在其資助之列。洛氏把"中國學"放在人文學科內而不是國際關係
部分，並特意申明，主要不是為了貿易，而是為了思想的交流，美國
學生應該學會同中國和日本人民進行商業和政治以外的友好合作。[1]

（二）福特基金會的作用

　　若以 1950 年為界，前期的遠東和中國研究主要支持者是洛克菲
勒，那麼後期就是福特唱主角。由於時代背景不同，福特對中國研
究的資助側重在當代，特別是共產黨領導下的中國，其動機也較少
理想主義色彩而更多現實考慮。因此，福特把對東亞的研究歸入屬
於社會科學的國際關係。基金會 1952 年的工作報告首次強調發展

1　詳見前引文《洛克菲勒基金會與中國》。

亞洲研究的重要性："美國要克服亞洲對美國的誤解，並對該地區的成長有所作為，做到這一點的能力是與她自己對這一地區的知識成正比的，同時也取決於是否有幹練而訓練有素的人員來推行她的意圖。"報告還認為這是亞洲與世界和平的關鍵所在。根據這一思想，基金會建立了"國際培訓與研究項目"，致力於在一些經過挑選的大學培養外國和國際事務研究的人才。這一考慮的提出還是在麥卡錫主義盛行時，是當代中國研究在美國政府中尚屬禁區時，基金會的負責人自稱在當時是"逆潮流而動"，而在客觀上，這項工作的成績是為以後中美交往儲備了大量人才。[1]

六　基金會的作用和所體現的思想

以上對三大基金會的情況也只是略舉一斑，不過已能大致看出其活動規模、方式、特點和所關注的問題。舉這三大基金既是為敍述方便，也因為它們的綜合性和思想性可以代表美國基金會的主流。僅以上不完全的概述就足以證明，基金會對內是美國制度的支柱之一，對外是美國政府外交政策的"沉默的夥伴"。如果說社會批判運動和輿論的揭醜是對美國制度的疾病的檢查和診斷，那麼掌握雄厚財力的基金會的活動就是醫治社會病的一種手段。它所致力的不是"拆台"而是"補台"，是抹平尖銳的矛盾，推動健康的發展，因此基本上站在漸進改良的最前沿。在國際上，它當然維護美國的利益，不過始終忠於和平與人道的途徑，以文化教育為主業。"思想庫"一詞

1　Joseph Slater，前引書。

開始於羅斯福"新政"時期,而事實上基金會所資助的研究各種社會
問題的機構早已起到政策諮詢的作用,所以也可以說對這一新鮮事
物的出現至少有一份功勞。不論是自然科學還是人文社會科學,大
基金會的傾向性可以促成一些重大發明,或整個學科的建立和發展,
或影響某些學術機構的消長。它不但影響接受資助的人或機構,而
且直接或間接地影響政府政策。它本身接近權勢的重心,或可影響
重心的移動。這樣一種威力巨大的事物產生和發達於 20 世紀的美國
絕非偶然,與美國特色的資本主義制度和自由主義思想傳統分不開。

(一) 對捐贈的信仰

由於存在着關於捐贈的財產免稅的法律,今天許多企業或個人
成立各種名目的慈善事業的動機中,避稅往往佔很大成分。而且它
和政府常在稅制問題上發生矛盾。但是如果認為美國基金會之發達
就是來源於政府稅收制度的鼓勵,避稅是創立人的主要動機,則不
確,至少早期的基金會是在政府有關法律出台之前就成立了。即使
在今天,有了錢之後就要對社會或某項自己所鍾愛的事業做些捐助,
仍是美國人的一種精神寄託,不能完全以避稅來概括。例如安德魯·
卡內基和老洛克菲勒以及在他們之前的塞奇基金會,都是在有關稅
法出台之前成立的,當時所得稅很低,更沒有累進稅制。他們在沒
有成立基金會之前已大量捐贈多項事業,為錢花不出去而發愁,最
後接受了好友的建議,捐巨資成立基金會。洛氏家族更加突出,現
在已經到第五代了,仍然堅持最初的捐贈傳統,關注點始終是教育、
健康、民權、城市和農村的扶貧。其時間跨度之長、規模之大和成
就之廣泛與顯著,可以當之無愧地執美國乃至全世界慈善事業之牛

耳。這樣堅持不懈的一種事業，沒有一定的思想和理想的基礎是不可能的。

其中基督教鼓勵捐贈的傳統起了相當的作用，"富人進天堂比駱駝進針眼還難"之說多少有點影響。卡內基曾發表了題為《財富的福音》的文章，闡述了整套的財富觀和捐贈的理念，成為慈善公益事業的經典之作。他的名言是"擁巨資而死者，死於恥辱"，主張生前把餘財全部捐出來。[1]洛克菲勒在尚未致富之前對他的子女的教育就是，每 3 元零用錢中要有 1 元用來幫助需要的人。他的信條之一是"盡其所能獲取，盡其所有給予"。其好友弗雷德里克·蓋茨對他起決定性影響的意見有兩點：一是他的巨大財富如不在生前做恰當處理，對子孫是禍不是福，甚至對社會將產生不良影響；二是要科學地進行慈善捐贈，使花的錢產生最大的社會效益，變"零售"為"批發"。這是建立基金會之由來。對於那一代美國人來說，基督教的信仰的確是一種內在的動力。據說芝加哥大學校長每次向老洛克菲勒募款之前都要先舉行一種儀式：兩人一同祈禱，求上帝給予啟示。這樣，他募款的要求往往得到滿足。

基金會本身是矛盾的體現：有人說它是"靠平等社會給予的特權而存在的貴族機構，是違反'經濟人'的本能而用於公益目的高度集中的私有財產"[2]。那些大財團巨頭在致富過程中巧取豪奪、殘酷無情，而在捐贈中又如此熱忱慷慨、急公好義，以社會乃至人類的福祉為己任。這些基金會的董事會成員及主要負責人相當長的時期都

1　Waldemar A. Nielsen, *The Big Foundation*, Columbia University Press, New York, 1972, p.33.
2　同上書，p.3。

是清一色白人，是典型的 WASP 代表，信奉美國傳統的倫理和價值觀，其中也包括白人至上主義，但是都把扶植黑人作為一項重要內容，鍥而不捨。這是一個很有意思的矛盾現象，體現了一種雙重人格，這一雙重人格從某種意義上也是美國國民性的縮影。

（二）時代和社會背景

基金會這一事物發達於 20 世紀初不是偶然的。它剛好處於社會達爾文主義指導下的自由放任經濟的頂峰和要求平等的進步主義思潮勃興的交匯點。那些大工業巨頭們無不是乘自由市場經濟之風扶搖直上，到達高處時卻發現自己已是眾矢之的，被當作一切罪惡的化身，所植根的社會正在孕育着深刻的變革。他們處於兩面夾攻之中：一方面是底層勞動者的憤怒和反抗；一方面是政府的反托拉斯法和其他限制措施。更有甚者，歐洲的社會主義思潮也已傳入。在這種情況下，有遠見的企業家明智的做法是主動匯入社會改良的潮流。最方便、最現成的手段就是發揚捐贈的傳統，使其更加有組織、有目的，達到最大的效果。同時也使自己身後留下較好的名聲。當然，這裡還有一個物質條件，就是巨大無比的財富。

這一做法絕不是消極的應付，而是積極主動、自覺地以主人翁精神來為國家排難解憂。因為這些大富翁都是制度的受益者，十分珍惜和熱愛這個社會，不願看到動亂和革命，不願徹底改變現狀，所以他們所從事的各項改革都是溫和的、漸進的和有效的。這一改革的目標是：鞏固正在迅速發展的企業制度和政治秩序，使之為廣大公眾所接受；使某些改良措施制度化，以防止根本性的革命；培養一大批精英人才，既為當前，更着眼於未來。

　　他們又是政府干預的反對派，相信私人的力量和義務。這種思想直到現在仍有代表性。例如著名企業管理家彼得‧德魯克，他是自由市場經濟的堅決擁護者，同時又感到其產生的社會不平等應該解決。他認為社會主義的實踐已經失敗，政府干預也不是萬能的，有許多社會需要無法滿足。他提出在社會主義制度和純粹市場經濟之外找一條現實可行的第三條道路。他把千百萬的中小投資者稱為企業和政府之間的第三方，即"市民社會"，建議通過"共同基金"、養老金等制度把分散的投資聯合起來，構成非盈利的第三部類，解決各種需要，如醫療、學費等。事實上，目前有一半美國人每星期至少有四小時在某個義務社團中服務。德魯克基金會做的事之一，就是每年挑選一個在解決某項社會問題上做出傑出成績的義務組織給予獎勵，並以其經驗為楷模予以推廣。其所獎勵的範例大多數是幫助最不幸的人自尊、自立，獲得自信。在這方面，一些大的教會與之合作，做出了很好的成績。這是對基金會的制度的一種發展。

　　總之，基金會實際上是一種"第三條道路"。對其發起者和捐贈者來說，這一事業並不亞於其前半生所從事的企業的發展，甚至更為重要，意義更加深遠，超越於避稅和個人沽名釣譽之上。

　　在全世界範圍，20世紀又是多事之秋，基金會面對的前半期是兩場世界大戰，後半期是冷戰和第三世界的興起。因此，成立之初的長遠計劃和理想常為應急的需要所改變。但是其改良主義和人道主義的原則不變。例如洛克菲勒一戰後在歐洲的大規模救濟饑荒和在法國與流行的結核病做鬥爭的項目，兩次世界大戰中出巨資搶救、保護和修復歐洲的珍貴文物、繪畫、書籍、手稿、建築等工作，以及預先保護大批人才免遭希特拉魔爪之害，等等。關於在冷戰背景下推進美國影響，前面已有大量敘述。總之，這些工作都符合基金會維護美國制度的立場和傳播文化知識、扶植教育的原則。

(三) 代表美國精英的某種理想

基金會建立之初，其工作方針當然體現捐贈者的意圖。但是從長期看，主要權力在董事會，並且都注意使成員和資金來源分散化。不過，無論怎樣變化，它們都是上層精英的代表。據一項統計稱：13 家美國最大基金會的董事會成員，有一半以上出自哈佛、耶魯和普林斯頓。他們的共同特點是白人、男性、公理會或長老會教徒，年齡在 55—65 歲之間，而且先後或同時在多個基金會任職。相當多的成員是《財富》雜誌每年列出的 500 家企業中的董事，或名牌大學的董事。[1] 從前面提到的幾大基金會的宗旨、綱領中可以看出，它們的大致目標和性質差不多，既雄心勃勃，又帶有理想主義，以完善美國乃至全世界為己任，同時也是鞏固美國的現行制度和向全世界擴張其影響。這些都體現了美國精英的理想。

在各基金會發展的歷史中都得力於幾位目光遠大、有理想、有魄力的會長或顧問，他們任職較長，把自己的整套思想貫徹於基金會的工作中，使基金會帶有自己的印記。其思想偏好各有特色，不過有幾個共同點：都是胸懷大志，動輒以"全社會"、"全人類"的幸福和進步為目標；都強調向問題的根源開刀——關於問題的根源是甚麼，不同的人側重點有所不同，但把教育放在第一位則是共同的，這一思想既符合美國早期清教的傳統，又與後來的進化論相信教育能

1　Berman, 前引書，pp.32—33.

改變人和社會相一致；都以一種悲天憫人的情懷對待社會弱勢集團和不發達國家，特別體現了美國的"白人的重擔"和"天命"思想；最後，都對基金會這一制度本身懷有信仰，以極大的熱忱獻身這一事業，把它作為實現自己理想的天地。他們受董事會的任命，掌握着不屬於他們的巨大財富的支配權，但與企業的經理不同，他們的任務不是賺錢而是花錢；又與政府官員不同，他們較少受官僚體制、政黨政治和短期的內外政策的束縛，實際的主動權比政府部門的主管要大得多。基金會的一個時期的重點、成功與缺陷常與這類負責人的個人意志與思想有關。

例如前面提到的老洛克菲勒的顧問、基金會的發起人蓋茨，他原是浸信會教育社秘書長。他以對宗教同樣的虔誠來對待這項事業。他和老洛克菲勒不約而同地認為人類最大的兩項痛苦是飢餓和疾病，相信健康是一切幸福之本，疾病是人類一切壞事之源。在貧與病之間，他認為病先於貧。只要人身體健康，加上教育，就能靠自己的力量獲得幸福生活。這樣一種把健康的重要性推向極致的思想，究其根源還是與社會達爾文主義有關，疾病當然使人失去競爭能力，社會的弱者和渣滓於焉而生。不論這種想法多麼片面，就是憑着這一思想，洛氏基金會才奠定了以醫和農為重點的方向，並且對美國和世界做出了它的特殊貢獻。又如 1936—1948 年任會長的福斯迪克，他的思想信仰對洛氏基金會把注意力轉到人文社會科學上起決定性作用。從他就任以來的歷年"會長總結"中可以看出，他對自然科學的高速發展與人類認識社會的落後之間的反差充滿了憂思，認為自然科學對人類的禍福取決於人文社會科學的發展速度同它的競賽，人類文明存亡繫於此。特別是發明原子彈的有關科學家在成功的道路上都得到過基金會的慷慨資助，更引起他進一步反思。他得出的結論是，自然科學家不能為其發明的使用後果負責，也不能因為有被濫用的可能而事先限制某項科研的進展，"人類的大敵不是技術而是非理性，不是科學而是戰爭"，因此主要是要加強人的理性，並創造制止戰爭、建立永久和平的條件。從這一點出發，他強調發展社會科學的重要性和迫切性，並且要引進科學方法。他還大力倡導不同民族之間的文化交流，不僅是為了民族間增進相互了解以避免衝突和戰爭，而且是因為他在戰爭期間痛感人類面臨文化解體，急需培養戰後能在世界範圍的各個領域內肩負起領導（廣義的）重任的"頭腦"，而這種人才必須有世界眼光，促進各民族間的交流是培養此類人才的一種手段，人類文明的發展有賴於跨國界的思想文化交流。[1] 福斯迪克的這種思想信仰，在洛氏基金會那幾年的工作中打下了深深的烙印。

福特基金會的思想奠基人是 1953—1956 任會長、1956 以後任董事會會長的蓋瑟。他正式任職雖然時間不長，但是自 1948 年老福特去世後就受決心勵精圖治的小福特委託，對重整基金會提出方案。小福特給他的任務是：全權主持一個小組，"集中全國所能徵集到的最優秀的思想來研究基金會應如何最明智地、有效地用它的資源造福人類"[2]。蓋瑟自稱這個小組以兩年的時間對美國文化做了全面的審視，目的在於找出嚴重威脅人類進步的那些問題的根源。1950 年，

---

1 這裡所概括的福斯迪克的觀點都來源於洛克菲勒基金會 1936—1948 年的年度報告（Annual Report）中的"會長總結（President's Review）"。《洛克菲勒基金會與中國》一文中對這部分思想有較詳細的闡述。
2 "The President's Review", *The Ford Foundation Annual Report*, 1956, p. 14

蓋瑟向董事會提出了在福特基金會歷史上具有里程碑意義的報告，它不但奠定了這家世界最大的基金會以後幾十年的工作方向，而且報告本身被譽為 "現代創造性的慈善事業最優秀的文件" [1]。報告開宗明義提出的大前提就是：當代生活最重要的問題在於人與人之間的關係，而不是人與自然的關係。這就決定了基金會的重點不在科技而在人文、社會科學，並概括出幾大關注領域：國際諒解、民主體制、經濟福利、教育和對人的行為的知識。

卡內基基金會由老卡內基親自管的時間較長，他本人的思想與上面的大同小異。實際上，作為成立最早的大基金會，它對後來的基金會都有形無形地起到了一定的示範作用。在他死後，影響較大的是連任 19 年會長的凱佩爾，他的思想更重視下層民眾和黑人，卡內基基金會的成人教育項目和米爾達關於黑人問題的巨著都是他任內的創舉。在他之後第二位強有力的會長是 1955 年上任的加德納，他在任期十年中從強調提高教育質量是當務之急，後來轉向重視普及，基金會的資助方向也跟着他的思想轉變，在每一方面都成績顯著。

當然，重要人物絕不止這些。有時有些部門或項目的負責人也極富理想和創造性，往往開闢新的領域，做出突出的成績。這裡還應該特別提到的是，許多著名教育家和名牌大學校長與基金會關係密切，他們不少人在任校長之前或之後在基金會中任要職，或受委託負責某項重要工作。如哈佛、芝加哥、加州、紐約、康奈爾大學以及麻省理工學院等的校長都在此列。這批人除了是教育家外，理所當然地代表美國精英的思想和精神文明這一面。這也從一個側面

1　Nielsen 前引書，p.80

說明了基金會的特點。

七　基金會與政府的關係

　　大基金會本身就是構成美國權勢集團的主要部分，同時它又是
獨立於政府之外的，而且特別注意保持自己的非官方地位和獨立性。
它與政府的關係在大方向上是一致的，在主要政策上默契配合。另
一方面又有距離，有時有矛盾。基金會在工作中絕不接受政府的指
示，政府也無權干預。不過其負責人與政府高級官員經常對換角色，
在相互的大門中進進出出：例如臘斯克——杜魯門政府的副國務卿和
詹森政府的國務卿，在兩次政府職務之間任洛克菲勒基金會會長；
杜勒斯——先任洛氏基金會董事長，後任艾森豪威爾政府國務卿，等
等。這種例子不勝枚舉。至於大基金會的董事會成員先後在政府中
任職的就更多了。這種人員的交叉足以說明，基金會在思想上與政
府有無法分割的聯繫，因此有"影子內閣世界"之稱。

　　但是，又不能據此認定基金會處處都與政府的思路一致。它始
終代表美國精英的自由主義、改良主義的理想那部分，即使原來的
"官"變成"民"之後，其角度和行為會有所不同。例如臘斯克在兩屆
政府中都是冷戰強硬派，而在基金會任職期間卻面對國會的"非美
活動"調查，竭力為自由派路線辯護。從政府角度來說，對基金會是
否嚴格遵守稅收制度，有無"不合理的積累財富"，以及是否權力過
大而失控，特別關切；極右勢力則對基金會的改良主義傾向、扶植
弱勢群體的工作計劃以及對社會問題研究的自由主義觀點都心存疑
忌。有幾次比較重要的國會與基金會的鬥爭，既有從左面來的，懷

疑基金會是為大財團服務的一種掩護，又有從右面來的，攻擊基金會支持左派政治活動。

　　從右面來的，突出的是 50 年代初，麥卡錫主義時期，美國國會的"里斯—考克斯調查"。它對"享受免稅待遇的教育和慈善基金會"以及其他類似組織進行全面調查，主要內容是"非美和顛覆性活動"。首當其衝的是洛氏、卡內基、古根漢姆、羅森沃德等基金會，福特剛開始活躍不久，但是它資助成立的"共和國基金"因與民權運動有關，也受到指控。指控的罪名總的是基金會的活動助長了左派思潮，直接、間接幫助了共產主義，因而危害了美國安全。特別有意思的是，洛氏基金會的一大罪名是在中國 32 年來花了幾千萬美元資助中國高等教育，培養出來的大批人才大多數都投向了共產黨，所以洛氏等於為支持共產黨政權出了力，以此推理，洛氏應對正在朝鮮戰場上作戰犧牲的美國青年負部分責任（按：更有意思的是，就在同時，中國正展開對"帝國主義文化侵略"的規模浩大的批判，洛氏基金會及其支持的包括協和醫學院在內的一大批學校都是重點對象，這些學校培養出來的知識分子也受到各種批判，進行"脫胎換骨"的改造以肅清西方文化影響）。這一調查是麥卡錫主義的產物，代表了美國極端保守的一派。指責大基金會顛覆資本主義制度當然是極為荒唐的，但是美國當時的確存在這樣的保守思潮，是對從進步主義以來的一切改良的反動。這種右派思潮與平民主義反精英的本能奇特地結合起來，在當時的氣候下浮到水面，以一種極端的形式表現出來。基金會畢竟不同於一般無權無勢的受害者，此調查案一出，舉國譁然，即使是在當時壓抑的政治氣氛下，各大報刊、各高等院校以及知識界人士仍然紛紛以各種方式批判這一做法，盛讚基

金會的功績。所以，這一調查儘管來勢洶洶、罪名嚇人，而且歷時
幾年（1951—1955），基金會卻並未受到損失，反而聲譽更高。調查以
指控不成立而告終。在這場辯論中，美國思想界的自由主義主流卻
藉此有了一個重新伸張的機會。

　　60年代，國會又對基金會發動了一次調查和抨擊，這回是從左
邊來的，主要是與稅制改良的辯論相聯繫。發起人是平民主義眾議
員帕特曼，這一次調查在60年代激進思潮興起的背景下得到輿論大
力支持，涉及的基金會面更廣，而且確實揭露出來一些問題。在這種
情況下出台的新稅法草案對基金會做了一些限制，最後通過的《1969
年稅制改革法》是妥協的產物，基本上沿用至今。稅法對享受減免稅
的公益組織有明確的規定，國稅局只要依據此對基金會進行監控，
確保其不濫用免稅地位進行其他活動即可。各基金會的收支也必須
完全透明，受全社會監督。所以，即使發生弊病也容易及時曝光。
這樣，基金會已經成為捐贈最方便的渠道，不必一定是大慈善家，只
要有餘錢，即可捐給某個基金會或自己註冊成立基金會，做一些自
己想做的公益事業。

　　總的說來，公益基金會的作用在20世紀的前半期更為突出。自
羅斯福“新政”以後，政府的作用日益擴大，福利制度逐步形成，政
府以及大企業直接對教育、科研等投資的比例加大，大基金會那種
在各種領域中的巨大影響相對下降，也不總是像早期那樣理想主義、
目的性那麼鮮明。但是基金會這樣一種制度、指導思想和行為模式
已經從20世紀初基本確定下來，現在數量和品種大大增加，並且仍
在不斷成長。作為總體，在美國的經濟、社會、文化生活中仍起着
無可替代的作用。它固然也有管理不當、判斷失誤以及各種浪費之

處，但是它的靈活性、針對性比政府機構要大得多，因而花錢的效益也要高得多，所以其總體的影響遠遠超過付出的金額。很難想像，假設這些基金會突然消失，美國的教育以及種種文化生活會是甚麼樣，美國的對外文化關係會受到怎樣的打擊。當然基金會不是唯一從事社會福利事業的私人勢力，美國形形色色的非政府的義務組織多如牛毛，其中教會是另一大塊。除了平時的"補台"工作外，一旦有事，都可發揮作用。保留這樣雄厚的、能為社會做出巨大貢獻的私人勢力，既符合保守派主張小政府的思想，也符合自由派關心弱勢群體的改良主義思想。在發達國家已發展成福利國家的今天，這也是美國的一大特色。

這一 20 世紀初興起的事物，到世紀末仍方興未艾。當前舉世矚目的新富，如索羅斯、透納、比爾‧蓋茨等，又已捐巨資建立基金會。比爾‧蓋茨還是卡內基的崇拜者，奉"財富的福音"為圭臬，如今蓋茨基金會已經取代福特基金會躍居第一位。美國富甲全球，財富集中在私人手中的情況也為全球之冠。財富的流向能引領社會風氣。20 世紀初的美國，先富起來的一代人以其財富和智慧創造了公益基金會這樣一種新事物，引領了社會風尚，並一脈相承，形成了一種"捐贈文化"，促成財富的某種良性循環，其意義不可估量。

第七章　美國良心的負擔——黑人問題

　　美國漸進主義的改良在解決階級矛盾方面比解決種族矛盾要和平、順利得多。也可以說，美國的種族矛盾大於階級矛盾。其中最重要的當然是黑人問題。美國唯一的一次內戰是圍繞着黑奴解放問題打的，而且在以後的各種抗議運動中，也以種族問題引起的暴力和流血最多。其他族裔的情況也越來越複雜，是今後美國的社會發展中不可忽視的一個問題。迄今，美國黑人的境遇仍是美國民主的瘡疤，是壓在掌握主流的白人心頭和肩頭的負擔。本章專論黑人，關於其他的種族問題放在下一章有關移民問題中談。

一　以種族主義起家

　　從思想根源上說，早期到美洲來的歐洲移民帶來自由、民主、平等的理想的同時，也帶來了白人至上的種族主義。17 世紀的英國正是殖民帝國上升期，以白人至上為核心的帝國主義理論也應運而

生，在被征服的有色人種面前，白種人優越論被視為理所當然。來
到新大陸的盎格魯—撒克遜民族深信自己是上帝的選民，其中自然
包括對種族優越的自信。直到 19 世紀中葉，約翰‧密爾在他的名著
《論自由》中，在對自由主義的基本觀念和基本人權做出堪稱經典的
論述後，有這樣一段話：

> 毋庸贅言，這一理論只適用於官能已經成熟的人。我
> 們所談論的不涉及在法定成年以下的男女兒童和少年。那
> 些還處於需要別人照顧狀態的人必須受到保護，既防備自
> 己的行動，也防備外界的傷害。基於同樣的理由，那些落
> 後的國家社會也可不在考慮之列，那裡的種族可以視為尚
> 未成年。自發成長過程中早期的困難實在太大，很難找到
> 克服之道。因此，一個充滿改良精神的統治者可以正當地
> 使用任何權宜的手段以達到用其他手段達不到的目的。在
> 與野蠻人打交道時暴政（**despotism**）也是正當的統治方式，
> 只要目的是改善他們的境遇，而所使用的手段確實在實現
> 這一目的。自由作為一項原則，在人類有能力通過自由和
> 平等的討論來改進自己之前，是一無所用的。在此之前，
> 他們只能服從於一位阿克巴大帝或沙樂曼大帝，假如他們
> 有幸找到這樣一位的話。[1]

---

1   John S. Mill, *On Liberty,* ed., Elizabeth Rapaport, Hackett Publishing Company,
    Inc., 1978, pp. 9—10.

　　這一論點實際是歐洲文明幾個世紀擴張實踐的總結，高度概括了與這一實踐相適應的邏輯，使自由民主、天賦人權同殖民主義、種族壓迫並行不悖。這一邏輯也正是美國從殖民時期到建國時期的歷史實踐的理論依據。在諸多國家形成的歷史中，以種族主義起家也是美國的特色之一，表現為眾所周知的兩大事實：把土著印第安人幾乎趕盡殺絕，完成了土地的佔領；買賣非洲黑人為奴隸，取得了最早發展農業的主要勞動力。這一實踐與理論緊密結合。極端的種族主義、蓄奴主義姑且不論。美國最著名的啟蒙思想家、美國開國元勳之一、美利堅合眾國的憲法起草人之一班傑明·富蘭克林本人就是白人至上的信奉者和鼓吹者。他的經歷、成就最符合理想的優秀美國人的標準：出身貧苦，靠勤奮和聰明自學成才，全面發展，集教育家、發明家、外交家、政治家、思想家於一身。而且還是道德倫理標準的制定者，也是道德自律的典範。他篤信基督教，但是反對教派偏見，力主不同的宗教信仰之間互相尊重。同時他還是慈善家，宣揚人道主義。即使對待北美殖民地和英王朝的矛盾，他也一直主張以妥協解決，避免戰爭衝突，只是到最後和平無望時才同意為獨立而戰。但是在美國白人拓邊過程中對待印第安人的問題上，他卻是公開的種族主義者，毫不掩飾。他的夢想就是要在北美大陸上建立自由、繁榮的"英語民族"的國土，白人多佔領一片土地，就多擴大一片文明。因此，印第安人成了文明發展的障礙。他還設想"種族優秀"的白人應該加倍繁殖人口，以利於文明社會的發展，甚至還說過這樣的話：印第安人佔着土地在上面繁衍生息本身就等於預先殺死尚未出生的白人嬰兒。依照這一邏輯，無論用甚麼手段從印第安人手中奪取土地都是符合人類進步的需要的了。[1] 進步主義總統老羅斯福對印第安人的言論在本書第三章有所敘述，與富蘭克林一脈相承。

黑人的情況有所不同。印第安人是從原來居住的土地上被擠壓出去的，而黑人則相反，是從原來的住地非洲被強行運來的。從整個歷史來看，黑人是外來移民中唯一非自願到來的，卻是最早與白人同時在這裡生根的人種。早在西班牙和葡萄牙殖民主義者佔領北美時，他們就開始買賣非洲黑人以補充勞動力的不足，而伊利沙伯女王時代的英國人也曾捕掠非洲人賣給在美洲的西班牙人以謀利。以後英國在北美取代了西班牙，1617 年英國南海公司獲得販賣黑奴的壟斷權，第一批作為英國殖民者的財產的黑人於 1619 年抵達維珍尼亞州的詹姆斯敦，剛好是 "五月花" 號到達的前一年。從 1641 年麻省通過第一個法令開始，奴隸制相繼在美洲殖民地正式合法化，以後黑奴成為南方種植園的主要勞動力。與對待印第安人相反，黑人的人口增長是符合經濟發展的需要的，因此被源源不斷運入美國，不過基本上與牛馬差不多。

如何對待買賣黑人和奴隸制的問題，一直是以 "不自由，毋寧死" 為口號反對英國奴役的美國人的一大心病。從反英鬥爭開始，越來越多的人意識到："我們自己為之鬥爭的東西，也就是我們每天都從那些和我們一樣應該擁有自由權利的人們身上所盜取的東西"，因而

---

1   Michael Hunt, *Ideology and U. S. Foreign Policy*, Yale University press, 1987, pp.46—47. 此書第三章對美國的種族主義思想有詳細的論述。

是不義的。[1] 以宗教領袖為先驅的一些人比較早地提出反對奴隸買賣。例如塞繆爾·霍普金斯神甫在 1775 年"大陸會議"上就曾發表講話，提請與會者注意，"黑人與我們有同樣的自由權利，在我們為自己以及子孫後代的自由而鬥爭時，把數以百計的黑人置於奴隸地位同樣是非正義的壓迫，同時也表明我們自相矛盾"[2]。貴格會領袖貝內澤進一步主張黑人不但應解放，而且應受教育，並在行動上在這方面做了一些努力。他們都是理想主義者，認為買賣奴隸和蓄奴制既違背基督教教義，又違背《獨立宣言》的精神。傑佛遜在為"大陸會議"撰寫的致英王請願書《英屬美利堅權利觀》一文中就有譴責奴隸制的內容，並主張首先禁止奴隸貿易[3]，不過他和那時反對奴隸制的人都把罪責完全歸於英王的統治。1775 年"大陸會議"通過了終止奴隸貿易的決定，但是把傑佛遜原稿中強烈譴責奴隸制的一段文字刪掉了。此後，北方有一些州決定禁止奴隸輸入，或規定凡進入的奴隸都自動成為自由人。到獨立戰爭開始時，不少在北方的黑人參加了部隊作戰，其中有的是逃亡奴隸，並且表現出色。但是，華盛頓任總司令之後，連續發佈命令禁止招募黑人，不論是奴隸還是自由人。而英軍方面立即發表公告歡迎包括逃亡奴隸在內的黑人參加英軍作戰，並許以戰後獲得自由。這才迫使華盛頓改變政策，於 1776 年 1 月提交"大陸會議"通過決定，准許招募黑人入伍，不過還是有很大保留，僅限於曾經在坎布里奇部隊中服役過的"自由人"。後來在與英國爭

1　美國獨立革命領袖之一塞繆爾·亞當斯的夫人 1774 年寫給他的信，引自《美國黑人史》，商務印書館，1988 年，第 103 頁。
2　Curti, 前引書，p. 132
3　《傑斐遜集》，生活·讀書·新知三聯書店，1993 年，第 122 頁。

奪黑人中又不得不一再把條件放寬，各州也紛紛照此辦理，多數州並有這樣的諒解：黑奴在服役期滿後即可得到自由。在參加獨立戰爭的 30 萬軍隊中，大約有 5000 名黑人。

獨立戰爭勝利以後，在南方奴隸主的壓力下，對待黑人的政策立即倒退。1787 年通過的憲法不但保護了奴隸制，使之合法化，而且還規定允許各州把逃亡到那裡的奴隸引渡給他們的主人。在憲法的選舉條款中提到"自由人"與"所有其他人"之別，這"其他人"就是指黑人。他們被打入了另冊，沒有選舉權，卻又在南方代表的力爭下，被以 3/5 的比例折算（即一個黑人相當於 3/5 個人），以增加南方蓄奴州的選民基數（眾議員是按人口比例選的）。同時憲法還用了一句很拗口的話實際規定到 1808 年之前還可以繼續運進黑奴。所以，直到南北戰爭之前，美國憲法的主導思想無可否認的是種族歧視的，這為以後的內戰埋下禍根。

但是，種族主義無論如何從根本上是與自由主義的原則相矛盾的，人道主義和環境決定論又孕育着種族平等的種子。儘管傑佛遜起草的《獨立宣言》初稿中反對奴隸貿易和譴責奴隸制的內容被刪去，但貫穿於《獨立宣言》的整個精神還是與奴隸制不相容的。而且，美國獨立以後，就不能再把奴隸制的責任推在英國身上。在美國自由主義思想家那裡一直存在着反對奴隸制的觀點，這是南北戰爭以前近百年來的廢奴主義運動的基礎。如第二章提到的，美國的思想家大多相信環境決定論，從而相信教育能改變人。這就與天生的種族優劣論在理論上有矛盾。富蘭克林本人在哲學上也是環境論者，加上他親自參加了費城的黑人教育工作的實踐，更使他相信黑人並非天生劣等種族，而是可以通過教育來改進的。他對待黑人與對待印第安人態度不同，晚年成為廢奴主義者，而且還擔任過"廢奴協會"會長。他最後一個政治行動是於 1790 年在要求國會廢除奴隸制和禁止奴隸貿易法的請願書上簽名。但是這並沒有改變他的白人優越論和繁殖純種白人的主張，因此他始終主張種族隔離。

富蘭克林是一種典型。有相當多的反對奴隸制的人實際上內心深處在不同程度上仍保留種族優越感。他們主張解放黑奴，是出於對人生而平等的信仰，或是宗教式的人道主義和行"善"的道德規範，並且相信黑人可以通過教育予以改造和同化，特別是美國的黑人都追隨其主人成為虔誠的基督徒，彼此沒有信仰的衝突。這種潛在的或是公開的白人優越感和主張種族平權的立場，在很多美國白人自由主義者身上同時存在，並不奇怪。有時不表現在國內，則表現在對外關係中。如本書第三章所述，19 世紀末 20 世紀初的美國思想家、政治家，不論在對國內改革的問題上是贊成還是反對社會達爾文主義，對外卻基本上都是社會達爾文主義的觀點。

隨着社會的發展，美國廢奴主義運動的積極分子有許多人更徹底地拋棄了白人優越論。從 18 世紀末到 19 世紀上半葉，美國黑人和白人平行或合作爭取黑奴解放的鬥爭經歷了艱難曲折的道路，也日益成熟和激進。在黑人和白人中都出現了各種組織和一些知名的領袖人物。黑人在這個運動中提高了文化水平和組織能力，表現出傑出的宣傳鼓動才能，以行動證明自己絕非"智力底下"。從 20 年代到 40 年代，反對和擁護奴隸制的雙方進行了針鋒相對的筆戰和舌戰。概括起來，雙方論點如下：

廢奴派：奴隸制違反人類皆兄弟的基督教教義，本來在造物主面前是人人平等的；奴隸制與美國生活的基本原則相背，這一原則就是人有不可剝奪的自由權利；在經濟上造成浪費，因為被剝奪自由的勞動者不可能有積極性、高效率；主奴關係產生不了文明禮貌的行為，專制的權力只能毒害人的心靈，因而破壞文明，使人墮落；受壓迫的奴隸不可能不反抗，奴隸主訴諸加強武裝防衛和暴力鎮壓，必將造成流血事件，從而威脅國家的安全與和平。

蓄奴派：種族不平等天經地義。黑人天生低劣，智力低下，本性野蠻殘暴，只能處於從屬地位；階級不平等理所當然：任何社會都需要有處於底層的人充當奴僕，才能有另外一個過着進步、優雅和文明生活的階級，奴隸制並未使白人文明退化，相反，它是南方白人社會發展高度文明和經濟繁榮必不可少的。（有人還説），自古以來教會並不反對奴隸制，而認可它是可以把不信教的人轉化為基督徒的一種手段。最後一點對教會人士鮮有説服力，引起很多反對，形成教派間的爭論。

事實上，廢奴主義是當時在歐美興起的人道主義、改良主義思潮和運動的一部分，與工人要求改善生活條件、婦女爭取權利等運動是相聯繫的，其主題是平等，反對弱肉強食。擁護奴隸制的赤裸裸的反動觀點在那種形勢下在理論上日益站不住腳，但是在實力上卻依然強大而頑固，這是經濟利益決定的。另一方面，北方由於工業發展，需要大批自由勞動力，這也是廢奴派的經濟基礎，因而形成南北對立。為此，南北雙方當政者曾通過一些妥協的法案，但都不包括立即廢除奴隸制。而此時已經開始覺醒的黑奴日益難以忍受苦難的生活，廢奴主義運動也已經超過了妥協階段，要求徹底解放黑奴的呼聲越來越高。1852年出版的《湯姆叔叔的小屋》（舊譯《黑奴吁天錄》）和1859年約翰·布朗事件先後產生轟動效應，使對立的雙方都受到強烈震動，妥協已不可能，一場戰爭終不可免。《小屋》的作者斯托夫人是白人，她以滿腔同情敍述了奴隸的苦難，揭露了奴隸主的暴虐。它是第一部形象地描述奴隸生活真相的文學作品，儘管沒有激烈的言論，卻起了空前的、動員輿論站到廢奴派這一邊來的作用。布朗也是白人。他經過多年和平鬥爭，感到已經到了採取進一步行動的時候，遂帶領隊伍發動了武裝襲擊奴隸主以解放黑奴的戰鬥，很快遭到鎮壓，並被處以絞刑。他從容就義前發表了令聽者動容的講話，幾乎等於是戰鬥動員令：

> 我同情那些被壓迫、受虐待的人們，在上帝眼裡，他們同你們一樣是善良的尊貴的……你們可以輕而易舉地把我處決，但是這個問題——黑人問題，仍然有待解決，這個問題還沒有了結。……現在，如果人們以為有必要為促進正義目標的實現而付出我的生命，有必要把我的鮮血同我的子孫們的鮮血以及權利，同被這個蓄奴國家的邪惡、殘酷和不公正的法令所踐踏的千百萬人的鮮血匯合在一起，那麼，我說，就這樣辦吧！[1]

這一番話既有鼓動性又有預見性，兩年以後就發生了美國歷史上唯一的一次大規模內戰。而且直到 20 世紀，因種族問題仍然免不了流血鬥爭。到南北戰爭前，美國黑人為反抗奴役付出了無數犧牲，但是作為廢奴運動殉道者的象徵的卻是一名白人。這說明廢除奴隸

---

1 《美國黑人史》，第 247 頁。

制不僅是黑人的事，而且是美國進步必不可少的步驟，是整個改良運動的一部分。美國憲法在很多方面都體現了反對和防止專制的精神，建立了完整的代議制民主，並留有很大的靈活餘地，為以後漸進的改良奠定了基礎，然而卻留下了維護奴隸制這一大污點，與美國獨立的原則精神相違背，而且就在這個問題上留下了暴力衝突的禍根。

二　20 世紀的民權鬥爭

（一）種族矛盾的特殊性

從 1865 年南北戰爭以廢除蓄奴制結束到 20 世紀 60 年代的百年間，黑人爭取起碼的平等權利的鬥爭比勞工爭取改善生活和工作條件的鬥爭要艱巨得多。如果說通過社會的批判和政府的政策可以使大資本家順應潮流變得"開明"的話，克服根深蒂固的、非理性的種族主義偏見卻要困難得多。因此在黑人這一邊，世代的非人待遇所種下的仇恨也很難納入冷靜的說教。

黑人之有今天，是黑人和白人中的正義勢力艱苦鬥爭的結果，在 20 世紀基本上納入了漸進的改良過程，這一過程至今沒有結束。

（二）得而復失的權利和持久的種族隔離

南北戰爭之後，廢除了蓄奴制，這是一大進步。至少，黑人是被當作人來看待，而不是財產和貨物，從此談到"人權"時自然應包括黑人的權利。比較明顯的進步是黑人有了受教育的機會。1865 年，即內戰結束那一年，黑人文盲率為 95%，1900 年為 44.5%，至 1920 年已降至 22.9%。1868 年憲法第 15 條修正案得到各州批准，黑人在法律上獲得了選舉權和被選舉權。但是根深蒂固的種族歧視絕非一紙修正案能予消除，在白人種族主義者的強烈反撲下，南方各州紛紛召開本州的"制憲會議"，制定土政策，規定選舉資格的種種限制。其中最重要的是繳納人頭稅和文化測試的規定，這是當時絕大多數黑人無法達到的，實際上等於剝奪了他們的選舉權（少數貧苦白人也連帶受害，不過與黑人不成比例）。這一舉措由黑人佔大多數的密西西比州帶頭，其他各州以各自的方式跟進，到 1907 年，除馬里蘭、田納西、肯塔基之外，南方各州黑人基本上喪失了選舉權。

更嚴重的是種族隔離問題。20 世紀的民權鬥爭持續最久也最艱巨的是反對種族隔離。第 15 條修正案只規定權利平等，卻沒有明文反對隔離。美國白人種族優越感根深蒂固，姑不論公開的種族主義分子，許多廢奴主義者和在理論上維護種族平權的人士卻以種種理由主張種族隔離。正因如此，加上在大多數黑人選舉權已被剝奪的情況下，不必考慮他們的意見，所以政客們不論自己的信仰如何，為爭取選票，也必須遷就種族隔離。1870 年從田納西州開始，南方各州都頒佈了禁止黑人與白人通婚的法律，以後這種隔離擴大到學校以及各公共場所，不論有沒有成文規定，而且擴大到北方。1896 年，最高法院在一項判決中提出了"隔離但平等"的理論，等於在法律上批准了種族隔離。這一理論完全自欺欺人，從立論的前提到實施的結果都不可能平等。自那時流傳下來一個詞"吉姆‧克勞"（Jim Crow），即是對一切種族隔離的法律和習俗的統稱。

進步主義時期在抑富扶貧方面有許多改良，但是在種族問題上並無進展。老羅斯福政府通過了一系列改良性質的、保護勞工的立法，但是沒有關於黑人權利的，而且在南方的種族衝突中做出過對

黑人不公正的裁決。他作為總統曾於 1907 年以莫須有的罪名下令將
170 名黑人士兵清除出一個步兵師（這些人於 1970 年才得到平反）。
這並不奇怪，因為他本人在種族問題上對內對外都是社會達爾文主
義者。威爾遜總統更是公開為種族隔離辯護，在他任內，聯邦政府
所屬的部門和印刷廠的僱員之間加強了種族隔離措施。威爾遜還親
自寫信答覆"有色人種協進會"的領導人的訴狀，表示他贊同一些政
府部門實行隔離，因為有色人種自己集中在分開的辦公室工作顯然
方便而對他們有利，既可以避免與白人摩擦，又可以減少僱用黑人
的阻力。也就是說，威爾遜和他的部下把白人厭惡和避棄黑人視為
合理，例如有一名力主隔離的官員說，要白人僱員接受與黑人對面
而坐，是不公平的。

　　在這種氣氛下，極端種族主義者氣燄再次囂張，1915 年，威廉‧
西蒙斯發起宣誓重建 3K 黨，比之 19 世紀的 3K 黨有過之無不及，
不但反對黑人，而且反對新移民，特別是其中的猶太人和天主教徒。
這些黨徒視黑人為異類，是種族隔離的頑強維護者，手段無所不用
其極。

　　在北方，黑人雖然擺脫了奴隸制，但是從某種意義上講，更加失
去了生活保障，在資本主義的原始森林中處於最底層，受到最殘酷
的剝削。著名小說《飄》一書中描述的黑奴解放以後受新暴發戶的無
情剝削，生活反而更加悲慘的情況，儘管是出自作者同情奴隸主的
立場，卻是符合客觀事實的。實際上這部小說生動地、形象地表現
了《共產黨宣言》中的那一段著名論述：

　　　　資產階級……把一切封建的、宗法的和田園詩般的關

係都破壞了。它無情地斬斷了把人們束縛於天然尊長的形
形色色的封建羈絆，它使人和人之間除了赤裸裸的利害關
係，除了冷酷無情的"現金交易"，就再也沒有任何別的聯
繫了。……總而言之，它用公開的、無恥的、直接的、露
骨的剝削代替了由宗教幻想和政治幻想掩蓋着的剝削。

這段話對解放了的黑人有特殊意義。他們獲得名義上的"自由"
的同時，實際上失去了原有的一點點生活保障。他們被拋到號稱機
會均等的勞動力市場中，卻實際上遠沒有享受均等的機會。

(三) 爭取紙上的立法變為事實的合法鬥爭

以上情況説明，在 20 世紀初，美國黑人的境遇並不比蓄奴制下
好多少。所不同的是，他們畢竟獲得了"自由人"身份，有相對的行
動自由，對自己的權利有一定的覺醒。在這種情況下，黑人起而爭
取自己的權利，開始組織起來。20 世紀黑人鬥爭的內容最持久的也
是流血最多的就是反對種族隔離。這一斗爭十分艱巨，是從根本上
對白人至上的根深蒂固的觀念的革命，在美國是移風易俗的問題。
在這方面取得重大成就之後，鬥爭的重點就是經濟平等。爭取黑人
權利的運動和組織從溫和到激進主要有以下幾派：

　　──布克·華盛頓（1856─1915）倡導的發展教育派。布克本人
是黑奴之子，曾在黑人工藝學校學習。他於 1881 年在亞拉巴馬州的
塔斯克吉（Tuskegee）地方建立的黑人技術學校，主張先提高黑人的
教育程度再爭取政治權利，否則甚麼也談不上，因此在達到普遍文
化水平提高之前，在政治權利方面可以暫時妥協。他創辦的學校一

直延續至 20 世紀，人們也就以該校的名字稱呼這一派為 "塔斯克吉"
道路。這屬於最溫和的一派。在當時種族主義猖獗的情況下，很難
為廣大黑人所接受，並經常受到批判。批判者中就有以威廉‧杜波
依斯為代表的一批黑人青年。

——威廉‧杜波依斯（1868—1963）創立的 "尼亞加拉運動"。杜
波依斯生於北方麻薩諸塞州，在哈佛大學獲得博士，並曾留學德國。
他原來也曾贊成布克‧華盛頓的 "教育救黑人" 論，但是後來感到不
夠，於 1905 年與一批青年在加拿大的尼亞加拉瀑布口開會，建立 "尼
亞加拉運動"，鮮明地提出要求言論自由、男公民平等選舉權（當時
美國婦女尚無選舉權）、廢除各種種族歧視的做法、承認人類皆兄弟
的基本原則和尊重勞動者。這些看來很平常的、最起碼的要求，當
時卻屬於激進派，是為民權運動之始。這一運動的作用是重新喚起
被壓制下去的廢奴主義精神，在其他地方也得到一些響應，不過由
於經費等種種原因，沒有形成規模，不久就併入了稍後成立的 "有色
人種協進會"（National Association of American Colored People，簡稱
NAACP）。杜波依斯是傑出的社會學家、教育家、黑人史學家和編
輯，有多種學術著作和小說，並主編出版了《黑人百科全書》。他不
僅關注美國黑人問題，而且把黑人解放與非洲人民的解放聯繫起來，
於 1919 年在巴黎發起泛非大會。他對美國民權運動的影響主要在 20
世紀前半葉。

——"有色人種協進會"。1910 年成立，主要發起人是北方的自
由主義白人，領導人就是當年廢奴主義的著名倡導者威廉‧勞埃德‧
加里森的外孫奧斯瓦德‧加里森‧維拉德，成立的時機選在林肯誕
生日紀念大會，這對恢復廢奴主義精神是有象徵意義的。尼亞加拉

運動的代表應邀出席了會議，隨後即事實上併入了該組織，杜波依斯被選為研究部主任。這是時間最長、影響最大的以白人為主的爭取黑人權利的組織，該組織的主張與"尼亞加拉運動"基本上差不多，仍主張採取合法鬥爭，主要是動員各界社會力量進行遊説活動，爭取國會通過有利於種族平等的法案。作為協進會的主要工作之一，杜波依斯於 1911 年創辦了《危機》雜誌，並任主編。這份雜誌對各種種族歧視現象進行猛烈的揭露和抨擊，與此同時發表了大量的黑人作家的文學作品，並舉行比賽、頒獎等，在幾十年中培養了大批黑人詩人、文學家，他們大多聚居在紐約哈萊姆區，稱"哈萊姆才子"，二三十年代有所謂"哈萊姆文藝復興"之説，極黑人文學藝術一時之盛。

　　──1911 年北方成立的"全國城市同盟"（National Urban League），也是黑人白人共同的組織，主要幫助自南方來的黑人移民解決工作和生活的困難。

　　從政府方面看，對黑人權利開始採取積極態度始於小羅斯福政府。一則由於當時從總統夫婦到政府主要成員的思想比較開明；二則由於戰爭的需要。從那時起，才開始在氣氛上有所變化，並有一些突破。自 30 年代到 40 年代有幾項"第一"：

　　1934 年，亞瑟·米切爾為第一名民主黨黑人國會議員；1937 年，威廉·哈斯梯為第一名聯邦法院黑人法官；1935 年，著名黑人律師查爾斯·H. 休斯頓在法院勝訴，第一次取得最高法院裁決：在陪審團中排斥黑人為違憲；1942 年，羅斯福重組聯邦法院，大多數法官都反對種族歧視，有利於 40 年代通過個案訴訟和判決，逐步取消某些種族隔離的傳統。在美國參加二戰前夕，黑人民權運動領袖命道夫領導遊行示威，迫使羅斯福下令禁止兵工廠與政府機構實行種族隔離，並建立"公平就業委員會"。1942 年，黑人軍官多利斯·米勒以在珍珠港的出色表現獲得海軍十字勳章，是到那時為止黑人被授予的最高榮譽。但羅斯福還是怕失去南方白人選票，因此他沒有推動立法禁止殘害黑人最深的私刑。

真正的突破是在二戰以後，其標誌是 1954 年"布朗訴教育委員會案"，最高法院裁決隔離學校制度違憲，否定了所謂"隔離但平等"的說法，在種族隔離問題上打開了缺口。這是以"有色人種協進會"為首的民權運動歷半個世紀鍥而不捨的鬥爭的結果，這一勝利也大大鼓舞了其後的民權鬥爭。客觀原因是種族主義作為法西斯的思想基礎在戰後已臭名昭著，以崇尚民主自由自詡的美國人對遭受種族滅絕之害的猶太人寄予同情，不得不引起對自家門內種族歧視的反思，難以再公開與這種思想認同；同時，全世界有色人種的反對殖民主義、爭取獨立的運動日益高漲，種族平等的原則在聯合國已確立下來；還因為二戰中大批黑人參軍，與白人並肩作戰，立下汗馬功勞，在某種程度上改變了其社會形象。但是這一法律上的突破離真正實施還要等將近十年，到 60 年代才有本質上的進步。[1]

（四）走向群眾性的抗議運動

1955 年 12 月，亞拉巴馬州首府蒙哥馬利市"有色人種協進會"

---

[1]　這一段史實的詳情見李道揆：《美國政府和美國政治》，第 701—719 頁；《美國黑人鬥爭史》，中國社會科學出版社，1987 年，第 532—542 頁。

分會秘書羅莎‧帕克斯夫人[1]在公共汽車中不給白人讓座而遭逮捕，引起大規模的抗議運動。以此為契機，黑人鬥爭從法庭走向群眾性的積極行動，進入了一個新的階段。馬丁‧路德‧金牧師脫穎而出，直到他於 1968 遇刺身亡，一直是公認的最重要的全國黑人領袖。蒙市黑人經過一年的艱苦鬥爭，於 1956 年終於爭取到美國最高法院判決蒙市的公共汽車種族隔離法規為違憲。這一勝利具有里程碑意義，因為這是南方黑人第一次突破法庭鬥爭，以非暴力群眾運動形式取得的勝利。

　　馬丁‧路德‧金（1929—1968）生於南方佐治亞州亞特蘭大市的牧師家庭，在波士頓大學獲神學博士學位，終身任浸信教會牧師。他於 1957 年在南方成立了"南方基督教領袖會議"（SCLC），總部設在佐治亞州的亞特蘭大市，金自任主席直到逝世。和許多有幸受到良好教育的黑人一樣，金從青年時代就決心探索黑人解放之路。他信奉自由主義的新教，在求學期間對各種哲學進行比較研究，並總結美國黑人鬥爭的歷史經驗，最令他心儀的是印度甘地的非暴力抵抗。他深信，黑人面對佔多數並擁有強大武器的白人，進行暴力反抗等於自殺，既不現實，又是以暴易暴，在道義上也是錯誤的。他主張美國黑人走"基於愛的"非暴力抵抗，訴諸壓迫者的良知，實現他們心靈的轉變，從而使人向普遍正義靠近一步。但是他的非暴力並不是消極的、退讓的，而是積極進攻的。他的活動基地是種族歧視嚴重的南方，他策劃的幾次重大行動都選中種族隔離的頑固堡壘、

1　帕克斯夫人於 2006 年逝世，美國各大報刊發表訃告及紀念文章彰顯其歷史性的功績。

種族主義者氣燄囂張和當地政府比較保守的地方，明知會遭到鎮壓和流血也在所不惜，甚至事先估計到這一點才採取行動，以引起更大的社會反響。在他領導黑人運動的十年中，不論是政府立法、社會輿論，還是黑人實際權利和地位方面，都有顯著的改善。

這一時期，種族主義和反種族主義的鬥爭達到南北戰爭以來空前激烈的程度：一方面，世界潮流所向，廣大美國黑人再也不能忍受那種反理性、反人道的歧視；另一方面，儘管有 1954 年最高法院的正式判決，但是在南方各州根本得不到實施，種族主義者仍十分猖獗。寫入憲法、載入聯邦法律的黑人權利毫無保障，每一次企圖改變種族隔離的最溫和的做法都要遭到強烈的抗拒，造成流血事件。州、縣政府可以對聯邦法令甚至總統本人的指令採取蔑視、嘲弄的態度，甚至公開謾罵。可以這樣說：每一次向着種族平等方向的立法都是黑人與白人反種族主義力量長期奮鬥的成果，而每一個法案的實施都要經過更加艱苦的鬥爭。其中有名的事件有：1960 年的小石城事件、1961 年的“自由乘車”運動、1962 年梅里迪思入密西西比大學事件（或稱奧克斯福德事件）和 1963 年馬丁‧路德‧金親自領導的伯明翰事件。這些事件無不是以和平的、非暴力的、合法的行使反種族隔離法的行動始，而以流血的暴力衝突終，最後還得從華盛頓調來軍警才能維持住秩序，使黑人的安全和合法權利得到一定程度的維護。在每次事件中，暴力都是白人種族主義分子挑起，而且都有極右的州政府當局做後台，或者就是州長本人唆使的。這些地方官氣燄極為囂張，國會通過的立法、聯邦最高法院的裁決、總統的直接指令，都不放在眼裡，總統派去的代表都曾遭到毆打。他們之所以如此，是有群眾基礎的，南方政客們的種族主義立場表現得越堅定,就越能得選票。例如,小石城的流血事件主要負責人、阿肯色州州長福布斯,儘管在艾森豪威爾總統派來的空降師面前不得不退卻,種族合校得以執行,但是他本人卻成為英雄,以後幾次連選連任直到退休。相比之下,聯邦政府維護法律的態度總顯得不夠堅決,顧慮重重,行動遲緩。

1963 年 8 月發生了著名的"向華盛頓進軍",有組織的群眾從全國各地遊行到華盛頓,主題是要求權利平等,反對種族歧視。他們在華盛頓紀念碑前集合,出發到林肯紀念堂聚會,據估計,最多時達 20 萬人,參加的有 10 個黑人和黑白混合的民權組織,連產聯—勞聯也參加了。會上馬丁·路德·金發表了著名的"我有一個夢"的演講。許多發言者都對甘迺迪政府當時提出的民權法案表示不滿,認為太溫和,不徹底,特別是沒有強制實行的保障。但是實質上,這次進軍的主流還是對國會施加壓力,支持甘迺迪提出的民權法案。那次遊行秩序井然,當局基本上採取保護的態度,專為遊行隊伍修了飲水站、廁所,並準備緊急醫療隊等。種族主義和納粹組織的頭目要闖入發言,被警察擋在線外。這是 60 年代最後一次大規模的和平行動,以後就日益激烈。

(五) 60 年代的激進運動

由於和平行動收效甚微,在當時整個激進思潮影響之下,一部分美國黑人反對馬丁·路德·金那種非暴力的思想原則,對政府能保護黑人權利根本不相信,因而也不相信合法鬥爭可能取得效果。1964 年紐約哈萊姆貧苦黑人聚居區爆發暴動,緊接着蔓延開來,費城、波士頓、芝加哥,直到西海岸的洛杉磯,都發生了程度不同的黑人暴動。這種行動主要是發泄憤懣、絕望和仇恨,自發的性質居多,特別是遇到警察鎮壓,矛盾更加激化。這一期間出現了形形色色的激進的黑人組織和人物,《帶槍的黑人》的作者羅伯特‧威廉是其中之一,不過他流亡在外,通過廣播和刊物對國內發出號召,收效有限。影響較大的主要在北方城市,湧現出像馬爾科姆‧艾克斯這樣的著名人物。比較有影響的組織有"黑人穆斯林"、"種族平等大會"、"黑人學生非暴力"組織等。其中最著名的是"黑豹黨"。

——"黑豹黨"於 1966 年成立於加州奧克蘭,領導人為博貝‧西爾和休伊‧牛頓。其宗旨為黑人自衛和重建平等的美國社會,提出要土地、麵包、住房、教育、衣服、正義與和平的要求。在思想上受馬爾科姆‧艾克斯的影響,主張黑人應該有權武裝自衛。同時是社會主義與黑人民族主義的結合,主張如果政府和企業不能提供充分就業,就應由社區集體來接管生產資料。該組織不反對與白人合作,並且實際上也與當時的激進學生運動有合作。這點與其他的一些黑人激進組織不同。他們的第一次重大行動是 1967 年 5 月的遊行示威,為抗議一項禁止在公共場合攜帶有子彈的槍的法令。"黑豹黨"成員身着黑皮夾克制服,頭戴黑色貝雷帽,荷槍實彈在加州首府街上遊行,並發表宣言,吸引了大批記者和群眾。西爾和 30 名成員當場被捕。這一事件使"黑豹黨"立即聞名全國,隊伍迅速擴大。同年10 月,牛頓以殺害一名警察的罪名被捕,更掀起圍繞爭取釋放牛頓的大規模群眾運動。至 60 年代末,該組織的分支已遍佈全國。

牛頓入獄期間,"黑豹黨"吸收了"黑人學生非暴力"組織的領導人參加,任"總理",實現了這兩個組織的聯盟。後者原來是主張非暴力鬥爭的,後來主張暴力,打出"黑人權力"(Black Power)的口

號，主張黑人不同白人合作，單獨成立自己獨立的國家。在這一點上
兩個組織有分歧，後來又有權力之爭，聯盟於 1968 年開始破裂。牛
頓在群眾壓力下被減刑，後於 1970 年以法律程序不完備為由被釋放。

　　"黑豹黨"是美國警察和聯邦調查局重點打擊的對象，他們採取
了打進去、分化瓦解、突然襲擊、暗殺等種種手段。組織內部也互
相猜忌，紛爭不已。隨着整個 60 年代激進運動的退潮，這個組織也
逐漸瓦解。牛頓出獄後曾企圖重組該黨，轉向溫和的為黑人謀福利
的活動，避免與警方正面衝突，但是黨內阻力很大，意見分歧很大。
牛頓本人開始吸毒，又以與毒品有關罪遭通緝，流亡古巴。傳媒又
陸續報道該組織其他成員的犯罪事件，使其威信大跌。後來在一些
黑人婦女的主持下繼續了一段社區福利工作。至 70 年代中期，"黑
豹黨"在政治生活中銷聲匿跡。

　　在此期間，黑人向非洲尋根的風氣也很盛，出現了一批文學作
品，著名的小説《根》即是那種思潮下的產物。還有"黑是美麗的"
口號，是黑人恢復自信和尊嚴的象徵。總之，這是黑人自性的認同
和伸張的一個新高潮。

　　"黑豹黨"是一個典型。這期間出現的形形色色的組織和思潮或
由於沒有成熟的綱領，或由於其主張脫離現實，或由於本身的弱點，
還有它們之間各自為政甚至互相攻擊（都指責別人背叛黑人），未能
形成一支力量。而且由於採取燒、打、砸、搶的方式，得不到社會
的同情，再加上美國當局的鎮壓，都未能持久。但是這一現象及其
所預示的社會危機，不能不引起社會主流和政府的注意。一向以維
護種族平等自詡的司法部長羅拔‧甘迺迪親自與一部分激進派代表
人物進行過一次不成功的談話後，感受到了他們心中的深仇大恨。

他和乃兄甘迺迪總統都認識到種族問題之嚴重，如火山隨時可能爆發，對白人種族主義者再也不能姑息遷就了。這也促使政府大力支持馬丁·路德·金所領導的非暴力鬥爭，更加積極地推動有關種族平等的立法，並採取強有力的措施加以推行。1964 和 1965 年詹森政府通過的《民權法》和《選舉權法》以及為貫徹其實施所採取的措施，在推進美國種族平等方面起到了里程碑作用，以進步政績載入史冊。其意義極為重大，深刻地改變了黑人，特別是南方黑人的政治地位和實際經濟生活。與以前通過的各項法案不同的是，這次把重點放在貫徹實施上，並取得了實效。

三　變化與問題

（一）黑人地位的改善

經過一個多世紀的鬥爭，客觀地看，今天的黑人狀況已發生深刻的變化。這是一個長期、曲折、漸變的過程，而自 60 年代以後的 30 多年變化最為突出。略舉一些數字可以說明問題：

在政治權利方面，以南方 11 個州計算，1940 年登記的黑人選民為 3.1%，1960 年為 28.7%，1964 年為 42%，1970 年升至 66.9%。其中在 1965 年《選舉權法》通過前後變化最突出的密西西比州，1964 年登記選民為 6.7%，1969 年猛升至 66.5%。[1] 在美國現有制度下，實際的選舉權十分重要，它使競選的政客不能再無視黑人的要

1　Stephan & Abigail Thernstrom, *America in Black and White*, *One Nation*, *Indivisible*, Simon & Schuster, 1997, Table 1, p.152, Table 2, p. 157.

求，更不能再公開歧視。如前面提到的福布斯之流到 70 年代就很難
再那樣囂張。今天，總統和議員候選人要把黑人的選票考慮在內已
是當然之事，而在 60 年代以前卻是相反：公開維護民權就要失去南
方的選票。與此同時，黑人競選和當選公職的人數也急劇增加，而
且級別越來越高。以 1973 布萊德利當選全美第二大城市洛杉磯市長
為先河，今天包括首都華盛頓在內的大城市由黑人任市長已是平常
事。眾議院中黑人超過 40 席，其比例與黑人人口在總人口中的比例
差不太多。1984 和 1988 年黑人領袖傑西‧傑克遜兩次競選民主黨
的總統候選人，並於 1988 年最後形成一黑一白對壘競選的局面（白
人為杜卡克斯），雖然最後失敗在意料之中，但是這件事本身以及他
得到了民主黨代表大會 29% 的支持就有劃時代的意義。

　　黑人進入聯邦政府始於小羅斯福政府，不過多為顧問性質，或
擔任低級職務。甘迺迪政府開始任命一批黑人任中高級職務，如轄
區巡迴法院法官、助理部長幫辦等，其中羅伯特‧韋佛任城市建設
與住房部部長，是有史以來第一個黑人內閣部長，當時很引人注目。
以後這類事日益平常，例如安德魯‧揚任卡特政府的駐聯合國大使；
鮑威爾任老布殊政府的參謀長聯席會議主席；克林頓政府中有四名
黑人部長，為歷史最高數。

　　20 世紀以來，黑人多數投民主黨的票，克林頓在 1996 年的大選
中獲得了黑人中 84% 的選票，最主要的一個原因是：由於保守派反
對民權運動的歷史，黑人仍然把白人的保守主義視同於種族偏見；
共和黨主張削減福利開支、縮小政府的政策也對黑人不利，因為低
級政府職務是黑人就業和提升的一大機會。但是近年的民意測驗表
明，受過教育的黑人在一些社會問題，諸如同性戀、墮胎和吸毒、

學校祈禱等問題上，比白人更為保守。現在有些地區共和黨也開始
爭取黑人選票，例如 1998 年前總統老布殊的小兒子傑布·布殊當選
佛羅里達州州長，該州黑人佔選民總數的 20%，是他必須爭取的。
黑人中正處於上升階段的人，尤其是商人、律師和軍人不少傾向共
和黨，他們比較強調通過自己的努力而不是通過政府的幫助求得發
展。黑人保守主義分子很少競選政治職位，不過最近有所變化，馬
里蘭州的黑人政治家阿倫·凱斯組建了一個名為"美國黑人政治行動
委員會"的組織，鼓勵黑人保守派參加競選，主張重新確立道德觀，
認為黑人保守派是黑人社會真正的代言人，向參加競選的黑人共和
黨人提供捐款，並為初涉政壇的人開辦培訓班。總之，黑人正進一
步在兩黨政治中發揮更大的影響。

　　在經濟地位上，戰後的變化也很顯著：處於貧困線（按當時的
標準）以下的黑人家庭 1940 年佔總人口的 87%，1960 年為 47%，
1995 年為 26%。在校大學生 1940 年為 4.5 萬人，到 1995 年已超過
140 萬人。現在黑人中產階級已經形成。據一項調查，美國大約有
2/3 的非西班牙裔白人[1] 自認為屬於中產階級，而黑人中這一數字是
4/10。[2]

　　另外，在社會觀念和風氣方面，到 70 年代以後，種族歧視的論
調或與之相關的提法已經拿不到桌面上來了，包括南方在內，沒有
一個"體面"社會的人敢公然表露歧視有色人種或婦女，在知識精英

1　"非西班牙裔白人"是現在美國的一種提法，主要指傳統的、大多數為歐洲
　　人的白人，以別於近年來大量進入美國的拉美移民。拉美移民中間有許多
　　也是白種人，但是經濟地位低下，也受一定程度的歧視。
2　Stephan &Abigail Thernstrom, 前引書，p.183.

中更是如此。政治家們不論自由派還是保守派，主張儘管對立，卻
都打着為這部分人福利着想的旗號。80 年代中期興起所謂"政治正
確"（political correctness）之說，即在語言中排除某些被認為帶有貶
低或歧視性的提法，若有人脫口而出，就會受到譴責。例如"Negro"
一詞已被認為是貶義詞而棄置不用，代之以"非洲裔美國人"（Afro-
American）等等。"政治正確"對扭轉下意識的歧視觀念有一定的作
用，但是提法過分敏感，使人動輒得咎也容易走向反面，引起人反
感，有時甚至成為笑柄。不論看法如何，至少說明反對種族歧視的
鬥爭已經進入一個新階段。問題已經超越政治上的平權問題，而是
如何實際上最有效地彌補歷史遺留下來的鴻溝。

（二）實際存在的不平等和"確保行動"[1] 之爭

鑒於黑人幾百年來在美國遭受的壓迫和歧視，任何正視現實的
人都會承認，僅僅在法律上保證平等的地位和自由競爭的機會是遠
遠不夠的。為了進一步從權利的平等達到實際的平等，需要一些特
殊照顧的措施，遂有"確保行動"的法令出台。

首先需要對這個詞義略加說明，其實際含義是"確保平權付諸行
動"，也就是說，根據種族平權的法律，在招工、招生中坐等報名者
上門後才消極地不予歧視是不夠的，需要採取積極行動宣傳平權的
原則，鼓勵少數民族主動爭取。這個詞首先出現於 1961 年甘迺迪總
統簽署的一項行政命令中，該命令要求接受政府工程或訂貨的承包

1　Affirmative Action 過去流行的譯法是"肯定性行動"，但在中文不易懂，現
　　在有譯作"平權法令"的，又離原文太遠，今譯作"確保行動"。

商不得歧視少數民族，主要指的是黑人。這是在《民權法》和《選舉權法》通過之前。1965 年《選舉權法》剛通過不久，當時任詹森政府勞工部長助理的莫尼漢在一份報告中提出，美國黑人身上帶着三個世紀的難以想像的虐待的傷疤，不可能在平等的條件下競爭，需要有新的對待辦法。同年 6 月，詹森總統在霍華德大學（著名黑人大學）的演講中提到：你不能把一個因長年帶鐐而跛腳的人放在起跑線上，對他說，現在你可以自由地同別人競賽了。因此，光是機會平等是不夠的，還需要保證實質的公平。在這一思想的指導下，詹森於同年 9 月簽署了第 11246 號行政命令，要求所有接受政府加工訂貨的工廠企業採取“確保行動，保證申請人能得到僱用”。這一委婉的提法與《平等就業機會法》聯繫起來，實際上就意味着要主動、優先錄用黑人、婦女以及其他原來處於弱勢地位的人群。原來並未提出定額制，但是如某一機構實行事實上的歧視，唯一查考的辦法是將該機構的少數民族比例與同類單位相比較，於是在實踐中必然導致定額制，不僅在就業方面，更主要用於大學招生。1970 年尼克遜政府正式頒佈指令，要求與聯邦政府簽約的企業有一定的少數民族（有時包括婦女）的名額。

　　這一措施的出發點是承認歷史造成的現實，更加切實地消除不平等。這一政策的主要受惠者是黑人和婦女，當然受到他們歡迎，開始在白人中阻力也不大，因為那是民權運動高潮時，自由派白人在思想上擁護，即使是保守派，面對街頭暴動時有發生的尖銳種族矛盾，也感到需要一種緩解劑。這一政策實施 30 年來，的確使處於弱勢地位的黑人獲益良多，對各方面黑人比例的增加與處境的改善起了很大作用。但是與此同時，從觀念到現實的矛盾逐漸顯露出來：

　　首先，美國的平等觀在原則上是機會平等，而不保證結果平等。其次，照顧的原則在實踐中很難掌握得恰到好處，用人單位或學校不論是出於自己的信念還是出於避免惹上法律方面的麻煩，往往"寧左毋右"。"確保行動"不僅適用於黑人，也適用於其他競爭力弱的族裔，近年來主要是西班牙語裔，那麼對競爭力強的一部分人就形成不公平。所以，1978 年發生了著名的巴克訴戴維斯加州大學案，起因是該大學實行雙軌招生制，有一部分名額留給"在經濟上和教育上處於不利地位的考生"，並另設招生委員會分開進行選拔，結果比巴克的成績明顯差許多的少數族裔得以入學，而巴克名落孫山，因此他不服，以"逆向歧視"上訴。此事涉及的不是一個人入學的問題而是"確保行動"的原則是否正確的問題，由此觸發了對這一敏感問題的全社會的辯論。訴訟雙方各執一詞，一直上訴到最高法院，最後的判決是折中的：一方面巴克勝訴，得以入學；另一方面在原則上仍維護了雙軌制。實際上，在巴克案之前已經有過類似的起訴，不過沒有引起注意，以後又發生多起此類案件。這一分歧日益表面化，反對者勢力也日益增強，其高潮為 1996 年 11 月通過的加州"209 提案"，在加州範圍內取消了在公共就業和公共教育等領域"確保行動"的實施，也就是說黑人和婦女等弱勢群體不再受照顧。在此之前，德克薩斯州已有"霍普伍德訴德克薩斯大學案"的轄區上訴法院的裁決，取消了在招生、招工中的照顧原則，並適用於該法庭所管轄的路易斯安那州和密西西比州。不過那都是個案裁決形式，而加州"209提案"的通過樹立了一個以提案形式立法的範例，影響巨大，以後許多州和首都華盛頓都紛紛效尤，不過都未通過。至今各州仍自行其是，一州內各學校、各用人單位掌握的分寸也不相同。利弊如何，

雙方各執一詞。一般說來，仍是以自由派和保守派分野。不論取消
"確保行動"的理由如何充分，其對少數族裔的影響立竿見影：加州
通過"209 提案"後，少數族裔入學數立即下降，特別是法學院學生，
1996—1997 年加州三所大學的法學院黑人學生下降了 71%，新生幾
乎沒有。1998 年秋季，黑人加拉美人加印第安人在校生下降數超過
50%。[1]

　　並非所有少數種族都支持"確保行動"，在教育領域內反對最力
的是亞洲人，特別是華人。他們的理由是，亞洲人在歷史上備受歧
視，現在仍然在不少方面與白人並不完全平等，亞洲的家庭有重視
子女教育的傳統，憑自己的勤奮努力可以進入名牌大學，從而改善
社會地位，這是不到兩代人期間剛剛開始取得的變化。亞裔在白人
面前並沒有因原來受歧視而得到照顧，卻反而要把名額讓給黑人和
西班牙語裔。另一方面，他們因為成績好而在有些大學（如伯克利加
州大學）比例日益上升時（其實遠不如白人多），還被認為是個問題，
引起某種無形的限制，實屬不公。因此，他們是加州"209 提案"的
有力推動者。但是另一方面，"確保行動"還包括政府招標中應優先
考慮少數民族的企業，這一點對華人中小企業有利，受到擁護。有
些拉美移民本是白人，並已取得穩定的社會地位，反而不願被單獨
列出作為照顧對象。所以，這個問題涉及的利益非常複雜。

　　黑人中意見也不完全一致，或者說在心理上有一種矛盾。詹森
總統的講話固然是為黑人設想周到，但是深入一步解釋，其含義就

1　李英桃：《加利福尼亞州 209 提案與美國高等教育》，《美國研究》1998 年第
　　3 期，第 113 頁。

等於說黑人在智能上是有殘缺的，不具備平等競爭的條件。當時是種族問題十分敏感時，詹森的講演稿事先徵求過馬丁·路德·金等幾位黑人組織領袖的意見，他們都予以認可，該講話基本上在黑人中受到歡迎，說明當時確有此必要。但是發展到後來，利弊如何，包括黑人在內越來越多的人提出疑問。特別是能力較強的黑人感到自己原是憑本事上去的，卻反被認為是照顧的結果。有了這一法令，無形中在黑人與白人的交往中多了一層看不見的隔閡，對雙方都造成一種微妙的心理。但是，另一方面，多數黑人仍然感到除了政治權利外，各種機會在實際上離真正平等還有很大距離，實質上享受各種優越條件的仍是白人。"確保行動"的方案不一定是最好的，但其力度還不足以平衡白人實質上的特權。

　　在現實中，在"確保行動"已執行了 30 年的今天，黑人與"非西班牙語裔"白人之間的差距仍然十分突出。在美國放眼望去，黑白"分工"鮮明：屬於下層的工種，如街道和大樓的清潔工、工廠中的非熟練工人，以及公共汽車、卡車司機，門衛保安等多為黑人。像華盛頓這樣黑人人口眾多的地方，市政機關的職員黑人比例甚高，但主要佔據的是最基層的位置，越到上面比例越小。這是指就業者而言。論失業率，到 20 世紀末，黑人男性的失業比例仍是白人的兩倍，在貧困線下的家庭比例是白人的三倍。在各大城市的街上見到的無業遊民和乞丐也多為黑人（拉美新移民的比例也很高）。教育方面的差距就更嚴重，儘管基礎教育同樣普及，但是黑人學生的程度普遍低於白人。據美國國家教育中心 1992 年的調查數字：完成 12 年教育的黑人平均閱讀能力略相當於八年級的白人學生；在科學知識方面平均程度比白人學生低 5.4 年；黑人大學本科畢業生的語文和計算能力僅略高於白人的高中畢業生，遠低於白人大學中途輟學生。[1] 中學生程度的差異自然影響大學入學率，加州 "209 提案" 的實際後果已很說明問題。如果全國都照此實行，又將出現黑人醫生、黑人律師奇缺的現象，進而再引發種族糾紛。本來已經很少的黑人科技人員將無望增加。這是實際情況，也是克林頓政府面臨的難題。他既要安撫保守派白人的反擊，又不能讓民權運動的成果喪失在他手中。1998 年 7 月，在美國公眾教育電視台的一小時專題節目中，克林頓被邀請與不同觀點、不同族裔的代表性人物專門討論這一問題，他的公開表態仍是維護 "確保行動"，理由是美國社會的根本利益在於擁有不同文化背景的民族，應從大學開始就維持種族多樣化，這有利於美國的全民團結，也使青年能在進入社會之前得到與不同文化的人相處的經驗，另一方面也必須堅持擇優的原則。如何實行，他也無法提出更好的方案。

四　　幾點思考

　　關於美國黑人鬥爭史以及討論黑人問題的著作如汗牛充棟，本書不是專門討論黑人問題的，而是從這一個重要的方面看美國社會的漸進改良。黑人問題是美國社會矛盾中最尖銳的，曾經為之打了長達四年的內戰，幾乎造成國家分裂。但是有一個重要的事實是：那場內戰不是黑奴暴動起來推翻種族主義政權的革命，而是在主流白人社會中不同派別之間的戰爭。從思想上說，反對種族歧視的原

1　Thernstrom，前引書，p. 19

則植根於啟蒙運動的自由主義、人道主義和天賦人權之中，也符合美國《獨立宣言》的精神。另一方面，如本章開頭所述，白人至上主義也同樣根深蒂固，而且同既得利益相結合。經過 100 年的鬥爭，無數黑人和白人為此付出了生命的代價，才取得了順應進步的潮流，同時又符合美國工業化需要的廢奴派的勝利。又經過近一個世紀的艱苦鬥爭，才有今天的狀況，與 20 世紀初相比，應該説進步是極為顯著的。從前面簡單的概述中可以看到這一進程十分艱苦曲折，不斷有流血犧牲，包括馬丁·路德·金本人以身殉道。但是自南北戰爭以後，從總體上説，黑人境遇的改善仍是和平改良的一部分。美國的根本制度並沒有改變，基本信仰也沒有變。

（一）20 世紀黑人民權鬥爭的特點

1. **基本上是在體制內的合法鬥爭**。從南北戰爭以後，民權運動一直是爭取實現憲法規定的權利，每一輪鬥爭的最終成果都是政府進一步立法和有效落實，然後再為維護這一合法權利而繼續鬥爭。除了 60 年代少數激進派之外，沒有根本否定現行制度的主張。即使是激進派，也沒有推翻現制度的綱領，而只是企圖脱離它，依靠自己的力量組成獨立王國，或者以暴力反抗暴力，並沒有改變政權的目的。絕大多數黑人認同美國是他們的祖國，擁護寫在紙上的憲法，他們為之奮鬥的理想就是在這個國家中享受與白人一樣的公民權和平等的機會，在社會上不受有形或無形的歧視，獲得人的尊嚴。

2. **激烈衝突不可避免**。另一方面，種族平等與種族歧視兩種觀念截然對立，沒有討價還價的餘地，不可能採取類似勞資談判的方式。出身貧苦的人可以改變社會地位，而膚色是不能改變的。對種

族主義者來說,三代之後,有 1/4 的黑人血統仍算黑人。種族主義勢
力強大,並總是率先採取非法的暴力手段這一事實,使黑人的鬥爭
不可能是溫和的、和平的。60 年代那種激進的思潮和自發的暴力行
動,對喚起全社會的注意與促使政府下決心採取強有力的措施確實
起了不小的作用,同時也是對社會觀念中頑固的偏見的一次強有力
的衝擊。也就是說,某些暴力手段客觀上幫助了和平改良的成功。

　　3. 提高黑人的教育和文化水平是根本。從布克・華盛頓到杜波
依斯,到馬丁・路德・金,以及一些改良色彩較濃的基金會和民權
組織,都極重視對黑人的教育,提高黑人本身的文化水平、思想情
操,培養自尊自愛。事實上,歷次重大的反對種族隔離的鬥爭,重點
都是爭取平等的教育權。多年來,黑人地位實質性的提高主要表現
在教育水平上,而目前存在的問題最嚴重的方面也仍在教育。黑人
儘管受歧視,但在艱難之中還是湧現出為數不少的受過良好教育的
有思想、有才能的精英,許多才智卓越的黑人學者、作家、文藝工
作者,不可能一一列舉。他們不是以改變自己個人的地位為滿足,
而是為提高整個黑人的文化水平做了不懈的努力。不論其對黑人解
放道路的見解有何不同,在這方面的貢獻是共同的。這一點非常重
要。黑人的總體形象從愚昧無知的"痞子"到有文化、有尊嚴的守法
公民,是黑人達到真正平等的最根本的途徑。

　　4. 民權運動的思想基礎仍是自由主義。顯然,黑人問題是美國全
社會的問題,黑人地位的提高也不僅是黑人而且是包括白人在內的
長期鬥爭的結果。黑人問題正好典型地說明了自由主義的兩個方面:
一方面,奴隸貿易是歐洲文藝復興和商業革命所釋放出來的自由主
義的產物,如杜波依斯所指出的,這是"毀滅自由的自由",是一種

人剝奪另一種人的權利的自由[1]，也就是社會達爾文主義那一條線。另一方面是人生而平等，天賦人權的信念。這裡的關鍵是黑人算不算人，或者是否在人種中天生屬於劣等。至少從廢除奴隸制度以後，這在理論上已不成問題。自以為信仰自由主義的白人，特別是知識分子，越來越感到在號稱自由之邦的美國存在這種公然的種族不平等是一種恥辱，黑人所提出的合理合法的要求完全符合美國主流思想的原則。著名瑞典學者米爾達關於美國黑人問題的經典著作的書名本身，就一針見血地點出了這一矛盾：《美國的兩難處境：黑人問題與現代民主》。正因如此，從一開始爭取種族平等的鬥爭的主力中就有白人。這不僅是出於同情心，而且是出自他們本身的信仰和理想。馬丁·路德·金說要以愛心喚起壓迫者的良知，這對真正的"壓迫者"，也就是極端種族主義分子，是不現實的；但是喚起全社會的良知則是可能的，因為有思想基礎，而且事實上也已經有了效果，所以不能對這一口號簡單地嗤之以鼻。如今馬丁·路德·金已經聞名世界，他的逝世日已被美國政府定為國假日，他的名字與林肯一樣家喻戶曉。在他的家鄉亞特蘭大設有永久性的紀念碑、紀念館，他的演講錄音、錄像在他曾經佈道的教堂中一遍一遍地向來自美國以及世界各地的參觀者播放，受到無上尊敬。這說明他的思想與美國的主流是合拍的。

　　對比之下，先於金對美國民權運動有創建之功並且做出過卓越貢獻的杜波依斯卻為人所淡忘，現在一般美國青年中知道他的可能不太多。主要是因為他後來經過麥卡錫主義，對美國的制度深刻失

1　《美國黑人史》，第38頁。

望,思想開始左傾,同情社會主義國家和正在興起的亞非民族獨立運動。馬丁·路德·金是諾貝爾獎獲得者(1964),而杜波依斯則是列寧和平獎獲得者(1959),顯然他們屬於不同的思想體系。1961 年,他以 93 歲高齡加入美國共產黨,同年移居加納,主持非洲百科全書的編纂工作,1963 年入加納籍之後不久即逝世。他在美國 20 世紀黑人鬥爭史上的地位應該不亞於金,只是由於他後來走了不同的道路,脫離了美國主流社會,在美國獲得的榮譽也就不同。這也說明美國社會在意識形態方面的傾向性還是很強的。

(二) 難以解決的悖論

1. 圍繞"確保行動"之爭。這實際上還是反映了 20 世紀初以來的兩大思潮:強調自由競爭和強調平等。公開的種族優劣論已經是非法的,但是對於黑人目前落後的根源,意見有很大分歧:一派認為,必須承認長期的歷史造成的傷害不可能在短期內消除,處於優越地位的白人有責任給予照顧,政府也有義務進行干預;另一派認為,時至今日,客觀的障礙已經掃清,其他應靠黑人自己的努力了,也就是說,如果再上不去,只能怪自己不努力。

2. 在現階段是應繼續強調種族覺悟還是應盡量忘記種族差異。1896 年只有 1/8 黑人血統的普萊西因在路易斯安那州堅持坐了白人的火車車廂而被捕,他不服上訴,指車廂隔離為違憲,這就是"普萊西訴弗格森案"(Plessy v. Ferguson)。路易斯安那州最高法院判其敗訴,提出了所謂"隔離但平等"原則。當時唯一持異議的哈蘭法官在其聲明中有一句名言:"美國的憲法是色盲的。"亦即所有種族在憲法面前一律平等,任何基於膚色的隔離和歧視都違反憲法。從那

時以來，反對種族歧視的鬥爭目標主要是使黑人作為平等的一員融
入美國社會，而膚色因素不再被考慮。相反，在 1978 年巴克案中，
有一位法官主張維護照顧的原則，說過另一句名言："欲超越種族主
義，必先心目中考慮種族。"這句話的確很辯證。現在的問題是，在
進入 21 世紀時是否已經到了可以只強調"色盲"，而盡量淡化種族差
異的時候了？例如，提到某一碰巧是黑人著名藝術家或作家時，為
甚麼總要冠以"黑人"字樣，而白人則不必？現在猶太人已經脫離了
被另眼看待的地位，不論是歧視，還是照顧，沒有人會提"猶太教授"
某某人。另外，還有一個涉及面更大的問題是：美國的社會組成乃
至政策依據應以個人為單位還是以族群為單位？這不僅關係到黑人
而且關係到所有主流白人以外的族群，是當前美國輿論界、知識界
仍在辯論的問題。關於這一辯論，在第八章中有詳細介紹。

第八章 移民、教育與人口素質

現在人們談論 21 世紀時都已意識到，今後的競爭將越來越是智力的競爭，有種種説法：例如"智緣政治"將取代"地緣政治"；繼農業經濟、工業經濟之後是"知識經濟"時代；"智力資源"的作用將超過其他一切物質資源，等等。在方今科技飛速發展和信息高速公路的時代，這是顯而易見的。事實上，智力因素在整個 20 世紀的發展中已經佔據舉足輕重的地位。而美國的發展除天然資源外，人口素質和智力資源的作用十分突出。在 20 世紀中，它的智力優勢尤為明顯。特別是在 20 世紀的後半葉，它實際上已經以"智力經濟"取勝。造成這一優勢有兩大原因：移民和教育，而二者又互為因果，相輔相成。

一　移民國家的特殊條件

（一）先天優越性

不同於任何其他國家，美國是由全世界各地移民組成的國家，可以說是全世界的大殖民地，真正土生土長的北美洲人——印第安人——已經退到最邊緣，在多元人種的美國社會中影響反而最小。[1]這種移民不是無序的，有先來後到。最先來的是歐洲人。不少國內外學者認為 1492 年哥倫布"發現"美洲開始了人類"全球化"的進程。因為這標誌着歐洲文明向美洲的擴張，也是日後產生美利堅合眾國的先聲。這一事件對近現代史的進程的深遠意義自不必贅述。同樣重要的是，在以後一個多世紀歐洲各國的各類人群向美洲移民的角逐中，英國人在北美的土地上首先站住了腳。這就決定了美國的主流人群在歐洲人中最主要的是盎格魯—撒克遜人。一般作為美利堅合眾國建國前期的有組織的移民，當從 1607 年 120 名英國人在維珍尼亞州詹姆斯敦登陸算起，不過更加有歷史意義的、為史家津津樂道的事件是 1620 年"五月花"號船的到達。這一事件的意義不僅是英國移民在普利茅斯建立了第一塊殖民地，而且上岸之前在船上通過了著名的《五月花公約》，為日後美國的建國模式和政治文化打下基礎。17 世紀初，正是英國繼伊利沙伯女王之後開始大規模擴張之初，儘管遠涉重洋到美洲去的人大都是逃避當時國內宗教迫害

---

[1]　眾所周知，早先歐洲移民在西進過程中對印第安人進行了殘酷的趕盡殺絕，這一段歷史中外多有論著。本書的主題是 20 世紀，只能從美國社會是以歐洲移民為主的既成事實來分析。

的新教徒，英國政府卻援東印度公司之例，給這些人頒發"特許證"，就這樣糊裡糊塗地把原本不屬於英國的北美洲變成了英國殖民地。事實上，當時英國國內很亂，尚未取代荷蘭稱霸海上，作為國家行為不可能有餘力顧及北美。但是這一順水推舟之舉卻給日後美國的發展打上了英國烙印，對這片大陸的歷史起了決定性的作用（例如，受西班牙統治的拉丁美洲的發展道路就完全不同）。

背井離鄉、遠涉重洋到還屬於蠻荒之地的新大陸來的人，出身和教育背景各異，移民的動機不一，有的為尋求宗教自由，有的為謀生，有的為躲債，有的則是逃犯。但有一點是共同的，都是對原來的處境不滿意而另謀出路，期望在這裡闖一番事業，改變命運或實現理想。自由女神像底座所刻的膾炙人口的詩句最好地表達了這一事實。這樣形成的"美國人"，先天具有以下一些特徵：

開拓性、探險性和創業精神。得過且過、因循守舊的人不會來；白手起家的生存條件又迫使人必須艱苦奮鬥，不斷開拓、創新，不能停步，不能滯留，停下來就等於坐以待斃，只能被無情淘汰。同時，在為生存的搏鬥中，既體現了個人奮鬥、"適者生存"的規律，又需要群體的合作團結，從而造就了美國人既有強烈的個人主義，同時也有對社會或團體的義務感，而後一點往往不為外人所注意。

追求自由。首先是宗教信仰自由，這是不言而喻的。同時也是擺脫一切陳規的束縛，追求發展和創造的自由。起決定性作用的歷史事實是，最早的移民來自歐洲文藝復興和工業革命之後，他們不僅帶來了當時先進的生產力，也帶來了啟蒙思想。舊大陸封建統治的桎梏仍十分頑強，新的制度還需要經過長期的爭鬥、動亂、妥協和反覆才能誕生，而來到新大陸的移民可以完全跳過封建社會，直接在這裡實踐歐洲先驅者們的理想。用著名的美國歷史學家布爾斯坦的話來説，"把兩千年歐洲的歷史壓縮在一兩個世紀之內"[1]。通俗一點説，就是沒有歷史包袱。自由選擇是美國人存在的理由，"這是自由的土地"成為每個人維護自己權利的口頭禪。

　　來這裡的人不僅是消極地躲避宗教迫害，還積極地追求理想。如果説領導"五月花"號船上移民的布萊德福和他發起的《公約》代表了加爾文教徒的精神，那麼賓夕法尼亞州的創立者威廉·賓則是另一種追求理想的典型代表。賓本人是英國貴族，享有一切特權，在牛津大學上學，有現成的美好前途。但是他反對宗教歧視，主張信仰自由，而且同情底層人民，屬於主張平等而且反戰的貴格（Quaker）會，因而不見容於當時的英國，曾兩次入獄。在這種情況下，他自願到新大陸來實踐他的理想。英王為了乘機擺脱這個麻煩人物，就把新英格蘭的一大片未開發土地"賜"給了他，他以自己的姓氏命名這一領地，這就是賓州的來源。賓在這片土地上既發展生產，又按照自己的理想進行管理。他擬定了一個"自由憲章"，規定立法者由選舉產生、宗教信仰自由、言論自由、採用陪審團制等原則。他創立的貴格教派沒有成為美國宗教的主流，但是他的"自由憲章"意義重大，其思想核心對後來托馬斯·傑佛遜起草《獨立宣言》有很大影響。

　　公民意識較強。做不做美國公民是自願選擇的，這點與多數其他國家不同。例如中國人，祖祖輩輩生於斯長於斯，別無選擇，愛國與愛鄉相一致。所謂"兒不嫌娘醜"之説，在美國人看來是不可思議

1　Daniel Boorstein, *The Republic of Technology, Reflections on Our Future Community*, Harpers &Row, New York, p.43.

的。如果嫌醜，完全可以不來，隨時可以離去。他們所效忠的是一種制度和一種與宗教信仰差不多的價值觀念。公民的權利和義務十分明確。這一點與個人自由相輔相成，形成美國人特有的愛國精神和在多元文化之中的社會凝聚力。

以擴張起家，固定國土的觀念薄弱。美國的疆土是隨着移民的一批一批的到來逐步擴張而形成的。有所謂"邊疆無邊界"（frontier has no boundary）之説。眾所周知，美利堅合眾國建國初期領土總共只有 230 多萬平方公里，而到 1950 年夏威夷正式成為美國第 50 州時，已有 951 萬多平方公里。在這期間增加的約 700 萬平方公里的領土，一部分是不斷西進開荒而來，在這一過程中除了和大自然做鬥爭外，對土著印第安人幾乎趕盡殺絕，自不待言；而另外一部分約計 230 萬平方公里的土地，是在已經取得獨立的墨西哥手中巧取豪奪強佔來的。起初是美國人到這裡移民，墨西哥出於經濟需要予以鼓勵和歡迎，後來美國人逐步鵲巢鳩佔，新移民排擠墨西哥人，然後美國聯邦政府鼓勵其中最大的德克薩斯州鬧獨立，最終還是通過赤裸裸的侵略戰爭強行改變了美墨邊界。墨西哥割讓的土地比該國現在的領土面積還要大，而現在墨西哥和其他拉美國家湧入這片土地謀生的人卻成了"非法"移民，這是歷史的諷刺。這一疆土形成的過程，對美國日後的國際行為及其觀念有一定影響。也就是説，它更重視住民自決，而少重視邊界固定的歷史。

（二）建國之後政府的移民政策

1776 年美國獨立之時，北美 13 州的人口總共只有 250 萬，建國 100 年之後（即 1876 年），總人口才達到 5000 萬，到 20 世紀 80 年代

中期的 200 年間外來移民共 5000 多萬,超過 100 個族群。[1] 儘管美國
在移民政策上幾經周折,做出種種限制,這一趨勢仍方興未艾。根
據美國移民與歸化局的數字,從 1985 年至 1997 年,平均每年至少接
納新移民 50 萬人。估計在 1996 年 4 月,在美國有合法的永久居住
權(即獲綠卡者)的移民有 1050 萬人,其中有資格申請入籍的有 570
萬人。1996 年財政年度有 915900 移民取得公民資格,比上年度增加
27%。從 1986—1996 年的 10 年中入籍移民有 20 萬人,取得永久居
留權的有 970 萬人,二者相加約 1000 萬人。與歷史上移民最高潮的
1905—1915 年間的接納總數(1001 萬人)基本相等,説明時至 20 世
紀末,移民的勢頭較之世紀初並不稍減。[2]

　　從一開始,包括喬治·華盛頓在內的美國開國元勳們就對移民
問題給予很大的關注。先來的為主,後來的為客,已經成為這個國
家的主人的人群根據自己的利益和需要制定移民政策和法令,決定
對後來的移民鼓勵、歡迎、限制或排斥。

　　早在 1790 年,國會就通過了第一部《移民歸化法》,規定新移民
成為美國公民的條件是:住滿一定的年限,符合道德標準,通過基
本英語考試,證明對美國的政治制度有起碼的了解。1802 年修正後
正式通過,規定在美住滿五年可成為公民,然後宣誓入籍。這是第
一部現代國家的移民法。誓詞如下:

　　　我宣誓,不論在此之前我屬於任何外國君主、帝王、

1　盧瑟·S. 利德基主編:《美國特性的探索》,中國社會科學出版社,1991 年,
　　第 67 頁。
2　*Bulletine, USIS, U .S. Embassy in China*, October 10, 1997, p. 21.

國家或主權的臣民或公民，我現在要絕對和徹底拋棄對他
們的一切承諾和效忠；我要擁護和保衛美國憲法和法律；
如果法律需要，我將拿起槍桿捍衛美國……願上帝保佑。[1]

已經是美國公民的人不需要做此宣誓，因為這種公民義務的教
育滲透在學校和日常生活中。

在那個時期，美國十分缺少勞動力和各種專門人才，因此主要是
鼓勵移民。另一方面，當時的歐洲處於革命和動亂之中，美國領導
人既害怕歐洲移民帶來專制主義影響，又害怕法國大革命之後的激
進分子和愛爾蘭反英失敗的流亡分子來美國鼓吹革命思想，干擾美
國的政治，因此才有要求入籍者拋棄一切對母國效忠的誓詞。繼《歸
化法》之後又通過了《國籍法》、《外僑法》、《處置煽動叛亂法》等，
對後來移民加以限制。受歡迎的或是有財產，或是有勞動技能，或
是有知識的人才。隨着時間的推移，移民的成分有所變化，而且地
位不平等。處於最優越地位的是盎格魯—撒克遜人，在不同時期對
其他族群有不同程度的歧視。最明顯的當然是黑人。但這主要不表
現在移民上，相反，黑人是最無可辯駁的美國公民的一部分。總的
說來，在早期儘管對不同的族群有過限制和排斥，但是直到 19 世紀
80 年代之前的主流還是鼓勵移民。特別是在南北戰爭結束之時，美
國正值工業化的高潮，急需各種勞動力和人才，在林肯總統大力推
動下，1864 年國會通過了《鼓勵外來移民法》。那時，美國在這個問
題上與各國的鬥爭都是敦促別國開放移民自由。例如，英國害怕熟

1　《美國特性的探索》，第 11 頁。

練工人和技術人才流失，曾企圖加以限制，而美國在政府鼓勵下由
各企業出資在英國進行大規模的招募工作，也就是挖英國的牆角。
又如，大批有組織的華工到美國也是在那個時候。繼 1860 年美國憑
"利益均沾" 原則分享的《北京條約》中規定不得禁阻華工到外洋工作
之後，1868 年被聘為中國特使的蒲安臣又與美國政府簽訂《中美續
增條約》，進一步加強了兩國人民 "自由往來" 的條款，使美國得以
大批招收華工。

　　19 世紀後半期，在第一次嚴重的經濟危機後，美國從鼓勵移民
轉為限制和排斥移民。華人首當其衝，既有經濟原因，也有種族歧
視的原因。1882 年美國正式通過排華法；在此之後，從 19 世紀末
到 20 世紀初又通過了一系列限制移民法。最厲害的是 1924 年《約翰
遜—里德法》，該法排斥移民，歧視一切非益格魯—撒克遜人。其背
景主要是抵制一戰後歐洲的混亂和俄國革命的影響。這種情況至二
戰前後又開始反彈，其原因首先又是對專業人才和勞動力的需求，
同時也與接納大批受法西斯迫害的移民特別是猶太人有關。

　　對新移民的歧視和排斥不僅在政府的政策中，在民眾中左、右
也都有這種情緒。在上個世紀之交的 "平民主義" 運動中就有反猶傾
向。那個時期，一般老百姓把猶太人同高利貸和大銀行家聯繫在一
起，在改良主義的矛頭針對大金融家時，英國的著名猶太銀行家羅
斯柴爾德就成為許多小說影射的象徵。另一個因素是 20 世紀開始，
移民的成分有所改變，從原來的英國、愛爾蘭、德國和北歐人變為
大量的南歐、東歐和俄國人（其中不少是猶太人）。他們的生活習慣、
風俗、宗教不同，而且在城市中多住貧民窟，衛生條件等各方面都
給城市帶來不愉快的外觀。與此同時，他們很快融入政治生活，成

為他們的老闆所控制的選票。工人階級不歡迎新移民，理由是顯而
易見的。這種情緒得到一部分進步主義知識分子的支持。他們的説
法是，大量移民只對資本家有利而損害本土的工人利益。他們攻擊
新移民是罷工的破壞者，以自己豬狗般的生活標準降低美國的文明
水平，等等。極右派則公開宣揚赤裸裸的種族主義，並與對自由主
義知識分子的仇視結合起來。20 年代三 K 黨的頭目埃文斯在一篇文
章中大肆攻擊那些"思想上的雜種自由派"，抱怨所有北美的道德和
宗教價值都被侵入這個國家的族群所破壞，被自由派知識分子所嘲
弄，並聲稱要從自由知識分子手中把權力奪回來，回到沒有"過分知
識化"的、沒有"脱美化"（de-Americanized 這個詞到麥卡錫主義時發
展為"非美"[un-American]）的普通人手中 [1]。這種左右聯合的把反自
由主義精英的思潮融入種族主義中的情況並不鮮見。例如，納粹德
國瘋狂迫害猶太人的行為就有類似的群眾基礎。許多材料説明，當
時德國一般平民對猶太人的排斥和歧視甚至比官方走得更遠。在美
國當然遠未達到那個程度，但足以促成排斥某種移民的輿論和政策。

　　直到 1965 年詹森政府通過新移民法，才從立法上根本改變歧視
政策（此事原為甘迺迪倡導，但他生前未及執行），不過歸化條件除
與家庭團聚外更強調有特殊技能。甘迺迪作為世代天主教家庭的後
裔當選為總統，象徵着宗教歧視的結束。詹森選擇了自由女神像作
為簽署此法的場所，也象徵着回歸美國建國的理想。應該説，這一
移民法是歷來諸法中比較公平和開明的，對各種國籍的人一視同仁，
因而使以後的移民來源發生了很大變化，其中增加最多的是拉美人

1　Richard Hofstadter, *Anti-Intellectualism in America*, 1963, p.124.

和亞洲人。

　　到 80 年代，保守思潮上升，排外之風又起。原因仍然是一貫的經濟和種族兩大因素。不過在種族問題上，與以前那種單純的白人優越論有所不同，而是一向佔主流地位的白人第一次產生了文化多元化威脅源於歐洲的主流文化的地位的擔心。於是自 1986 年起，國會又提出新的移民法案，幾經辯論修改，於 1990 年出台。其精神除原有的優先照顧家庭團聚外，更加突出人才和財產，對這方面做了新規定，並且規定了世界各地區的不同限額，明顯地偏向於歐洲白人而企圖限制亞洲人和南美人。以後又由於非法移民大量流入，1996 年通過附加於《福利改良法》的 "收入保障補充條款"（Supplemental Security Income），在取消對非法移民的福利補貼的同時，也取消了部分合法移民的福利待遇。同其他問題一樣，在移民問題上，也存在自由主義與保守主義兩種傾向。克林頓的基本傾向是自由主義，所以他一直企圖修改新移民法中對合法移民限制過多的條款，終於經過輿論施壓和行政當局的努力，於 1997 年 8 月又恢復了對合法移民的某些福利。又如根據移民法，申請避難的移民超過了批准逗留的年限即應被逮解出境，但是經過總統和各方人士的呼籲，對某些難民特別是中美洲的難民網開一面，等等。1997 年 9 月，克林頓和美國歸化局的公開聲明都強調了美國繼續開放的精神，限制政策只是對非法移民而言。

　　縱觀二百多年的漫長歷史，美國政府對待移民的態度和移民法根據各個時期形勢需要歡迎和拒斥交替，具體內容也有很大的變化。例如在限制入境一欄中提到過的有：嚴重傳染病患者、精神病患者、低能者、不能自食其力者、重罪犯人、道德敗壞者以及無父母陪伴的未成年人等；放寬限制的對象則是技術工人、教育工作者、藝術家等。高級精英人才當然更在鼓勵之列。另外還有一定的投資額，以及在美國辦企業僱用一定數額的職工等條件。這樣，立法者賦予移民的意義就與當初大相徑庭。早先的移民是在本國受苦而到美國來找出路的，如自由女神像底座的詩句所表達的："把那些疲憊的人……無家可歸、顛沛流離的人交給我吧。"有的文章諷刺美國現政府的政策，標題反其意而行之，改成："把那些富有的、幸運的人們交給我吧。"[1] 這是很說明問題的。但是這並不能阻止下層勞動者源源不斷湧入。在有些情況下，移民政策跟美國與有關國家的關係或意識形態因素有關，例如二戰期間對日裔公民的強制措施；又如1952 年在冷戰高潮中通過的移民法吸收了《麥卡倫國家安全法》，把"參加過共產黨"與恐怖主義和其他各種非法犯罪行為並列為禁止入境之列。總之，除了特殊的政治原因外，美國從立國以來利用其特殊優越條件，在移民政策上**以優化人口素質為目的的精神貫穿始終**。

(三) 移民的"美國化"

美國作為獨特的移民國家的優勢已如前述。不過形成這種優勢的條件之一，是新的移民遲早都會匯入同一個社會，認同主流價值觀和基本典章制度。一般說來，在民族融合中，總是處於先進發展階段的民族同化後進的民族，中國盛唐時期就是最好的例子。美國號稱"大熔爐"，不論原屬於何種民族的移民到了這裡，就都成了新的"美國人"的一部分。他們在保留自己的風俗習慣和宗教信仰的同

1　Richard Lacayo, "Give Me Your Rich, Your Lucky", *Time*, No.15, 1991.

時，認同美國社會的基本制度和核心價值觀。毋庸諱言，根據先來後到，美國人的主流是歐洲裔的白人，也就是所謂的 WASP。所有後來的移民都有一個"美國化"的過程，也就是向先來的主流歐洲白人同化的過程。這種同化基本上是自覺自願的，既是迫於生存的需要，也是選擇留在美國的本意。"大熔爐"之說是一名俄國猶太移民於 1908 年創作的一個劇本的台詞。那個時期正是美國南北戰爭結束以後的新移民的高潮——從那時到第一次世界大戰結束的半個世紀中，新移民達 2700 萬人，略超過美國 1850 年時的全部人口。而且新移民與以前不同，大部分來自東歐、南歐和俄國，並有大批猶太人。他們在文化、語言、宗教和生活習慣上與以前的西北歐移民差異很大，其母國更加貧窮，來到美國後備受主流白人的歧視，融合的過程也比較艱辛。但是他們大多數都熱切地希望變成"美國人"。有關"大熔爐"的劇本就是在這一背景下產生的。

作者伊斯雷爾·贊格威爾是俄國猶太裔英語作家。劇本的故事情節很簡單：主人公是一名俄國猶太作曲家，其理想是創作一部交響樂以表達美國各種族和諧交融的意境，並且克服重重障礙同他的戀人——一位美麗的基督徒結婚。最後的場景是男女主角單獨在曼哈頓的一所房子的屋頂花園，背靠自由女神像，激動地喊出"大熔爐！"和大段歌頌種族融合的台詞，其結尾是：

> 是的，東方和西方，北方和南方，棕櫚和松樹，兩極和赤道，新月和十字……都匯集在這裡建設人間的共和國和上帝的天國。……羅馬和耶路撒冷的榮光比起亞美利加的榮光又算得了甚麼？各民族、各種族到那裡去朝拜是向

後看，而各民族、各種族到這裡來是向前看（此時燈光暗
轉，只有自由女神像的火炬在遠處閃閃發光，大幕在國歌
聲中徐徐落下）。[1]

　　據說老羅斯福總統觀看了這部戲的演出，在包廂中大喝其彩。
後來作者就把這一劇本獻給總統。這齣戲和老羅斯福的反應集中象
徵了外來移民急於"熔化"為美國人的心情和美國權勢集團對移民
"美國化"的要求。老羅斯福說：我們國家不能有一半對一半的歸屬，
一個人要麼就是美國人，甚麼別的都不是，要麼根本不是美國人。
威爾遜總統有一次在對新入籍的移民講話中說：你們如果仍然以群
體來考慮自己，那你們就不是美國人，美國人不是由群體組成的。
凡認為自己屬於某個族群的人就不是美國人。
　　一戰結束後，1918 年美國國慶日還發生了一次聲勢浩大的紐約
7 萬新移民的大遊行，來自 40 多個國家的移民在第五大道進行了 10
個小時的遊行集會，熱切地表示"生於外國的美國人對他們新歸屬國
的忠誠"。據說，要求參加而未果者還有好幾萬人。美國的活力和凝
聚力在那時達到高潮。如前面幾章提到的，美國在改良的過程中，
政府、財團、基金會以及形形色色的民間團體都在教育和生活等各
方面進行了努力，緩解種族矛盾，縮小差距。總之，至少到 20 世紀
中期，"美國化"，不論是被化還是化別人，都成為具有最廣泛的吸
引力的口號。但是事實上，對雙方來說都不像理想得那麼容易，所

1　Arthur M. Schlesinger, Jr.: *The Disuniting of America: Reflections on a Multicultural Society*, W.W. Norton & Company, 1993, p. 33

以這一磨合的過程充滿了摩擦和痛苦。主動權掌握在先來者的手中，需要和能夠"化"則化之，否則就排斥之，所以移民法也來回變動。還必須指出的是，上面舉的兩個要求融合的"佳話"，基本上還是出自歐洲白種人（包括猶太人）。他們的"化"和"被化"比亞洲人要容易得多。美國的排外法針對亞洲人的成分最多，而反過來，1965 年新的寬鬆的移民法的出台，使大量亞洲移民進入，幾十年中對美國的發展做出了巨大貢獻。

今天，情況已發生很大變化，"美國化"成為一個爭議極大的問題。本章主要講美國作為移民國家的優越性。關於爭議的問題將在最後一章討論。

（四）移民對美國帶來的巨大好處

今天許多"先來者"美國人看到了新移民帶來的問題。事實上，儘管存在不少問題，無可否認的是，直到今天的各個歷史階段，外來移民都為美國的發展提供了取之不盡的人力和智力資源。由於新移民到美國來都是謀生的，他們一來就對社會做出了貢獻。沒有一個國家像美國那樣大批人口是從青壯年開始的，美國實際上省去了大筆培養費，也就是說白撿了現成的人才和勞力。在這一點上美國的確非常幸運。一方面，客觀上存在着由於種種原因自願離開本土流入美國的人群；一方面，是根據主觀意願和需要任意挑選合適的勞力和人才的權力。結果美國在發展的過程中可謂要甚麼人就有甚麼人。姑不論 19 世紀的歐洲，特別是英國，工業化的成果和大批熟練勞動力對美國的貢獻，20 世紀美國的智力資源得益於外來移民的情況也極為突出。據統計，二戰後到 70 年代流入美國的科學家已超過

16 萬人 [1]。這一趨勢一直有增無減，新移民的平均教育程度越來越高，80 年代流入美國的受過大學教育的移民達 150 萬。美國越來越多的高科技工業的職工是國際化的。例如美國電話電信公司的通信科學研究部 200 名研究人員中 40% 生於外國。矽谷的技術人員中外國人的比例更高，亞洲人佔了 1/3。在 1981—1991 年間，外國學生獲得自然科學博士學位的人數翻了一番，達總數的 37%，熱門科學的比例還要高，1991 年獲計算機博士學位的 51% 是外國留學生。而美國博士生總數基本維持不動，所以人們預言，下一代的美國科技人員將主要由移民組成。[2]

除去看得見的高科技、高學歷外，移民還給美國帶來許多看不見的好處：他們不論是辦大企業還是做小生意，都給美國增加大量稅收，創造就業機會，給走下坡路的城市帶來活力。紐約是明顯的例子。更重要的是，和早期的歐洲移民一樣，既然到美國來謀生，絕大多數必然是最能吃苦耐勞、具備競爭力和創造力的，他們給整體的美國人注入了源源不斷的活力。

本書不能詳述各個族群的情況，僅舉兩個最突出的以見一斑：猶太人和亞洲人。

——猶太人。早的不說，自 19 世紀 80 年代起直到二戰之後，大批東歐和德國猶太人移居美國，他們先後逃避沙俄、史大林的蘇聯和納粹德國的排猶，以二戰中規模最大。這批猶太人對美國是一大

1　李長久：《移居美國的科學家的作用》，《人民日報》1985 年 1 月 27 日。轉引自梁茂信：《美國移民政策研究》，東北師範大學出版社，1996 年。
2　"The Immigrants", *Business Week*, July 13, 1992, pp.78—79.

豐收，越到後來，文化層次越高。由於猶太人有重視教育的傳統，即
使第一代移民是下層勞動者，他們也要千方百計使其子女受到高等
教育。根據 70 年代的統計，猶太裔佔美國人口總數的 2.5%，但是佔
受大學教育人口的 8%。特別是從蘇聯移居美國的猶太人文化程度最
高，1968─1979 年間平均每年達 5 萬餘人，以至於移民問題成為美
蘇之間的一項爭端。90 年代美國國會一年一度對中國"最惠國待遇"
問題進行辯論所依據的《傑克遜─瓦尼克法》，原來是針對蘇聯限制
人才外流的措施而通過的，其中主要涉及的是猶太人。戈爾巴喬夫
於 1987 年 12 月的一次講話中為蘇聯限制人才外流辯護，其中提到
美國一位高級人士承認，美國 50% 的數學問題是蘇聯移民解決的。[1]

　　直到 20 世紀初，猶太人在美國還受歧視，在有些地方甚至還是
類似 3K 黨這樣的組織的迫害對象。第二次世界大戰是一個轉折點，
當然，與德國納粹的迫害有關。無論從政治、人道主義或實際作用
出發，美國都對接納猶太人義不容辭。在反法西斯輿論高漲的氛圍
中，排猶的言論和行為很難抬頭。加上這個時期來美的猶太人多屬
中上層，他們有財產、有文化、有政治活動能力，因受迫害而團結，
能量極大，到二戰結束時已成為能對美國政治產生影響的重要力量。
杜魯門在關鍵時刻不顧國務院中東問題專家的意見，決定支持以色
列建國而得罪大批阿拉伯國家，究其原因，出於大選的考慮是明的
一面──當時猶太復國主義在美國已是舉足輕重的政治力量，暗的一
面還有希望猶太人有了自己的國家以後不再那樣大量地流向美國。

1　鄧蜀生：《美國與移民》，重慶出版社，1990 年，第 336 頁。此書與前引梁
　　茂信書對美國移民的歷史及美國政府的政策等各方面情況有詳盡論述，是
　　本章重要參考書之一。

但是後一個目的收效不大，由於中東局勢動盪不安，更由於在美國成功的機會顯著，多數猶太移民的首選還是美國。美國支持以色列建國並未阻止猶太人不斷流向美國，相反，美國公民中猶太族群的壓力卻對美國偏袒以色列的中東政策起了決定性的作用。

不論怎樣，現在猶太人已匯入社會精英的主流，對科技、學術、教育、企業和政治都起着遠超過其絕對人數的作用。那些做出劃時代貢獻的名字，如愛因斯坦、約翰‧馮‧紐曼等，已為大家所熟知。從以下數字來看也可見一般：佔美國人口 3% 的猶太人佔獲諾貝爾獎的美國科學家的 28%，美國東部名牌大學的教員的 30%，律師的 20%，醫師 9%，在宇航局的科技人員中高達 60%。在新聞界，不一定以從業人數比例見長，但是如《紐約時報》、《華盛頓郵報》、《紐約先驅論壇報》以及《美國新聞與世界報道》等對輿論影響極大的著名大報紙和雜誌的老闆都是猶太人，還有一大批著名記者和專欄作家，其中為中國公眾所熟悉的名字如沃特‧里普曼、白修德（西奧多‧懷特）、蘇茲貝格等都是。美國政界高層人士，除總統尚未有猶太人之外，已經有三名國務卿是非美國出生的猶太人，除眾所周知的基辛格和奧爾布賴特外，還有內戰時期任南方邦聯的國務卿猶大‧班傑明。其餘內閣成員、大使、州長以及最高法院法官等都有猶太人。另外，娛樂業中華納兄弟、美高梅、派拉蒙等著名大製片公司的創辦人都是猶太人，作家、藝術家中猶太人更是人才濟濟。至於以善於經商著稱的猶太人在企業界的勢力更不待言。1992 年新年的總統早餐祈禱會上，主持者是全美猶太教聯合會的主席，這在以前是不可想像的，説明在宗教上，猶太教也已取得了和新教平起平坐的地位。應該説，在過去曾經受到歧視的族裔中，猶太人基本上已融入主流。

這些都是猶太人通過自己的優異表現和奮鬥取得的，也是美國政治
生活演變的結果，主要是 20 世紀的現象。

　　——亞裔族群。20 世紀下半葉的亞裔移民的作用也是不可忽視
的，他們包括華人、韓國人、日本人和越南人，他們在美國生活中的
影響和地位還不能與猶太人相比，但是近年來正在急劇上升，而且
也是文化層次越來越高，在高等教育和科研部門充實了人才之不足。
特別是 1965 年移民法之後，亞裔移民猛增。該移民法重點照顧兩種
情況：家庭團聚和有美國所需要的技能。大量進入美國的亞洲人多
是第二種情況。在 1971—1980 年的移民中亞洲人佔 34%，高於歐洲
人而低於美洲移民（41%），而 1980—1984 年間亞洲移民達 48%，高
於西半球（37%）。歐洲由於本身的經濟發展和社會穩定，向美國的
移民急劇下降；相反，亞洲則因人口密集、經濟欠發達、戰亂和內
部不穩定以及制度對創造力的束縛等種種原因大量向外移民。儘管
多數亞洲國家教育落後，居民文化水平不高，但移居美國的卻高於
美國平均文化水平。例如 80 年代，美國具有高中以上學歷的人佔人
口總數的 71%，大學和研究生為 44%，而這一時期的亞洲移民的平
均學歷分別為 87% 和 70%。而且，他們大多來自大城市，赴美前多
少對西方文化和美國的制度有所了解，並懂英語，又能吃苦耐勞，所
以對美國社會適應力強，適應過程短，比較能迅速上升到中上層，在
奮鬥上升的過程中也對美國的發展做出了貢獻。[1] 下面簡單介紹美國
華人的歷史沿革：

　　19 世紀的華工移民對開發美國西部，特別是建造鐵路做出了難

1　數字來源於梁茂信，前引書，第四章。

以估量的貢獻，以後又備受歧視、排斥和壓迫。這種歧視一直延續到 20 世紀 30 年代。日本侵華戰爭爆發後，一方面，中國人民的英勇抗日贏得了美國公眾的同情和尊敬；一方面，美國逐漸傾向於反法西斯陣線，華人在美的處境逐步改善。珍珠港事變後，中美正式結盟，美國羅斯福政府在帶頭廢除在華治外法權的同時，也於 1943年正式取消了《排華法》，從此至少在法律上華人移民享受與其他族裔同樣的權利。

華人成分開始改變並對美國知識經濟做出貢獻主要在二戰以後。華人精英流向美國大體上有幾次浪潮：

二戰結束時，大學生（畢業或肄業）到美國留學成風，美國幾乎取代了歐洲和戰前的日本，成為中國留學生最集中的點。不久，中國內戰爆發，這批人就此滯留美國。

新中國成立前夕，由於政治或家庭等原因，一部分中國知識分子和上層家庭攜子弟離去，不論第一站落腳在哪裡，其中大部分人最後輾轉都到了美國，形成小小的高潮。新中國成立初期，有一批學人決心回國，其中包括華羅庚、錢學森等著名人士，並得以成行。其餘因種種原因未能於 1956 年之前回國的，到"反右"運動之後又猶豫觀望，以後國內政治運動不斷，許多人終於留下不回。美國方面在這一時期則因"冷戰"和戰後建設的需要，放鬆且鼓勵華人長期居留和入籍。

1965 年詹森政府頒佈新移民法之後，又出現了華人移民高潮，絕大多數來自中國的台灣和香港，而且絕大多數都是大學和研究生以上學歷。因為中國內戰後期移居台灣地區的家庭的子弟此時正面臨進一步深造或就業，而當時台灣地區經濟尚不發達，就業機會較少，加上國民黨的專制統治，島內不滿情緒嚴重。台灣當局流行一句話："失業的博士比共產黨還危險。"因此，對於人才流到美國不但不加限制，還予以鼓勵。這批人與第一、第二批共同形成華人的中堅，從某種程度上改變了在美華人的形象。據美國官方統計數字，自戰後到 1980 年，大約有 10 萬華裔高級知識分子定居美國。

中美關係正常化之後，又有大批中國大陸的留學生源源不斷湧向美國。開始多以"學成回國，報效祖國"自許，但是結果回來的比例很小。80 年代美國對中國的改革開放寄予很大希望，鼓勵中國留學生學成回國，以便在各個領域內發揮作用，這也是中國方面的要求。在這一背景下，1986 年美國國會通過的《改革與控制移民法》中列入了留學生必須返回原住地工作兩年後方能再到美國申請居留的規定。但是這一規定還未及認真實施，又發生了 1989 年的事件，美國政府立即對中國留學生暫緩實行此項規定，並宣佈在 1990 年 4 月 11 日之前到達美國的中國人可以自動得到綠卡，不在此規定內的學生和訪問學者也因此更容易得到各種機會繼續升學或工作，這樣，又留下了一批。據不完全統計，自中國開放以後，赴美留學的人數已達 10 萬以上，僅 1994—1995 年間，正式辦理永久居留美國的中國留學生就達 4 萬名。

半個多世紀以來，中國的分裂、動盪和種種其他原因造成了一批一批的精英人才流失，同時也使美國獲得了人才豐收。美國對中國人赴美時緊時鬆，一是視本身建設的需要，挑選人才，二是政治因素。自中國改革開放以來的現象是，凡是中國政府對出國人員限制較緊時，美國就放鬆，甚至以此做文章；反之，中方放鬆時，美國就加緊限制。另外還有政府政策不能左右的原因：例如美國高等學府願意錄取的學生、某些科研單位或企業願意僱用的人才，政府很難阻擋。一般說來，受過高等教育而想爭取留在美國的中國人大多數有一定的工作技能，生存能力、活動能力都比較強，總是有辦法留下來。

　　華人知識分子及其子女對美國的智力資源是一筆無法估量的財富。1965 年以後，華人被稱為"模範少數民族"。在數、理、化、生物等基礎科學領域，在電機、土木、橋樑等工程界，以及前沿的航天和計算機科學方面，都有頂尖的世界級的華人科學家。眾所周知，在自然科學方面華人諾貝爾獎得主迄今有 5 位（楊振寧、李政道、丁肇中、李遠哲、崔琦），獲得美國科學界最高榮譽"國家科學獎"的有吳健雄（物理）、陳省身（數學）、林同琰（土木工程）等。1958 年吳健雄當選為美國國家科學院第一名華人院士，現在科學院和工程院華人院士已不足為奇，多數為 80 年代以後當選。1986 年，美國為表彰移民的貢獻設立了"自由獎章"，於同年 7 月 3 日自由女神像百年紀念會上，列根總統親自向首屆 12 名獲獎者頒發獎章，其中華人就有 3 名，他們是：王安、貝聿銘和張福林。前兩人中國人皆熟悉，張福林是宇航科學家，是繼王贛駿 1985 年乘"挑戰者"號進入太空後的第二名華人升空者，他於 1986 年 1 月 12 日乘"哥倫比亞"號宇宙飛船進入太空，順利完成任務後於 17 日返回。

　　以上略舉一些特別突出的尖端人才，當然遠不止這些。更重要的是為數眾多的各級高科技人才的群體。以最前沿的航天領域為例，華人的作用極為突出。例如"麥哲倫"號、"哥倫比亞"號以及其他宇宙飛船的作業中都有相當重要的華裔科技專家群。重要的航天中心，除了直接在其中工作的人員外，還有周圍為其服務的各種企業中的科學家和工程師，包括電機、機械結構、通信、電腦、材料科學、

太空物理等各種專業，華人佔比例極高。與航天事業有關的各種學
科的研究，諸如材料創新、太空服設計、飛行管制、溫度控制等，
都有華人科學家的關鍵性的貢獻。美國航空航天學會自成立以來每
年自 1000 名會員中選出 1 名有卓越貢獻的院士，迄今已有 8 名華人
院士。這些華人絕大多數是來自中國台灣的新移民，少數來自中國
香港，80 年代後自中國大陸去的尚未有知名的。這可能是由於宇航
事業與國防科學關係密切，保密級別較高之故。

　　在新一輪的信息革命中，華人也是骨幹力量。最有名的王安開
電腦風氣之先，儘管從商業角度看，他後來在激烈的競爭中受到挫
折，但是他對美國電腦業的開創性貢獻不可磨滅：他於 1950 年首先
發明 "磁線記憶圈"，從而確立了電腦記憶的基礎原理，又於 1964 年
發明文字處理機。他以發明電腦用磁力脈衝控制器而於 1988 年被選
入 "美國發明家名人館"，是唯一的華裔。而且，擊敗王安的對手 "國
際商用機器"(IBM) 公司的高級工程師中 1/3 是華人。到 90 年代初，
美國電腦研究中心華裔專家達 1000 人。加州矽谷的高科技人員和企
業家，儘管難以做精確的統計，但一般公認華人及其他亞裔人的比
例很高，並在不斷上升。如果加上尚未入籍而實際長期居留的人員
就更多了。在其他科學領域，如生化、遺傳工程、醫學等方面，也
有不少傑出的華人科學家。[1]

　　總的説來，20 世紀後半期的華人學歷日益提高，儘管他們在上
層社會是後來者，對美國知識經濟的貢獻卻正以加速度增長。他們多

1　本節介紹的華人材料多數來自陳懷東：《美國華人經濟現況與發展》，(台灣)
　　世華經濟出版社，1991 年。

在科技、教育、學術界從事研究和教學，其比例遠超過其他少數民族。在企業界，多數也是專業技術人員。如果説"科教興國"，那麼他們對美國近半個多世紀的"興"功不可沒。華人的重要性已經得到美國官方的承認，所以現在每年春節美國總統都要發表致華裔公民的講話，肯定其對美國的貢獻。近年來，華人在商業界、金融界開始嶄露頭角，也就是説自己當"老闆"，多數是中小企業，不過發展很快。

　　展望前景，正在成長的華裔學生是重要的力量。據不完全統計，在 1996 年，有將近 50 萬留學生在美國的大學就讀，其中中國大陸留學生大約有 4 萬名，外加 1.4 萬名香港學生。中國學生的人數僅次於日本，位居第二，但是畢業後留在美國的比例大大超過日本。中國及其他亞裔學生的學習優秀是公認的。每年"美國總統青年研究者獎"、給大學生的"傑出學生證書"、給中學生的"美國總統學者獎"（應屆高中畢業生的最高榮譽）以及給天才兒童的"金鷹獎"等的獲得者中，華裔比例很高。而此類出類拔萃的學生還在源源不斷流向美國，例如每年中學生數理化的奧林匹克競賽中國少年常名列前茅，其中大多數很快就被美國大學錄取，學成回國的比例雖無統計數字，但估計是不高的。聯合國教科文組織發表的數字表明，美國吸引的外國留學生佔世界各國留學生人數的 32%。同其他行業一樣，中國大陸被看作是主要的發展區。

　　華人在傳統上選擇遠離美國的政治是非，作為分散的個體在各自的崗位上埋頭苦幹，開始有從政意識是最近幾年的事。華人在美國主流社會的融合程度遠不如猶太人，其原因對第一代華人來説，文化源頭的差異當然是重要因素，而在美國的主流社會方面，對華人的排斥和歧視在時間和程度上也遠超過對猶太人，華人對美國的

貢獻和所受到的承認不相稱。直到今天，華人在美的境遇仍受中美
關係的影響。

——歐洲人：自美國建國到 18 世紀末，來自歐洲的科學家和知
識分子奠定了美國科技發展的人力和智力基礎；美國的政治思想來
源於英國，重教育的傳統來源於整個歐洲，而 19 世紀關鍵性的高等
教育制度改革是以當時先進的德國教育制度為榜樣。在工業化的初
期，從英國挖來了大批技術工人，從一戰到二戰又吸引了大批頂尖科
學家。眾所周知，與原子彈的出籠直接或間接有關的科學家，從愛
因斯坦到布爾都來自歐洲。關於經濟的理論，從英國的凱恩斯到奧
地利的海耶克，都以美國為實踐的場所。兩次世界大戰中，歐洲的
移民一直充實着美國的高級人才，由於文化和膚色相同，融合極快，
不着痕跡，這是與亞洲移民大不相同的。前面提到，60 年代後歐洲
向美國移民人數急劇下降，但是這並不妨礙歐洲的精英人才仍在流
向美國。今天，進入知識經濟時代，矽谷、微軟以及其他各地的高
技術園繼續吸引着數以十萬計的英、德、法、意等國的高精尖人才。
目前沒有精確的官方統計數字，而且情況每天都在變化。據英國《歐
洲人》1998 年 6 月的一則報道：矽谷負責人力資源的官員估計，現
在在那裡生活着 6 萬—8 萬法國人、5 萬英國人、2 萬德國人和 1 萬
意大利人。他們都是正當盛年的專業技術人員，在母國完成了良好
的教育，有了一定的工作經驗，不少人帶着自己的最新發明或創意
到美國來發揮。原因各式各樣，固然這裡待遇優厚是一個因素，據
說美國軟件開發人員的工資是歐洲的 3 到 5 倍，但更主要的是對母
國的官僚主義、技術浪費和機遇的匱乏感到失望。在條件具備的情
況下，在美國一個星期就可以辦妥手續，開辦起一家高科技公司，而

在法國起碼要幾個月，一項新技術還可能永遠不見天日。所以，歸根到底是體制問題。在新一輪的爭奪人腦的戰鬥中，歐洲看來比美國還遜一籌，至少目前如此。那第三世界就更不用説了。

　　美國決策者充分意識到移民對美國人才優勢的巨大作用，因此每當加緊控制之後，又要做出調整。上述克林頓對移民福利條款的修正是一例。此後，1998 年 9 月，美國國會決定增加每年來美的 H-1B 額度至 6.5 萬份，遞增至 2000 年可達 10 萬份，以後再視情況增減。實際上 1999 年、 2000 年都發放了 11.5 萬份，到 2003 年達到頂峰，將近 20 萬份，然後又回落，直到 2017 年保持在每年 6.5 萬份。但是特殊人才不受此限制，可以額外增加。這再次説明美國在爭奪人才方面掌握着主動權。[1]

　　總之，移民國家的特點對美國的發展動力和發展方式起了極大作用，不論有多少負面的問題，總體而言利遠大於弊。美國由此獲得的人力和智力資源是任何一個國家不能望其項背的，到目前為止，這種情況仍然處於良性循環之中。誰都知道，近親結緣會造成退化。美國正好是反其道而行之，在人口素質上不斷優化。這是美國特有的先天加後天的優勢，其他國家很難仿效。只要全世界人才的自然流向還是美國，在下一個世紀的競賽中美國仍將遙遙領先。

1　https://redbus2us.com/h1b-visa-total-cap-stats-from-1990-to-2017-trend-plot-until-2017/.

二　高度發達的教育

　　人口素質當然和教育分不開。重視教育是美國從歐洲繼承過來的最優良的精神遺產之一。美利堅合眾國到 20 世紀末的年齡是224 歲，而第一家大學哈佛大學的"校齡"是 364 年。所以，不但美國的教育史比國家的歷史長 100 多年，而且有一批自始至終長盛不衰、年齡長於國家的名牌大學，除哈佛外，還有耶魯、普林斯頓等大學，歷經獨立戰爭、內戰、世界大戰、社會動盪、經濟蕭條、政府危機而巍然屹立，構成美國歷史和現實生活中舉足輕重的支柱。當然，和美國的文化思想一樣，美國的教育從思想到制度也和歐洲的影響不可分，但是三百多年來，幾經變遷又形成了美國的特色。

　　美國社會倫理學家奧爾概括美國教育的特點是："普及性"、"分散性"、"綜合性"和"專業性"。另一位教育學家特羅概括高等教育的特點為：市場力量的影響、教育機構的多樣化（包括一校之內各科系都各自為政）、課程靈活、選擇餘地大等，而這一切都歸結於與市場的驅動有關。這兩位學者所概括的美國教育的特點大同小異，他們心目中的參照系都是歐洲發達國家的教育體制。其實就普及、綜合、專業而言，近代歐洲早已如此，非美國所獨有。但是仔細分析，就在這幾個方面，美國確有與歐洲不同之處。總的說來，更加重普及，在專業化中更加聯繫就業實際，也就是與市場驅動聯繫更密切，即下文要提到的"實用主義"特點，"多樣化"和"分散性"也由此而來，是對五花八門的實際需要做出的反應。另外，大家公認，與歐洲發達國家以及俄羅斯相比，美國相對說來基礎教育弱而高等教育強，越到上面越強，呈倒金字塔狀。在任何其他國家，這是難以為繼的，但是由於有了上述移民的作用，美國高校可以"白撿"別國基礎教育的成果，因此移民與教育也是相輔相成的：發達的高等教育和優良的學習條件是對優秀人才或準優秀人才的一大吸引力；反過來，高智能青年的流入也促進了高等教育的質量。所以，美國教育家們都承認外國留學生對維持和提高高等院校水平的重要性，其中亞洲學生又佔重要地位，到 80 年代末，他們在全部大學中已佔外國留學生的一半，而其中理工科的博士生比例還要高得多。他們學成後至少有一半留在美國。這從另一方面造成了美國教育與人口的良性循環。

（一）重視教育的思想和傳統

工業革命以後的歐洲，已經把普及教育提上日程。早期到美國的歐洲移民帶來的除了宗教和自由主義思想傳統之外，還有重視教育的傳統。美國歷史學家霍夫施塔特認為，美國史學界對早期來美的清教教士們好話不多，但是承認他們縱使有千般不是，其重視教育和留下的這一傳統功不可沒。1630 年約翰·溫斯羅普率領的一批移民在塞勒姆港登陸後六年，麻省即出現純粹由私人集資建立的一所大學。一位歷史學家這樣寫道：

當地裡第一茬收割後的麥根經風雨剝蝕剛剛開始變色時，當居住的村外狼嗥聲尚未停止時，他們已經做出安排，讓子弟們就在這曠野荒郊立即開始學習亞里士多德、修昔底德、賀拉斯和塔西陀，還有希伯來語的聖經……有學問的階級就是他們中間的貴族。[1]

在第一、第二代移民中，每 40 至 50 家就有一名大學畢業生，多數畢業於牛津或劍橋。從 1647 年麻薩諸塞州通過義務教育法以後不到半個世紀，在當時的新英格蘭各州都已完成此項立法。在普及中小學教育的同時，立即着手建立大學。1636 年 10 月 28 日，哈佛大學的章程在國會註冊，是為大學之始。第二家大學是建於威廉斯堡的威廉瑪麗大學（1693），接着耶魯（1701）、普林斯頓（1746）相繼成立，到 1776 年美國獨立時已有 9 家大學，而當時英國仍只有牛津和劍橋兩家。建國以後，高等院校在各地大量湧現出來，到 1861 年內戰爆發時，全國已有 250 所大學，其中 180 所存續至今。

美國的開國元勳們都以教育為立國之本，在他們的思想中絕無"愚民政策"的痕跡，因為這與"民治"的國家是絕對不相容的。華盛頓在著名的告別詞中提到："請大家把普遍傳播知識的機構當作最重要的目標來加以充實提高。**政府組織給輿論以力量，輿論也應相應地表現得更有見地，這是很重要的。**"傑佛遜在 1816 年說："在一個文明國家，若指望在無知中得到自由，過去從未有過，將來也絕辦不到。"所以，民眾應該普遍有知識、具備起碼的判斷能力，這是民主國家的根本，重視教育是民主制度的一部分。美國獨立以後的 200多年間對教育的投資和建設沒有哪個國家能比得上。傑佛遜本人是倡導普及教育最力的。在他的推動下，維珍尼亞州帶頭，東北各州

1　Moses Coit Tyler, *A History of American Literature, 1607—1765*, 轉引自 Hofstadter, 前引書，pp.59－60。

首先通過各種激進的關於教育的立法，包括撥地、撥款、建立基金、訓練師資等，有的地方甚至規定體力健全的成年男子有義務為幫助學校建設出勞力。根據傑佛遜的思想，宗教、道德和教育是“好政府”的必要條件。這是傑佛遜的理想的一部分，他立意要通過教育培養起有別於歐洲貴族階級的新型精英，以擔當領導新世界的重任。後來，以傑克遜為代表的平民民主派批評這種貴族教育而主張重點在普及，在實踐中二者殊途同歸，其重視教育則一。

重視教育是全民性的。提倡在政府，建校卻大多是私人，開始主要是教會辦學。在南北戰爭之後，隨着經濟的發展，大批富翁湧現出來，捐錢辦學成為風尚，著名的芝加哥、康奈爾、史丹福等一批大學都是私人捐贈。那個時期的美國人熱衷於建大學的動機是多種多樣的。除了上述從歐洲帶來的傳統和宗教原因外，還有實際建設的需要、慈善捐贈的習俗和地方的榮譽等（當然，後二者與傳統的重教育的風氣也分不開）。還有一點美國特有的是，不斷西進的拓荒者來到不毛之地，很怕自己和所在的社區“野蠻化”，因而迫不及待地辦學校。拓荒者每到一處聚居成小鎮後，最先建立的一是教堂，二是學校，三是郵局，這是保證文明的持續，以及與文明世界聯繫的必不可少的設施。

經過一個世紀的演變，教育思想和制度有許多變化，但是重視教育的傳統沒有變。每當美國人感到國家出了問題，或是遇到了難題或危機，就想到教育有問題。所以，教育改革的呼聲一直不斷。90年代初，一批有識之士已經為美國教育如何為美國進入21世紀做好準備滿懷憂慮，發出了這樣的警句：

凡不曾培養出真正受到良好教育的人民的國家，不能

成為泱泱大國；凡不能把公民社會的基本價值觀傳給下一
代的國家，不可能是好的國家；若不把本國青年置於最優
先考慮的地位，任何國家都不可能強大。

綜觀 20 世紀美國關於教育的爭論和改革，有幾對矛盾貫穿其
中：普及與提高、通識教育（liberal education）與實用主義，近 30 年
來逐漸興起、於今尤烈的還有多元文化與主流文化的矛盾。

（二）普及與提高的消長

美國人的普遍信仰是，凡合法居住在美國領土上的人就有受教
育權，不過強制性的義務教育制是從普魯士傳入的。南北戰爭以後，
隨着工業發展對有文化的工人的需求增加，義務教育大規模普及，
到 20 世紀的最初 10 年間，美國教育制度基本定型。1918 年全國各
州普遍實行了強制教育法。1860 年以後公立中學迅速增長，從 1890
至 1940 年間幾乎每 10 年入學人數增加一倍。接受義務教育者的平
均年齡起初是 14 歲，自 1920 年起，定位在 16—17 歲。到 20 世紀 80
年代，全國所有的州縣都已普及 6 歲至 18 歲的免費教育，75% 的適
齡青年完成了 12 年的免費教育，有的州還推前到學齡前和延長到大
學教育的前兩年。當然，教學質量因地因校而異，差別很大，而且還
存在由於種種原因中途棄學現象。但無論如何，真正的免費教育的
普及（且不論貧困學生還有免費午餐）應是教育史上的一大成就，體
現了一種以教育為改善個人地位和促進社會發展的主要手段的思想
信仰，是美國社會進步的重要動力。

在高等教育方面，美國重普及的特點更加明顯。到 90 年代中

期，全國高校有 3400 餘所，升入大學的學生有 1200 萬人。從 19 世
紀末起已可看出，美國辦大學的觀念與英國大相徑庭，如果說英國
的原則是"寧缺毋濫"，美國則是"有勝於無"，也就是一個重提高，
一個重普及。有一個很有趣的數字：1880 年英國總人口 2300 萬，全
國共有 4 所大學；美國俄亥俄州人口 200 萬，卻有 37 所高等院校。
1910 年，美國有將近 1000 所高等院校，30 多萬大學生，而法國只
有 16 所大學，4 萬大學生。毋庸贅言，這些號稱學院和大學的機構，
師資和教學水平參差不齊，而且像企業一樣此起彼落，至今仍然如
此。例如 1969－1975 年間，新建立了 800 家高等學院（包括兩年制
的社區院校），同一時期"關停併轉"的有 300 家，淨增 500 家。[1] 這
是美國獨特的現象，使得大學教育的觀念與歐洲的傳統觀念完全不
同，其結果是高度分散，各自為政，從形式到內容到水平都多樣化。
制約這種大學的力量，市場強於政府政策。有人把學校比作工廠企
業，是賣方，而學生、政府以及用人單位是買方。學校出售的課程
適應學生的需要，培養出來的人才又隨市場的需要而定。這雖是極
而言之，但從某種程度上確能表述美國的特色。至於這種教育情況
的利弊，下面再討論。

（三）實用主義佔主流

總的說來，重實用就是美國特色，不僅是在教育領域。早期的美
國教育繼承歐洲的傳統，在課程設置上重視經典的基礎知識和廣義

---

1 這一數字引自 Martin Trow, "American Higher Education—Past, Present and
Future", *Foundation of American Higher Education*, ed. by James, L. Bess,
Ginn Press, 1991, p.11.

的人文教育。但是從一開始，教育的目的就是培養對社會有用的人，而較少歐洲那種純粹以鍛煉心智、培養思辨和探索的能力為最高目標的風氣。美國教育界不論是理想主義者還是實用主義者，不論是提倡精英教育者還是平民教育者，都首先把學校看作是培養社會所需要的人才的地方，包括道德、能力、知識，處世態度等，同時也是維護美國民主制度的基地。有人甚至認為學校應是世俗的教堂，是施教化、維護基本價值觀的基地。在大量移民湧入時，又應擔負起使他們盡快同化的責任。總之，學校的任務不僅是傳授知識，而且是培養全面有用之才。

　　20 世紀最初 20 年的進步主義思潮把教育進一步向實用方向推動，因為進步主義特別相信教育能改造人，改造社會。比較典型的，如著名社會學家透納認為，理想中的大學應是培養能夠"超脫地、明智地在各種相互爭鬥的利益之間進行調解"的專業人才。他們應"具備服務於社會的理想，打破階級界線，找到衝突各方的共同利益，贏得真正忠於美國理想的各派的尊重和信任"。這樣的"大學人"越來越多地加入各級立法和行政機構，擴大影響，就是美國的經濟和社會立法和行政取得"明智的、有原則的進步"的希望所在。[1] 換言之，在他心目中，教育是為鞏固民主制度服務的。一方面，進步主義改良主義者自己相信教育萬能，一方面也要說服全社會各階層的人：使富人相信，普及教育可維持社會秩序，減少犯罪，避免激進運動、街頭鬧事，還可培養熟練工人，因此辦教育是一本萬利之舉，從而使他們慷慨解囊；使中下層人相信，教育是民眾權力的基礎，是通向

1　Hofstadter, 前引書，p. 200。

機會之門，是達到平等的手段。對絕大多數芸芸眾生來說，雖沒有具體明確的目標，但是風氣所及，都把送子弟入學作為在社會上晉身之階。

　　具有里程碑意義的事件是 19、20 世紀之交圍繞美國中學教育的一次大辯論。一派主張教育的宗旨是培養思想，培養有文化修養的人，儘管升入大學的是一小部分，但是為升學的準備和為"人生"的準備是一樣的。這一派的代表人物是當時任教育專員的哈利斯。1893 年舉行過一次"全國教育協會十人委員會"會議，主席為哈佛大學校長艾里奧特，成員除哈利斯外，還包括幾家名牌大學和中學的校長，許多著名大學的教授也被吸收進來參加討論。十人委員會提出四套重點不同的中學課程供選擇，但是不論選哪一套課程，中學生的共同必修課是四年英語，四年外語，三年歷史，三年數學，三年自然科學。另外，音樂和美術課由各學校自行決定課時。這一派被稱為學院派或保守派。

　　另一派主張中學教育應培養能承擔公共義務的公民，例如為工廠訓練工人，而不是為大學提供新生。他們以民主與平等的原則為依據，認為中學教育應着眼於大多數不能升入大學的平民子弟。在這一點上，企業老闆與進步主義者殊途同歸，主張實用主義教育，而反對他們稱之為歐洲式的"貴族教育"。如本書關於公益基金會的一章中講述的大企業家和基金會在 20 世紀初熱心捐助職業教育的事，確實對這一進程起了推波助瀾的作用。這派人的主張是順應潮流的，因而影響日益擴大。

　　1908 年，"全國教育協會"通過決議，要求中學乃至大學都要"適應廣大學生智力和職業兩方面的普遍需要"，經過幾年的反覆討論、

推動，1918 年"全國教育協會"的"改組中等教育小組"發表了題為
《中等教育主要原則》的重要文件，並得到美國教育局的官方支持，
印發了 13 萬份。這個"主要原則"的精神就是把傳統的以開發智力、
培養思維能力的教育宗旨改為訓練和培養有用的好公民。它制定了
七點目標，綜合起來就是培養健康的、有道德的、掌握基本職業技
能的公民和稱職的家庭成員。根據這一思想，中學課程也應隨之改
變，縮短語文、歷史等基礎課，而增加諸如農業、商業、秘書、工
業、美術、家政等實用課，把有學術興趣的生員的需要降為次級。
不但如此，建議大學教育也照此精神改造，認為中學生升入大學的
興趣應該不僅在於自由求知，而在於獲得專業技能，所以大學應在
一定程度上以專業教育取代純學術研究。至此，實用主義派在美國
教育思想中完全佔上風，"十人小組"的主張被完全否決，儘管全國
的學校課程不一定都照此精神修改。這一教育改革史稱"生活適應運
動"，正當美國普遍實行強迫教育之時，入學兒童激增，大批新移民
進入。實際需要與進步主義的平等理想相結合，促成了這一轉變。
但是這一派人並不認為自己只是為了 60% 的下層兒童，而是認為這
有利於全社會的進步。

所謂的"生活適應派"源起是適應社會發展的需要，在普及和改
革教育方面有一定的進步意義。但是發展到極端，把教育對象定位
為智力平庸的兒童，而把特別聰明的孩子與弱智和殘疾兒童並列為
需要"特殊對待"的部分。更有甚者，要求教育不但要適應生產、
競爭、職業、創造，而且要學會如何消費等現代生活方式。所以化
學課不學化學原理，而是學如何試驗洗滌劑；維修汽車的技術取代
了物理課；商業信件寫作取代了莎士比亞和狄更斯。更為極端的例

子，如 1957 年列入紐約中學生會考題目的有："我作為看孩子人的職責"，"如何討人喜歡"，"有了痤瘡怎麼辦？"，"肥皂塊能否作為洗髮香波？"，等等。這是實用主義登峰造極的表現。也就是前面所說的，把學校變成了為市場加工訂貨的工廠，這當然是極端的例子，不是普遍的考試內容。

　　從粗線條來說，從 20 世紀初教育制度基本定型以後，實用主義一直是主色調。直到 20 世紀初，一些企業界巨子大多學歷不高，自學成才，重視實踐經驗，並以此為榮，但是他們的下一代情況就大不相同了，多數企業管理人員都有大學學歷。根據一項統計數字，1900 年的企業經理中受過大學教育的佔 39.4%，1925 年這一數字為 51.4%，1950 年為 75.6%，同時大約每 5 人中有 1 人上過研究生院。[1] 反過來，從大學這頭看，專家的作用日益突出，教育的實用主義特點也就更加明顯。通才教育逐漸讓位於專才教育，現代社會的分工越來越細，隨之學校的分科也越來越專，在自然科學方面更為明顯。社會科學較之人文學科更實用，使得文、史、哲在市場競爭中被推到邊緣。19 世紀的家長送子弟上大學主要是為了使其成為有文化修養、受社會尊敬並籠統地對社會有益的人，而 20 世紀上大學要找一個收入優厚的"好"職業的目的則越來越明確，也就是更加以市場為轉移。另一變化是學制越來越長，或者說，一個人一生學習的時間比其前輩要長。19 世紀大學本科畢業就可成學者，自學成才也可成大器，如今大學本科只是基礎教育的一部分（這是指一般情況，如比爾·蓋茨是例外）。大學的實用性當然主要是面向廣義的經濟建設，

1　Hofstadter, 前引書，p.261。

國家、社會和企業所需要的研究項目不少是與大學相聯繫的研究所承擔的。美國在世界上遙遙領先的科學技術和尖端產業得力於高等教育自不待言。

實用主義導致教育商業化、課程"非智化"、學生水平低下。只是由於美國高等教育的容量大和自由主義的傳統，仍有相當的空間給非實用的學科留下一席之地，成為制衡過分實用主義的拉力。

（四）自由主義和教育獨立的傳統

這裡的自由主義教育有幾層意思：一是指學術思想自由；二是指以自由主義的基本價值觀教育學生；三是指與實用主義相對的以培養全面發展的人為首要目標的教育思想，也就是前面提到的"通識教育"。

最早的大學首要目標是培養能管理國家和社會的精英與有文化修養的傳教士。根據當時的觀念，牧師的職責並不是狹隘的傳教，而是廣義的施教化，要求德才兼備，本應具備其他人文學者同樣的文化修養，所以雖然開始時大多數大學由教會捐贈或有教會影響，但其課程並不以宗教課為主。如哈佛大學、普林斯頓大學等在立國之前就已成立的名牌大學，一開始就繼承了英國大學人文教育的傳統，課程設置相當廣。因此，美國東部地區的高等教育 300 年來一直在全國起帶頭作用。這一殖民時代的教育傳統培養了一大批建國元勳和思想家，繼承了歐洲文明的精華。

如前所述，經過教育改革，到 20 世紀，實用主義成為主流。這種強調教育為社會需要服務的思想，看起來似乎與中國以及蘇聯等社會主義國家有異曲同工之處，但是實際上二者有本質的不同，那就是美國的教育獨立於政治。華盛頓總統生前曾有意像許多歐洲國家那樣建立一所集中的、代表全國最高水平的、為各大學示範的國立大學，終未能在國會通過。在他以後的幾屆總統也曾做過努力，都未成功。結果形成美國高等教育沒有國家最高標準和相對統一的模式，也無法貫徹政府的某種教育思想。美國只有州立大學而無國立大學。即使州政府，也無權過問州立大學以外的高校，這是有法可依的，那就是1819年著名的"達特茅斯裁決"，[1]這一案例進一步維護了大學對政府的獨立性，這樣既保持了校園學術思想的自由，又維持了學術建樹的延續性。

在自由主義的空氣下，大學一直是出新思想的源頭。它雖然獨立於政治，但是實際上對校外的政治最敏感。20世紀幾個突出的例子是進步主義時代威斯康辛學派的改良主義思想、羅斯福新政時期大批知識分子所起的作用、60年代主要在大學中發起的批判運動。當前對美國社會持批判態度的"後現代"主義，也仍主要是在大學中。至於各種思潮產生的社會影響，則差別很大。

美國自由主義教育家們認為，大學應該是美國核心價值觀的支柱和接力棒，培養的學生首先應該是這種價值觀的載體，同時又具備基本的文化知識和修養，不論從事何種行業的工作都能身體力行，對維護和鞏固美國的民主制度與不斷完善美國的社會做出貢獻。簡言之，就是要培養根據美國標準的德才兼備的人才。所以，大學本科

1　1816年，新罕布什爾州立法議會通過了一項要求達特茅斯大學"改革"的立法，被該校董事會拒絕，並上訴到最高法院，結果判決這項州立法"違憲"，其理由是私立大學應與私有企業同等對待，享受私有財產不受侵犯的權利，州政府無權過問其事務。

的通才教育特別重要。不論學甚麼專業，有一些屬於文史的必修課是必須認真對待的。這種教育思想和高度實用的現實趨勢形成張力，也是對美國教育在市場驅動下沿着庸俗實用主義滑行的一種制衡。

（五）杜威的教育思想

對 20 世紀美國教育影響最大的是杜威的教育思想。中國一向把它稱作實用主義的代表，實際並不確切。從其倡導的精神與內容來看，與上一段所述的實用主義有所區別，而且正好是對趨於庸俗的實用主義的一種逆反，毋寧說是體現了自由主義和實用主義相結合的思想。杜威成長於達爾文主義盛行的年代，不可能不以科學為其中心思想，同時也屬於改良和普及的潮流中的一部分。他心目中的現代教育必須適應民主、科學和工業化的需要。根據進化論，真理和社會是不斷發展的，因此現代教育必須摒棄舊式的有閒階級的貴族觀點，即把知識純粹作為對既定真理的思考。他首先否定"知"與"行"之間的矛盾，主張知行合一，知識就是一種形式的行動，行動是取得和運用知識的條件之一。

杜威的民主教育思想比較徹底，是真正的"有教無類"。在實用主義教育盛行時，出現了所謂"單軌"與"雙軌"之爭，也就是應該把職業中學與為準備升學的中學分開，還是應該統一起來。顯然，入職業中學的多半是勞動人民子弟，因此這兩派的主張明顯地與階級地位相一致：以企業主為代表的上層主張二者分開，而勞工階級則主張統一。杜威根據自己的原則堅決反對"雙軌"制，認為"雙軌"制意味着把社會的階級不平等帶進學校，把階級分化固定下來。他認為，民主教育家應該把學校建成一種特殊的、社會的縮影和雛形，排除外面社會的各種不好的特點。同時，他也反對單純求知的中世紀教育傳統，反對學校成為脫離現實的象牙之塔，而是要訴諸人的另一面本能：創造、行動、生產，不論是實用的還是藝術的。

根據他對進步和民主的信仰，把教育作為改造社會的基本力量，首先從改造兒童開始。因此，教師的職責不僅是訓練個人，而且是培養一種正當的社會生活。他相信進化論，因此反對按照成人的面貌來塑造兒童，而主張教育以兒童為中心，以開發兒童天然的興趣和智力為主要目的。他主張教育為社會服務，又反對以現存的外部社會的要求強加於學童。其立論根據是每個兒童天性中都具備適合社會發展的興趣和天賦，只要順其自然，加以開發，就能培養出各種各樣的對社會有用之才。[1] 這種對兒童的浪漫主義的想法也來自盧梭，杜威就是盧梭的崇拜者，20 世紀初美國又是這種思想的土壤，因為美國一向有放任孩子的傳統。杜威認為他的促進個人 "成長" 的理論和民主秩序並不矛盾，絕不是鼓勵無政府主義或極端個人主義，而是要把兒童教育成 "合作的人" 以別於 "競爭的人"，充滿服務精神，這是民主教育的目的。

杜威的教育思想和他其他方面的思想一樣，十分豐富，難以盡述。他帶有那個時代濃厚的樂觀主義和理想主義，許多主張在現實中難以完全貫徹。例如，他出於所見之時弊，特別強調教師的專制會造成兒童的盲從，扼殺其創造性和獨立思考。雖然這不是完全取消教師的引導的責任，但是他太強調一面就會導致另一種極端。他沒有預見到，除了教師之外還有其他因素使兒童盲從，例如所處環境

1　Hofstdter，前引書，p.367。

的風氣，以及傳媒和整個社會的引導等。今天，美國的校園恰巧是
教師的權威太弱，學生"無法無天"，學校秩序和管理問題更為嚴重，
這絕非杜威始料所及。另外，杜威希望通過教育來逐步消弭階級界
線的理想也不現實。美國儘管教育普及，包括大學教育，但是名牌
與非名牌大學之間，不同居住區的私立與公立學校之間，仍然有一
道看不見的很難逾越的界線。幾家頂尖的名牌大學的畢業生在社會
上幾乎無往而不利，而且社會地位是有保證的。同時，能進入名牌
大學的子弟家庭背景也多在中上層。這些都不是教育所能解決的。

　　杜威的確是過於理想主義，但是他以及一大批與他思想相同或
受他影響的教育家的理論與實踐對美國的教育改革還是功不可沒
的。任何理想都不可能完全實現，但是正因為有這樣的理想，美國
的教育才能為最廣泛的階層所享有，能最好地與社會需要相聯繫，
而又沒有陷入最短視庸俗的實用主義。

（六）教育改革是永恆的命題

　　儘管教育如此發達，學生水平下降卻一直是美國有識之士不斷
大聲疾呼的問題。每隔幾年就會有一次關於教育問題的大辯論。自
20 世紀初以來，差不多每隔十年就要進行一次教改，有時重點在中
學，有時重點在大學。二戰後，除杜魯門外，每一屆總統都自稱是
"教育總統"。教育界和整個社會對文化程度普遍下降、專業分工過
細、人文精神在大學校園的失落等等批評不斷，為改進這種狀況的
會議、報告、著述也源源不斷。

　　50 年代初，麥卡錫主義的反知識分子和對政治"忠誠"的強調，
對教育有不小的負面作用。儘管許多大學仍然堅守自由主義陣地，

全社會的氣氛還是無形中受到影響，特別是中小學教育。1957年蘇聯衛星上天之後，美國舉國震驚，掀起了對前一個階段輕視知識、反對知識分子的反省，感到這不但不光彩，而且威脅國家的生存。對教育制度和水平的批評隨之而來。在此之前對教師着重"忠誠"審查，此時則關心其工資待遇太低。多年來科學家的呼籲——對安全的過分關注犧牲了科研，此時開始得到傾聽。一時間傳媒、電視等都在談論教育如何落後。不過，美國的實用主義是根深蒂固的，在這一輪對提高教育質量的呼籲中，公眾關心的與其說是普遍的提高智能，不如說是加強製造人造衛星的能力。有人諷刺說，當時某些關於改善教育的宣傳，似乎天才兒童的價值在於可以成為冷戰的資源。儘管如此，這一場討論仍有助於在教育界徹底扭轉麥卡錫主義所造成的氣氛，有識之士都認識到其對國家前途的危害，因而對解放教育思想、改進教育質量有很大的促進。

　　戰後幾十年來，中小學教學質量低，一直是困擾美國的一大問題，儘管朝野都予以關注，也不斷採取措施，卻似乎成效不大。70年代中期，根據聯邦政府的調查，中小學生的語文、外文、數學和常識等基礎課的成績持續下降，中學畢業生的寫作能力低下，棄學現象日益嚴重。有鑑於此，1981年一批教育家和學者成立了"優化教育網"，兩年後出版了一本書，題為《國家在危急中》，歷數教育滑坡現象。這本書引起全社會的震動，從那時起展開了"優化教育運動"。南方一些基礎教育較差的州領導，包括當時任阿肯色州州長的克林頓都受到這本書的啟發而在本地進行改革，提高了中學畢業的標準。另一重要內容是"教育優化委員會"建議基本課程應包括四年英語、三年社會知識、三年自然科學、三年數學和一年半的計算機，

準備考大學的還需上兩年外語。這在某種意義上有點向 19 世紀末的
"哈利斯派"的思想回歸，儘管內容不同，強調基礎知識則是一致的。
當然，這只是建議，並無強制性，完全達到此要求的高中畢業生不
多，但逐年增加，到 1992 年達到此標準的已達 29.4%，被認為成績
已經不錯。另一方面，每年有超過 3/5 的高中畢業生直接升入大學，
如果上述建議的基礎課程是起碼的標準的話，那麼有將近 30% 進入
大學的學生是不合格的。[1]

中小學教育質量問題超出教育本身，實際牽涉到美國社會的一
些痼疾，不是單純靠教育改革能夠解決的。這一問題以及與此相關
的多元文化問題將在最後一章論述。

一般説來，一個人經過幾年大學教育，都會有所轉變，這可能是
人生道路上的轉折點。除了學到專業知識外，視野總要開闊一些，
眼光遠大一些。特別是養成學習的習慣，學會了如何學習，這一點在
知識更新成為終身需要的時代尤其重要。另外，在美國的特殊條件
下，大學的普及對緩解種族矛盾起的作用很大：一方面，減少白人
青年的種族偏見，一方面，給少數民族以較為平等的提高自己的機
會。在校園中不同種族學生的和睦相處，無形中對出了校門之後改
變社會風氣可以起到潛移默化的作用。教育的普及還是社會穩定的
重要因素，在危機時期尤其如此。美國歷史學家杜蒙德在講到 1929
年的大蕭條時有一段話恰當地指出這一點：

1   Chester E. Finn, Jr. andDiane Ravitch, *Education Reform 1995—1996: A report from the Educational Excellence Network to its Education Policy Committee and the American People*, Hudson Institute, Indianapolis, 1996, pp.1—5.

　　世界上從來沒有任何別的國家像美國一樣建立了那麼
依靠人民高度文化程度的經濟和政治制度。沒有別的國家
像美國那麼幅員廣大、居民血統和社會背景那麼多樣化，
依賴它的教育系統來訓練人民學會和睦相處的藝術。如果
真有一個時期證明過去幾代人花在教育上的大量開支起了
作用的話，那就是 1929 年到 1933 年這一段時期。當時，
人人都在困難之中，人人都需要容忍，人人都需要深思熟
慮，然而又採取批判態度，這樣，國家的政治和社會團結
才不致消亡。[1]

　　不論還存在哪些問題，迄今為止，美國以雄厚的物質力量為後盾
的對普及教育的信仰，和它的既實用又自由的高等教育制度，無疑
是形成美國特色的發展道路的巨大財富。

三　人盡其才的環境和機制

　　人才出了校門走向社會以後如何發揮作用，對一個國家的發展
至關重要。美國每年畢業的碩士生和博士生如此之多，當然存在學
以致用的問題。美國也存在大量的"大材小用"（underemployed，或
overqualified）現象，但是相對說來，專門人才，特別是高精尖人才，
發揮創造性作用的機會和環境，在方今之世還是首屈一指的。這正
是它自由主義和實用主義相結合的產物。

1　《現代美國》，第 493 頁。

　　美國最初對歐洲的先進技術也是採取"拿來主義",例如英國工業革命的成果對美國就起了很大作用。但是英國的社會結構遠比美國僵化,英國工人為保飯碗而對任何技術革新進行強烈的抵制。機制變革的滯後和勞動力過剩引起的勞工反對新技術的風氣,使英國先進的科學不能迅速轉化為生產力。在這方面美國有無比優越的條件:首先是勞動力缺乏,特別是熟練工人缺乏,而且人口流動性大,不至於因為革新而造成大量失業,同時資本密集型的大公司迅速增長,資本家力求降低成本,使得美國的市場經濟成為技術革新的良好環境。實際上,由企業投資直接為發展某項工業而進行科學研究的做法源於 19 世紀的德國。這種做法很快即為美國所採用,19 世紀後期崛起的工業巨頭,如洛克菲勒(石油)、杜邦(化工)、卡內基(鋼鐵)、福特(汽車),無不是通過"工業實驗室"的途徑在關鍵技術上取得新的突破,然後大量降低成本、提高產量,在本行業中睥睨一世的。20 世紀在工業生產中劃時代的革新之一——流水線作業,就是在福特公司的"高原公園"(實驗室)經過不斷試驗、改進,最終完善而於 1913—1914 年間正式投入使用的。福特稱之為"把動力、準確、經濟、制度化、連續性、速度和重複的原則集中到一個工廠的項目上"的大規模生產方式。流水線從那時起得到迅速推廣,至今仍是現代化工業的主要生產方式。[1]

　　美國許多成功的大企業都集招徠、使用和培養人才於一身。首先是招徠,凡成功的企業或高級研究單位的負責人都有求賢若渴的

1　*American Economic Development Since 1860*, ed., William Greenleaf, Harper & Row, Publisher, 1968, p.19.

勁頭，而且在各自的領域中都是伯樂。他們選擇人才的標準大多是富於想像力和創造力，有不斷創新的潛力，而不是唯唯諾諾。一旦發現了這樣的人，他們不惜重金，志在必得；請來之後，創造各種條件使其發揮最大的作用，較少傳統勢力的壓制和掣肘，用我們通俗的話來説就是每個人都能"甩開膀子幹"；他們不是單純地使用已有的知識技能，而是重視繼續教育培訓，使知識不斷更新。不言而喻，這一點對於高科技高速發展的今天日益重要。在這方面，大企業也是不惜工本的。

　　善於把現有的先進科學技術盡快用於大規模生產，或者投資於直接解決某個生產關鍵的項目的研究，已經使美國處於領先地位，但是在高科技以加速度突飛猛進的 20 世紀後半期，這還不足以使美國長期穩佔鰲頭。是應用已有的技術於生產為主，還是把目光放遠一些，着重於基礎科學的研究，以求不斷突破？在一切以利潤和市場為導向而又競爭激烈的情況下，做出選擇並不容易。19 世紀愛迪生的門羅公園實驗室的豐富發明已開先河。到 20 世紀 20 年代，著名的貝爾實驗室開創之初還經歷過有關這個問題的爭論，也並不是立即做出決策。最終，主張基礎科研者取勝，才有了今天的成就。這説明有眼光的企業家對人才的使用和培養絕不是急功近利的，不着眼於立竿見影創造財富，但是結果帶來更大的財富。20 世紀初，通用電氣公司 (G.E.) 成立，進一步發展了以科研帶動工業的傳統，於 1911 年發明鎢絲燈泡，完成了重大的照明革命。1932 年的諾貝爾化學獎獲得者以及在兩次大戰中為美國的軍事工業多有發明創造的蘭米爾，自 1909 年起就在通用電氣公司任職，直至 1950 年退休，所以他的多項發明都是在該公司完成的。這僅是一例。從此以後，美國以科技促工業的勢頭一發不可收拾，一個世紀以來，在實驗室的數量、投資、高科技人才等各項指標中幾乎是呈直線上升。所謂"R&D"（研究與發展）這一概念就是美國的創造，就是把科學研究與生產發展直接掛鉤。從通用電氣公司到今天出了八名諾貝爾獎獲得者的貝爾實驗室都貫穿了這一精神。在這種精神和機制之中，人才培養、科學發明、生產發展和市場效應形成良性循環。與此同時，高等教育得以在學院之外繼續發展，並且已是整個教育制度中不可缺少的一個環節。[1]

另外，作為高度市場化的國家，美國政府也通過市場機制與民間合作，互相取長補短，即使在國防方面也不例外。國防新技術的研究和開發往往採取優先向民間提供資金的辦法。對民間企業而言，這些領域的技術和巨額資金都是它們渴望得到的。政府以軍費投入，在民間經濟的土壤裡開花結果。美國國防部和能源部等政府機構與麻省理工學院等高等院校以及洛克菲勒、福特等大財團合作開發現代科技的研究，一方面軍方藉助了取之不盡的民間力量，另一方面民間得到了雄厚的政府資助，二者相得益彰，其結果是整個國家的進步。例如，一本日本雜誌透露，互聯網網上服務的源頭，也是美國國防研究的需要，利用了當時已經存在的規模較小的民間網絡，加以大規模發展。1995 年國際主系統還不超過 50 萬台，但 1998 年卻增加到 3000 萬台。就這樣，大多數新技術在美國誕生後被推廣到全

1　詳見閻康年：《貝爾實驗室的成功與企業的經驗研究》、《論 R&D&M 三結合對我國產業改革的戰略意義——國外工業研究實驗室經驗研究與反思》二文，《科技發展的歷史借鑒與成功的啟示》，科學出版社，1998 年，第 207—223 頁、265—286 頁。

世界，美國的標準自然成為全球的標準固定下來。一旦確立了標準，美國就進入良性循環，坐享其成。促成這種良性循環的主動權至今仍掌握在美國手中。憑藉這一點，它就可以"領導世界新潮流"。

　　在社會人文方面人才的發揮比較複雜，其效應較難衡量。因為何為"有用"，標準就難定。但與歐洲相比，20世紀美國的強項顯然在實用性社會科學方面。如經濟學，20世紀的諾貝爾獎獲得者最多的出在美國，戰後尤其明顯。另外，20世紀美國在國際關係理論方面學說層出不窮，為他國所不及，這與美國的國際地位不可分，理所當然。但是在抽象的哲學思想方面，看來還是遜歐洲一籌，許多新的"主義"，包括現在風行一時的統稱為"後現代"和"新左派"的理論，還是源出於歐洲，而後傳到美國，而且到美國之後就實用化、政治化，不像歐洲的學術那麼超脫。在方法論方面，美國的實證主義特點鮮明，並對國際學術界有相當的影響。有時走向極端，就流於煩瑣。若從狹義的實用觀點來看學者的主張為政府所用，或對具體政策產生影響，那麼"思想庫"一詞就產生於美國。美國知識分子大規模參政是羅斯福"新政"時期的一大特點。而其雛形是在進步主義時期，發端於世紀之交威斯康辛大學的一批學者創立的新的經濟、政治和歷史學派。他們意圖一方面以新的社會科學來解決正在出現的工業化社會的複雜問題，為政治改良出謀劃策；一方面培養合格的、能造福全民的行政人才。他們主觀上標榜不偏不倚，想以超然的態度提供專家的知識和意見，在各政治派別和勞資之間起調和作用，找到最符合人民利益的方案。現在已經頗具規模的國會圖書館研究部（前身稱"立法參考圖書館"），也是這一派創立的，旨在"為州立法議員提供客觀的資料"。但是事實上，他們最得到賞識和發揮作用的時候是在進步運動領袖和進步黨的創始人老拉福萊特任州長時，所以"威斯康辛學派"的名聲就與進步主義聯繫在一起，為改良派所認同而為保守派所嫉恨。從那時起，大學教育日益向實用方向發展已成為不可阻擋的潮流。到羅斯福"新政"不拘一格起用大批知識分子，其標準完全是實用主義的。於是，儘管這些專家學者的主張五花八門，但都被與"新政"聯繫在一起，自然而然地被認為是改良派。1914 年共和黨保守派菲利浦當選州長，揚言要對威斯康辛大學徹底整頓，聲稱該大學傳播社會主義，進而對專家參政本身大肆攻擊；到 50 年代初麥卡錫主義橫行時，"新政"時期的知識分子又成為打擊對象。不過從那時以後，專家參政日益成為正常的、必不可少的方面。大學教授和政府官員的身份交替轉換已是司空見慣。不少名牌大學的研究課題與當前政府所關注的問題密切有關，其研究報告為政府有關部門所必讀。大學教授為政府所諮詢，或就熱點問題在報刊撰文、接受電視採訪等，也是常事。

　　普及面很廣的教育加上學術和言論自由、出版自由是美國從 19世紀繼承下來的一筆寶貴遺產。這為 20 世紀的進步奠定了基礎。一方面，教育是與社會需求相結合的；一方面，它又培養有獨立批判精神的知識分子。其中一部分人在科學技術方面發揮創造力、想像力；另一部分人關注社會問題，提出各種揭露、批判和改良的見解。由於出版自由而相當多的人民是有文化的，為改革而大聲疾呼的知識分子的言論能產生社會影響，轉而通過政治機制對立法者、決策者形成壓力，促成改良措施。

第九章　福兮？禍兮？

　　這一章的題目有兩層意思：一是構成美國本身的優勢的諸多因素是否會向反面轉化，也就是"福兮禍之所倚"；二是一個具有超級影響的美國對世界是福還是禍。

　　前幾章主要是分析美國在 20 世紀克服矛盾興旺發達的諸多因素。但是並不等於說只有這一面，也不等於過去的有利條件必然能長期繼續下去。相反，在進入 21 世紀時美國依然充滿着嚴重的問題和潛在的危機，有些是固有的矛盾，有些是新問題。儘管迄今為止美國沒有衰落，但是這並非不可想像。

　　站在 21 世紀的門檻，人人都免不了要做一番預測，儘管誰都意識到有那麼多不確定因素。關於美國興衰問題，現在和過去一樣，始終存在兩種截然不同的看法。一派認為美國的興旺是暫時現象，其中有泡沫成分，繁榮中孕育着衰退的因素，並終將表現出來；一派認為有種種新的因素促成了這種新的經濟良性循環，美國的發展仍將不可限量。本書感興趣的不是絕對數字和靜止的狀態，而是構成美國最基本的活力，在 20 世紀促使美國發展到今天的那些因素，是否還將繼續起作用，或者將發生哪些消極的和積極的變化。

有兩個根本的，也是普遍性的大問題，本書不擬討論：

一、美國是否即將發生股市崩潰。當前最聳人聽聞的說法是關於下一個金融危機的國家該輪到美國的預言，而美國如果出現危機，那將是世界性的，後果不堪設想。這一說法不一定是危言聳聽毫無根據。一般美國人中不少懷有這種憂慮，認為儘管目前美國經濟空前的好，但是有很大的泡沫成分，在一片陶醉之中很可能孕育着嚴重問題，如 1929 年股市崩潰之前也有過一段繁榮時期，誰也沒有想到會出現那樣可怕的景象。從一般人的常識看，最大的危險因素是美國的天文數字的內債、外債，和美國人的超前消費習慣所造成的每一個人都負債累累的情況，不知道將伊於胡底。與以製造業為主導的經濟不同，投機性極大的證券交易受非理性因素支配的程度極大，連以這門學問獲得諾貝爾獎的專家都曾失手，足以使人膽戰心驚，不知股市這一怪獸何時發怒，衝出牢籠肆虐。

二、科學發展到今天，對人類是否已經禍大於福。這一問題從原子彈發明時已經提出，現在進入更高的層次。例如遺傳工程發展到"克隆"技術，世界網絡化引起的一系列新的道德、安全、犯罪問題，等等。總的說來，是人類是否有能力控制自己，控制自己的創造。這一問題牽涉到全人類，不僅是美國，不過由於美國的科技領先，反科學的思潮在美國也最強勁，作為受害者或害人者，美國都首當其衝。

以上兩個問題都有一定根據，但都難以捉摸，對它做預言非作者力所能及，也非本書範圍，只能聊備一格，姑存不論。現在仍與前面幾章相呼應，討論幾個可以觸摸得着的問題。

一　發展和平等

　　美國今天最明顯的社會問題仍然是貧富懸殊。經過一個世紀的批判、改革、福利政策、濟貧措施等，社會從金字塔形變成了棗核形，也就是兩頭小，中間大，出現了一個中產階層。但是就兩頭而言，差距並沒有縮小，而且70年代以來還在逐步擴大。單從直觀的感覺上看，在美國的大城市走一走，"富人區"和"窮人區"仍然天上地下、對比鮮明，而且"窮人區"常常等同於"不安全區"，流浪漢、乞丐、無家可歸者比比皆是。一般美國人對此不能無動於衷，談起富足社會中的這種貧困現象都認為是美國的恥辱，儘管對於造成這一現象的根源至今爭論不休。1992年美國大選時，前總統卡特在推選克林頓當候選人的民主黨代表大會上做主要發言，猛烈抨擊美國在共和黨治下的內外政策，其尖銳程度堪與社會主義國家對資本主義國家的揭露媲美。關於美國的貧富懸殊，他這樣說：

　　　　美國窮人和富人之間的差距達到了空前的程度。我們的鄰居中擁有適當的醫療照顧、像樣的住房、就業機會、在家和在街上的安全感，或是對未來抱有希望的人，越來越少。情況還在日益惡化中。由於聯邦撥款減到只剩下骨頭，亞特蘭大市無家可歸的人比我執政時多了10倍。少年犯罪在最近5年中增加了300%。他們對於改善生活已經失去信心……

亞特蘭大是個美妙的城市：繁榮、進步，種族關係很好。但是有兩個亞特蘭大城……最近的訪問使我很受教育：我懂得了為甚麼許多懷孕的婦女不去做產前保健，為甚麼 1/4 的公共住宅空着，儘管排隊等待住房的名單很長。我參觀了一所寄宿中學，那裡衡量一個孩子的成績的標準是擁有一支半自動步槍；我了解到低年級女生的懷孕率最高，因為那些拉皮條的和販毒分子喜歡同小女孩發生性關係，因為她們比較便宜，自衛能力弱，而且較少可能有艾滋病。我訪問了棚戶區，那裡的住家和小麵包車一樣大，有一位居民在教其他人識字，另一人在幫鄰居蓋房子，他們輪流從街上的排水溝裡舀水煮開後平均分給其他家庭。他們一直希望搬出那裡，沒有安裝自來水和廁所的設施。

這是美國一座美好的城市，不是海地、孟加拉或是烏干達的貧民窟。這種情況必須改變。[1]

他還駁斥了右派說這些人窮是因為他們太懶、不求上進、缺乏家庭觀念等論調，並以自己親身從事社會工作的經歷說明，只要給這些人改善生活的機會，他們和"我們"一樣雄心勃勃，一樣願意辛勤工作，一樣關心自己的家庭和孩子。一經搬進像樣的新家，那些三代沒有中學畢業生的家庭立即為他們的子弟挑選大專學校。卡特這一段生動的描寫是以他的家鄉亞特蘭大市為例的，但也是全國大

1　該講話稿沒有正式發表，全文由卡特中心羅伯特·帕斯特先生提供給筆者，特此感謝。

城市的縮影，亞特蘭大比起東部的老城市來情況還是較好的。紐約、華盛頓、舊金山都比這有過之無不及。更不用說像底特律、紐黑文等夕陽工業城市了。

　　當然卡特的這番講話是在大選中的民主黨大會上發表的，帶有黨派鬥爭的色彩。他提出的爭論觀點正好說明一個世紀以來的社會達爾文主義和改良主義的觀點之爭，也就是美國式的"保守派"和"自由派"的不同思路依然如故。但是，民主黨執政以後是否就能扭轉這一狀況？顯然不行。因為自詹森以後，聯邦政府的福利負擔已經到頂，克林頓面臨的是非改不可的福利制度。卡特批評共和黨削減聯邦政府福利開支，克林頓還得進一步壓縮政府的福利開支，其改革方向是福利事業私有化，責成企業在技術更新過程中負擔職工培訓。這在實際上往往遭到企業主的抵制，結果對於中低層收入的家庭至少在短期內是不利的。

　　從統計數字上看，從 70 年代到 90 年代，標誌貧富差距的基尼系數一直在擴大：1947—1970 年，從 0.376 降至 0.353，而 1970 年之後一直上升，至 1995 年達 0.450。[1] 克林頓兩屆政府期間經濟持續繁榮，時間之長為戰後所少見，而且失業、通脹都保持在低水平，但是貧富懸殊卻有增無減。根據美國官方的數字，從 1973 年到 1995 年中期，美國實際人均國內生產總值增長了 36%，而普通職工的實際小時工資卻下降了 14%。在 80 年代，所有的收入增額都歸於上層的 20% 的職工，而其中 1% 佔去了增額的 64%。如果不以工資計，而

1　數字來源於 U. S. Census Bureau, 1997, 轉引自李培林：《近年來美國社會結構發生了哪些變化？》，《國際經濟評論》1997 年 9—10 月，第 30 頁。

以收入計，差距就更大，最上層的 1% 的人得到總增長額的 90%。總的趨勢是，20% 的上層家庭的收入不斷上升，而 20% 的下層不斷下降，1993 年前者是後者的 13.4 倍，打破了美國的歷史紀錄。[1]

造成這種情況的原因之一，恰好也是促使美國經濟增長的原因：市場全球化、信息時代的到來和高科技經濟的發展。這一切引起經濟結構的深刻改變，導致工資差距迅速擴大。一小部分掌握最新知識的高級人員收入大幅度提高，同時包括相當多的中等收入者在內的非專業人員收入下降。失業率總體是低的，但是企業裁員率大大增加，據美國管理協會的數字，1989 年各企業報告的減員總數為 35.7%，1994 年上升至 47.3%。由於職工的流動性增加，企業主可以乘機降低工資標準，1995 年有 29.7% 的職工每小時平均工資低於貧困線，這些人按照通常的標準，並不見得都是非熟練工人。[2] 對原來中低收入的人員來說，就業穩定性減少了，即使不失業，像過去那樣隨着工齡增長而收入增加的"向上流動"的機會大大減少。由於僱臨時工的比例增加，企業主更不願為在職培訓付出代價，這與克林頓的改革設想背道而馳。因此，在新的後工業時代，即使在靠工資收入的人中，在工資、職業穩定性和向上流動的機會三個方面的不平等都有所擴大，更不用說處於最上層的億萬富翁與貧民之間的差距了。

再者，面對當前的經濟全球化，對美國的國際競爭能力的挑戰

---

1 數字轉引自萊斯特・瑟羅：《資本主義的未來》，中譯本，社科出版社，1998 年，第 2，21 頁。

2 Annette Bernhardt & Thomas Bailey: "Improving Worker Welfare in the Age of Flexibility", *Challenge*, September-October, 1998

比以前任何時候都嚴峻，美國在國內向平等方向的改革餘地也就相應縮小。工人階級集體談判的權利在法律上仍然存在，可是隨着產業結構的改變，工作崗位日益分散和個體化，事實上的運用餘地大大縮小。也就是説，不論在新的信息時代如何定義"工人"和"資本家"，各種條件顯然更有利於後者而不利於前者，差距不但沒有因生產力發展而縮小，反而更加擴大。

二　移民的優勢與種族難題

貧富懸殊與種族問題不可分。第七章提到，美國從一開始就帶有很深的種族主義烙印，"白人至上"的思想根深蒂固，整個 20 世紀的改良運動的重要內容之一就是爭取種族平等。應該説，從社會觀念到少數族群——特別是黑人——的實際境遇都已經有很大進步。但是問題依然存在。顯然，在貧困的人口中，少數種族的比例總是高於歐洲裔白人的比例，世紀初如此，世紀末依然如此。這是美國的痼疾，舊病未愈，又添新病，有些問題陷入怪圈，很難突破。至今提到貧困、犯罪、毒品、校園和街頭暴力、教育水平低下等，還是和黑人以及拉美移民相聯繫。一些大城市的黑人聚居區也是犯罪高發區，那裡房價低，市政建設差，是眾所周知的。由於中小學是就近入學的，差距必然反映到基礎教育水平上來，也就是貧苦黑人的子弟很難得到良好的基礎教育。從大城市的 9 年制、12 年制學校學生的成分看，實際的種族分野還相當普遍。美國中上層白人和亞洲族裔一樣，常有"孟母三遷"的精神，卜居先考慮子女上學的條件，其結果是加深這種隔離。政治上的人為的種族隔離取消了，由經濟等原因造成的事實的隔離又"自然地"形成，而且傳代。基礎教育的差距必然影響到上大學的機會和就業的條件，這樣形成的循環至今仍然沒有打破。美國黑人今天的狀況離事實上的平等還有很長的路。

在新的一輪"數字經濟"的競爭中，美國貧富懸殊又有擴大的趨勢，而黑人又處於最不利的地位。據商務部的一份報告統計：白人家庭擁有電腦率為 40.8%，而黑人家庭為 19.3%；白人上網者佔21.2%，黑人只佔 7.7%。這些問題，從政府到有關社會團體以及社會科學界都在給予關注。1992 年洛杉磯因白人警察毆打黑人而爆發街頭暴力示威時，有一家華人報紙評論説，美國黑人問題是白人"祖宗造的孽"，今天仍然需要繼續還債。此話頗為生動地説明了美國的黑白種族關係，黑人問題仍然是佔主流地位的白人無法卸掉的負擔。美國政府高官和上層精英中出現了不少知名黑人，這是 60 年代民權運動的一大成績，但是反過來，在黑人中也造成了兩極分化。上層精英中的黑人的境遇可能提供某種希望，但是不足以改變廣大黑人的現狀。

今天，美國面臨的種族問題不只是歷史遺留的黑人貧困的問題，而是複雜得多的"美國人"的自性、新移民要不要"美國化"的問題。作為移民組成的國家，與大多數其他國人不同的獨特之處在於，"美國人"不是由血緣關係決定的，而是由對共同的制度和核心價值觀的認同維繫在一起的，那就是體現在憲法中的政治原則，個人的生命、自由和追求幸福的權利。正因如此，美國才能陸續不斷接納這麼多來自世界各地、文化背景截然不同的各種族的人，而組成一個國家一個國族（廣義的），有認同感，有凝聚力。因此，對"美國化"提出質疑，必然表現在對主流文化的挑戰。這個問題從二戰以後就開始

存在，有人提出"馬賽克"或"大拼盤"之説取代"大熔爐"的形象，
説明種族的融合已經越來越困難了。但即使是"拼盤"，WASP 仍然
是佔據中心的一大塊，其他大大小小的族裔處於層層邊緣。60 年代，
隨着民權運動的高漲，對白人主流文化統治美國的現狀的反抗也同
時興起，與當時亞非拉民族解放運動的高漲以及隨之而來的對"帝國
主義文化侵略"的批判和抵制屬於同一潮流。自那時起，種族問題
在觀念上就發生了微妙的變化（為方便計，姑且以簡單化的"左"和
"右"來概括）：過去"左派"反對種族隔離，反對強調種族區別，主
張幫助黑人和新移民盡快"美國化"，使其成為平等的一員；"右派"
種族主義者則排斥黑人和新移民，認為非我族類，不可能"化"作美
國人，只能按族群區別對待。60 年代之後，"左派"開始拒絕傳統意
義上的"美國化"，也就是拒絕接受美國的主流文化，而強調每一個
族群的傳統和特點，認為長期受壓抑而不能得到充分表現的文化必
須加倍伸張，也就是加強種族意識、族群覺悟，而不是爭取個人的
權利。這一觀念與極右派殊途同歸，只不過一個認為**不應該**"化"，
一個認為**不可能**"化"。處於中間的、代表美國主流的精英則仍然堅
持以原來白人基督教文明為核心的"美國化"。他們承認今天的許多
種族矛盾現象主要是過去種族歧視造成的惡果，是美國歷史的恥辱，
應該繼續努力消除這種後果，不過他們認為進一步強調種族區別將
適得其反。70 年代，隨着"確保行動"和其他一些政策的執行，這一
分歧暫時沉寂，到 80 年代後期又有所抬頭，爭論主要是在大學校園
中和學術界，規模也不小。由於涉及的主要是教學內容——從大學課
程發展到中小學課本——和選拔教師以及招生標準，因此對於今後長
遠的影響如何，尚難估計。

　　80年代後期，在一批大學中興起的反抗浪潮被美國評論界稱為"文化革命"，矛頭集中指向本科生必修的西方文化課，指責西方傳統文化實際上是"白色男性有產者"（有時還加上"異性戀者"）建立的文化，從本質上是反對並壓迫黑人和其他非西方種族的，要求在文化史的課程中以第三世界的文學歷史和女權主義的作品來代替柏拉圖、荷馬和馬基雅維利等人的傳統經典著作。此事由史丹福大學的學生開頭，迫使校方修改了課程，緊接着哥倫比亞、芝加哥、密歇根、威斯康辛、加州（伯克萊）等一大批大學也採取了不同形式的改革。在這一衝擊下，許多大學開設了非洲學或關於第三世界其他種族的文化課程，進而設立了非洲學系、專業或研究中心。這一浪潮的另外一項內容是改變教師隊伍成分，要求立即增加黑人和其他少數民族教師，當然吸收少數民族學生更不在話下。這是美國社會多元文化的強烈的自我表現，也是對美國長期以來以白人為中心的有形、無形的種族歧視歷史的強有力的逆反。這一思潮中最激進的是以黑人優越論、非洲中心論來代替白人優越論、西方中心論。例如被引用得較多的說法有：希臘文明來自埃及，而埃及文明來自非洲，所以非洲為世界文明發源地，繼而考證出蘇格拉底、荷馬、克萊奧帕特拉女王都是黑人。一說人類分為"冰人"和"太陽人"，前者的基因就是冷酷、殘忍、自私，代表人類的惡；後者以非洲人為祖先，其基因就是善良、熱心、愛好和平等，代表人類的美德。還有說西方自由主義文化的頂峰必然是法西斯主義，等等。當然，美國是一個非標新立異不足以引人注意的社會，所以反主流的言論總要以極端的方式表現出來。不過持此論者不僅是一般的激進青年，而且是相當有地位的名牌大學教授，並有鴻篇巨著。這種以種族為基礎的反主流文化又與各種最時髦的新潮學說結合起來，如"結構主義"、"後現代主義"、"建構主義"、"後建構主義"、"讀者—反應論"，等等。總之是否定一切西方文明的基礎：民主政治、自由市場、規章制度、適當的程序，不承認有客觀真理的存在，一切都在於每個人主觀的"解讀"。這一思潮又被稱作"新學"。

"新學"最集中的大學是北卡羅來納州的杜克大學。這純屬偶然。1985 年，該校校長辭職從政時，一批學院負責人也換新人。新校長和科學藝術院院長都是學自然科學的，對人文學科及其思想派別之類本無概念，只是立志要把杜克大學辦成最"前沿"的大學。該校正好得到大筆捐贈，經費充足，得以高薪從他校挖來"新學明星"，以及少數民族教授。這些人又互相推薦延聘，遂成"新學"集中的陣勢。其中最有影響的是英語系，在其系主任費希主持下，以英語系為基地開始改造整個人文學科。例如，英語系 60 年代初的課程中有"寫作、有說服力的講演和辯論"，內容基本上是古典文學選讀，到 90 年代初這一課程不見了，出現了"偏執狂、政治和其他娛樂"，講授內容有"教父"（包括電影和小說）、"白色喧嘩"等。還有從新的角度詮釋古典文學的，例如從揭露 17 世紀社會虐待婦女、工人階級和少數民族的角度來解讀莎士比亞戲劇，從揭露貫穿西方文學的"異性戀偏見"來研究簡·奧斯汀等。[1] 實際上，同性戀問題是西方自由主義

---

[1] 關於這個問題，美國學者迪奈希·德蘇查（Dinesh D'Souza）考察了全美 100 多所高校後發表長文刊登在《大西洋月刊》（*The Atlantic Monthly*, March, 1991, pp.51—79），全文分兩部分：I. 受害者的革命；II. 杜克大學的個案研究。德蘇查為印度裔，也是少數民族，角度比較客觀，本章大部分取材於該文。另已故南京大學教授沈宗美較早對這個問題有論文做深入分析，見沈宗美：《對美國主流文化的挑戰》，《美國研究》1992 年第 3 期。

激進派與保守主義爭論的問題之一，與種族問題原本沒有關係，而且涉及的白人居多，但是他們與少數民族、婦女同屬於傳統受壓的人群，因此聯合起來反對主流文化。

不過，問題真正的焦點是如何看待美國歷史，因此，儘管杜克大學最"前沿"的是英語系，就全國而言，爭論更主要的卻是在史學界，從大學而發展到中小學歷史教學。最近的意義重大的事件是圍繞《全國歷史教學標準》(用於中小學，以下稱《標準》) 的大辯論。在美國，要求改進和重新制定"標準"歷史教科書的呼聲由來已久，那是出自對中小學教學質量的不滿，這一點是朝野各派一致的共識。自 1989 年全國州長聯席會議通過呼籲書，要求政府制定中小學教學統一的標準，經布殊和克林頓兩屆政府努力，到 1994 年國會兩院正式通過《2000 年目標：教育美國法》，應該說醞釀是比較成熟的。與該法在國會中討論的同時，教學大綱的製作從 1992 年已經開始。根據"草案"中規定的目標，由聯邦教育部和"國家人文基金"出資，委託加州大學洛杉磯分校的"中小學歷史教學中心"主持這項工作。寫作班子包括全國專業歷史學家和中小學歷史教師，並組織了一個由全國一流歷史學家組成的評審委員會，此外還有一個代表不同群體不同觀點的"全國歷史教學論壇"對書稿提意見，不可謂不慎重。文教學術界這樣大規模的由官方組織的聯合"攻關"，在美國尚屬罕見。大約正因為意識到這一問題涉及有爭議的敏感問題，才如此不厭其煩地徵求意見，但是，該工作歷時兩年，五易其稿，於 1994 年 10 月完成公佈後，還是引起了軒然大波。

對《標準》的批評主要是在多元文化的分量和地位上。寫作班子自己提出的主導思想，原是既強調美國存在不同種族和多元文化的

現實，又強調黏合美國民族的共同特徵，旨在讓學生了解美國歷史
上不同種族和群體的經歷，能夠相互尊重和理解，又意識到作為美
國人的共同歷史含義，達到公民認同。這一原則用意是比較持平的。
但是對於批評者來說，《標準》在具體列出的大綱中從歷史分期到詳
細的單元都與傳統的美國史大不相同，它詳細介紹了印第安人的史
料，突出了他們和非洲黑人的作用，將其與歐洲人的作用相提並論，
把美國歷史起源說成三種文化在美洲大陸上的匯合和衝突。同時，
也把工人運動和婦女運動放在突出的地位。對美國歷史上的陰暗面
的敘述比傳統的歷史分量要重得多，並在行文中常啟發學生對美國
民主的真實性產生疑問。對此的批評既來自保守派也來自正統的自
由主義精英，他們在美國許多大報刊上發表批評文章，指責《標準》
歪曲和抹黑美國歷史，甚至說撰稿人"劫持了美國歷史"。[1]

　　代表主流精英的歷史觀最完整而明白地表達在著名歷史學家
小亞瑟・史列辛格 1992 年出版的《美國的分化——對多元文化社
會 的 反 思》(*The Disuniting of America：Reflections on a Multicultural
Society*) 一書中。雖然該書出版於教科書的爭論之前，但是史學界關
於多元文化的爭論早已存在，它所闡述的觀點就是針對《標準》所體
現的思想。簡單概括，就是說美國文化來源於歐洲，美國是歐洲文
明的延伸，至今歐洲裔佔美國人口的 80%，這是不可否認的事實。
白人確有歧視和壓迫少數民族的歷史，應該承認和改正，但是不能
抹殺美國的民主制度以及一切美好的創造。美國人是以個人為單位

1　關於《標準》的辯論主要取材於王希：《何謂美國歷史？——圍繞＜全國歷
　　史教學標準＞引起的辯論》，《美國研究》1998 年第 4 期。

而不是以族群為單位的，如果強調族群，美國將四分五裂，最終少數民族也將受其害。[1]

在美國，學術性的爭論往往離不開政治，何況是這樣敏感的問題，而且此事本是一項官方行動。所以《標準》也成為共和黨大做文章的題目，在國會中掀起辯論，幾乎要通過決議斷絕寫作班子的經費來源。最後由"全國基礎教育協會"出面，組織有關歷史界人士討論，由寫作班子再進行修改，於 1996 年公佈了新版本，增加了美國在科技、民主建設方面的正面內容，強調了歐洲文明的作用和外來移民對美國精神的認同，等等。這一事件雖然告一段落，但是圍繞多元文化還是西方中心，以及對美國歷史的看法的爭論，並沒有結束。新版本是妥協的產物，雙方都不滿意。特別是由國會干預學術，強迫歷史學家製造"官方版本"的做法違反美國學術自由的基本原則，引起廣大知識分子憤慨。許多原作者和史學界人士認為原版更好，對有爭議的歷史問題處理更為公平。另外，《標準》只是示範，並不能強迫學校一定採用，而許多中小學教員更喜歡原版。這樣，更加引起主流派的憂心忡忡，因為下一代青少年如何看待美國歷史，影響深遠，關係到美國的凝聚力。

總之，移民給美國帶來了極大的好處，發展到今天，又出現了日益複雜的問題。1918 年大遊行所反映的新移民急於認同主流文化的情景大約不會再出現。如何詮釋歷史關係到如何塑造未來，也就關係到美國是否還能繼續在多元化中維持其原來的主流文化。如果是，那麼如何實現各族群的平等地位；如果不，那麼如何維持"一個"美

1　Schlesinger, 前書引。

國。再者，與以前不同的是，來自第三世界的移民各自祖國的國際地位也日益提高，使得這些族群伸張自己的文化、維護群體利益的覺悟也相應提高，不再把"美國化"視為當然。這一趨勢引起主流精英的憂心忡忡。上面提到的小亞瑟‧史列辛格的著作以"美國的分化"為書名，典型地表達了這種憂思。在中國名譟一時的亨廷頓的"文明衝突論"，說的是國際，實際的直接的憂慮來自美國國內，反映了對白人主流地位喪失的深刻擔心。

筆者以為，在短期內，美國的多元文化尚不足以威脅主流文化的地位，而且移民"美國化"的過程仍在繼續，不論是自願還是不得已。和社會其他弱勢群體一樣，唯其處於邊緣，才要大聲疾呼，以極端的方式引人注意。但是從長遠看，這的確是一個問題。一旦經濟情況惡化，或是社會發生某種危機時，白人種族主義依然可能上升，種族衝突的危險依然存在。而且可能更加複雜，不完全是在白人與少數族群之間，還可能發生於先來後到、不同處境的少數族群之間。例如 1992 年洛杉磯因白人警察毆打黑人而引起的街頭暴動，被打砸的對象卻主要是亞裔。美國的移民政策是加緊控制和排斥，還是放寬和鼓勵，這是美國特有的從理論到實踐的悖論。

三　自由主義的極限

1993 年，剛當選總統一年的克林頓出現在田納西州馬丁‧路德‧金生前最後一次佈道的教堂中。大約是受肅穆的氣氛的感染，他即席發表了一篇動聽的演講，揭露當前美國道德敗壞的情況。他問道：如果馬丁‧路德‧金看到今天的情況會說甚麼？

　　他會說，我為之奮鬥終生死而後已的，絕不是要看到家庭破裂、13 歲的男孩拿着槍追趕 9 歲的孩子只是為了好玩、年輕人用毒品毀了自己的生活再以毀別人的生活來發財，這絕不是我到這裡來的目的。

　　他會說，我為自由而鬥爭，但絕不是人們由着性子互相殘殺的自由，不是未成年的孩子生孩子，而孩子的父親棄之如敝屣而離去的自由。我為人民的工作權而鬥爭，而不是要讓整個社區和居民被棄置不顧……[1]

　　克林頓還強調必須進入"人的本性、價值觀、精神和靈魂深處"，否則政府的行動以及任何其他努力都無濟於事。

　　今天來看克林頓大談道德說教，特別是維護家庭價值，頗有諷刺意義。美國保守派更會嗤之以鼻，因為他們認為像克林頓這樣一個人能當選為總統，這件事本身就是公眾道德觀念下滑的表現。不論如何，美國今天嚴重的社會問題和道德滑坡是公認的現象，其內容"左""右"各派所見略同。他們都批判美國的極端個人主義和現代版本的"自由主義"，都不約而同地提到當年托克維爾的預見，指出個人主義發揮出巨大的想像力、創造力，但是走向極端就成為自私自利，每一個個人封閉在自己的小圈子內，完全不理睬他人和全社會的疾苦，植根於自由主義的個人主義的衝動遲早會衝開一定的教化的界線，變成為所欲為。二者都對"社會契約論"——人人都有權追

1　Gertrude Himmelfarb, *The De-Moralization of Society, From Victorian Virtues to Modern Values*, Vintage Books, New York, 1994, pp.4—5.

求自己的利益，唯一的限制就是不妨礙別人的同樣的權利——的實際效果抱有懷疑，認為事實上，各種利益就是互相妨礙的，由是產生的社會和政治不是和諧而是以爭鬥為主導，各種集團都在與對立面或另外的利益集團的鬥爭和討價還價中實現自己的利益目標。[1]此外，二者都痛斥當前美國社會的重物質、輕精神，認為應該轉變不斷追求發展生產積累財富的思維習慣，並對高科技的無限發達帶來的後果心存疑慮。

但是對於病源的分析和治療方案卻存在截然不同甚至對立的觀點，最本質的分歧就是對待平等的態度，具體落實到人，就是對待窮人、少數族裔、婦女以及其他弱勢族群的態度。左派認為社會弊病的根源在於資本主義的惡性發展，美國人在追求自由的名義下實際不過是商人追求經濟利益的一種合理化藉口，與勞動大眾的利益無關。持這種觀點的既有左派知識界，也有宗教界的左翼。新老社會主義和馬克思主義者對資本主義的批判此處不再重複。當前被列入"新左派"的"後現代派"關於多元文化主義的觀點前面已有闡述，他們既然認為美國社會的種種結構和法規是為"白種有產階級男人"所制定，並為他們的利益服務，應該完全予以"解構"，那麼傳統道德問題就不是其關注的重點，激進者還對所有傳統道德予以嘲弄。

著名奧裔美國企業管理家彼得·德魯克也對資本主義有嚴重的保留。他是自由市場的堅決擁護者，但他認為資本主義最大的缺陷是只注意經濟，不考慮"人"，是"單維"取向。他早在 30 年代就曾

1　John Paul II, "Laborem Exercens", Oliver F. Williams & W. John Houck (ed.), *The Common Good and U. S. Capitalism*, University Press of America, 1987, pp. 328—334; Bork, 前引書，p.133。

擔心工業革命所引起的不平等會使法西斯得勢，結果不幸言中。今
天，經理們自己謀取豐厚利潤而同時裁減員工，更是在社會和道義
方面不可原諒的。[1]

　　特別重視精神文明的宗教界，保守勢力佔主流，但也有左傾的批
判勢力。例如有一派"天主教道德主義者"，每年都發出"主教牧函"，
對美國的經濟、社會等現象進行批評（60 年代的激進學生運動領袖，
《休倫港宣言》的起草人湯姆‧海頓就是天主教道德主義派，在他身
上宗教與激進學生的思想合而為一）。他們對社會不平等現象與道德
墮落現象同時抨擊，指出原來支撐美國發展的價值觀發生了質變：
過去美國人賴以建國的基督教新教倫理的美德，諸如艱苦奮鬥、勤
儉自律、自立自強、堅忍不拔，以及有計劃的量入為出的消費習慣
和誠實的遵守規則的處世態度，如今在總的追求"自我完成"的目標
下變了質：一味追求高工資待遇、高社會地位，着力於爭取"應得權
利"，敬業精神變成短期觀點——不能立即成功就跳槽，只顧眼前享
樂而少儲蓄，守法的觀念蛻變為只要有本事不被抓住就行。他們認
為，當前的社會道德文化墮落來自以大企業為主導的社會制度，來
自對資本的崇拜和對勞動的缺乏尊重，因此資本主義的根本原則——
私有財產神聖不可侵犯——就應該有所改變。保守、自由、激進的主
張都解決不了問題，需要從根本上改變資本主義制度和思維方式。
首先需要改變追求無限發展的習慣動力，美國人要意識到自己已經
足夠富裕，要適可而止，換一副"非物質的"眼光，把重點放在精神
方面。不過，他們認為這一切改變不是通過革命，而是通過"重建"

1　Peter Drucker: "Beyond Capitalism", *NPQ*, Spring, 1998

（reconstruction）才能完成。歸根結底，這種主張的落腳點還在於教育，只是不限於學校教育。[1]

"右派"批判的焦點剛好是自由主義中追求平等的因素，進而及於自由主義的基本原則，稱之為"激進的自由主義"（radical liberalism）。1996 年出版的《滑向罪惡的城市，現代自由主義和美國的沒落》一書集中論述了這一觀點。該書作者羅伯特‧伯克是美國著名的保守派代表人物，曾任列根政府的聯邦上訴法院法官，列根曾想任命他為最高法院法官，由於其觀點極端保守，遭到輿論反對而被參議院否決。這本書出版後在保守派中好評如潮，如布殊政府的副總統奎爾、前國務卿黑格等都撰文讚揚，並被列入《紐約時報》暢銷書排行榜。這說明其觀點確有代表性，說出了相當一部分美國人想說的話。該書大致觀點如下：

美國已經走向"野蠻化"的道路，充斥於大眾傳媒的暴力、色情、污穢不堪的流行歌詞，以及家庭解體、道德墮落、行為粗暴成為常規，都是明證。60 年代的激進運動是這一墮落的標誌，當時美國受到良好教育而被寵壞的一代青年以"理想主義"的名義掩蓋他們的放縱和對處於戰爭中的國家的責任的逃避，而教員、政府都屈服於那股瘋狂的群眾淫威，放棄了管理的職責，其結果之一是摧毀了社會價值的防線，大大降低了道德標準，從此大家對本來不可容忍的行為見怪不怪。60 年代是民權運動取得勝利的 10 年，同時也是"卑下的虛偽"的 10 年。現在充斥於社會中的暴力、毀壞財產、仇視法律、權威和傳統的行為和觀念，都來源於對平等的追求，現行的福利制

1　Williams & Houck，前引書，pp.285—293

度和類似"確保行動"這種對某些群體的照顧性法律都是罪惡的根源,它喚起人的最壞的感情——嫉妒和懶惰。對平等的要求也必然導向中央集權的大政府,從而導向專制……

以上這些言論並無奇特之處,與社會達爾文主義一脈相承,與海耶克的經濟理論也相吻合。但是伯克作為極端保守主義者,不但一概否定20世紀初以來的一切改良、福利措施和理論,而且一直上溯到美國《獨立宣言》和自由主義的老祖宗之一約翰·密爾的《論自由》[1]以及啟蒙思想和理性主義所依據的前提。也就是不僅反對平等,而且反對自由。不像有些保守派認為60年代的激進運動是受了外來的社會主義的影響,他認為這一運動的思想根源還是來自正宗的自由主義,傑佛遜和密爾所強調的就是個人擺脫一切束縛按照自己的意願行事的權利。自由主義本身的動力,就是不斷擺脫宗教、道德、法律、家庭和社會的各種制約,伸張個人。但是18、19世紀的自由主義倡導者都自覺或不自覺地有一個不言而喻的前提,就是人們普遍懷有基督教的原罪感,並承認公認的傳統道德規範,自覺地以此自律,輿論的褒貶也以此為準則。這些自由主義和啟蒙思想的先驅們都相信人的良知和理性,絕不會想到追求他們所提倡的個人自由和平等的結果會發展到現在這種"激進個人主義"(radical individualism)、"激進平均主義"(radical egalitarianism)的狀況。正是由於先驅們對人性的認識所犯的錯誤,發源於"古典自由主義"的"現代自由主義"已經異化和墮落,因為自由主義本身沒有自我改正

1　密爾的《論自由》最早的中譯本為嚴復題為《群己權界論》,剛好與伯克的解析相反,強調個人自由與集體的界限。

的因素，只有不斷地要求滿足個人的慾望，爭取更多的權利。因此，世風日下也是必然的。克林頓就是 60 年代的產物，他既逃避兵役，又婚外情不斷，還支持同性戀的合法性，公德和私德都一無足取，卻居然能獲得多數選民的認可，說明公眾的價值判斷已經起了重大變化（按：此時萊溫斯基案尚未出現）。

總之，極左派和極右派殊途同歸，都對美國抱悲觀態度，認為美國精神正在走下坡路，對傳統的自由主義本身提出批判（當然二者否定的程度不一樣），居於中間的主流派則竭力維護自由主義，卻又對它的命運憂心忡忡。追求個人幸福是美國人的原始動力，發揮到極致，對社會的發展產生了巨大的力量，而利益的驅使和高度實用主義又侵蝕和抵消着美國人引以為豪的"美國精神"，這是一個難以解決的悖論。

四　從市場競爭到市場"專政"

整個 20 世紀，美國的市場經濟制度發展到最成熟、最高級，市場競爭的作用發揮得淋漓盡致，使美國富甲全球，同時也推動了科學技術、文化教育的發展。但是，市場決定一切發展到制度化的"唯利是圖"，無疑是市場在各個領域內的"專政"，情況開始走向反面。

市場視消費者為"上帝"，一切行為都是以鼓勵消費為目的，於是出現了瘋狂的高消費生活模式。有人說，自從信用卡出現以後，美國人的思維方式和生活方式發生了根本性的變化，從先勞動後享受變成先享受了再說，精神的墮落從這裡開始。這是極而言之。不過，二戰以後美國社會向高消費的迅速發展確實是令世人咋舌的。

新產品的層出不窮首先不是因為消費者需要買，而是因為生產者需要賣，這是市場經濟的基本規律。加上挖空心思、不擇手段、不問情由闖入千家萬戶的廣告，長年累月引誘、鼓勵人們去消費。一切圍着市場轉，正使美國的傳統優勢發生着變化。

首先是對青少年的教育。消費的誘惑對於青少年來說比起成人更加不可抗拒。對於家境優越、有希望進入名牌大學從而躋身於上層社會的青年來說，尚有推遲享受的動力，學習有一定目標，而對於大多數貧苦子弟來說，未來的希望太渺茫，太遙遠，反而更難抗拒眼前的誘惑。在道德行為方面，商業文化的潛移默化遠遠超過教師的諄諄教導（假設教師都是這樣做的話，其實未必）。所以，美國基礎教育問題的根源在於高消費社會造成的思維方式。這種"提前消費"已深深植根於美國經濟發展的模式之中，任何教育家、倫理學家在它面前都無能為力。所以，美國針對中小學教育的改革經常不斷，卻收效甚微。涉及佔人口多數的平民百姓子弟的基礎教育的嚴重缺陷，造成美國缺少熟練工人還是次要的，更主要的是這種現象從長遠看將改變美國的人口素質，腐蝕美國賴以立國並發展到今天的"美國精神"。

實用主義是貫穿於美國的教育和學術思想的一大特色。19 世紀之前，美國的學校和教堂都是施教化的場所，主要宗旨是培養"德才兼備"的公民；直到 19 世紀末，還在歐洲傳統的影響之下，高等教育人文氣息較濃，從中學到大學本科的課程設置中，經典的理論還佔一定的分量，並且重視通才教育。20 世紀，美國教育日益轉向社會需要的實用人才。杜威固然是實用主義教育思想的宗師，但他同時有很強烈的理想主義成分，並重視倫理道德。二戰以後，美國加倍發展了實用主義的一面；抽象的思辨、理想、倫理這一面迅速萎縮。羅斯福"新政"時期大批任用知識分子，是知識分子最能學以致用的時候，同時也是在實用主義方面走得更遠、急功近利之風最盛的時候，純人文的、道德倫理的思考和研究被嗤之以鼻。如本書第四章提到的，有人説：羅斯福政府起用知識分子之多是空前的，但是從某種意義上講，它又是反智的，因為它容不下真正深刻的、暫時與現實無關的思想活動。這進一步確定了美國學術的實用主義的主流。20 世紀下半葉，美國實用的社會科學如經濟、法律、行政管理等較之純人文的學科如哲學、文學更為發達，特別是經濟學。隨着美國全球稱霸的實踐和需要，國際政治理論特別發達，這也是實用的產物。

重視實用的特點使美國的大學不是象牙之塔，從某種意義上講，這是美國的長處。但是，它同時使美國的高等教育完全受市場驅動。一位教育史專家指出，美國的高等教育與通俗文化一樣，變成了買方市場，學生及其家長是買方，學校和教師是賣方，於是課程和選題主要由知識較少的買方來決定，而不是由處於賣方的學識淵博的教師來決定。甚至由國會通過的對教育補助撥款的方式也是以資助申請人（學生或研究人員）為主，而不是資助高校和研究機構，也就是資助買方，而不是賣方。[1] 不像許多歐洲國家，美國沒有國立大學。這固然使美國的教育制度特別靈活多樣，並有助於學術思想的高度自由，但是事實上市場的"律令"甚於政府的管制。結果大學日益庸俗化，淪為培養各色市場（指廣義的用人單位，包括政府機構）所需

1　Martin Trow, 前引書，p.12.

要的專家的場所，純粹意義上的學者和高瞻遠矚的思想家日益稀少。
這樣的高等教育日益喪失學術的超脫和獨立，20 世紀末與 20 世紀
初相比，那種曾經推動進步主義運動的知識分子的理想主義和獨立
批判精神正在變味。

市場"專政"腐蝕的另一個領域是新聞傳媒。言論自由是美國和
其他西方社會的基本人權之一，美國民主的前提是國民有知情權，
即獲得信息的自由。這種成為信仰並受憲法保護的權利造就了無比
發達的新聞媒體，以至於有在"三權"之外的"第四權"之稱。伴隨
着資本主義成長起來的、獨立於政府之外的新聞王國形成了強大的
輿論監督和社會批判力量，曾對揭露黑暗、防止腐敗、促進改革起
了無可估量的作用，可以視為社會的一種淨化劑。今天這一切卻已
起了變化。過去，它也不是完全超然獨立的，因為政府雖然無權干
涉它，其出資者所代表的利益還是對它的傾向性有一定的影響。不
過這種影響唯其是有形的，就也要置於社會監督之下，受到一定限
制。而今天的市場律令卻是更加無形的、非理性的，而且捉摸不定。
在以文字為主要載體時，其對象為知書識字的人，特別是著名的大
報和雜誌面對的讀者至少相當一部分是知識精英，要滿足他們的需
求。從業人員也有自己的守則，能夠比較客觀地報道新聞，從容地
分析一些國內外重大問題，即使代表某種傾向和偏見，也是有跡可
尋的。只是報紙的收入日益依賴廣告，這種發展模式已經種下不祥
的因子，廣告商當然無權干涉報紙的傾向，但是銷售量與廣告互為
因果就成倍地加強了市場的影響力。隨着視頻傳媒的普及，手段、
對象、市場都起了急劇變化。與對待其他方面的文化一樣，大眾的
口味從精緻的佳餚變為有刺激性的快餐，接受的方式從用腦筋的閱

讀和思考變為直接的感官視聽。由於技術發達，頻道越來越多，競爭越來越激烈，爭取廣告與爭取收視率之戰使從業人員幾乎完全喪失真正的主動權。為吸引觀眾，必須追求聳人聽聞、強刺激，反過來，觀眾的神經被刺激得日益麻木，刺激的強度就得隨之加大。傳媒既迎合又塑造大眾的口味，形成惡性循環。新聞工作的客觀、公正、良心、原則，統統要服從市場的不可抗拒的律令。今天，美國傳媒揭露矛盾、監督政府的作用當然不能說已經消失，但是正義的呼聲淹沒在浩如煙海的無序的光怪陸離的"節目"之中，提供給美國公眾的國內外的圖景很難全面、客觀。所以有的美國學者說，美國公眾接觸到的信息量較之其他國家是最多的，而閉塞的程度也名列前茅；美國人對信息有最大的選擇自由，實際上卻基本是被動接受，甚至不知不覺間被強迫灌輸。世紀末的傳媒的作用比之於世紀初已經異化了。

　　在這種情況下，優良的批判傳統是否也將異化？一方面，知識分子大多數或進入體制內，或成為狹義的專家；另一方面，威力強大的傳媒維護社會良心的功能日益弱化，實際上淪為各種利益集團的工具，或者其本身已成為一種利益集團。總之，有一些事物本不應該屬於市場的，然而市場威力無窮，所向披靡，在它帶來的禍福之間，美國人還能掌握多少主動權？

　　此外，政治、司法中的金錢的作用，利益集團對內外政策的超常影響，等等，都是人們熟知的，它始終是使美國引以自豪的民主制度走向異化的一種拉力。筆者有一好友是功成名就的律師，他的已故的父親是一位差不多與世紀同齡的德高望重的老教授，身體力行的虔誠基督徒。當年他對兒子當律師心懷疑慮，曾表示，"這種職業很難誠實"。現在這位律師已過了退休年齡,他覺得自己這一代律師需要遵守的嚴格的職業道德規範,在年輕一代律師中已蕩然無存,金錢的作用太大,他説很高興現在退休,否則與他們很難相處。作為深知法律界內情的名律師,他説,現在在美國,只要有 100 萬美元,沒有打不贏的官司,辛普森一案就很明顯,碰巧他是黑人,種族問題掩蓋了司法的腐敗。總之,三權分立、輿論監督、思想界的批判,這些美國的看家法寶能否繼續有效地制衡金錢和市場"專政"的腐蝕力量,這是美國進入 21 世紀的大課題。

五　對內行民主,對外行霸道

(一) 外交不一定是內政的繼續

中國過去在宣傳中形成一個觀念:一個政權對外侵略或擴張必然與對內壓迫本國人民相伴隨,因為從"進步"與"反動"的簡單劃分來看,兩種行為都是反動的。不過,至少證諸美國的歷史實踐,並非如此。整個 20 世紀,美國就自身的發展而言,一直都是在矛盾中謀求妥協,進行漸進的改良,因而取得了人民的福利和國力的增長。每當處於弱勢的群體起而反抗時,權勢集團 (包括在朝和在野) 就採取緩解的措施。而在對外關係中,隨着國力的增長,霸權的範圍卻日益擴大。美國統治者對內受民主制度的約束,必須考慮其國民的意願和利益;對外實行的卻基本上是強權政治。

例如 20 世紀初老羅斯福對內改良成績昭著,思想開明,但同時它也是對外大力擴張、攫取領土最多的政府。其對內遏制了大財團弱肉強食的勢頭，對外擴張的依據卻是赤裸裸的種族優劣論，也就是"國際社會達爾文主義"。當時進步運動的健將們，除了像老拉福萊特那樣的極少數反戰派之外，率多支持老羅斯福的增加軍費、擴建海軍、佔領巴拿馬運河、用兵加勒比海、向遠東擴張等一系列政策，並為他的愛國主義、英雄主義的豪言壯語吶喊助威。本書第三章第四節已論述了進步主義與帝國主義的關係。又如60年代的甘迺迪政府與詹森政府，對內以自由派著稱，支持民權運動態度積極，並對種族主義勢力採取了較之任何前任都強有力的壓制，詹森的"偉大社會"計劃使美國的福利制度達到歷史最高水平，但是對外卻有"豬灣"和越戰升級的侵略記錄。不過二戰以後對外不能再以公開的種族優越論為依據，而是以保衛"自由民主"為旗號。但是，在這一口號下所扶植的盟友又往往離民主自由甚遠而離專制獨裁更近，這就是美國人自己也承認的"雙重標準"。

　　這種現象不僅自20世紀始，而是從開國以來就是如此。例如美國民主之父傑佛遜在有關1812年對英戰爭的爭論中就是主戰派；第二個民主領袖傑克遜也是以對英國強硬著稱，雖未與英國作戰，卻與墨西哥開戰。傑佛遜也用過"帝國"字樣，不過他稱"爭取自由的帝國"，指的是教化印第安人和墨西哥人。又如19世紀末與西班牙爭奪古巴之役，是改良派積極，代表華爾街的保守派反對。

　　以上事例只是為説明美國的內政與外交思想並不沿着我們所習慣的思路進行，在內政上"進步"，並不排除對外奉行擴張和侵略，這看來似乎矛盾，其實從美國人的思想體系來説，並不一定矛盾。論者常把美國外交思想分為"理想主義"和"現實主義"，"孤立主義"和"國際主義"。似乎自由派近於"理想主義"、"國際主義"而保守派近於"現實主義"和"孤立主義",但是在實踐中這樣區分意義不大。就每一個時期的具體政策而言,總有代表不同傾向的辯論,這是事實。但真正的分歧點在於對得失利害的估計,即在當時的形勢下美國應如何估計自己的國力,確定行動的目標,付出的代價與結果是否值得,是否能得到國內民眾的支持,因此歸根結底還是以自身的現實利益為出發點。在國內問題上的自由派與保守派與對外政策的分派並不一定總是相符。在具體政策中,誰主戰,誰主和,或誰強硬,誰溫和,要視時間、對象及其他種種條件個案分析,十分複雜,辯論的雙方都可以從美國傳統的自由主義價值觀的框架中找到經典依據。

(二)"孤立主義"[1] 與"擴張主義"

"孤立主義"是對歐洲而言,擴張是對西方文明以外的"化外"地區而言,對象不同,而且時代背景不同,其運用也隨之而異。眾所周知,"不捲入歐洲的事務"是華盛頓的遺訓,其實這一思想在開國之前托馬斯·潘恩早已提出,他在題為《常識》的小冊子中雄辯地論證美國脫離英國獨立之合理和必要時就提到:美國需要同整個歐洲進行貿易,本來同所有的國家都可以友好相處,但是,作為英國的附屬,只要英國同誰發生衝突,北美的貿易立刻受影響,而且隨英國捲入戰爭。所以,美國獨立的好處之一就是可以不必追隨英國捲入

1　"孤立主義"(isolationism),按原義應譯成"隔離主義"更恰當。最初是與歐洲隔離開的意思,而不是把自己孤立起來。但從一開始就在中文中被譯成"孤立主義",現已約定俗成,只得沿用。

與其他歐洲國家的衝突。這是最早的"孤立主義"的含義，儘管沒有用這個詞。這並不妨礙美國在美洲大陸擴張，而且包括武力佔領領土。

到了 19 世紀 20 年代"門羅主義"正式提出時，在美洲的擴張已基本完成，所以"孤立主義"又有了新的內容，首先是："美洲是美洲人的美洲"，也就是美國的勢力範圍，歐洲人不得插手；同時美國也無意捲入當時革命、復辟與國際紛爭四起的歐洲。從 19 世紀最後 10 年開始，美國逐步向海外擴張，這是政治、經濟、軍事的全面擴張，倒不一定是領土擴張，除佔領菲律賓外，而更多是擴大勢力範圍。美國的文化既然是從歐洲來的，傳播的對象當然不是歐洲，當時也還沒有必要去非洲爭奪歐洲的殖民地，所以它的首要對象是尚未淪為殖民地的大而弱的中國，這是"門戶開放"政策之由來，其實質是要在這片"未充分開發"的土地上與歐洲列強利益均沾，同時實現其"天定的使命"。美國人稱之為"傳教士外交"，以庚款餘額辦教育也是出於同一思想。而此時美國在美洲的勢力更加鞏固，旁人更無法染指。所以"孤立主義"與擴張主義並非截然分開，而且可以並存，二者的消長毋寧是隨着美國國力的增長，水到渠成的發展。

（三）"理想主義"和"現實主義"

"理想主義"的含義是：美國的"終極"理想是使全世界都變成美國式的民主制度國家，同時以此動員國內輿論對外交政策的支持。"理想"加擴張，是基督教新教傳統與大國主義的結合，植根於美國開國的思想中。早期移民的思想精英們在這片新大陸上按照他們從歐洲繼承下來的哲學思想、宗教信仰和道德標準建立理想國，由於

得天獨厚的地理條件和的獨特的歷史機遇，推行這一理想進行得很
順利，物質與精神的進步相得益彰。於是，"美國人"——指歐洲的
白種移民——自誕生之日起就以"上帝的選民"自居，是被挑選來在
地上實現某種天定的使命的，這就是論者常說的"天命論"。就是主
張美國獨立、不追隨英國捲入歐洲糾紛的那位潘恩，在同一本《常
識》的"附記"中寫道：

> 我們有一切機會，受到各方鼓勵，在地球上創立一個
> 最高尚、最純潔的政體。我們有力量重新開天闢地，建
> 立一個嶄新的世界，這是自諾亞方舟以來迄今從未有過的
> 境遇。[1]

　　自己還沒有立國，就想改造全世界，這段話最生動地表明美國的
"以天下為己任"是與生俱來的。"天命論"與大國夢相結合，就形成
了美國特有的理想主義—擴張主義。
　　但是在對待具體問題的實踐中，主要是現實主義佔上風。試
以"理想主義"外交的宗師威爾遜總統為例，他對內推行"新自由主
義"，繼續老羅斯福的進步主義改良，採取一系列抑制豪強、向着社
會平等方向推進的措施；對外在理論上主張民族平等、民族自決，
並首創國際聯盟以反對侵略、保衛和平。撇開國際聯盟的失敗不說，
在原則上，威爾遜的理想主義似乎對內對外是一致的。在對待第一

1　Thomas Paine, *Common Sense*, Appendix, Penguin Classics, ed., 1986, p.120.

次世界大戰的考慮中，先反對、後決定參戰，都是以道德理想的名義。前期反對參戰、嚴守中立的理由是：美國應遠離戰爭，保持一片不受仇恨和好戰精神所腐蝕的淨土；它應該採取超然態度，以便在戰爭結束時以超脫自身利益的身份為解決善後安排做出貢獻。後來決定參戰，則是以維護國際法、公海自由、弱小民族的權利，反對專制、反對軍國主義的名義，最終目的是保衛民主。另一批人，根據現實主義的主張，反對參戰的理由是，此事與美國無關，不捲入對美國最有利；後來支持參戰的理由則是，德意志帝國如果戰勝，特別是如果英國海軍被制服，將威脅美國的長遠利益，即使暫不開戰，美國也將無寧日。這兩種論點殊途同歸。事實上，現實主義的理由是真實的理由，威爾遜政府關於是否參戰的決策當然是以是否符合美國的利益為依據，但是理想主義的說辭也不是虛偽的，因為這符合威爾遜本人的信仰，更主要的是這也符合一般美國人認同的植根於民族傳統中的價值觀。至於戰後的安排，威爾遜的"十四點"既包含了他對世界的理想，又反映了當時在歐洲列強疲憊之際美國開始在全球性事務中嶄露頭角的要求。只不過有些超前，國內的主流勢力還不準備承擔這麼多義務，加上他對自己起草的"十四點"過分鍾愛，隻字不肯改，最後被國會否決，成為外交史上一樁不同尋常的案例。但是論者往往據此誇大當時"孤立主義"與威爾遜的"理想主義"或"國際主義"的截然對立。實際上，整個凡爾賽會議期間，在威爾遜政策指導下的美國代表團對具體問題的立場和處理，還是沒有脫出傳統的力量均勢的模式。就是在為爭取會議通過建立"國際聯盟"的過程中，威爾遜也一再違反其"民族自決"的原則，對英、法、意等國瓜分領土、佔領殖民地的要求讓步。特別是在中國人為之痛心疾首的山東問題上，遷就日本的要求，完全是扶強抑弱，與正義、理想、民族自決的理想背道而馳。具有諷刺意義的是，威爾遜一方面遷就英、法，把過分苛刻的條件強加於戰敗的德國，另一方面，遷就日本在遠東的擴張野心，這些在客觀上都為第二次世界大戰埋下了禍根。他原企圖把"進步主義"所依據的美國的道德理想推廣到對外政策上，結果卻葬送了"進步主義"。

一戰結束後威爾遜的國際政策雖然在國內遭到挫敗，但是他的"理想主義"外交思想卻成為二戰以後美國在冷戰中的重要思想資源和強有力的道義依據。二戰以後，出現了美蘇兩個超級大國的對峙，同時也是兩種制度、兩種思想體系的爭奪。在戰後初期，勝負難以預料，而且，從勢頭上看，馬克思主義似乎更佔上風。又由於原子彈的出現，雙方在近期必須妥協，避免直接衝突，而長遠目標又是根本上互不相容。於是而有"冷戰"。在冷戰中，美國的理想主義和現實主義、地緣政治和意識形態緊密結合，貫穿於全球政策中。把政策目標定為"在全世界建立有利於自由民主發展的環境"，從而可以理直氣壯地對別國進行干涉、顛覆和侵略。整個冷戰過程中常有"鷹派"和"鴿派"之爭，例如對蘇緩和問題、核裁軍問題，乃至跨冷戰的 1989 年之後的對華"制裁"問題，等等，爭論的焦點實際上都在美國的終極目標和當前現實之間的平衡。

（四）順我者昌，逆我者亡

不論是以何種理論為依據，美國的國際行為從本質上是不平等的，也就是別國感受到的"霸道"。這"霸道"脫胎於老式的強權政治，又具備美國特色。中國成語"順我者昌，逆我者亡"庶幾近之。

20 世紀美國國際行為的特色在於,除了武力之外還有多樣選擇以達到自己的目標,那就是經濟的和文化的途徑,特別是二戰以後。當然,這絕不是降低軍事的重要性。超強的軍事力量、最先進的戰爭手段和隨時可以使用的武力威脅,仍然是保證超級大國地位的必要條件,但不是充足條件。"霸道"或"霸權主義"是別國的提法,美國自己用的詞是"領導"世界。這一詞可以做兩種解釋:一是通常意義上的"領導"與"被領導",前者把意志強加於後者,這對獨立國家來說原則上無法接受,經常引起摩擦乃至衝突;另一種含義是起帶頭作用,如"領導世界新潮流"。美國一個世紀以來,從客觀到主觀,兩種意義上的"領導"兼而有之。在實踐中有幾個層次,都能用"順我者昌,逆我者亡"來概括。所謂"順我",不一定是高壓下的馴服,而主要是價值觀和發展道路的認同,特別是在戰後"冷戰"中的站隊。

"順我者昌",利人又利己。實際上美國徹底擺脫孤立主義傳統,全面介入世界事務是從二戰後期開始。而一開始,就以"救世主"的姿態出現,美國正式加入反法西斯陣營,使當時處於危殆之中的反法西斯主力:中、英、蘇都喘了一口氣。戰後又對許多國家的重建做出了巨大貢獻。最突出的事例就是馬歇爾計劃。如果說羅斯福"新政"拯救了美國的資本主義,那麼馬歇爾計劃可以說是拯救了整個西方資本主義。這樣說一點也不誇大。從近期看,挽救了瀕於崩潰的西歐經濟,平息了此起彼伏的工人運動,削弱了在法、意等國處於第一大黨地位的共產黨的影響,消解了可能引起革命的因素。與此同時,歐洲得到的美援大部分用於購買美國貨,正好解決了美國從戰時經濟轉入和平經濟可能發生的衰退問題,在關鍵時刻起了促進良性循環的作用,為以後 20 年的繁榮打下了基礎。在中期,歐美的實力合起來，是與以蘇聯為首的社會主義"陣營"較量的巨大力量，強似美國單槍匹馬許多倍。更重要的是在長期，歐美共同繁榮的事實從理論上打破了馬克思列寧主義的兩個重要論點：一、資本主義制度下的工人階級必然絕對貧困化；二、資本主義國家之間為爭奪市場、原料和殖民地矛盾不可調和，必然引起戰爭。[1] 當然馬歇爾計劃在西歐取得如此迅速高效的成果的主要原因之一，是西歐本身存在着復興的基礎：社會結構、市場機制、科技力量、人文條件等。它缺少的主要是啟動資金。同樣的政策用在另外一種條件的國家就不一定取得同樣的效果。

　　除對西歐的援助外，還有援助第三世界發展中國家的"第四點計劃"以及對日本的扶植。這些援助和扶植的方式和內容各不相同，但基本思路是相同的：一是認為美國的繁榮與他國的繁榮分不開，那時雖然不大用"相互依賴"一詞，但已意識到在新的形勢下美國不可能一枝獨秀；二是符合保衛"自由世界"、反對共產主義的目標，因為美國決策者深信貧窮是滋生共產主義的溫床，對這些國家進行扶貧，是釜底抽薪之舉，同時又可影響其發展模式，防止走社會主義道路。於是，一大批"共產主義"以外的國家和地區在戰後獲得了美國的支持和援助，在不同程度上取得了經濟發展。不過，並非所有受援國都產生馬歇爾計劃之對歐洲那樣的效應，這與各國的本來基礎和美國的政策是否切合實際有關。總之，以援助他國發展來實現自己的戰略目標，這是戰後美國的一大創舉，當然這種扶植和援助是

1　關於馬歇爾計劃及其意義，中外著述甚多。資中筠主編《戰後美國外交史》中有較詳細概述，見上冊，第 76—88 頁。

有條件的，就是"順我者昌"。這裡，真的使受援國實現"昌"很重要。昔日的大英帝國辦不到，或根本不需要這樣做。與之爭霸的蘇聯對"兄弟國家"並沒有使其"昌"，既是不為，又是不能。其原因除"斯大林主義"的一切特點外，從根本上講，由於不是市場經濟，運作規律不同。

　　至於"逆我者亡"，並非是亡其國，而是亡其政權。冷戰時期的外交基本上是以意識形態劃線。對於敵對方面，從公開動武到經濟封鎖、制裁，到政治顛覆，到心理戰，種種手段都用過。不過欲其"亡"是主觀願望，事實上成功率不高。至於蘇聯解體、東歐劇變，主要在於內因，美國的外力是次要的，如果蘇聯也能使自己的人民以及"順己"的盟國"昌"起來，從而共同繁榮，美國何能為力？對於一些小國則可以使其亂，或者扶植"順己者"以取代"逆己者"，這倒有成功的例子。說是以意識形態劃線，是指冷戰時與蘇聯的爭奪，基本上還是戰略考慮佔主導地位，絕不意味着在一國內必然扶植民主派。最明顯的例子之一，是實際上 1954 年日內瓦會議後印度支那戰亂不斷，主要亂源之一就是美國。連信奉佛教、愛好和平、難得引人注意的老撾，美中央情報局也沒有放過，50 年代在幾位執政的親王之間製造分裂，破壞民族團結。60 年代對越南所作所為眾所周知。到越戰接近尾聲時，1970 年又在柬埔寨顛覆奉行中立、得到全國最廣泛擁戴的西哈努克親王，扶植朗諾上台，從此這個小國再無寧日。美國插手最多的是它視為後院的拉美國家，如今鬧得沸沸揚揚的智利前獨裁者皮諾切特就是美國一手扶植起來的，而被美國顛覆慘遭謀殺的阿連德卻是完全依照民主程序選舉出來的。今天美國仍然奉行這一原則，最突出的"逆我者亡"的對象是薩達姆統治下的伊拉克和米洛舍維奇領導下的南聯盟，必欲置之死地而後已。以拯救一個種族免遭屠殺為由，卻使另一部分生靈塗炭。值得注意的是，過去對美國對外用武的兩個制約因素現在受到削弱：一是少了另一個超級大國做對手；一是由於武器先進，美國自己傷亡較少，因而受國內關注和制約較少。北約成立 50 年，經歷與蘇聯的幾次危機，雙方都是及邊緣而返，避免正面衝突，而現在主動出擊，與少了後顧之憂有關。

（五）取得制定國際遊戲規則之權，但自己不一定遵守

如果説 1900 年提出"門戶開放"之時美國只想在亞洲與其他列強利益均沾，那麼威爾遜發起"國聯"已有謀求"領導"地位之意，到羅斯福發起創立聯合國，開始實現這一雄心。聯合國名義上是美、蘇、英、法、中五國發起，實際是羅斯福在邱吉爾協助下經過幾年的醞釀基本有了藍圖，然後與蘇聯討價還價達成一致後，才形式上邀請法、中參加為發起人的。整個憲章和制度大部分是美國的設想。這種通過制定國際組織規章制度來發揮影響的方式，是美國戰後"領導"世界的主要模式。世界銀行、國際貨幣基金以及關貿總協定→世貿組織都是這一模式。當然，還有北大西洋公約組織和冷戰時期遍佈全球的其他軍事集團。總之，在勢力所能及的範圍內，美國通過各種組織確立"領導"地位。這些組織的章程規定，在原則上成員國都有平等的權利，而事實上，美國有最後或最大發言權。如果説美國希望通過的措施不一定都能貫徹的話，那麼美國堅決反對的事肯定通不過。直到 60 年代，美國在聯合國基本上能操縱多數貫徹其意圖，以至於聯合國大會有美國的"表決機器"之稱。但是 60 年代以

後，隨着大批新獨立國家的加入，在一國一票的制度下，美國已不能保證多數。特別是第三世界國家於 1964 年成立了 77 國集團，在很多問題上對美國的政策不能認同。於是，美國國會內反對聯合國的呼聲四起，以列根時期為最，要求聯合國總部搬家者有之，威脅退出聯合國者有之。在這一背景下，美國國會於 1985 年通過決議，要求根據負擔會費的多少"加權"選舉權，否則減少繳納原來份額的 5%，從 1986 年起執行，這就是美國拖欠會費之由來。這一決議的含義很清楚，就是美國既然出資最多，就應有最大的發言權，這也很能代表美國在國際社會中的心態。聯合國是美國的一大創舉和壯舉，它的憲章是劃時代的重要文獻。一旦通過，它就屬於全世界。幾十年來，聯合國及其附屬機構對提供獨一無二的世界論壇、減少衝突、保衛和平、研究人類共同關心的問題、促進人類共同的福利做出了積極的貢獻，美國在其中的功勞也不可抹殺。既然是國際組織，對所有國家都有一定的約束，然而要美國作為平等的一員接受約束，遵守違反自己意願的決定，卻十分困難。

美國在國內必須遵守民主程序，凡通過適當程序投票的結果，反對方無論意見多麼強烈，都只能服從，這是基本遊戲規則。但是在國際上則不然。有種種跡象表明，美國對聯合國興趣下降。不能通過聯合國實行的事，就繞過之。在冷戰結束後反而積極推動"北約"東擴，並予以加強，特別是"北約"成立 50 年來第一次公然以"北約"名義轟炸主權國家南聯盟的領土，更表明它要把聯合國撇在一邊的意圖。美國副國務卿皮克林在西點軍校的演講中說得很明白：美國不同意"北約"在其領土範圍外動武需要聯合國授權的意見。他說："如果我們限於只在安理會明確批准下才採取行動，那就等於讓俄國和中國對所有‘北約’行動都有否決權，這是不能接受的。”[1]

在經濟上，在重大問題方面，美國首先通過七國集團協調政策。美國報刊已開始提出“新大西洋經濟”之說，指的是歐美在經濟上的合力將決定世界經濟的步伐。這樣，冷戰結束後，在戰略上和經濟上都重新建立和加強大西洋聯盟，美國仍在其中起主導作用，從而在全世界實現其意圖。這一意圖在甚麼程度上能夠實現？如果成功，對世界其他地區禍福如何？如果遭到挫敗，美國憑藉強大的實力力圖阻止失敗的過程會對世界帶來怎樣的危害？現在美國總是以國際事務最高裁判和國際警察自居，動輒制裁別國，但是如果聯合國無能為力的話，誰能約束美國？這是世人所擔心的。

（六）隱性霸權

以上所述都是有形的和有意的霸權或“領導”模式，是美國作為行為主體根據主觀意志進行的行為，別國可以根據自己的利益和判斷決定迎之或拒之。但是還有一種無形的、客觀的、無所不在的美國影響。從種種因素看，21 世紀美國仍將遙遙領先，這是指的“領導世界新潮流”。除了外在的物質條件之外，還有更加內在的、本書各章所論述的深層次的因素。與其說在今後新的信息社會、“智能經濟”的時代美國更能發揮其優越性，不如說正是美國的特性創造了這樣一種時代特色。實際上，一個世紀以來美國一直在迫使全世界追隨它的生產和生活方式。這不僅是某項發明、某項新科技的問題，而是整個發展潮流。例如近 20 年來，網絡文化不可抗拒地在全世界

---

1 Under Secretary Thomas Pickering's Remarks, West Point, February 10, 1999, *USIA Wireless File*, February 26, 1999, p.25.

普及開來，其他國家只有緊跟的份兒，根本無法考慮是否適合本國的
國情和發展階段。形成這一現象的絕不在於芯片技術的發明，單是計
算機的原理和技術至少在 60 年代已經為許多國家所掌握，但是只有
美國同時既具備足夠的人力物力資源，又具備強勁的動力，能這樣大
規模地向個人電腦方向發展。有人說，電腦的個人化、微型化是美國
個人主義的產物。這是不無道理的。試設想，蘇聯掌握的尖端技術也
不少，對它說來，計算機當然主要用於軍事工業，或使經濟計劃的計
算更加精確、完善，它有可能去發展個人電腦嗎？在那種觀念和制度
下，政府更有可能千方百計阻止和控制個人電腦。實際上，從百年前
愛迪生發明的電力供應系統、貝爾的電話、福特的傳送帶式流水作
業、泰勒式的經營管理，乃至電影、電視、影碟……美國一路上不僅
以其高科技而且主要是以其生產和生活方式"領導世界新潮流"。一
項新技術，別的國家很快就可以掌握，還可以改進、超過，但是不論
怎樣，已經不知不覺進入了這個系統，接受了這一前提。如今信息時
代、網絡時代，不論我們是否需要，都已經無法抗拒，只有爭先恐後
匯入這一潮流，同時進一步接受無論是在軟件還是硬件上、無論是收
集信息還是傳播信息的力量都佔絕對優勢的美國的左右，如此循環
不已。80 年代一度被認為在經濟上要超過美國的日本，現在顯然不
是對手。日本未來學者浜田和幸稱日本是"20 世紀世界經濟信息戰
的最後一個戰敗國"，他認為克林頓和高爾發起"信息高速公路"，就
是有意識地以信息戰奪回世界霸權，而且已經勝利。[1] 當然"奪回"一
詞未必確切，因為美國從未失去霸權，只是受到威脅，更確切地說是

1　浜田和幸：《美國謀求"技術霸權"的野心》，日本《諸君》月刊，1998 年 8
　　月號，轉引自《參考資料》，1998 年。

"保住"和"鞏固"。對於經濟發展，人們多看到具體的科學技術和經營方式，而較少意識到更加根本的、促進新科技發展並決定其發展潮流和方向的人文因素，乃至由此而來的思維方式、生活方式的改變。至今這一發展的決定權仍操在美國手中。這個"權"可以有許多稱號："話語霸權"、"技術霸權"、"方式霸權"（無孔不入的各方面的生活方式）、"標準霸權"，等等。既不是誰授予的，也不需要誰承認，而無形中在客觀上已經存在。

今後美國的發展仍取決於 20 世紀自由主義框架中的兩種趨勢——自由競爭與平等——是否仍能不斷取得相對的平衡。就美國本身而言，在可以預見的將來，正負相抵，21 世紀的頭幾十年在總體上將能維持領先地位。在國際上，美國將力圖保持其遙遙領先的地位，把全球作為它的"大棋盤"，根據它的利益和意圖進行戰略部署，絕不允許任何其他國家覬覦其霸主地位（實際上自蘇聯解體後也沒有這樣的國家），也不容忍別國對抗或妨礙其戰略目標的實現。依然是"順我者昌，逆我者亡"。但是隨着其他國家和地區的發展、興起，以及形勢的複雜化，美國實行"霸道"的困難日增。就是説，無論是使他者"昌"或"亡"，都日益困難。但是無形的、客觀的美國影響仍將以強勁的勢頭在全世界擴散。20 世紀的上半葉，美國尚未有世界性的影響：20 世紀初的美國精神的精華部分未能為他國人自主選擇地吸收；到二戰以後，特別是後冷戰時期，"美國方式"隨着最先進的信息手段傳播開去；到 20 世紀末，向全世界洶湧奔流的美國文化浪潮已是泥沙俱下。也就是説，美國賴以發展到今天的諸多優勢，很難為他人所吸收、效仿，而使世人如水之就下般地趨之若鶩的美國文化，卻未必是其精華部分。例如美國人的創造性、進取精神和促成這種精神的社會機制，他人很難"拿來"，而美國的高消費生活方式、低品位的粗俗文藝，卻有不可抗拒的吸引力。但取捨問題，取決於每個國家本身。

第十章　"9·11"之後

　　美國一個世紀以來何以興，前面幾章做了一些論述，並提出了促其興旺發達的因素本身所包含的悖論，到世紀末其負面效應日益顯露。2001 年又出現了舉世震驚的"9·11"事件。接下來，美國攻打阿富汗、進軍伊拉克，還提出了"罪惡軸心"，對外姿態強硬，對內政策大幅右擺，執政者的理念被冠以"新保守主義"。本書的範圍限於 20 世紀，詳細論述 21 世紀以來美國內外政策不是本書的任務。下面對近幾年的事態做一番審視，主要是看它是否造成新的轉折，足以修改本書的論點。換言之，促成美國 20 世紀富強的那些因素是否能繼續其生命力；對外行霸權、對內立民主之説是否還能成立。

一　新保守主義理論及其實施

(一)"新保守主義"與"布殊主義"

小布殊[1]政府的決策思想通稱為"新保守主義"。方今"自由主義"、"新自由主義"、"保守主義"、"新保守主義"等帽子已經用濫，對於不同的人，其所指可能極不相同。這裡只講當前美國決策集團的"新保守主義"。"新保守主義"(以下簡稱"新保")來自對 20 世紀 60 年代激進的自由主義的反彈，其主導思想前面已有論述。貫穿到國家政策，以列根政府為代表，對內實行刺激投資的稅收政策，對外對蘇強硬，大力加強軍備，反共色彩鮮明。這些主張至今被美國"新保"推崇為典範，他們還把促使蘇聯解體歸功於列根政府的強硬政策。

蘇聯解體之後，"新保"們主張抓緊時機乘勝追擊，確立美國對全球的"領導權"。有一批人於 1997 年發起成立"新美國世紀計劃"(The Project for the New American Century，簡稱 PNAC)，主席威廉·克里斯托爾，就是有"新保教父"之稱的厄文·克里斯托爾之子。這是一家思想庫性質的機構，自稱其成立的宗旨是基於這樣的信念：確立美國 (對世界) 的領導既對美國有利，也對全世界有利，實現此目的的必要條件是軍事力量、強勁的外交和對道德原則的承諾。PNAC 成立伊始發表"原則聲明"，簽名的有 24 名政界和學界人士，其中包括布殊的弟弟傑布·布殊以及後來成為布殊政府決策集團的切尼、拉姆斯菲爾德、沃夫維茲等人。知名學者中包括當勞·卡根

1　為簡便計，下文提到"小布殊"一律稱"布殊"，如提到"老布殊"時再加"老"字。

和福山。聲明批評了當時克林頓政府的對外政策,認為他太軟弱,正在"浪費時機",面對當前的挑戰,有輸掉的危險。最後提出四點主張:1)大量增加國防開支;2)鞏固"民主聯盟"並向"與我們利益與價值觀敵對的政體發出挑戰";3)推進海外經濟與政治自由化;4)在國際秩序方面承擔起美國發揮獨特作用的責任。這大體上就是"新保"的對外綱領。它實質上是美國一貫對外思想的延續,不過更加富有進攻性。其中最值得注意的是第二條,其要點一是美國要主動發出挑戰;二是"敵對價值觀"也可作為理由;三是對象不一定是國家,而是"政體"。這正是後來美國攻打伊拉克的依據——在"大規模殺傷性武器"的藉口不能成立後,把戰爭目標改為"改變政體"。

另外一名與布殊政策有直接聯繫的政論家是曾任以色列副總理的夏蘭斯基,他原是蘇聯猶太人,因維護猶太人的權利入獄九年,戈爾巴喬夫執政後獲釋,移民以色列,在以幾屆政府中任要職。他與人合著《為民主辯護:自由的力量定能戰勝暴政與恐怖》一書,於2004年出版,詳細論證了其政治主張。

其主要論點是:國家分為民主和專制兩類,非白即黑,沒有中間地帶;前者為"自由"社會,代表"善",後者為"恐懼"社會,代表"惡",區分兩種社會的標誌就在於該國人是否能夠自由地到廣場上大聲宣佈不同政見,而不必恐懼會受到鎮壓。追求自由是一切人的本性,專制政權統治下的人都嚮往自由,只要有機會,定然棄暗投明。因此,民主國家有責任也有可能以各種方式積極推進民主,幫助專制統治下的人民獲得自由。他根本反對不同制度和平共處政策,認為自由、民主、人權與國際和平、安全緊密相連,任何對專制政權的妥協與緩和都是幫助其延長壽命,既延長該國人民的痛苦,也

導致世界不安全。他抨擊以基辛格為代表的現實主義外交，認為整
個對蘇緩和政策的過程都是從外部支撐一個早該垮台的制度，幫助
其苟延殘喘。他以在蘇聯的切身經驗論證這一套理論，同時推及全
世界。在巴以問題上他是強硬派，反對與巴勒斯坦妥協，這一原則
同樣用於支持布殊政府的伊拉克戰爭，說"非民主國家內部'穩定'
的代價就是外部的恐怖"[1]。正當美國深陷伊拉克，遭到國內外非議，
布殊的支持率急劇下降之際，此書問世，全面為布殊政府的伊拉克
政策辯護，提供理論根據，當然令布殊如獲至寶，立即認同，據說將
之列為白宮必讀書。

（二）在實踐中霸權的新突破與極限

　　布殊上任後，"新保"的強硬人物進入政府決策集團，但是並非
一開始就明確要按這套理論行事。布殊第一任就職演說的對外政策
部分並無特殊新意，當時還定不下明確的敵人。應該說，"9·11"事
件提供了一個契機，"新保"理論得以有用武之地。"9·11"事件對
全體美國人的衝擊是空前的，同時也是對新上台的布殊政府的嚴峻
考驗。於是，我們看到了一系列強烈而迅速的反應。首先把這一事
件作為一場戰爭，宣佈進入戰爭狀態，接着也就真的發動了常規戰
爭，先是阿富汗，後是伊拉克。與此相適應，對外提出"單邊主義"、
"先發制人"，國內通過《愛國者法》，設立"國土安全部"，賦予情報
機構以超常的權力，等等。

1　Natan Sharansky & Ron Dermer, *The Case for Democracy*, *The Power of Freedom to Overcome Tyranny & Terror*, Public Affairs, 2004, p.14.

"9·11"以來美國的外交思想和行動與以前歷屆政府比較，其突破點正是上述 PNAC 聲明的第二點的實施。為避免煩瑣，僅舉布殊 2004 年第二任就職演說為例，這篇演說實際是對他在第一任期間的實踐的追認。大意是：美國所遭受的"9·11"襲擊的**根源是世界各地的仇恨和專政，"我們這片土地的自由能否延續，取決於自由在別的土地上的勝利"**，"美國的利益和我們的基本信仰現在合而為一"，是"國家安全的迫切要求和時代的召喚"。為此，**"美國的政策就是⋯⋯以終結全世界的暴政為終極目標"，並且在必要時使用武力**。這篇講話最大的特點，簡而言之，就是把在國外推行民主和保衛美國的安全直接聯繫起來，以消滅專制政體為政策目標，而且可以理直氣壯地使用武力。

美國要在全世界推行自由和民主並不新鮮，但是以前，這是作為一種理想，以一種救世主的姿態提出的。在冷戰時期，其言行都有一定分寸。杜魯門大講"共產主義威脅"時，也談到保衛自由與安全聯繫在一起，但其含義是守勢的，是認為對方要發動世界革命。美國出兵朝鮮和越南，從美國角度論，都是一種防守，是對方先突破防線（即有條約劃定或默認的勢力範圍分界線）；美國撤出越南的結果是北越統一南越，尼克遜政府只好接受。克林頓任內的科索沃戰爭繞過了聯合國，不過還是以"北約"的名義，與以前幾次干涉一樣，是當地各方先打起來，美國才進去，打的旗號是"人道主義"、"制止種族滅絕"，而不是"保衛美國"。如今，根據布殊及其"新保"謀士們的邏輯，首先美國安全已經處於危險之中，保衛美國安全＝反恐＝反專制制度＝改變其他國家的政權，使用武力、"干涉內政"根本不是障礙，因為他國的內政與美國的安全密切攸關。按此邏輯，不但

不存在不同制度和平共處的問題，而且由於恐怖主義沒有國界，在
反恐的名義下，不必受到挑釁就可以選擇攻打對象。甚至盟國的定
義是以是否同意美國的政策劃線，不同意者不算盟國，因此打伊拉
克是以"志願者聯盟"（coalition of the willing）的名義，既非聯合國，
又非原來的盟國，合則留，不合則去，一切以美國的意志為轉移。
這就是所謂的"單邊主義"，是把"美國例外論"推向極致，就是國際
法、遊戲規則——甚至包括美國主持制定的——可以約束其他國家，
而美國不受約束，因為美國有領導全世界的"天命"。它認為天經地
義，世人只見其霸氣沖天。

有意思的是，美國這種"理論"，卻與當年的蘇聯不謀而合，以
下幾條用"美國"代入"蘇聯"即可：

1）宣稱以"解放全人類"實現共產主義（可以"自由民主"代入）
為最終目標；

2）蘇聯的利益代表全人類的最高利益，所以他國的利益應該服
從蘇聯的利益，否則就是"狹隘民族主義"；

3）（勃列日涅夫的）"主權有限論"：他國的主權是有限的，而蘇
聯的主權是無限的；

4）只問目的，不擇手段，支持革命不算干涉內政，不受國際法
約束。

當然，任何類比都有其缺陷，這裡只是就二者的主導思想極而言
之，說明霸權主義到一定的程度，有其相通之處。

這是 60—70 年代中共批判蘇聯為"新沙皇"的部分論據，小布殊
出兵伊拉克後，筆者曾在一次國際學術研討會上批評美國說的，不
少美國人表示同意。

二　內政進一步右擺

(一) 安全措施對民權的侵蝕

"9·11"之後，美國政府所採取的一系列措施已經明顯侵犯了美國人所珍視的基本權利，集中體現在《美國愛國者法》(USA Patriot Act)。作為對"9·11"事件的第一項重大反應，美國國會以空前的速度和壓倒性多數通過了《愛國者法》，於 10 月 26 日由總統簽署生效。這份長達 342 頁的法案沒有經過多少爭論，在眾議院以壓倒性多數通過，參議院只有一票反對。許多議員表示根本來不及細讀全文，但如不贊成就會被認為"不愛國"。這部法主要是在反恐的名義下，賦予政府廣泛的權力以取得必要的情報，諸如竊聽（包括竊聽被拘留人與律師的談話）、搜查、侵入個人電腦和網站，以及到圖書館檢查個人借書記錄並禁止館方向任何人透露（包括記者和本人）。作為此類侵權的依據，製造了"敵方戰鬥人員"(Enemy Combatant) 說，亦即總統可以授權拘留任何人，只要指認此人有參與一項恐怖活動計劃的嫌疑。這一罪名適用於美國公民，因為基地組織已經把美國領土作為戰場。以這項罪名被拘留者按軍法處理，不許請律師，無限期拘留而不審判，"無罪推定論"在此也不適用。

事實上，受到懷疑從而被列為嫌疑犯的，多數為阿拉伯裔或信奉伊斯蘭教的美國人，無形中種族歧視再次上升。這一族裔的人明顯感受到某種歧視，一時間人人自危，大批阿拉伯裔的美國公民無端遭受孤立，權利得不到保證。美國在二戰中已經對日裔公民採取過不公平的剝奪其合法權利的措施，半個世紀後又道歉、賠償。現在聲稱反恐是一場戰爭，又把特定族裔的祖國定為包庇恐怖分子的國

家,使這一部分美國公民遭受歧視。它正在重犯這一錯誤,其區別
只在於有形或無形。

　　關塔那摩監獄和虐俘事件,情節極端惡劣,引起全世界輿論大
嘩,可以說千夫所指,令美國人無地自容。高層領導無論如何辯解,
也難辭其咎。主要是欲得情報,不擇手段。從深層看,與種族歧視
也有關。虐待囚犯,刑訊逼供,各國過去、現在都存在,多在暗無天
日之地。但是美國虐俘有兩個特殊之處:一是國際性質,公然無視
《日內瓦公約》等國際法律和約定;二是施虐方式早已超過攫取情報
的目的,而是以侮辱人格為樂,並且有意褻瀆對方宗教信仰。施虐
者不以為恥,反以為榮,攝影供大家傳閱。第一點反映的是強權和
霸道,第二點反映的是人性扭曲和根深蒂固的、潛意識的種族歧視。
二者其實是同根生。儘管美國軍隊中各色人種都有,但作為總體的
心態是一樣的,把敵方不當人看待,"非我族類",以禽獸視之,"人
道"、"人權"都不適用,可以任意虐待俘虜,並且心安理得。當年歐
洲殖民主義者對待土著居民,包括美洲印第安人,就是這一心態;
美國黑人長期不屬於憲法保護範圍,也是同理。不過時至今日,無
論如何不可能公然打出種族主義旗號,這只是潛在的心態。也就是,
在某種環境中喚起了人性中最惡劣的部分。

(二) 兩極分化、種族與社會問題嚴重化

　　根據厄文·克里斯托爾對"新保"主張的闡述,其對內政策是減
稅以刺激生產,核心是保持經濟高增長,達到全體繁榮,但不一定平
等。富裕社會是現代民主的基礎,只要大家都成為有產者、納稅人,
就不容易受"平均主義幻想"的"蠱惑"。換言之,只患寡而不患不

均，反對高福利。與傳統保守派不同的是，他們並不絕對反對政府權力擴大，有時也不得不接受必要的赤字作為增長的代價，對目前強有力的美國政府反而比較滿意。這種理念貫徹到實踐中就是自列根以來的稅收政策，每次稅收改革都大幅度減少投資所得稅，反對者稱之為"劫貧濟富"。

上一章已經提到，自20世紀70年代以來，貧富差距不斷擴大，進入21世紀後，這一趨勢有增無已，而且更加"金字塔化"。官方的統計通常把國民收入分作5份，以最高的20%與最低的20%做比較。但是這不能反映實質問題。根據《紐約時報》的一項統計，過去30年來湧現出一批"超級富人"，以年收入160萬美元劃線，在此以上的佔人口的千分之一，大約有14.5萬納稅人，其收入遠遠超過在此以下9.9%的"一般富人"，更不用說其他90%的中產和低收入人口。這千分之一的超級富人2002年的平均年收入為300萬美元，而1980年為120萬美元，亦即增長了2.5倍，遠超過其他一般富人同期的收入增長，而其餘90%的人口扣除通貨膨脹後卻是負增長。另外，以一戶的資產計（包括房產、投資及其他資產），在1000萬美元以上的338400戶2001年的總資產（扣除通脹因素）比1980年增加了400倍，而同期美國其餘戶的總資產只增長了27%。換言之，從中上層到低收入階層都受損失。固然統計方法可以有多種，數字不完全一致，但是大體的圖景是不差的。[1]

2001年，布殊上台伊始進一步提出題為"經濟增長與緩解稅收

---

[1] 統計數字引自《紐約時報》2005年6月5日特稿，David Cay Johnston, "Richest are leaving even the Rich Far Behind"。

法"的一攬子法案,其中包括逐步取消遺產稅[1]。此舉不大為外人所注意,但是從理念上對美國一向重個人奮鬥的傳統是一次顛覆。反對者認為遺產稅原是對大量集中的財富和權力的一種切實、民主的約束,廢除遺產稅將擴大富人和普通美國人對經濟和政治的影響力的鴻溝,只能使極少數美國千萬、億萬富翁得利,而損害那些入不敷出的窮人。除了經濟損失外,更重要的是破壞了美國賴以建國的社會基礎,那就是憑個人貢獻而不是憑家世致富。將使一個重視才能的社會變成世襲貴族社會,不鼓勵創新和奮鬥,最終抑制經濟增長。美國一向自詡社會流動性大,而且向上流動超過向下流動,但是事實上自一代人以來,向上流動的總趨勢已經基本停滯。前美聯儲主任格林斯潘也認為,對於一個民主社會,這種情況不是好事。

貧困懸殊問題與社會公正、種族問題都分不開。2006 年,美國一位研究馬丁·路德·金的教授來華演講,當聽眾問及如果金活到現在是否認為他的夢想正在實現時,他說,他肯定會很失望,因為他所爭取的是社會公正,現在的美國距此甚遠。只需舉一個例子:60 年代詹森總統還敢於提出"向貧困開戰"的目標,現在如果哪個政治人物提出類似消滅貧困的口號,會被認為腦子有毛病。

布殊政府的經濟政策從 2001 年初就開始啟動,本與"9·11"事件無關。但是由於"9·11"之後大幅增加軍費和其他與安全有關的費用,這種政策的後果更加突出。傳統的共和黨政策是盡量縮小政府開支,避免財政赤字;民主黨的詹森政府則是既要大炮又要黃油,

---

1 關於遺產稅問題,詳見《美國關於取消遺產稅之爭的含義》一文,載資中筠《斗室中的天下》,清華大學出版社,2006 年,第 293 - 297 頁。

在進行越戰的同時,福利也達到最高峰,因而財政赤字較大。現在的"新保"政策在進行戰爭的同時還減稅以刺激資本,有人稱之為"瘋狂"的政策,結果財政赤字猛增,犧牲的只能是普通人的福利。

關於移民問題,上一章提到的矛盾在布殊任內又進一步深化。現在矛盾的焦點是墨西哥移民。破天荒第一次,美國總統宣佈英語為美國正式語言,這令許多人不解,英語是美國國語,這還需要規定?這説明美國主流文化進一步感到威脅,首當其衝的是西班牙語裔,於是發生了派兵防守美墨邊界,以制止墨西哥人的湧入之舉,被譏為另一種"柏林牆"。目前對於布殊提出的"綜合移民改革法案",爭論焦點是對於已經在美國的非法移民如何處理。如果採取一些變通措施既往不咎,開過渡到合法公民的方便之門,則更難制止後來的非法移民;如一律遣送出境,顯然不切實際,因為這涉及1100萬人,絕大多數是西班牙語裔。此事已引起以拉美裔為主的新移民大遊行。由於臨近國會選舉,這個問題成為兩派政客作秀的題目,難望在近期得到解決。

如前一章所述,移民問題是美國長期存在的悖論,過去對待移民時鬆時緊,主要是經濟因素,現在又加上反恐因素(例如對移民的強硬派的理由之一是恐怖主義分子可以扮成墨西哥人)。反恐、種族主義情緒上升,外加經濟低迷,顯然加劇了對移民的防範和排斥。

三 制衡的力量

制約美國社會惡化、推動改良的主要力量——權力的制衡和公眾的批判——是否仍起作用呢?

(一) 輿論的批判

實際上，從一開始，輿論並非一律，從《紐約時報》那個時期的
"意見專欄"中可以反映出來，其中不乏美國人自我反思的文章和讀
者來信。"新左"的意見也得到反映，例如 2001 年 10 月 15 日該報
刊登了芝加哥大學文理學院教授斯坦利·費希[1]的文章，對"恐怖主
義"一詞本身提出質疑，反對把對方視為絕對的"惡"，認為對方從
事的也是有理性、有目標的事業，只不過其目標是摧毀美國，美國
只有努力去理解它，才能找到正確的防禦辦法。文章說"路透社"就
避免用"恐怖主義"一詞，因為對一方說來是"恐怖主義"，對另一方
說來是"自由戰士"。文章還引述了另一位教授的"文化相對論"。總
之，美國人應該設身處地去理解對方何以如此，然後找出應因之道。
當然，持此類意見的是極少數，也不代表《紐約時報》的立場，但是
就在事件發生後一個月，在那樣的氣氛下，這種意見能在主流媒體
上發表出來，是有意義的。

大約從 2002 年下半年起，美國國內知識精英質疑布殊政府政策
取向的聲音逐漸發出，伊戰之後，逐漸高漲。一則美國佔領伊拉克
之後的計劃進行得並不順利，局勢混亂，付出的生命和財政的代價
日益高昂；二則到 2004 大選年，民主黨竭盡所能進行聲勢浩大的對
現政府的揭露、批判自不待言，一切反對的意見也在此氛圍中得以
無所顧忌地大聲疾呼；三則虐俘事件曝光，引起國內外輿論大嘩，
政府難以為自己辯解。所有這些匯成了倒布殊的力量。不過，可能
由於在短期內力量對比尚難扭轉，並由於包括凱利在內的民主黨議

---

1   本書第九章提到費希曾任杜克大學教授。

員都曾投票贊成打伊拉克，民主黨提不出強有力的足以對抗的政策綱領，結果布殊還是當選連任。此後，各方面對政府政策和"新保"的批判呈日益高漲之勢。除了大批自由派報刊連篇累牘批評政府內外政策從未間斷外，還出現了一大批書籍，從書名就可知其傾向：《說謊者》(該書封面上有小布殊、拉姆斯菲爾德等人的頭像)、《戰爭的傷亡》、《失去的自由權利》、《反對權利法案的戰爭》、《向我們的自由以及安全開戰》、《美國霸權的泡沫》、《懷疑者的聯盟》、《一敗塗地》、《帝國的悲哀》、《布殊在巴比倫——伊拉克重新殖民化》、《超級大國綜合徵》，等等。

批判的角度、重點各有不同，大體上有以下幾個方面：

1. 侵犯公民自由權利

實際上從反恐一開始，美國民權聯盟（ACLU）就高度警惕，一馬當先，進行保衛民權不受侵犯的活動，還曾致函巴基斯坦等伊斯蘭教的國家使館，表示願為其公民被侵權提供諮詢和幫助。不過他們當時勢單力薄，那些使館甚至不知民權組織為何物，基本沒有回應。隨着時間的推移，美國人對於為了安全如此犧牲作為美國立國之本的基本權利是否值得、是否必要疑慮日增。批判的核心是保護美國《憲法》所規定的基本權利，特別是"權利法案"（即第 1 至第 10 修正案）。批判者認為，《愛國者法》與布殊政府的言行從文字到精神都違反《憲法》條文，以及美國開國元勳的講話。即使以"非常時期"為理由，布殊政府的所作所為也已遠超過內戰時期和兩次世界大戰中的權宜措施。更為嚴重的是，以前幾次都是有盡頭的，戰爭結束即回復常態；而現在，反恐是望不到頭的，違憲之舉可以長期延續下去，美國人若逐漸習以為常，美國的立國之本、凝聚各族裔美國人的原則精神就將蕩然無存，美國就將變質，這才是最可怕的。"'基地'不能奪走我們的自由，只有我們自己能做到。"這是一派人比較共同的看法，即如果破壞了基本自由權，美國就不是美國，也就無所謂安全。因此，美國不毀於恐怖主義，而可能毀於決策集團中的"新保"之手。

另一類比較溫和的批評承認當前形勢的特殊性，安全和民權的矛盾是現實存在的，政府的錯誤在於沒有在二者之間做出恰如其分的抉擇，實際上以安全的名義已經造成的對民主社會的價值觀的損害，得不償失。還有批判者指出，把一部分人（指與伊斯蘭教有關的族裔）作為更有可能的犯罪者對待，不但違反權利法案，而且違反反對種族歧視的第 15 修正案。

2. 對伊戰以及整個對外政策的批判

首先"大規模殺傷性武器"已證明是伊戰虛假的藉口，它使政府信用大跌，《說謊者》一書就是以此為由頭進行批判的。更多的是從實際效果批判布殊的中東政策的。單是阿富汗，無論是戰爭的近期或遠期目標都遙遙無期，只經濟援助一項，美國的承諾就遠未兌現。如今阿富汗毒品氾濫，種罌粟成為其重要的經濟來源之一，美國也無能為力。美國又撇下阿富汗的政治、經濟、社會亂局，去攻打伊拉克，以致深陷泥沼，不能自拔。美國當初公開宣佈的目標都未實現，伊拉克瀕於內戰邊緣，阿拉伯世界反美情緒高漲。就美國沒有公開宣佈的實際目標——控制石油——而言，目前失控的危險更增加了，油價已經超過戰前的最高水平。迄今為止，美國為此已經投入 1

萬億美元，仍見不到底。原來以越戰經驗為戒的反戰者的預言都不幸言中。但是與越戰不同的是，退出並不那麼容易。現在伊拉克並無可以控制局面的政權，美國如果一走了之，很可能發生難以收拾的亂局，或者出現比薩達姆更為極端的反美勢力掌權。這就是美國進退維谷的處境。

另外，對伊拉克和阿拉伯世界客觀深入研究的書籍和文章也陸續出台，批評決策者對那裡的情況缺乏基本了解，做出簡單武斷的判斷，導向錯誤的政策。

3. 虐俘事件與關塔那摩監獄的審訊

美軍虐俘事件的曝光是英美媒體自己揭露的，令全體美國人蒙羞、憤慨，政府處境尷尬。原來的主戰派也反應強烈。例如著名專欄作家佛利民原來是力主攻打伊拉克的，虐俘事件使他受到很大震動，他說：美國輸掉的是比伊拉克戰爭重要得多的東西，那就是美國作為世界道義權威和鼓舞的工具的角色。他說他一生都沒有經歷過美國及其總統像現在這樣為全世界所仇恨。另外一位主流政論家約瑟夫·奈認為美國的軟實力因此大大削弱。

"大赦國際"在 2005 年年度報告中把美國在伊拉克阿布格萊布監獄的虐俘和關塔那摩監獄列為"暴虐的侵犯人權，從而降低了（美國的）道義權威，並在全球樹立了鼓勵濫刑的榜樣"，並譴責美國"公然嘲弄法治和人權"，甚至稱關塔那摩監獄為"我們時代的古拉格"。特別是這場戰爭主要是高舉道義的旗幟，所以這一事件對美國現政府的打擊十分沉重。包括前總統卡特在內的精英輿論代表強烈要求關閉關塔那摩監獄，這一呼聲日益高漲。

(二) 法治的力量

當前輿論的批判主要指向行政這一方面。如果有實際成果，應該落實在國會立法和司法裁決上。目前由於共和黨在兩院都佔多數，加上"9·11"之後的特殊情況，國會對行政權力的制約已經削弱，很多時候是共謀。司法系統一向被看作超越黨派之上的民主制度的保障，可以算作社會正義的底線，特別是最高法院被賦予解釋和保衛憲法的職責。現在就看司法是否能起作用。司法方面的鬥爭集中在《愛國者法》和對所謂"敵方戰鬥人員"的待遇是否違憲的問題上，虐俘事件曝光後進一步引起法律界的注意。

到目前為止，有兩個有典型意義的案例：

1. 帕迪拉案

何塞·帕迪拉是美國公民，於 2002 年 5 月自巴基斯坦乘飛機赴美，在芝加哥被捕。他首先被作為"9·11"事件的證人，同時被指控策劃引爆一枚"髒彈"以散播放射性物質。據政府方面掌握的情報，他在阿富汗境內的基地營中受過爆破訓練，目標就是美國的旅館、加油站等場所。同年 6 月，布殊總統宣佈他為"嚴重危害國家安全"的"敵方戰鬥人員"，將其關押在南卡羅來納州海軍監獄，不得與外界接觸。2003 年 12 月，聯邦上訴法庭裁決，總統無權在美國領土上以"敵方戰鬥人員"的罪名拘留美國公民，必須在 30 天之內將其釋放，但是可以將他轉交給能對其進行刑事起訴的"適當的非軍事權威機構"。

這一裁決意味着布殊政府敗訴。這一案情複雜，拖的時間較長，如今帕迪拉作為一般刑事犯，在邁阿密地方法庭受審，享受普通公民應有的權利。2006年7月，當地聯邦法院法官下令允許他在開庭前查看國防部對他在受軍事拘留三年半期間所作供詞的概述的文件，還有他受審的57盤錄像帶。一般説來，辯護律師在獲得政府解密後，有權閲讀和觀看這些材料，但是讓嫌疑犯本人閲讀這些本該是絕密的材料是很不尋常的。儘管尚未結案，但這一判決已經扭轉了自《愛國者法》以來的事態發展取向。

2. 哈姆丹案

與帕迪拉不同，哈姆丹是也門公民，2001年美國進攻阿富汗期間為北方聯盟抓獲，移交美國軍隊，隨後被關押在關塔那摩監獄。他承認自己曾任賓·拉登的司機和保安，但否認曾參與"9·11"襲擊。2004年7月，美國政府在特別軍事法庭指控他犯恐怖陰謀罪，哈姆丹的辯護律師向美國法庭反控軍方不經過審訊就剝奪他的人身自由。軍事法庭進一步取證，認定哈姆丹為"敵方戰鬥人員"，應被關押。隨後，首都華盛頓地區法院判決有利於辯方；軍方向華盛頓聯邦上訴法院上訴，判決有利於軍方；辯方又向最高法院提出申訴，最後最高法院於2006年6月29日一錘定音，判決政府在關塔那摩基地設立的特別軍事法庭超越了政府權限。判決書稱，任何總統都不能在憲法之上，喬治·W.布殊是武裝力量的總司令，但不是我們其他人的總司令。

這一案件的名稱是"哈姆丹訴拉姆斯菲爾德"，結果國防部長敗於恐怖嫌疑犯（帕迪拉案件最初的對象也是拉姆斯菲爾德，後來轉到非軍事法庭後所訴對象才換人）。根據這一裁決，整個關塔那摩監獄都成問題，關押人員的身份都必須一一確定。他們的起訴對象都可能是代表國防部的拉姆斯菲爾德。這也是美國的一道景觀。

不論最終哈姆丹和帕迪拉的命運如何，目前對這兩個案件的判決已經是對布殊政府迄今為止的政策的沉重打擊，對反對者來說是捍衛憲法和美國民主法治的重大勝利。在帕迪拉案件開始審理時，就有論者把它提高到美國歷史上最重要的案件，其判決結果關乎民主的存續。其理由是：布殊政府的論點——在戰時，當與敵國有聯繫的個人進入美國，危及美國人生命時，總統有權對其採取行動——正是摧毀無罪推定論的原則，而這一原則是任何形式的民主政府的基石，是保護個人不受政府濫用權力之害的防火牆，沒有無罪推定，就沒有司法公正，民主也將枯萎。如果布殊政府的論點得逞，國家就可以獨斷專行選定對象任意加以懲罰，如此"不可轉讓"的天賦人權將蕩然無存。

有一點值得注意的是，如果沒有強大的律師陣容，這兩個案子都不可能勝訴，甚至根本無法提出。因為顯然被關押的嫌疑犯並無親屬為其奔走，自己也不可能支付律師費用。100年來，美國法律界已經形成關注弱勢群體維權的志願者傳統，並已有一批民間法律團體。例如在紐約的"維護憲法權利中心"很早就啟動了關注恐怖嫌疑犯的權利和揭露政府違憲的行動。最初響應其號召為基地關押的疑犯辯護的律師比較少，隨着國內氣氛改變，特別是2004年6月，最高法院做出裁決：關押在關塔那摩監獄的嫌疑犯有權向聯邦法院起訴，對他們的拘留提出抗辯，隨後即有越來越多的律師踴躍飛向那裡，充當志願辯護人。例如哈姆丹案，一名辯護律師是軍方根據法律制度指定的，他雖然屬於軍方，但一經受理此案，就盡心盡力為當事人服務，絕不袒護軍方。另外還有一批著名法學教授志願組成律師團，

以精湛的專業知識和鍥而不捨的努力，終於得到勝訴。這裡的勝訴
不是指為兩名當事人減輕罪責，而是指為他們爭得按照美國正常的
司法程序進行審訊，其意義就在於維護美國的法治。

以上只是兩個典型案例。當然圍繞政府是否侵權、違憲的鬥爭
不止這些。另一個為民權組織和人士所關注的問題是情報部門的竊
聽問題。這方面已經有多起訴訟，但由於政府方面以涉及反恐機密
為由，舉證困難，尚未有明確的結果。

這裡，反對政府和軍方的人士與法院的判決絕對不是同情嫌疑
犯，或認為應該輕判，他們關心的只是維護美國的憲法原則，認為這
是高於一切的。這樣在實際操作上確實會給政府帶來許多難題，或
許會冒因證據不足而放走真正的恐怖分子的風險，這也正是另外一
派的論點。

（三）自由派與保守派的殊途同歸

喬治‧索羅斯於 2003 年出版了一部暢銷書，題為《美國霸權的
泡沫——糾正對美國權力的濫用》（以下簡稱《泡沫》）[1]，從理論到實踐
全面、系統地分析、批判了"新保"和布殊主義的內外政策，並提出
了自己的替代方案。索羅斯除了是眾所周知的金融家之外，還是大
慈善家，並且代表自由派觀點。他在《泡沫》一書中逐條批駁"新保"
的理論，稱其為"宗教原教旨主義"與"市場原教旨主義"的結合，"反
恐戰爭"是蓄謀已久的欺騙，借"9‧11"事件蒙蔽美國人民，推行其

---

1 George Soros, *The Bubble of American Supremacy, Correcting the Misuse of American power*, Public Affairs, 2003, 中譯本《美國的霸權泡沫——糾正對美國權力的濫用》，商務印書館， 2004 年。

世界霸權的方案，對內以反恐名義限制公民自由，對外以武力把自己的觀點和利益強加於其他國家，這一系列行動使美國從受害者轉變為罪犯，把"9·11"之後全世界對美國的同情迅速轉化為反美情緒。索羅斯認為恐怖主義是刑事犯罪，應該用警察來對付，而不是發動戰爭。他還揭露"新保"分子與軍事和石油工業的聯繫，並以德、日的經驗為例，尖銳地指出，大財團和政府的勾結是滋生法西斯主義的根源。值得注意的是，索羅斯本人堅決信奉自由民主的理想，他創立的"開放社會"系列基金會多年來在世界各地特別是在蘇聯東歐國家推行民主變革，對內則致力於改善美國民主，糾正其弊病。[1]這一理想他並未放棄，但有兩點與"新保"不同：一是認為美國模式並不適合其他國家；二是認為以武力和戰爭來推行民主，其效果適得其反。索羅斯的書出版於總統選舉開始的 2003 年，影響很大，他的目的是讓布殊競選失敗，讓美國政策改弦更張，結果未能如願。但這些論點有廣泛的代表性。

　　另外一部引人注目的書，是福山於 2006 年出版的《新保守主義之後——十字路口的美國》[2]。福山是"新保"理論代表人物之一。80年代末，他首先以"歷史的終結"一文語出驚人，1992 年出版了《歷史的終結及最後之人》一書，系統闡述了他的理論。簡言之就是："獲得認可的慾望"與經濟的訴求同是人的本性，從這一前提出發，論證自由經濟和自由政治是人類最終的歸宿，任何國族概莫能外。東歐

1　關於索羅斯"開放社會"基金會在美國改進民主的工作，詳見資中筠：《財富的歸宿》，上海人民出版社，2006 年，第 122—127 頁。

2　Francis Fukuyama, *After the Neocons, America at the Crossroads*, Profile Books, 2006.

劇變和蘇聯解體是強有力的證據。大家都進入普適的同質的社會之後，就不會再有質的變革，這就是歷史的終結。這本書是他的成名作，奠定了他"新保"理論家的地位。他是 1997 年 PNAC 聲明的簽署人之一，並曾力主攻打伊拉克。但是在現實面前，他的思想有了顯著轉變，《新保守主義之後》標誌着這一轉變。該書公開批判"布殊主義"以及美國在伊拉克的行為及其背後的思想。他所指出的各種問題和惡果與自由派的批判大同小異。他從"新保"的源頭開始梳理，引證早期主要人物的言論思想，大意為，貫穿"新保"思想的有四條原則：1) 特別關注民主、人權以及一國的內政；2) 相信美國的力量可以用於道義目標；3) 對國際法和國際機制解決嚴重問題的能力抱懷疑態度；4) 過分野心勃勃的社會運作，其後果往往事與願違，反而破壞其目標。最後一條本意是反對左翼自由派的激進的社會變革，反對"根治"社會問題的主張（例如左派認為犯罪的根源在於貧窮和種族歧視），而主張漸變式的改良。但是在反恐問題上，"新保"的主張恰好與此相對，認定恐怖主義的"根源"是中東的專制政權，而美國有能力順利地向"根源"開戰，把民主推行到伊拉克。福山分析"新保"之所以有此演變，主要是冷戰結束得太突然，對美國來說勝利來得太順利，於是產生錯覺，以為凡專制政權都是腐朽脆弱，一推即倒，人民都自然風從民主自由。他重新闡釋自己"歷史的終結"的含義，說是以前被誤讀了，他所謂的"終結"是指對現代化的辯論的終結，並非終結於自由民主。有普適意義的追求是一個技術進步、繁榮和法治的社會，這樣的社會可能導致更廣泛的政治參與。自由民主制度可能是現代化進程中的副產品之一，要成為普適的訴求還有待歷史的發展。

說過去別人對他的觀點都是"誤讀"，似乎難有說服力，毋寧說在現實面前福山修正了自己的觀點。目前，他已經把普適的追求定為"技術進步和繁榮"而不是自由民主。美國的外交原則包含在全世界推行自由民主，這一點不變，但重要的是手段，必須"非軍事化"而採用其他政策工具，把反恐"戰爭"改為"長期鬥爭"，以爭取全球穆斯林的人心為目標。這樣，原來"新保"派的福山實際上與反布殊主義的自由派索羅斯殊途同歸了。

當前的"新保"人士多自稱或被認為是繼承了著名政治哲學家列奧·施特勞斯的理論。其中不少人的確曾經是施特勞斯的學生。饒有興味的是，2003年7月施特勞斯的女兒在致《紐約時報》的信中竭力否認施特勞斯學說與布殊主義有關。她說，施特勞斯是完全不問政治的學者，他被稱為保守主義只因為他：1）不認為社會變化一定是往好裡變；2）相信自由民主制度雖然有缺點，但仍是在可以實現的制度中最好的，是"最後、最好"的希望；3）反對一切希圖統治全球的政權，蔑視烏托邦的許諾；4）他熱愛猶太人，認為建立以色列國家對猶太人的存續至關重要。他在教學中只是引導學生閱讀經典，只是幫助他們以懷疑的態度分析已經接受的成見，找出其根源，從古希臘先哲中找答案，而並不企圖以自己的觀點來改造他們。當時正是左派思想流行之時，所以他引導的懷疑對象主要是左派思潮。如果在另一個時代，他照樣會對當時流行的思潮同樣處理。

從施特勞斯的著作來看，他女兒所說比較符合實際，那是純學術著作，表現出對當時的左派激進主義高潮和商品經濟夾擊下"禮崩樂壞"的憂慮，強調恢復人文教育，回歸經典，從源頭上理解自由主義。如加以通俗化，其思路有些接近上一章提到的《滑向罪惡的城市》一書的作者伯克，從其文本實在看不到通向布殊主義對外擴張政策的依據。

事實上，新老保守派、自由派本是同根生，其維護的基本原則和制度是相同的。對內仍以最初的建國理想和憲法精神為準則，對外也從不放棄以推行自由民主、"領導"世界為己任。其主要分歧是如何認識複雜紛紜的現實世界，應遵行何種途徑。政治家有時附會某種理論以使自己的行動合理化，學者或媒體也喜歡對一種政策做理論化的闡釋。在實踐中，在現實與理論發生矛盾時，只有修改理論以適應現實，而不是相反。

四 美國何去何從

綜上所述，美國在"9‧11"之後奉行的進攻性的霸權主義對內明顯地腐蝕了民主和民權，其程度是嚴重的，涉及其根本價值觀和道義原則。另一方面，美國自我糾錯的因素仍然有生命力。例如虐俘問題，率先曝光的是英美當事國自己的媒體。可以設想，如果美國政府有權力壓制新聞，誰發表就封誰，或撤誰職，甚至以危害國家安全罪將其逮捕，它一定會這樣做。事實上，當政者已經盡其所能將事態加以縮小和掩蓋，但是在美國的制度下不可能封殺，這就是其希望所在。不但如此，美國哥倫比亞廣播公司新聞主播丹‧拉瑟因為獨家率先報道關於伊拉克監獄美軍虐俘醜聞，獲得了在紐約頒發的第64屆"皮博迪廣播節目獎"。舉報虐俘行為的美軍士兵約瑟夫‧達比也獲得了著名的"甘迺迪勇氣獎"，甘迺迪的女兒和弟弟參議員愛德華‧甘迺迪親自參加了頒獎典禮。這說明新聞自揭家醜的傳統

和勇氣還是得到了承認和鼓勵。虐俘事件可以是一個契機,喚起美
國的社會良知,促使思想精英重新全面審視美國新保守主義的政策
和理念。

在貧富懸殊擴大的情況下,美國的捐贈文化方興未艾。2005 年
"善款"的總數是 2600 億美元強,比上年增加 6.1%,高於同期 GDP
的增長 [1]。繼比爾·蓋茨以 290 億資產領先的基金會之後,巴菲特又一
舉捐出 310 億,並且表示出無私大度,因為相信蓋茨夫婦比自己管
得好,這筆錢不入其子女名下的基金會而納入蓋茨基金會。至少,
自卡內基以來的這一優良傳統在 21 世紀還將延續下去。這也是美國
社會的一個亮點。

現在美國全面向右擺動已經走得很遠,以至於《紐約時報》都被
認為是左傾的報紙了。是否已經到了擺回來的時候?根據 20 世紀發
展的規律,到了這個地步,美國需要再有一次類似"進步主義"那樣
的社會改革運動,或者 60 年代那樣的反抗運動,以淨化社會,"撥
亂反正"。是否有可能呢?從積極方面看,現在輿論的批判力度正在
上升,並且初見成效。從大量的出版物來看,代表社會良知的精英
也開始對美國霸權進行深刻的反思。以安全的名義固然可以侵犯某
種公民隱私,但是美國的基本自由權利還是不能剝奪,而且美國人
對此還是表現出相當的敏感和警惕。

那麼,美國能否回擺,擺多遠?

1 *e-Perspectives*, August 2006, The Center on Philanthropy at Indiana University, Perdue.

(一) 對外政策

在現實面前，美國必須有所改變，而且已經改變，這與派別理論關係不大。"新保"理論的前提，一是美國力量無比強大，無所不能；二是所有其他民族不論其信仰、歷史、文化如何，都以美國所宣揚的自由民主為首選，都盼美國"解放"如大旱之望雲霓，美軍所到之處會出現"簞食壺漿以迎王師"的局面，然後在美國扶持下成立親美的民主政權，就大功告成。以此類推，假以時日，"大中東民主計劃"即可實現。但是現實與這兩個前提相距甚遠。美國儘管強大，卻絕非無所不能。佛利民認為，支持伊戰在道義上和戰略上唯一站得住的理由是：美國的真正目標應該是建立為整個地區進步表率的新伊拉克。他認為，布殊政府絕不敢只為樹立一個對美友好的獨裁者以便於汲取石油而入侵伊拉克，也不敢只把伊拉克解除武裝，然後不管其建國的任務，一走了之。這正是布殊政府面臨的困境。正因如此，布殊第二任內努力修復與歐洲盟國的關係，不再侈談單邊主義。在伊朗、朝鮮以及其他問題上，美國已經顯示出較大的克制和妥協，不敢輕言武力解決，不敢無視聯合國，也不得不考慮其他國家的意見，無復伊戰前的氣焰。這正是"新保"所反對的現實主義，夏蘭斯基可能會對布殊失望，但是沒有一個執政者是能徹底依照極端的理念行事的，特別是在國際政治中，只能量力而行。非不為也，是不能也。

在這種時候，需要一位有膽識的政治領袖懂得後退、收縮戰線，如當年的尼克遜，不僅撤出越南，而且在戰略上變擴張為收縮。現在美國不可能出現這種情況。第一，看不到這樣的人，在諸多反對布殊的政客中看不到有足夠影響力，又能提出替代的戰略思想的人物；第二，更重要的是客觀形勢不允許。美國已經騎虎難下，中東局勢一波為平、一波又起，真如佛利民所說，不能一走了之。主觀上，無論是哪一派，都以保持美國獨霸的態勢為最高目標，主張美國放棄或與他國分享霸權的議論只存在於民間的紙上談兵，不可能進入政策考慮。冷戰結束後不少美國人預言或擔心美國會走向孤立主義，這是不可能的。

(二) 國內改革

過去美國政治在微調的同時，每隔一段時期就有一次比較大的改革運動。從目前美國國內出現的種種矛盾來看，似乎又到了需要一次比較深刻、全面的改革，以興利除弊、淨化社會的時候了。但是與 20 世紀初的進步主義時代和 60 年代的形勢相比，促成改革的條件相差甚遠。

1. 主流媒體和知識精英仍然忠於美國立國的原則，其揭露和批判依然有一定的鋒芒，但是對全社會的影響力已今非昔比。特別是視頻成為主要的載體，有無數平台供選擇，大眾興趣分散，難以就某一關注點形成氣候。嚴肅的報刊讀者少，青年更少。一種觀點進入不到大眾，就影響不了選票，因此政客可以我行我素，好官我自為之。例如一方面，首先揭露虐俘事件的新聞工作者得獎；而另一方面，應直接為刑訊逼供負責的米勒準將在退役前堂而皇之在五角大樓榮譽廳接受"優異服務勳章"。輿論為之憤慨不已，也無可奈何。

2. 進步主義時期有一次理論革命。出現一批學者，創立學會，傳播思想，深入人心，並與政界的改革相結合，改變施政理念。這批學者後來又成為小羅斯福"新政"的骨幹力量。今天，美國的學界已高度專業化，分支越來越細，且受市場需求的影響，日益實用化。進步主義時期和60年代的那種理想主義已經大大消退，以倡導社會正義為己任的知識分子當然還有，但分散而孤立，無法形成有社會影響的學派。只有"新保"尚能自成一派，擁有邏輯思路相同的一批強勢骨幹，而反對者卻是分散的。

3. 社會改革歸根結底要靠群眾的力量，才能形成足夠的衝擊。本書第三章已經論述，進步主義的基本動力是底層有組織的勞工運動，而且聲勢浩大。當時從歐洲來的新移民組織也起了很大作用。現在工會早已成為政治運作中的一個利益集團，其領導也成為權勢集團的一部分。60年代，工會雖已趨於保守，但是有聲勢浩大的學生運動與以羅斯福夫人為首的上層左派自由主義精英相結合，還有黑人民權運動的高漲。現在這些條件都不存在。貧富懸殊的問題固然嚴重，但現存的社會保障制度和勞動條件還能起一定的緩解作用，不至於到民不聊生的地步。20世紀初，美國勞動者的不滿基本上是基於國內的垂直比較，在國外是和歐洲比。現在全球橫向比較，美國的機會和條件當然屬於相對優越的，所以才需要對不斷流入的移民加大限制。處於最底層的新移民則最多關注自己的生存合法化，形成不了改革的力量。

再者，在全球化的形勢下，國內矛盾可以轉嫁到國際。進步主義的改革之一是降低保護壟斷價格的關稅壁壘，迫使美國企業加強競爭力，降低市場價格，有利於消費者。而現在正好相反，工會不把矛頭指向企業主，而與企業主一致把矛頭指向國外（例如指責中國的低工資、低成本），政客迎合這部分選民，在國會推動保護主義。從本質上講，保護主義是一種缺乏自信的表現，與美國主張的自由貿易背道而馳。

4. 國際局勢和美國的地位已經大不相同。20 世紀初，美國剛開始面向世界，進步主義改革導向國家主義，為美國的擴張創造理論和實力的條件。60 年代，美國已是超級大國，但是還有另一個超級大國。當時的世界時尚是左傾，有蓬勃興起的殖民地反帝運動。與社會主義國家緩和關係、接受和平共處是大勢所趨。美國的學生運動正是在此背景下興起的。自從二戰以後，美國外交政策和擴軍、用武的依據一直是反對共產主義威脅，到越戰時這一依據已經缺乏說服力，美國人民不接受為此付出巨大代價，遂有反越戰運動。事實證明，美國放棄越南，與中國建交，對美國有利無弊。

冷戰結束後，美國獨霸之勢形成，"全球化"實際上是以資本主義市場模式為主導。美國與生俱來的要以自己的理念改造世界的理想、優越感，與實際戰略利益結合在一起，空前膨脹。事實上，自由派的批判並不反對美國在全球推行民主，只是反對其武力手段和單邊主義。有一些批判美國現狀的著作題目語出驚人，例如《美國時代的終結》(庫普乾)、《美國霸權的泡沫》(索羅斯)，等等，其實都是一種恨鐵不成鋼的重錘，並非真的敲響喪鐘。他們所提出的主張仍然是在現有框架下的政策調整，而不是根本改造。美國對內、對外都需要強勢政府，政府的權力和規模已經達到空前的程度，無論哪一派得勢，再回到小政府，哪怕略削弱一點權力，都已不現實。這種形勢在反恐之前已經形成，"新保"理論之成為"顯學"有充分的土壤。

5. 恐怖主義改變了美國人的安全心態。"9·11"襲擊對全體美國人造成的精神上和心理上的打擊是史無前例的。在世界史上，多少國家、民族幾度興衰、離合，即使是歐洲曾經稱霸一時的列強也無不經歷過外族入侵的屈辱和苦難的歷史。唯獨美國特別幸運，其發展可以説一帆風順。在開始介入國際事務以來，只有在境外用兵，本土從未受到外國入侵，更沒有被蹂躪、被壓迫之苦。因此，美國人在某些方面的承受力比較脆弱。如今在和平時期，光天化日之下，又是唯一的超級大國，睥睨全球之時，在心臟地點遭受這樣戲劇性的突然襲擊，其震動可以想見。布殊説"9·11"事件使美國看出自己不堪一擊，應該是説出了多數美國人的真心感受。美國人對內反思能力強，對外反思能力弱。由於一貫以救世主自居，在"9·11"事件之後，普通美國人都惑然不解："他們為甚麼那麼恨我們？"因此，當時政府所採取的一系列超強反應的行動是受到絕大多數美國人擁護的，在安全壓倒一切的前提下，一些侵犯自由權利的立法和措施沒有引起太大的注意。攻打阿富汗幾乎沒有任何阻力，應該説，攻打伊拉克也是得到多數美國人支持的。現在氣氛有所改變，政府濫權的做法受到一定約束，對外政策也受到質疑，但是恐怖主義的威脅並未消失，而且看不到基本挫敗的前景。布殊政府的對立面並沒有完整的替代綱領。冷戰結束初期，曾一度有所謂"和平紅利"之説——大幅削減軍費，既消滅赤字又提高福利，或增加人道主義外援——早已成過去。現在任何人上台都勢必不可能這樣做，民主黨如執政，或在國會佔多數，最多對税收制度做一些調整，難有大作為。

總之，美國不可能沿着"新保"的思路一意孤行，百年來促成美國漸變的那些因素和精神並未消失，美國對外的霸權主義尚不足以完全腐蝕國內的民主，其受到現實的制約也必然有所收斂，但是支撐其對外稱霸的理念不大可能有重大變革。只是布殊主義的所作所為，使美國自命民主、自由、人權捍衛者的形象受到很大的破壞。與其初衷相反，在世人心目中美國式民主的吸引力比 20 世紀 90 年代初大大削弱，而抵制民主改革的專制政權反而找到更多口實。前一章論述冷戰時期美國的霸權主義能做到"順我者昌"，現在卻難以做到，或因短視而不願做到。其硬實力仍然強勁，而軟實力則相對下降。這裡是指美國自己和自己比，而不是與他國比。

另一方面，美國儘管力甲全球，憂患意識卻特別強，時刻怕失去它作為唯一超級大國的地位。所以美國過分自信，自以為無所不能，固然非世界之福，而它開始失去信心、處處感到不安全的時候更有可能冒險。它會誇大威脅，做出過分反應，或者趁自己還有力量的時候先發制人。在這種時候，被美國當作其主要威脅的國家或群體的處境是很不利的。美國一般公眾很容易為這類所謂"威脅"所左右，在這一點上，不論哪一派執政都改變不了。至於美國如果由於政策嚴重失誤，作繭自縛，使自己一蹶不振，突然衰退，那麼由於全球化的背景下各國互相依賴已經很深，受害者也不會止於美國人。不過這些只是推理和假設，當前現實中，世人要面對的還是實力遙遙領先的超強的美國。

後　記

本書前一版殺青於 2006 年，自那時以來美國發生的大事是 2008
年的金融危機，然後復蘇；奧巴馬作為美國有史以來第一位黑人總
統當選，並連任兩任；又憑空殺出一匹黑馬特朗普，其特立獨行的
作風舉世矚目。

美國的興衰問題，以及美國何去何從，又提上了日程。儘管發生
了許多新情況，本書第十章對這些問題的分析仍基本有效。現在根
據作者進一步的思考再做一些補充。

美國的絕對硬實力，不論看來遇到何種困難，還是遙遙領先於世
界其他任何國家，並將繼續相當一段時期，而美國的軟實力較之二
戰後的巔峰時期的確有所削弱。本書主要關注的是其軟實力。

一　軟實力的來源和缺陷

可稱為美國特色的軟實力表現在以下幾個方面：1) 作為民主國

家的榜樣效應；2) 對全世界人才的吸引力（自從 20 世紀 80 年代保羅‧甘迺迪的《大國興衰》一書出版後，"美國衰落論" 就是熱門話題，我當時提出的觀點是：在人才自由流動的今天，只要全世界優秀人才的首選流動方向是美國，美國就不會衰落）；3) 培植創造力和鼓勵創新的制度，同時提供從實驗室到大規模生產的最短途徑；4) 自我糾錯機制——其中最重要的構成要素就是在言論和出版自由基礎上的強有力的公眾監督批判和分權制衡的治理機制。

但是，隨着時間的轉移，所有上述美國軟實力的因素都會受到或已經受到腐蝕。今天，華爾街的貪婪形象和無原則的兩黨鬥爭可能取代了民主榜樣；對國際規則和民主制度的雙重或多重標準，包括臭名昭著的關塔那摩虐俘事件，使美國對人權的倡導顯得偽善；高度商業化的媒體往往把市場利潤的考慮置於真相和正義之上，從而削弱監督的力量。總之，軟實力是一種無形的、無聲的影響。不適當地揮舞其強大的硬實力，適足以妨害其軟實力。

從根上說起，美利堅合眾國開國之始制定《憲法》時着重注意的幾點是：

——保護公民基本自由，防止政府的公權力侵犯個人的私權利；

——用分權制衡來防止個人獨裁或寡頭專制；

——協調聯邦政府和各邦（州）之間的集權和分權，努力做到對大邦小邦公平；

——私有財產神聖不可侵犯；

——防止多數暴政，反對群眾暴力行動。

根據這些思路和原則，設計了美利堅合眾國複雜的立法、司法、行政三權分立的政府，複雜的選舉制度和代議制，以及在公民自由權利基礎上的公眾監督機制。這一機制遠非完美，效率不高，但是留有自我糾錯的餘地，立國以來歷經各種危機，一般能刺激出程度不等的改革，促成了 20 世紀的繁榮富強。

但是開國元勳們沒有考慮到，或故意迴避了幾個主要問題，留有重大隱患。

1. 種族歧視問題

在討論《憲法》時並非沒有人注意到奴隸制與基本人權原則相悖，但最終還是迴避了，以至於要經過一場慘烈的內戰才通過了保證種族平等的憲法修正案，而實際上仍然衝突不斷，至今還沒有徹底解決。

2. 如何駕馭強大的資本，防止其肆虐的問題

《憲法》制定者特別強調保護私人財產，保護納稅人的權利，平衡各種利益集團的訴求，唯獨沒有考慮到資本高度集中，逐利的本能和人性的貪婪如脫韁之馬時可能造成的後果，貧富懸殊到一定程度可能引起的嚴重社會問題，以及如何防止金錢對政治的超常影響，防止其損害民主制度。

3. 美國發展為超級大國，以世界"領導"自居，從而帶來的一系列問題

前兩大基本缺陷造成了美國社會的痼疾。一則與當時《憲法》的制定者出於自身地位的思想局限性有關，儘管他們已經代表了當時最前沿的思想。客觀上也由於當時美國基本上還是農業經濟，不可

能預見到發達的工業社會和後工業社會出現的問題。至於第三點，
更是與開國元勳的想法背道而馳，華盛頓告別演説中告誡美國切勿
捲入歐洲的糾紛時，絕不可能預見到二戰以後美國在世界的地位和
處境。

二　當前面臨的問題

（一）中產階級的困境

　　美國社會最大的問題始終是貧富差距擴大的自然趨勢。如果任
其自然，沒有人為努力不斷改革，就很容易成為弱肉強食的叢林，而
且形成"馬太效應"。不僅是收入問題，還包括社會地位、文化、健
康等一系列差距。本書已經詳述美國 20 世紀為治理這一痼疾所產生
的歷次改革浪潮和一系列立法。這些改革的成果除了緩解貧富差距
的擴大化之外，最主要的是形成了一個穩固的中產階級，無論在有
形的物質生產、生活，還是無形的思想文化、價值觀方面，它都是
維繫社會的中堅力量，甚至可以成為穩定社會的"定海神針"。對於
下層大眾來説，經過努力進入中產階級，也是他們追求的目標。從
經濟生活上説，經過 60 年代的狂飆，以及政府的激進措施，貧富差
距顯著縮小，中產階級也有一個繁榮時期。但是從 20 世紀 70 年代
中期之後，社會兩極分化又迅速加劇，各種數據的圖表顯示，差距的
曲線基本上是一路上升，極少回落的曲折。這種情況終於危及中產
階級。到世紀之交，驚回首，發現橄欖型的社會已經在變形。有人
將美國比喻為一座外表看來輝煌的大廈，只有高處閃亮，不但底層
已經進水，中層也在頹敗，更嚴重的是，電梯壞了——已無流動性，

主要是下面的人上不去了。[1] 這種社會階層的固化，主要不是當前的
物質生活問題，更重要的是對前景的焦慮，看不到希望。

如有的報刊文章所說，中產階級不再被認為是實現美國夢的骨
幹，反而被認為是發展的障礙，失去了存在感。他們過去是實現美
國價值目標的一部分，美國的各種光榮業績，包括"領導世界"，都
有他們的份兒，而現在他們失落了。[2] 他們的失落使美國作為"機會
之地"的光輝黯然失色。而特朗普的競選口號之所以有吸引力，是因
為它使他們認為自己可以重新參與"使美國再偉大"的事業中來。

(二) 遏制金錢腐蝕民主的改革倒退

從 19 世紀末"鍍金時代"以來，美國就面臨着大財團或個人操
縱政治的情況，這造成了美國式的腐敗，從而威脅美國人引以為自
豪的"民有、民治、民享"的原則。從 20 世紀初的進步主義運動以
來，試圖遏制這種趨勢的改革此起彼伏，取得了一定的成績。其中一
項重要的成果是通過了一系列統稱為"選舉財務改革"的法，主要是
在選舉中限制財富對選票的影響。從 1907 年的《蒂爾曼法》(*Tillman
Act*) 開始，到《1971 年聯邦競選法》(*Federal Election Campaign Act
of 1971，FECA*)，經過多次修正，到 1974 年修正案基本成熟，與其
他配套的法律法規，包括稅收法，一起構成了當代美國聯邦選舉制

1　這一比喻出自哈佛大學教授 Larry Katz，轉引自美國 Rothschild 投資公司總
　　裁 Lady Lynn Forester Rothschild 2013 年 6 月接受中國長江商學院 CKGSB
　　採訪所講。來源自網站：http://knowledge.ckgsb.edu.cn/2013/06/25/finance-
　　and-investment/reinventing-capitalism/
2　Amy Chozick, "Middle Class Is Disappearing, at Least From Vocabulary of
　　Possible 2016 Contenders", *New York Times*, May 11, 2015.

度的基礎。它有很多詳細規定，最主要的內容是提高候選人競選資
金的透明度；對競選廣告和候選人競選費用的支出，以及個人和公
司、團體對參選人的捐贈加以嚴格限制。一項重要措施是組建"聯
邦選舉委員會"，授權它解釋有關法律、制定監管規章並履行監管和
執法職責。至 2002 年小布殊政府時期，國會又對該法進行修正，通
過《2002 年跨黨派競選改革法》(*Bipartisan Campaign Reform Act of
2002，BCRA*)，進一步限制參選人為競選而籌集"軟錢"——間接捐
贈，資助不明顯支持或反對某一候選人，卻間接有利於一方的宣傳。
關於限制"軟錢"的規定僅用於公司以及其他組織，而對個人捐贈沒
有限制。這埋下了隱患。

進入 21 世紀，一個標誌性的事件是：2010 年初，美國聯邦最高
法院的 9 名大法官以 5 比 4 的接近票數就"'公民聯合組織' 訴 '聯邦
選舉委員會'"一案做出了有利於原告——"公民聯合組織"——的裁
決。情節大體如下：

公民聯合組織 (Citizens United) 是一個保守組織。2008 年大選
期間，該組織發行了由它出資製作的紀錄片，攻擊競爭民主黨總統
候選人提名的參議員希拉莉·克林頓。他們同時希望通過電視在競
選期間播出該紀錄片，明知這一傳播計劃明顯違反聯邦選舉法中的
有關規定，一定會遭到監管機構"聯邦選舉委員會"的制裁，於是搶
先把後者告上法庭，要求法院對相關條款頒發"初步禁令"(即禁止
實施選舉法中關於制止"軟錢"助選的條款)[1]。在初審遭敗訴後，他們

1　初步禁令 (preliminary injunction)：美國法院可以應起訴人的要求在法院就
　　某一項現存的法律做出最終裁決之前暫時中止實施該項法律。

又上訴至聯邦最高法院。結果於 2010 年 1 月 21 日，9 名大法官以 5
比 4 的微弱多數做出了有利於原告的判決，其依據是憲法第一修正
案關於言論自由的條款，把公司出資做政治宣傳廣告等同於個人言
論自由，而且說明這一言論不會引起"腐敗或腐敗現象"。

這一裁決的關鍵性後果是為公司使用自己的財力在選舉中進行
政治宣傳開了綠燈，而且開了一個惡劣的先例。緊接着，哥倫比亞
特區聯邦上訴法院 9 名法官援此案例，對另一項類似的案件做出有
利於另一個保守組織"現在就説"的一致裁決，宣佈聯邦選舉法律
中有關限制公司機構宣傳支出的規定違憲，而且與反腐無關，因而
無效。[1]

這樣，就政治反腐而言，幾十年、幾代人通過艱難努力達成的限
制"軟錢"助選的法律法規幾乎失效。這是遏制金錢影響選舉的大倒
退，它妨害了選舉的公正性，從而在實質上損害了民主制度。

值得指出的是，在法律與金錢的博弈中，反對限制金錢的作用的
一方總是以"違憲"為説辭，其中最主要的依據就是保護言論自由的
第一修正案和關於保護私有財產的條款。所以在維護和改善民主制
度中，如何處理自由與平等之間的關係，始終是美國的一個問題。

(三) 黨派政治的負面效應

在政府運作方面，美國的兩黨政治也在退化。過去，在競選中兩
黨互相揭短，爭得不可開交，但是一旦塵埃落定，執政黨和在野黨總

1　詳見徐彤武:《"外圍團體"對 2012 年美國大選的影響》,《美國研究》2012
年第 3 期。該文中"Election Campaign Act"譯作"選舉法"，本書改為"競
選法"。

還能向中間靠攏。在重大決策上的分歧並不完全以黨派分，而是以觀點分，投票的分野兩黨互有交集。而自奧巴馬上台之後，幾乎所有議案都是按黨派投票。而且在討論中似乎反對黨就是為反對而反對，不問是非利弊，就議員本人而言，可以説"派性"超過了個人的判斷和政治操守。結果本來為相互制衡而設計的制度，成為"否決"體制。特朗普政府的國會迄今為止的表現也是如此。國會向來是各種利益集團博弈的場所，國會議員首先考慮的是他所在的選區的選票，但是過去常有資歷老而德高望重的議員，特別是參議員，作為黨團領袖或議長，能夠在重大問題上超越黨派的利益，以大局為重，對其他議員施加影響，起到關鍵性的積極作用。而相當一個時期以來，已見不到這樣資深而有威望的議員，以及可以稱得起傑出政治家的人物，這也是政治文化的一種衰退。

（四）種族矛盾回潮與移民問題

經過一個世紀的鬥爭和進步，終於有一位黑人當選總統，世人普遍認為這是美國反種族歧視的一大成績，有里程碑意義。但是在奧巴馬連任兩屆總統之後，種族矛盾並沒有緩解，反而表面化、尖鋭化，他的繼任者，卻是不掩飾其種族歧視傾向的人物。特朗普作為總統候選人在競選中就敢於公開發表各種種族歧視的言論，而且最終還能當選，説明這不僅代表其個人的觀點，而且代表實際上一直存在的一種傾向。美國的這一痼疾並未根治，只是在 20 世紀 60 年代以來倡導"政治正確"的風氣中，在一定程度上得到遏制。在某種意義上，奧巴馬當選總統，一方面是種族問題的進步；另一方面可能更刺激了原本潛在的種族主義的反彈，增加了他推行政策的阻力。

加上兩極分化加劇，社會矛盾突出，為之提供了土壤。現在，美國的種族問題更加複雜，除非洲裔之外，還有西班牙語裔（以其人數眾多）、穆斯林（與恐怖主義以及中東局勢有關），以及亞裔（爭奪教育資源），等等。前面已經談到美國"大熔爐"已變成"馬賽克"，今後如果發展到 WASP 不再是人口的多數時，會有怎樣的變化？美國入籍宣誓的誓詞中有不論來自何國，一旦成為美國人，必須只對美利堅合眾國忠誠的內容。但是這麼多抱着各種動機來的移民，果真能切斷對母國的聯繫和感情，只忠於美國嗎？凡該國與美國矛盾尖銳化，或成為敵國時，這部分族裔就難免受到懷疑和歧視。如何處理國家安全和公民權利的問題，過去存在，今後可能更加突出。所以，對移民的限制措施，絕不是特朗普政府的創舉，只不過他更加高調，更加公開地針對特定人群而已。

三　奧巴馬壯志未酬

至少自 2008 年金融危機以來，美國需要一場深刻的改變已是朝野共識。所以奧巴馬是以"變革"的口號當選的。他充分意識到自己是受命於危難之際，美國當時內外交困、形勢嚴峻，特別是民氣渙散、信心低落。他的就職演說與歷屆總統相比更充滿危機感，他大聲疾呼要美國人打起精神，恢復信心，發揚美國的光榮傳統，重溫核心價值觀，克服分歧，團結起來，重振家業。所有這些呼籲都可解讀為現狀正是其反面——美國人信心低落，拋棄了傳統價值觀，分歧嚴重。

他提出了一系列施政目標，在內政方面涉及經濟、教育、科技、醫療等各個領域，總的方向是擴大對弱勢群體的關注，使經濟增長能惠及更多群眾，縮小貧富差距，還有重視環保和新能源的開發。其中最重要的、打上奧巴馬標記的，是醫保法。為此，他幾乎耗盡他所有的政治資源。另外，環保是他一貫的主張，在上台之前他就發表過許多講話，為節能減排大聲疾呼。上台伊始就與拜登一同提出一項宏偉的發展新能源的規劃。

諾貝爾獎獲得者、經濟學家克魯格曼專門為文表示全面擁護，稱之為"新新政"，也說明從某種意義上，它確實繼承了進步主義和羅斯福"新政"的傳統。在美國各種有爭議的問題上，都可將奧巴馬定位為民主黨偏左的自由派。

從奧巴馬的各種講話，特別是離任前夕在《經濟學人》上發表的長文來看，他對世界大勢、美國歷史和面臨的問題是有深刻了解的，他的各種主張，特別是對環保和新能源的重視，有一定的眼光和前瞻性，至少大方向是前進的。但是他在任八年，做得很辛苦，總的說來，壯志未遂。此中主客觀原因都有。在內政方面，一個主要因素是他還是沿着傳統的改良思路，着眼於底層，對中產階級危機的問題關注不夠。他倡導的某些政策，包括他傾注全力推行的"奧巴馬醫保"，在擴大對底層的覆蓋面的同時，卻增加了一部分中產納稅人的負擔。擁護他的是上層知識精英，而相當多的中下層白領階層感到被忽視，甚至被拋棄。而且，白人認為他過於向少數族裔傾斜。所以，儘管實際上在他任內經濟復蘇成績明顯，失業率大大下降，但是美國人所感受到的貧富差距、種族矛盾並未緩解，全民的政見和黨派分歧更加嚴重。

在國際方面，客觀上任何布殊政府的繼任所面臨的任務都是收縮戰線，撤出伊拉克，大幅度減少在阿富汗的駐軍。有點類似當年尼克遜政府停止越戰，收縮戰線，不再包打天下。奧巴馬剛一上台，尚未有任何行動，就得了諾貝爾和平獎。不是憑已有的成就，而是憑期待，事先授獎，這是沒有先例也有悖常情的，受到世人許多非議，奧巴馬本人也感到尷尬。這只能說明至少有一部分歐洲人非常希望美國新總統扭轉小布殊一意孤行的黷武政策，實現他競選中的和平諾言。奧巴馬在獲獎演說中強調，要多用外交手段而少依靠軍事力量解決國際爭端；美國的安全在於事業的正義性，美國的力量在於以榜樣服人，要表現克制和謙虛。關於實質性的問題，他提出了堅持反對核擴散和爭取實現一個沒有核武器的世界。"無核世界"的口號20世紀蘇聯提出過，美國領導人卻是第一次提出這個目標。

在任期內，奧巴馬朝和平方向做到的事有：結束伊拉克戰爭，減少阿富汗駐軍，擊斃賓·拉登，大幅減少美國海外的戰鬥部隊，與伊朗達成核協議。還有與古巴關係正常化，奧巴馬成為80年來第一個訪問古巴的美國總統；他一反布殊的"單邊主義"，重視與盟國的關係，不再單槍匹馬作戰。他還推動實現了關於減少溫室效應的《巴黎氣候協定》。

但是他主張關閉關塔那摩監獄，終其兩任都沒有做到。更重要的是中東亂局一波未平，一波又起，美國並未從中東的泥沼中脫身，在敘利亞問題上顯得進退失據。美國在外的戰鬥部隊人數是減少了，卻更分散了。撤出了伊拉克，卻捲入了更多國家。用於與戰爭有關的費用達8600億美元，超過布殊政府的8110億美元（根據國防部的"綠皮書"）。這個數字不包括國防部本身的軍費。以上還未把他的"戰略再平衡"戰略下派往西太平洋的軍事力量計算在內。總之，美國戰線並未收縮，反而更加擴張，實際軍費不減反增。

就奧巴馬個人而言，他是有歷史意識和戰略思考的，而且還有一定的理想主義。2016 年《大西洋月刊》記者曾對他做過隨行的深入訪談。此時他已臨近卸任，這一訪談不是對外宣傳用，所以他吐露心曲較多。其中有幾點可算他的獨到之見，鮮為世人注意，有兩點值得一提：

1. 他說自己最關心的不是恐怖主義，而是氣候變暖和新能源問題，因為這關係到人類的前途。實際上每年死於恐怖主義的人數還不如車禍的人數。而且能源問題實際上涉及美國的安全問題。如果擺脫對石油的依賴，整個對中東的戰略就可以發生巨大改變。

2. 中東的矛盾是"部落主義"。在伊斯蘭教沒有發生像基督教當年的宗教革新之前，他們之間的教派衝突爭執是無解的，也沒有正義非正義之別。美國何必為他們的部落之爭選邊站，長期陷在那裡。相反，東亞地區是朝氣蓬勃的，有前途的。儘管還有許多問題，如腐敗、貧窮，等等，但是那裡的普通人都是想着為改善生活而努力工作，不像中東地區的人就想着殺美國人。所以，美國應該撤出西亞這個泥沼而轉移到東亞。至於有人說這樣俄羅斯會乘虛而入，取代美國的勢力範圍，那就讓它陷進去好了，美國不必去救它。[1]

從以上談話中可以了解奧巴馬長遠的戰略思想，也可以進一步理解他的"太平洋再平衡戰略"、"環太平洋夥伴計劃"（TPP），他力推《巴黎氣候協定》，以及在敘利亞突破化學武器紅線後力排眾議，堅決不對之動武，這些都不是權宜之計。不過遠水救不了近火，特

1   Jeffrey Goldberg, "The Obama Doctrine", *The Atlantic*, April 2016.

別是能源計劃，大部分要幾年甚至幾十年以後方見成效，例如大幅減少碳排放的達標期限是 2025 年，還要經過四屆總統。也許作為學者，提出長遠的思考可圈可點，但是作為執政者，每天面對的是燃眉之急的問題，而且即使沒有尖銳的黨派矛盾，這種想法也難以在短期內說服多數人，使之得到推行而見成效。

這些都有賴於其繼任是否堅持同一方向的努力。奧巴馬曾在一次講話中提到一位他的選民——106 歲的非洲裔老太太，他說他不知道這位老人的兒女們如果活到她的年紀，會看到美國有怎樣的變化，他們促成了哪些進步。他還說擔心人去政息，"過去八年一切進步都飛出窗外"。

現在他的繼任也談變革，恰好就是應了這一擔心。本來，鐘擺來回擺動，選民過幾年就想換換胃口，這是美國政治常態，不足為奇。但是政黨更迭，大政方針一般還是有連續性的。這次的特殊之處在於，連續性似乎讓位於顛覆性。首先全面否定前任——不是前一任而是多數的前任——的政績，不論是行事風格還是提出的（不一定完全能實施）內外政策，都是反其道而行。在外交方面，總統權力較大，已經做到的有：退出 TPP、退出《巴黎氣候協定》、與剛剛建交的古巴交惡、否認與伊朗的核協議、強力轟炸敘利亞、大力支持沙特，以及單方面承認耶路撒冷為以色列首都，並立即付諸行動，乃至揚言要退出聯合國……在內政方面，推翻奧巴馬醫改，由於拿不出代替方案，尚未能完全如願。已經實現的帶有特朗普本人標記的重大措施是推動通過《減稅法》。有意思的是，奧巴馬醫改法是首先從惠及最低收入人群開始，特朗普減稅法是首先惠及高收入人群，二者都聲稱長此以往將對全民有利。但是前面提到的中產階級危機，至少在當前，兩頭都夠不着。在全球化的今天，這一減稅法將對世界經濟格局產生怎樣的連鎖效應，尚待觀察。

四　民主的危機

關於特朗普的"推特治國"、口無遮攔、不按常理出牌，至今論者還是處於兩端。擁護者認為他有魄力，美國現在的重症需要用虎狼之藥，過去常規的、傳統的程序都已成障礙。特別是其減稅方案足以發揮過去列根經濟的效應，使美國經濟繁榮。甚至其舉止言語粗俗不堪都被認為是親民，博得了部分有反智和民粹主義情緒的群眾好感。反對者除了認為他出爾反爾、謊言連篇、行事荒唐外，最擔心的是：對內，他不尊重美國的民主價值觀，如不加警惕，不予以制止，有使美國滑向專制的危險；對外，他損害了美國的軟實力，適足以失去美國在世界的"領導"地位，使美國不再"偉大"。

對當前政府的施政利弊和方向現在做出評論還為時過早。一般說來，在美國的制度下，當選的領導人物不一定是優秀的，但是制度的設計正好是使總統個人品質的影響有一定限度。用通俗的話來說，做好事效率不高，做壞事也難得逞。不過，像當前的總統這樣，上位之一年後，對他的爭議還如此強烈，嘲諷備至，甚至還未走出競選"通俄"的審查，總統公開辱罵媒體，實屬罕見。另外，如前面提到，作為立法機構的國會，由於黨派鬥爭，制衡白宮的作用受到削弱。現在只能指望司法系統可以起作用。但是總統有任命最高法院法官的權力。如果一位總統在法官出缺時，依照自己的政治偏好任命法官，而國會又根據"派性"予以批准，致使法官的成分向一邊傾斜，法院就會有失去主持公正的莊嚴角色之虞。在奧巴馬執政後期剛好有一名最高法院法官出缺，需要補一名，程序是總統提名，由參議院審議通過。奧巴馬提出了一名候選人，但是由共和黨佔多數的參議院就是不給排上日程，故意拖到奧巴馬任期終結。當特朗普上台，任命了一名保守派的法官。預計在特朗普任內還將有法官位子空缺，如果總是按政治派別任命，導致一派佔多數，法院在關鍵判決的投票時就可能有損公平。這將是對美國民主的嚴重損害。不過，法官都是資深的法律專家，對憲法有敬畏感，他們宣誓都是我只忠於憲法（也就是不是忠於總統或政黨），一旦坐上這個位子，不論本人政治傾向如何，大體能秉公判案。如果政治進一步功利化，如果被任命的法官也劣質化，致使政治傾向蓋過法律公正，那才是對美國民主制度的根本威脅。這是極而言之，也是美國有識之士的擔心。

美國的制度使總統在內政上不能為所欲為，但是在對外行動上權力較大。總統是三軍司令，只要不正式宣戰，可以不通過國會而對外用武，或退出某項國際義務。當然像退出聯合國這樣的大事，恐怕不能由總統輕易決定。不過，美國已經有過故意連續多年拒交聯合國會費的歷史，今後不排除再這樣做的可能性。二戰以後，美國在國際上的做法之一，是通過制定國際規則，建立世界性或區域性的國際組織，推行其利益和政策。特朗普比較明確的傾向卻是與此背道而馳——藐視國際組織、國際規則，更願意通過雙邊而不是多邊交涉處理國際問題。

美國前白宮助理、駐聯合國大使蘇珊・賴斯為文批判特朗普，說他使"美國不再是一個向善的全球力量"，說他把世界看成由敵對國家組成的黑暗而充滿威脅的危險場所，把美國與他國的關係視為

零和關係，只能損人才能利己，根本沒有共贏的觀念，非黑即白，也
不承認美國的價值觀。完全拋棄了二戰以來美國對外政策的基礎——
運用自己舉世無與匹敵的政治、軍事、技術、經濟實力，通過有原
則的領導，發展繁榮、自由與安全。[1] 這一批判有一定的代表性。而
與之對立的觀點，則認為特朗普對內反"政治正確"、抵制移民、對
外強調"美國優先"，是維護美國以 WASP 為核心的體制，正是拯救
在全世界受到威脅的民主社會。

　　本書前一章提到，美國在 20 世紀的稱霸世界，符合成語"順我
者昌，逆我者亡"，而關鍵在於前一句"順我者昌"。需要強調的是，
"美援"的方式有多種，但既不是無限期地"撒錢"，最終還在於受援
方的自立，也不是"無私"援助，而是符合自身利益，或經濟利益，
或戰略利益，或二者兼而有之。特朗普認為美國與他國（包括對手和
盟國）交往中吃了虧，做了"冤大頭"，是不符合歷史事實的。應該
說，在二十世紀後半的國際結構中，美國是最大的獲利者。不過，
美國的實力也不是無限的，因此每隔一個時期，就需要收縮戰線，做
一些調整，強調盟國多負擔一些義務也不是第一次，此時往往給人
以回到孤立主義的錯覺。最近特朗普的強調"美國優先"和退出國際
組織，是又一次收縮調整，還是意味着放棄所承擔的國際義務，改變
二十世紀的戰略基礎？他究竟有沒有完整的全球戰略？還是他沒有
章法，率性而為，信口開河？美國有些論者認為特朗普所做的是"破
舊"，如何"立新"，是在特朗普任期內完成，還是等待其繼任完成，

1　Susan Rice, "When America No Longer Is a Global Force for Good", *New York Times*, Dec. 20, 2017.

這些都有待觀察。

綜上所述，到目前為止可以肯定的是，美國的絕對實力不會衰退，而且還將如蘇珊·賴斯所説，在多個方面都舉世無與匹敵，這不取決於哪個總統。但是如何運用這一力量，對美國、對世界的禍福都至關重要。在這個問題上，美國已現頹勢的軟實力是否能有起色，將是決定性的。

五　改革力量在民間

當前，全世界由工業時代進入互聯網時代，各國都面臨着前所未有的大變局，美國也不例外，它的確又走到一個關鍵時刻，需要一次重大的變革。美國這樣的超級大國一舉一動都會對世界產生影響，所以它的改革方向、步驟都為世人所關注。不過，一般關注的焦點都在高層政治，而對實際上作為推動改革的根本的民間力量較少留意。本書第三章詳述了推動進步運動的各種社會力量，第十章分析了這些力量的變化，説明現在何以難以起到當初的作用。過去傳統方式的改良也已經不夠，社會推動變革的力量正在大洗牌，訴求的方向各不相同。但歸根結底，改革的主導力量還是來自民間社會各階層，然後反映到政府決策層。

一般説來，草根大眾對現狀的不滿，在代議制的框架中不足以充分表達時，就會訴諸街頭政治。2012 年的佔領華爾街運動（不僅在紐約，華盛頓等其他城市都有規模不等的活動）就是這種表現。但是這一運動沒有明確的訴求，沒有組織和改革綱領。其作用是引起全社會特別是精英階層的注意，然後考慮改革，提出方案。實際上，從

20 世紀 80 年代開始，發達國家的社會精英和政治家都已意識到這個
問題，一直在研究和提出各種對策。本書第六章介紹的公益基金會，
是進步主義時期興起的一支力量，作為其主導的大財團，既是問題
的製造者，也是改良的重要推動者。現在延續這一傳統，又出現了
新的浪潮，統稱"新公益"。與百年前興起的公益事業規模不可同日
而語，方式也多有創新。其主導者還是社會精英，不過包括的範圍
較廣，有新興數字經濟的新富、投行成功人士，他們都是少年得志；
有資深公益慈善家，如比爾·蓋茨等；有在野政治人物，如前總統
克林頓；有金融業巨子，以及著名商學院教授……當然，還有專業
社團工作者。他們深刻地認識到社會危機的嚴重性，在一起研究、
試行一套新的改良模式，提出要促成"資本主義的演變"。筆者在《財
富的責任和資本主義的演變》一書中對此有詳細介紹，此處不贅。只
是要說明，處於金字塔尖的頂級政、商、學精英已經悄然發起並運
行着一場新的改革運動。他們是既得利益者，但是他們深知其既得
利益來自健全的市場，如果底層和中層都塌陷，他們的好日子也不
會長久，其改革動力就來源於此。當然，不是所有精英都有同樣的
旨趣，必然有更重視眼前利益的保守力量形成改革的阻力。這不僅
涉及美國，而且對整個資本主義世界，都將是一個長遠的博弈過程。

總之，就美國本身而言，其實力遠未衰退。美國的任何領導人、
任何政府，不論其口號和戰略思想、政策傾向如何，都不可能放棄
維護美國作為唯一的世界"領導"這個終極目標，而會設法阻止任何
可能的，或想像中的，足以挑戰這一地位的力量。起決定性的還在
於美國內部的改革，恢復和提升其軟實力。在一個急劇變化的、世
界多種力量此起彼伏的形勢下，美國如果內部改革不成功，軟實力

得不到回升，卻把內部矛盾和弊病都怪罪於外部，對外一味實行強權政治，不惜代價、不擇手段地運用其硬實力，致力於"逆我者亡"而不能使"順我者昌"，很可能正是自取霸權衰落的轉折點，那麼 20 世紀的風光將難以持續，不過在這一過程中，世界也將受其害。

美國人自己比任何外人對軟實力的下降都有危機感。關於如何重振"美國精神"，意見也兩極分化，如 20 世紀初那樣的思想界大辯論可能再次出現，其過程和可能的結果都值得世人關注。

參考書目

《馬克思恩格斯選集》(四卷本)，中央編譯局編，人民出版社，1972 年

《建國以來毛澤東文稿》，中央文獻出版社，第十冊，1996 年；第十二冊，
　　1998 年

《美國政府和美國政治》，李道揆著，商務印書館，1999 年

《美國經濟與政府政策——從羅斯福到里根》，陳寶森著，世界知識出版社，
　　1988 年

《"軟件"上的大國——高科技與美國社會》，肖煉等著，陝西人民教育出版
　　社，1997 年

《戰後美國外交史——從杜魯門到里根》，資中筠主編，世界知識出版社，
　　1994 年

《二十世紀美國史》，黃安年著，河北人民出版社，1989 年

《當代美國的社會保障政策》，黃安年著，中國社會科學出版社，1998 年

《美國與移民——歷史‧現實‧未來》，鄧蜀生著，重慶出版社，1990 年

《美國移民政策研究》，梁茂信著，東北師範大學出版社， 1996 年

《美國社會變革與美國工人運動》，張友倫著，中國社會科學出版社， 1997 年

《傑斐遜》，劉祚昌著，中國社會科學出版社， 1996 年

《傑斐遜評傳》，[美]吉爾貝 · 希納爾著，王麗華等譯，中國社會科學出版
　　社， 1987 年

《現代美國（1896—1946 年)》，[美]德懷特 · L. 杜蒙德著，宋岳亭譯，商務
　　印書館， 1984 年

《美國黑人史》，[美]約翰 · 霍普 · 富蘭克林著，張冰姿等譯，商務印書館，
　　1988 年

《美國種族簡史》，[美]托馬斯 · 索威爾著，沈宗美譯，南京大學出版社，
　　1992 年

《聯邦黨人文集》，[美]漢密爾頓、傑伊、麥迪遜著，程逢如等譯，商務印書
　　館， 1997 年

《美國歷史文獻選集》，美國駐華大使館新聞處， 1985 年

《世紀檔案（1896—1996)》，徐學初編，中國文史出版社， 1996 年

《美國製造——如何從漸次衰落到重整雄風》，[美]邁克爾 · 德托佐斯等著，
　　惠永正等譯，科學技術文獻出版社， 1998 年

《資本主義文化矛盾》，[美]丹尼爾 · 貝爾著，趙一凡等譯，生活 · 讀書 · 新
　　知三聯書店， 1989 年

《晚期資本主義的文化邏輯》，[美]詹明信著，張旭東編，生活 · 讀書 · 新知
　　三聯書店， 1997 年

《資本主義的未來》，[美]萊斯特 · 瑟羅著，周曉鐘譯，中國社會科學出版
　　社， 1998 年

《美國華人經濟現況與展望》，陳懷東著，(台灣) 世華經濟出版社， 1991 年

An American Imperative: Higher Expectations for Higher Education: An Open Letter to Those Concerned about the American Future, Report of the Wingspread Group on Higher Education, Johnson Foundation, 1993

Beard, Charles A., *An Economic Interpretation of the Constitution of the United States*, New edition 1986 by The Free Press (1st edition 1913)

Bellamy, Edward, *Looking Backward, 2000—1887*, Hendricks House, Inc., New York, New edition without date, Introduction by Frederic R. White (1st edition, 1888)

Berman, Edward H., *The Ideology of Philanthropy: The Influence of the Carnegie, Ford, and Rockefeller Foundations on American Foreign Policy*, State University of New York Press, Albany, 1983

Bess, James L. (ed.), *Foundation of American Higher Education*, Ginn Press, 1991

Boorstin, Daniel J., *The Republic of Technology: Reflections on Our Future Community*, Harper & Row, Publishers, New York, 1978

Boorstin, Daniel J., *The Americans: The National Experience*, Random House, New York, 1965; *The Americans: The Democratic Experience*, Random House, New York, 1973

Bork, Robert H., *Slouching Towards Gomorrah: Modern Liberalism and American Decline*, Regan Books, 1996

Bovard, James, *Lost Right: The Destruction of American Liberty*, St. Martin's Griffin, New York, 1994

Budd, Edward C., *Inequality and Poverty, Problems of the Modern Economy*, W. W. Norton & Company, Inc., 1967

Buenker, John d., *Urban Liberalism and Progresive Reform*, Charles Scribner's Sons, 1973

Carleton, Don E., *Red Scare! Right-wing Hysteria, Fifties Fanaticism and Their Legacy in Texas*, Texas Monthly Press, 1985

Collier, Peter & Horowitz, David, *Destructive Generation: Second Thoughts About the 60's*, New York, 1989

Commager, Henry Steele, *The American Mind: An Interpretation of American Thought and Character Since the 1880's*, Yale University Press, New Haven, 1950

Curti, Merle, *The Growth of American Thought*, 3rd edition, Transaction Publishers, New Brunswick (U. S. A.), 1991

Dewey, John, *Human Nature and Conduct: An Introduction to Social Psychology* (ed. Jo Ann Boydston, Carbondale, III., 1983)

Egbert, Donald Drew & Persons, Stow (ed.), *Socialism and American Life*, Princeton University Press, 1952

Finn, Chester E. Jr. & Ravitch, Diane, *Education Reform 1995—1996: A Report from the Educational Excellence Network to Its Education Policy Committee and the American People*, Hudson Institute, Indianapolis, 1996

Fosdick, Raymond B., *The Story of the Rockefeller Foundation, Nineteen Thirteen to Nineteen Fifty*, Harper & Brothers, Publishers, New York, 1952

Fukuyama, Francis, *The End of History and the Last Man*, The Free Press, 1992 After the Neocons: America at the Crossroad, Profile Books, 2006

Geiger, Roger L., *Research and Relevant Knowledge: American Research Universities Since World War II*, Oxford University Press, New York, Oxford,

1993

Gitlin, Todd, *The Sixties: Years of Hope, Days of Rage*, Bantam Books, New York, 1993

Glazer, Nathan (ed.), *Clamour at the Gates: The New American Immigration*, Institute for Contemporary Studies Press, San Francisco.

Goodwin, Doris Kearns, *No Ordinary Time: Franklin & Eleanor Roosevelt: The Home Front in World War II*, Simon & Schuster, New York, 1994

Greenleaf, William (ed.), *American Economic Development Since 1860*, Harper & Row, Publishers, 1968

Halberstam, David, *The Next Century*, William Morrow & Company, Inc., 1991

Haynes, John E., *Red Scare or Red Menace? American Communism and Anticommunism in the Cold War Era*, Ivan R. Dee, Chicago, 1996

Himmelfarb, Gertrude, *The De-Moralization of Society: From Victorian Virtues to Modern Values*, Vintage Books, New York, 1994

Hofstadter, Richard, *Social Darwinism in American Thought, 1860—1915*, University of Pennsylvania Press, Philadelphia, 1945

Hofstadter, Richard, *The Age of Reform: From Bryan to F. D. R.*, Alfred A. Knopf, New York, 1965

Hofstadter, Richard, *Anti-Intellectualism in American Life*, Alfred A. Knopf, New York, 1963

Hollinger, David & Capper, Charles (ed.), *The American Intellectual Tradition, Vol. II, 1865 to the Present*, Oxford University Press, New York, Oxford, 1989

Hunt, Michael H., *Ideology and U. S. Foreign Policy*, Yale University Press, New

20 世紀的美國

Haven & London, 1987

Isbister, John, *The Immigration Debate: Remaking America*, Kumarin Press, 1996

Kearns, Doris, *Lyndon Johnson & the American Dream*, Harpe r & Row, Publishers, New York, 1976

King, Desmond, *Separate and Unequal: Black Americans and the US Federal Government*, Clarendon Press, Oxford, 1995

Leuchtenburg, William E., *Franklin D. Roosevelt and the New Deal, 1932—1940*, Harper & Row, Publishers, New York, 1963

Lipset, Seymour Martin, *The First New Nation: The United States in Historical & Comparative Perspective*, W. W. Norton & Company, 1979

Myrdal, Gunnar, *An American Dilemma: The Negro Problem and Modern Democracy*, Harper & Brothers Publishers, New York, 1944

Nielsen, Waldemar A., *The Big Foundations*, Columbia University Press, New York, 1972

Paine, Thomas, *Common Sense*, Penguine Books (Penguin Classics), 1986 (First published in 1776)

Paine, Thomas, *Rights of Man*, Penguin Books, 1985 (First published in 1792)

Pells, Richard H., *The Liberal Mindina Conservative Age: American Intellectuals in the 1940s & 1950s*, Harper & Row, Publishers, New York, 1985

Prospect for America: The Rockefeller Panel Reports, Doubleday & Company, Inc., New York, 1958, 1959, 1960, 1961

Rodgers, T. Daniel, *Atlantic Crossings: Social Politics in a Progressive Age*, The Belknap Press of Harvard University Press, Cambridge, Massachussets & London, 1998

Schlesinger, Arthur M. Jr., *The Disuniting of America: Reflections on a Multicultural Society*, W. W. Norton & Company, New York, 1992

Sharansky, Natan & Dermer, Ron, *The Case for Democracy: The Power of Freedom to Overcome Tyranny & Terror*, Public Affairs, 2004

Strauss, Leo, *Liberalism: Ancient and Modern*, with a new Foreword by Allan Bloom, Basic Books, Inc., 1968

Thernstrom, Stephan & Abigail, *America in Black and White: One Nation, Indivisible*, Simon & Schuster, 1997

Veblen, Thorstein, *The Theory of the Leisure Class*, A Mentor Book published, editions 1899, 1912 by the New American Library, 8th edition, Viking Press, 1953

Viguerie, Rchard A., *The New Right: We're Ready to Lead*, The Viguerie Company, 1981

Williams, Oliver F. & Houck, W. John (ed.), *The Common Good and U. S. Capitalism*, University Press of America, 1987

Woodiwiss, Anthony, *Postmodernity USA: The Crisis of Social Modernism in Postwar America*, Sage Publications, London, 1993

名詞及重要主題索引

譯名對照表 （索引中已列入的不再重複）

Y

亞當斯，赫伯特　Adams, Herbert B.

亞當斯，簡　Adams, Jane

揚，安德魯　Young, Andrew

伊利　Ely, Richard T.

Z

贊格威爾　Zangwill, Israel

詹明信　Jameson, Frederick

詹姆斯，威廉　James, William

詹森(總統)　Johnson, Lyndon

種族平等大會　Congress of Racial
Equality

朱克曼　Zuckerman, Mortimer

責任編輯	楊克惠
書籍設計	林　溪
排　　版	周　榮
印　　務	馮政光

書　　名	20 世紀的美國（港台修訂版）
作　　者	資中筠
出　　版	香港中和出版有限公司 Hong Kong Open Page Publishing Co., Ltd. 香港北角英皇道 499 號北角工業大廈 18 樓 http://www.hkopenpage.com http://www.facebook.com/hkopenpage http://weibo.com/hkopenpage
香港發行	美雅印刷製本有限公司 香港九龍官塘榮業街 6 號海濱工業大廈 4 字樓
印　　刷	中華商務彩色印刷有限公司 香港新界大埔汀麗路 36 號中華商務印刷大廈
版　　次	2019 年 1 月香港第一版第一次印刷
規　　格	32 開（148mm×210mm）456 面
國際書號	ISBN 978-988-8570-03-4